板谷敏彦
Itaya Toshihiko

高橋是清の生涯 下

命運は金融にあり

新潮社

扉写真：長女の和喜子と高橋是清。明治41（1907）年。ニューヨークにて
表紙写真：犬養毅内閣。前列左から４人目が高橋是清。昭和６（1931）年

国家の命運は金融にあり　高橋是清の生涯　下＊目次

第3部　不惑篇

第13章　日銀総裁から大蔵大臣へ

第14章　欧州大戦

第15章　五大国

第16章　内閣総理大臣

第17章　関東大震災

第4部　知命篇

第18章　昭和金融恐慌

第19章　金解禁

第20章　満州事変

上巻

国家の命運は金融にあり　高橋是清の生涯　下

挿絵　菊池倫之

第3部　不惑篇

第13章　日銀総裁から大蔵大臣へ

第110話　男爵

明治40（1907）年の5月に帰朝した是清はようやく長い旅の生活から解放された。しかし日本銀行副総裁兼横浜正金《しょうきん》銀行頭取、さらにこれに加えて貴族院勅撰《ちょくせん》議員の仕事があったのではなかなか休む間もなかった。

一方で今回是清に同行した秘書役の深井英五《えいご》は、是清の現場で培われた現実に対する深い洞察力や決断力を目にして、自身のキャリアについて考えるところがあった。

ここのところ公債発行という特殊任務のサポートばかりに従事して、中央銀行の本質にかかわる業務を経験していない。

30半ばの深井は思った、

「今のまま漫然と時を過ごすのならば、単に給料をもらって安泰に一生を終わってしまいかねない」

三島弥太郎《やたろう》総裁に面会を求めると、

「もしこのまま日本銀行業務の本流にかかわれないのであれば、辞職したい」

深井も何もいきなり辞めなくともよさそうなものだが、要するに総裁に対して本流、ここでは営業部門のことであろう、への人事異動を要求した。

三島総裁は是清と水町袈裟六《けさろく》副総裁らに相談すると、深井を希望どおり営業部門へ配置することにした。

深井は大正2(1913)年に営業局長、大正7年には日銀の理事になり、再び是清をサポートすることになる。

250万円のボーナス

さて、現代と第二次世界大戦以前の日本とを比較して大きく異なる社会制度の一つに華族制度というものの存在がある。

明治40年のこの年、5月8日に明治17年布告以来の華族令が整備し直され、9月に入ると、日露戦争に貢献した者たちに対する叙爵が始まった。

これは制度発足以来の大規模なものだった。

14日には、幼い頃是清と同じ横浜のヘボン塾で学び、是清が英国で資金調達をしていた時の駐英公使だった林董《ただす》が子爵から伯爵に昇爵した。

当時の日本の華族制度は、欧州の制度をまねて公爵、侯爵、伯爵、子爵、男爵、つまり公侯伯《こうこうはく》子男《しだん》の階級制になっていた。

林は日清戦争時の功績で男爵になり、日英同盟締結の功績で子爵になっていた。

林は若い頃、留学中に戊辰戦争に直面、急きょ帰国すると幕府軍に身を投じ、最後は五稜郭に立てこもるまで戦った。明治維新の賊軍の出身である。それでも外交官として実力で伯爵の地位まで昇った。誰でも偉くなれる。ここが明治日本のすごいところだ。

明治17年の制度発足時には、公家や大名、戊辰戦争での戦功などにより約500人が華族になった。この時点で徳川宗家は最高位の公爵に、また水戸・尾張、紀伊など一門もそれぞれ叙爵された。

その後も林のように日清戦争などを機会に少しずつ華族は増えていたが、明治40年は日露戦争の功績をもって約90名が新しく男爵を叙爵した。つまり華族になった。

後に軍閥を率いた陸軍の上原勇作、大久保利通の次男牧野伸顕《のぶあき》、海軍の斎藤実《まこと》、日銀総裁だった松尾臣善《しげよし》など、そして是清もこの時に男爵になった。

当たり前のことだが、この時以来、文通があった米国のヤコブ・シフの手紙の冒頭は「Dear Baron Takahashi」から始まるようになった。

日露戦争の最中に大学を卒業して、新卒で日本銀行に入行した斉藤虎五郎という人がいる。この人が、昭和52（1977）年に大蔵省（大臣官房調査企画課）が編纂《へんさん》した『大蔵大臣回顧録』（大蔵財務協会）のインタビューで是清について話した。

それによると、是清や深井が欧米でファイナンスしていた頃の国際的な金融ビジネスの習慣では、起債する担当者個人に対して一定のコミッションを支払うのは普通のことだったという。

ところが是清はこれを自分のものとはせずに、1銭1厘の間違いもなくきちんとすべて国庫に入れた。

それを知った松方正義、井上馨の両元老は是清の清廉さにすっかり感心して、特別にボーナスを出そうということになったという。

本来もらえたはずのコミッションから比べれば僅かな金額なのかもしれないが、それでも相当の金額で、是清には250万円、深井にも25万円ほど支払ったのだという。後に是清が立憲政友会に入会して政治家になった時に、わらわらと集まった政治家たちはこの金が目当てだったのだろう。

明治40年、巡査や小学校教員の初任給が月給で12円、普通のベテラン職人で25円。松山中学教員の大学出の坊ちゃんが40円。東京朝日新聞の社長が月給150円。夏目漱石がこれを上回る月給200円で東京朝日新聞社に入社して話題になったのもこの頃。

当時の大臣クラスや日銀総裁で年俸6000円といったところだから、このボーナスは破格の金額で、年俸の数百年分に相当する。深井にしたって生涯賃金をやすやすと超えてしまっただろう。ただしこの件に関する真偽の程はこの斉藤氏の証言だけが頼りである。


是清の高橋家は仙台藩の足軽である。是清は仙台藩若手重臣の大童信太夫《おおわらしんだゆう》のおかげで横浜国内留学や海外留学を果たしたのだった。

維新後帰国した是清を仙台藩は捕縛しようとしたりして、仙台藩と是清の直接の関係は薄れたが、是清を育てた養祖母おばば様は、仙台藩に恩を感じているし、是清と恩人である大童信太夫との個人的な関係も続いていた。

昭和54年に作家の長野広生氏が『波瀾万丈――高橋是清　その時代』（東京新聞出版局）という小説を書いている。

当時まだ生存していた是清に関係する人たちに対して丁寧に取材して書き上げた労作である。その長野氏によると、明治33年、是清が日銀副総裁になってちょうど1年半が経った時のことだ。

宮城郡長を辞め旧主伊達家の家扶（財産管理などを担っていた）になっていた大童が亡くなった。享年67、この時、是清は霊前に300円の香典を供えたと新聞が伝えたそうだ。

普通ではありえない高額な香典である。是清はそれだけ大童に感謝していたこともあるが、既に高給をもらい金銭的に余裕があったのだろう。

農場を購入

明治43年、250万円のボーナスが入った後の話であろう。今度は旧仙台藩亘理《わたり》城主・伊達邦《くに》成《しげ》の子、伊達基《もとい》男爵から北海道の農場の買い入れを頼まれた。

伊達邦成は明治維新に際し大きく減知（所領を減らされること）されたために、家臣団を連れて北海道に入植した。現代の北海道伊達市の伊達地区である。

この土地の一部である3000町歩を是清は長男是賢《これかた》の名義で購入した。1町は100メートル×100メートルである。

大童の子、大童真澄一家は大正4（1915）年にここに移住して、その子大童真吉は、大正末年に是清の赤坂表町の屋敷から今の青山学院あたりにあった東京農業大学へ通った。そして卒業した後は北海道の高橋農場の農場長として働いた。是清は大童との関係を終生大事にしていたのである。

第111話　伊藤博文

明治40（1907）年9月16日、これは是清が男爵を叙爵される1週間ほど前のことだ。

この日、渋沢栄一は韓国統監の伊藤博文を飛鳥山の私邸に招待した。伊藤の他には統監府武官村田惇《あつし》陸軍少将、統監府会計課長児玉秀雄、水町袈裟六大蔵次官、荒井賢太郎主計局長、松尾臣善日銀総裁に副総裁の是清が呼ばれていた。

渋沢はなぜ、韓国統監府と金融財政関係者の重鎮をもてなす必要があったのだろうか。

ハーグ密使事件

明治37年8月、日露戦争の開戦から約半年後、日本はロシアを朝鮮半島から追い出した時に、大韓帝国（以下、韓国）と第一次日韓協約を締結した。

この協約によって韓国は日本政府の推薦者を韓国政府の財政・外交の顧問に任命しなければならなくなった。事実上の軍事占領である。

そして戦争終結後の明治38年7月に米国陸軍長官のウィリアム・タフトがセオドア・ルーズベルト大統領の娘アリスと日本にやってきた。この時、桂・タフト協定によって米国から韓国保護国化の事実上の承認を得た日本は、11月17日に韓国と第二次日韓協約を締結した。これによって韓国の外交権はほぼ日本に接収されることとなり、韓国は、独立はしているが事実上の保護国となったのである。

この後に統監府が設置され、初代の統監にはこの交渉にあたった伊藤博文自身が就任した。伊藤は、最初は統監には外交官を充てようと考えたが、協約の交渉が非常に難航したことから、これは自分がやるほかにないと考えたのだ。

明治40年6月、韓国が日本の保護国であることが不満だった皇帝高宗は、オランダのハーグで行われた第2回万国平和会議に秘密裡に特使を派遣して、列強に対して第二次日韓協約が無効であることをアピールした。

帝国主義の時代である。植民地に利害を持つ各国は相手にしなかった。しかし日本から見れば、高宗が外交権もないのに特使を送ること自体が問題だったのだ。「ハーグ密使事件」である。

これを機に翌月の7月24日、日本は韓国と第三次日韓協約を締結し、韓国軍の解散による日本軍駐留の正当化と司法権・警察権の韓国統監への委任が決められたのである。ただし併合にまでは至っておらず大韓帝国は残っている。

冒頭の渋沢の飛鳥山への招待はそれから約2カ月後の出来事ということになる。

渋沢栄一設立の第一銀行は、明治11年に釜山に支店を出して以降、早くから朝鮮半島に進出して紙幣あるいは紙幣に近いものを発行するなど現地でその勢力を伸ばしていた。

そして日露戦争での軍事占領をきっかけとして実質的には韓国の中央銀行として機能しはじめていたのである。

「渋沢さん、どうですか、第一銀行の一支店が韓国の中央銀行というのも面白くない。いっそ韓国に本店を移しませんか？」

伊藤は、日本は韓国を併合する必要がないと考えていた。

「併合ははなはだ厄介だ。韓国は自治が必要だが、日本の指導なしでは難しい。それが第三次日韓協約のゆえんである」

伊藤が考える「自治育成策」である。日本による併合ではなく、自治が成るまで日本が韓国の保護をするという考え方だ。しからば中央銀行は韓国独自の銀行を持たねばならない。

こうした中で、渋沢はいよいよ伊藤が閣議に韓国中央銀行設立の件を提出するといううわさを耳にした。それでは既に韓国に営業基盤がある渋沢の第一銀行はどうなるのであろうか。

そこでその真偽を確かめ、事態が悪く転ばぬように伊藤の機嫌をとっておこうというのが飛鳥山の会合である。

主催の渋沢は、伊藤を喜ばせるために、伊藤お気に入りの築地の料亭新喜楽の女将《おかみ》、同姓の伊藤きんを呼んで宴を仕切らせた。新橋と吉原芸妓を大勢呼んで、歌えや踊れやの大騒ぎ。是清もこういう席は大好きだから、箱屋時代を思い出して得意の芸者の帯の締め直しの芸を披露したに違いない。

「公爵はすこぶる歓を尽くされ」、つまり大喜びで、帰り際に絹本《けんぽん》（書画を書くのに使う絹地）に七言絶句をしたためた。

渋沢の四男、15歳の秀雄は、この一部始終を見ていた。

酔っ払ってふらふらの伊藤は、好色で有名な伊藤そのままだった。

「英雄は、由来色を好むだぞ、由来色を好むだぞ」

としつこく、大声でくだを巻いたが、伊藤女将の名人芸にいなされて、玄関で待ち受けた馬車に押し込められると、バタンとドアは閉じられた。

すると馬車の反対側に「夜目にも匂うばかりに美しい」芸者が一人、影のように忍びよるとそっと伊藤の馬車に乗り込んだ。

間髪を容れず、馬車は小砂利を踏む音をたてながら闇の中へと消えていった。

「実にけしからん!」

真面目な中学生だった秀雄は憤慨した。彼は後に実業家となり田園調布を開発する。

翌々日、渋沢が伊藤に会いに行った。

「韓国の第一銀行の経営は、今は盤石ではあるが、何か事が起きた時には問題が起こるだろう。従って韓国中央銀行は設立するつもりだ」

伊藤はこう答えた。どうやら接待は効を奏さなかったようだ。

韓国銀行創設

この翌年明治41年、第1次西園寺公望内閣が総辞職し、7月14日第2次桂太郎内閣が成立すると、伊藤の中央銀行設立案も怪しくなってきた。桂首相は韓国併合派である。

また併合に反対していた伊藤の方も、この年の秋ごろから、統監就任から3年が過ぎたにもかかわらず、治績は一向にあがらず、失望の色濃く辞意を匂わせるようになっていた。

併合を巡って桂と意見が合わなかった伊藤だが、明治42年4月に至ると、桂に対して併合を認めるようなことを言い出した。

これに対して桂も、併合するのであればと、それまで反対していた韓国の中央銀行設立を認めたのである。

この年5月、第一銀行の韓国撤収、韓国の中央銀行「韓国銀行」の創設が決まり、渋沢の第一銀行は、営業用地所建物を韓国銀行へ引き継いでもらうことになった。

6月14日、伊藤は統監を辞任して枢密院議長に就任。後任には日露戦争時の大蔵大臣であった曾《そ》禰《ね》荒助《あらすけ》副統監が昇格した。

韓国銀行創設3日前の10月26日、伊藤博文は、満州のハルビン駅頭で朝鮮民族主義者の安重根にピストルで射殺された。

「伊藤こそが併合に一番反対していたのに、何故だ」

日清戦争以来、事あるごとに伊藤に接してきた是清の悲しみは深かった。

翌明治43年8月29日、日本は韓国を併合した。新たに朝鮮全土を統治する朝鮮総督府が設置され、翌年韓国銀行は朝鮮銀行にその名を改めた。

第112話　直子

是清の記録に彼の葉山の別荘が登場するのは明治31（1898）年の2月9日が最初である。

これは日露戦争の6年前、横浜正金銀行副頭取として「外債発行調査の旅」に出る時だった。

この時はいまだ一部未完成の葉山の別荘から出発して、逗子駅から官設鉄道に乗車し、大船駅で東海道線に乗り継いで神戸まで行っている。

ペルー銀山で一文無しになり、日銀で働き始めてまだ約6年しか経っていないのに葉山に別荘を建てられた。当時の横浜正金銀行の幹部の待遇は相当に良かったのだ。

翌明治32年3月3日には葉山の別荘の建築が完成して、日本銀行副総裁拝命後の最初の出勤は赤坂表町ではなく葉山の家からだった。

家内中に感情の衝突

是清には家族と一緒に撮影した写真が数多く残されている。また是清は子供好きで家族を大切にしていたことは有名な話であり、数多くの証言がある。

しかし、明治34年ごろ、そんな是清が「家内中に感情の衝突」というような言葉を使って、家族から逃れようとしていた記述が「自伝」の中にある。夫婦げんかであろう、そうした時の避難先が完成して間がない葉山の別荘だった。

この年の12月には是清にとって二人目の妻になる品子《しなこ》との間に四男の是彰が誕生している。最初の妻柳子《りゅうこ》との間には、是賢、是福《これよし》の二人の男の子、品子との間にはシフの家に世話になった和喜子、是孝、是彰の順で子をもうけた。当時は死産も多ければ乳児死亡率も高い。高橋家の人の話では、是彰は戸籍上六男なので、二人の男の子が先に亡くなっていることになる。

ちょうど葉山の別荘ができた頃、鈴木直子という、後に4人の是清の子を授かることになる女性が高橋家にやってきた。

直子は高橋家にきた時に16か17歳だったというから、それから2年として「家内中に感情の衝突」の時は19歳。

こうした極めて私的な記録はきちんと残されているわけではないので、多くは推測に頼らざるをえない。

鈴木直子は本所の大きな味噌問屋の娘で、是清の妻品子とは縁続きである。是清一家がペルー銀山の失敗によって経済的に破綻していた頃、この鈴木家が一時的に高橋家の面倒を見ていたと言われている。

直子は向学心が強く、東京女子医科大学の創始者である女流医師吉岡弥生に憧れていたが、父が逝去したので医学校への進学を断念せざるをえなかった。

そうした事情があって、直子は使用人というよりは家事手伝い兼行儀作法見習いのような形で高橋家に入り、できれば是清から英語の勉強を教えてもらうことを期待していた。

この時47歳と男盛りの是清は、日本銀行副総裁という社会的、経済的な地位もさることながら、英語が使えて、芸者の箱持ちの経験まである。グルメで夜遊びもなれたもの、ふくよかな容姿はもともと女性にもてる。

直子は英語を教わったりしながら是清に触れていく中で、いつしか理無《わりな》い男女の仲になってしまったであろうことは想像に難くない。

是清はもともと好色な方だし、当時の明治政府高官の蓄妾《ちくしょう》（妾《めかけ》を持つこと）の習慣などを考慮に入れると、慕ってくる直子を後先考えずに素直に受け入れたのであろう。

ところが、それが誰か他の使用人の口を通じて品子にばれてしまった。まだお腹が大きい妻の品子は激怒して、「家内中に感情の衝突」が起こったのだろう。品子の妹の姪《めい》でもある。

品子は前田正名《まさな》の紹介で結ばれた縁である。維新後に海軍兵学校を出て造兵総監となった薩摩隼人原田宗介《むねすけ》の妹、兄たちは西南の役で政府軍と西郷軍に分かれて戦った苦しい経験を持つ。芯が一本通った強い女性だった。

多い時には50人ほどの使用人がいたと言われる赤坂表町の屋敷では、いつも台所横の小さな部屋に陣取って家政全般を取り仕切っていた。

「直子には高橋家から出ていってもらいます」

是清は、品子には前妻柳子の子供たちを育ててもらい、ペルー銀山の失敗などもあって苦労ばかりをかけているから頭があがらない。ましてやお腹に是彰を妊娠中の不貞である。お抱え絵師の父川村庄右衛門の血筋だといわれれば納得せざるをえない。

「そう言わなくても、何かやり方というものがあるのではないのか」

金融の仕事じゃあるまいし、是清がそんなことをいうものだから、余計に品子の勘気に触れた。

品子は直子に相応の相手をみつけて、理由《わけ》あり承知のそれなりの縁談をまとめると、いやがる是清にも先方にきちんとあいさつのひとつもさせ、高橋家から直子を追い出してしまった。

次女の誕生

それから少しして無事に是彰も生まれた頃。

朝早く書生の一人が、是清に耳打ちした。

「直子さんが、門のところに」

書生は気を利かせて、品子に知らせる前に教えてくれたのだ。

是清が門まで出向き、見ると直子は、足袋はだし。草履もはかずに、嫁ぎ先を逃げ出して、夜通し歩いて赤坂表町の屋敷まで歩いてきたのだった。

直子は是清の顔を見ると、是清の胸に飛び込んだ。それまで我慢していたのであろう、顔をくしゃくしゃにして泣き出した。

直子の身体の温もり、鼻をくすぐる少し懐かしくなっていた髪の毛の香り、是清は何としてでも直子を守ろうと決意した。こうなれば品子と対決だ。

で、品子はというと、門前での派手な騒動にとっくに気が付いていた。

「これじゃ、まるで私が悪いみたいじゃないか」

とうそぶきながらも腹が立つより直子を憐《あわ》れんだ。こうして直子は高橋家においてもらうことになった。家政を仕切る品子の直属の部下的な位置、女中頭である。


日露戦争での是清の多忙な時期を終えた明治42年、直子は真喜子を産んだ。長女の和喜子とは18歳も歳が違うが次女である。

この後直子は喜美、美代子、栄子と全部で4人の女の子を産むことになる。末っ子の栄子は大正6（1917）年生まれ、是清満62歳の時の子供である。

もうひとつ付け加えなければならない。

直子が彼女にとって最初の子、真喜子を産んだ翌年、是清は鈴木某という芸者との間に男の子、利一をもうけている。

この事実が品子と直子両人の耳に入った時の高橋家の状況は、想像するにあまりある。「家内中に感情の衝突」は是清が種を蒔いて歩いていたのである。

第113話　日銀総裁

是清はペルーでの銀山開発に失敗した後の明治25（1892）年に、本店建築現場の事務として日本銀行に入行した。入行は当時の川田小一郎《こいちろう》総裁直接のスカウトではあったが、是清にはどうしても山師だという評判がつきまとい、最初は正行員ではなく臨時雇いの身分だった。

ところが是清が現場でいろいろとアイデアを出して実績をあげると、翌年には早くも馬関（下関）の西部《さいぶ》支店長に抜擢《ばってき》された。前述のとおり、当時の日銀には大阪と西部の二つの支店しかなかったが、その一つだった。

明治28年には横浜正金銀行支配人に転籍、実質は手腕を認められての出向であり、英語が堪能な是清を国際金融の世界へと誘った。

こうして明治32年、是清は入行わずか7年で日本銀行の副総裁になった。

日露戦争開戦直前の明治36年秋、何かと一徹で頑固な山本達雄日本銀行総裁が更迭されると、大蔵省の局長歴が長い松尾臣善が総裁になった（第65話）。

これは戦争中の政府と日銀の意思疎通を良くするのが狙いだったが、戦争が終わっても松尾は長くその職にいた。

松尾本人にすれば是清が資金調達の大役を終えた後、すぐにでも総裁の椅子を明け渡すつもりだった。だが、どこででもずけずけと物を言う直言居士の是清の評判がどうにも良くなかったらしい。しかしながらそうこうしているうちに68歳の松尾は働き疲れた。

「老年職に堪えず」

と言うと、明治44年6月1日に2期目の途中で是清に跡を譲った。

これが第7代日本銀行総裁高橋是清の誕生である。この時是清56歳、副総裁在任は結局12年におよんだ。

正貨危機

是清が総裁になる数日前の5月29日、「正貨事項に関する会議」が大蔵省、日銀の主要メンバーを集めて開催された。この当時大蔵大臣を兼務していた第2次桂太郎内閣の桂首相も出席した。日銀側は高橋を筆頭とするメンバーである。

ここでの正貨事項とは日本の「正貨危機」、すなわち金本位制下における日本の持つ正貨(貿易決済に使うゴールドもしくは英ポンド)の不足問題である。金本位制下では紙幣はいつでもゴールドと交換できることになっている。

海外から物を輸入すれば正貨で支払わなければならない。輸入が輸出よりも多い入超の状態が続くと正貨が流出して、やがて紙幣と正貨の交換が困難になり、日本は金本位制を維持できなくなる。

日露戦争時には正貨の不足が予想されたので、是清が外債を大量に発行して海外から正貨を借りてきたのだ。だが、そうすると今度は元本の返済はもちろん、外債の利子分も毎年正貨で支払わなければならない。

この年、明治44年3月の政府と日銀所有の正貨総額から、運用中のものと正貨準備に充てている金額を差し引いた残高、つまり当面対外支払いにすぐに使える正貨は1億7445万円ほどあったが、翌年つまり明治45年3月にはこれが4839万円まで減額する見込みであった。

そしてさらにそれ以降も、貿易外収支、すなわち主に外債の元利返済だけでも毎年6000万円ほどの赤字が見込まれている。つまりいずれ近いうちに日本の正貨は枯渇してしまうという予測が立った。これが「正貨危機」である。

このために緊急対策の会議が招集されたのである。輸出産業がいまだ脆弱《ぜいじゃく》だった第二次世界大戦前の日本は、多かれ少なかれこういう状態が続いた。

この会議は7月に第2回、8月10日には第3回が開催されて、ここで大蔵省と日銀の間で政策協定が結ばれた。その過程で日銀側から提出されたのが「高橋意見書」と呼ばれる文書だ。長かった日本銀行副総裁期を経て総裁となった当時の是清の政策意見が特徴的に示されていた。

この時のように入超が続き、貿易赤字が大きくなった際の当時の古典的な通貨政策は、金利を引き上げて通貨の流通量を縮小させ、物価を下落させる、つまりデフレーションによって輸入減少・輸出増加をはかり貿易収支を改善するというのが一般的だった。

明治10年の西南の役では、軍資金調達のための紙幣乱発によって戦後に激しいインフレーションが起こった。これに対して殖産興業によって商品を増やして物価を下げ、外債を発行して新通貨を発行するという「積極主義」的な政策を採用しようとしたのが参議の大隈重信であった。

しかしこれが評判悪く、明治14年の政変によって大隈にかわって大蔵卿になったのが松方正義だった。

松方は乱発された紙幣を整理した。この時に設立されたのが日本銀行である（第29話）。後に松方デフレと呼ばれる予算削減、通貨収縮の「消極主義」的政策は物価の下落を招き、農産物を売って暮らす農民を窮乏に陥れたが、それでも明治18年ごろにはインフレーションは収まり、当時は銀本位の通貨制度が安定したのである。

是清が日銀総裁になったこの時、松方、井上馨の両元老は健在であり、昔の成功体験から「消極主義」的な政策を支持していた。

高橋意見書

是清が昔農商務省にいた頃、盟友の前田正名は是清の協力も得て地方から殖産する産業振興の企画書『興業意見・未定稿』を書いた。ちょうど松方デフレの時である。

前田は細かい調査を通じて物事の根本に迫るのが信条だ。『興業意見・未定稿』には松方デフレで苦しむ地方の惨状が批判的に記されていた。そのため前田は松方の逆鱗《げきりん》に触れて農商務省から更迭されたのであった（第33話）。

日銀総裁になった是清の考え方は前田正名の影響を色濃く受けている。

この時の「高橋意見書」では陸軍による師団増設や海軍拡張、国会議事堂建築、大博覧会など至急に必要ではないものをやめて出費を減らし、将来の外債発行のために国家財政を健全に保ち国家の信用を維持すべきと説く。

その一方で、正貨問題の根本的な処方箋は産業を振興し、輸出増加によって国際収支の黒字を達成することにあるとも説く。であるならば予算削減一辺倒ではなく、ここは是々非々で有望な産業への外資導入のためには外債発行もやむなしというものだった。

また産業の振興のためには、低金利政策による資金供給が必要で、これは元老たちの「消極主義」とは異なり「積極主義」的な政策であった。

是清は桂内閣との政策協定を通じて、積極主義的な金融政策を行う予定だった。しかし事はそうは上手く運ばない。

第114話　山本達雄

明治44（1911）年、日露戦争と第一次世界大戦の間に位置するこの時期は、長州閥の桂太郎と立憲政友会（以下、政友会）の西園寺公望が反目しあい時に協力しあって交互に政権を担っていた、桂園時代とも呼ばれる時代の最中である。

是清が日本銀行総裁になったこの年の6月時点での政権は、第2次桂内閣だった。

桂と言えばこの年2月21日には新しい日米通商航海条約が調印され、日本は維新以来の悲願であった不平等条約の改正を達成した。首相としてレガシーを残せたのである。だからもう辞任してもよい。ところがその一方で同時期に明治天皇謀殺容疑をもって大逆事件を引き起こした幸徳秋水ら24名を一斉に死罪としたことはあまりにやりすぎであると社会問題化し、国会での追及は必至であった。桂はできればもう大人しく首相を辞めたかった。

そこで桂は議会運営において追及せぬように政友会の「情」を乞うた。同時に見返りに政権を西園寺に渡すという「意」志を見せたので、当時これは「情意投合」と呼ばれた。西園寺は政友会の総裁であり、原敬《たかし》が会の実務を仕切っていた。

こうして桂は8月になれば内閣は総辞職して、西園寺に政権を譲るとの意向を政友会の最高幹部である原敬に伝えたのである。原はそれを受けて、是清が日銀総裁になった1週間後の6月8日、来たるべき第2次西園寺内閣の閣僚人事をどうするのか、相談すべく政友会総裁の西園寺邸を訪ねたのだった。

是清が8月に「高橋意見書」に則して桂内閣と金融政策において協定を結ぼうとしたのは実効性が無かったのである。桂内閣は終わりだったのだ。

第2次西園寺内閣

「西園寺さん、今回の組閣は元老による推挙者や異分子は極力排除して、外からの圧迫にも堪えうる強固な政党の内閣を作りたいと思います」

原は西園寺と相談して、今回は桂や山県有朋系勢力などの動向をできるだけ気にかけず、また彼らに相談を持ちかけることもせずに政友会を中心に組閣を行うという基本方針を決めた。

「原君、大蔵大臣はあんたがやったらどうやねん」

西園寺はそう言ったが、正貨危機のこの時期に大蔵大臣は難しい役回りだ。原は政友会の基盤固めに役立つ地方政治を統括する内務大臣を選んだ。

外務大臣には原と同じ故陸奥宗光門下の駐米大使内田康哉《こうさい》を、また藩閥（薩閥）ながら農商務大臣には牧野伸顕を推薦した。

政友会の幹部松田正久を司法大臣、長谷場純孝を文部大臣、林董を逓信大臣として、鉄道院総裁は原が兼任した。また陸軍大臣に石本新六、海軍大臣には斎藤実が前政権から留任したが、問題はやはり大蔵大臣の人選だった。

西園寺は言う。

「日本銀行総裁に高橋是清がいる以上、大蔵大臣は彼と対抗できるほどの人物やないとあかん」

「大蔵次官の若槻礼次郎ではどうでしょうか」

西園寺はかぶりを振った。

「彼は優秀やけど、高橋が相手となるとまだ無理やろ」

「すると日本興業銀行総裁の添田壽一か、日本勧業銀行総裁の山本達雄あたりでしょうかね」

原がそう尋ねると、西園寺は、

「松方（正義）さんや井上（馨）さんによく相談しておくわ」

と返した。

こうした経緯があって、大蔵大臣には元日銀総裁の山本達雄が選ばれた。是清の元上司である。

8月25日、約束通り第2次桂太郎内閣が総辞職すると、28日には西園寺公望に組閣の大命が下された。第2次西園寺内閣の誕生である。

原による組閣について、政権を譲ったにもかかわらず事前に閣僚人事について相談を受けていなかった前首相の桂は頭にきていた。

「組閣だけは何とかできたようだが、どうなることやら。特に大蔵のごときは、おぼつかなきものと心配に御座候」

と冷ややかに不満をぶちまけた。

桂は日露戦争の直前に、当時の山本日銀総裁を頑迷すぎて大蔵省との協調に問題ありとして更迭したことがある（第64話）。「正貨危機」を前に、原や新任の高橋日銀総裁との関係はうまくいくまいと読んでいたのだ。

山本はやはり頑固だった。

山本が蔵相になると、勧銀総裁の椅子が空く。この人事は蔵相の承認が必要だ。

「山本さん、原があなたの後釜には野田卯太郎を据えようと言うてるがどうやろか」

原は西園寺を通じて、政友会の国会議員野田の名をあげて山本に了解を求めた。

「西園寺さん、そりゃ駄目です。政府系金融機関の長に政党人はよろしくない。いくら西園寺さんのお話でも、無い袖はふれない」

原にすれば、山本を大蔵大臣に引き上げた貸しがあると思っている。ところが山本はさすがに頑迷一徹で、「よろしくない」という原理原則論にこだわって一歩もゆずらない。

「大蔵大臣にまで据えたのに、あの男は恩義というものはないのか？」

原は困るが、山本は一徹者である。恩義など感じていないのだ。

山本は自分の考えを貫き通す。そして原と山本の対立は、明治45年度予算案をめぐって一層深刻になっていく。

山本は元老たちと同じく歳出削減、金融引き締めの「消極主義」者であった。

「消極主義」

第2次西園寺内閣組閣から約1カ月後の9月25日、山本は原と松田正久に面会を求めると、金融引き締めの説明をした。

「原さん、私は大蔵大臣として、今回の正貨不足に対しては消極主義をもって対処する」

これに対して原は返した。

「歳出を節約すべきことは当然だが、産業の発達や国力発展に必要なことはやっていかねばならない」

政党を預かる原には選挙がある。有権者層の人気にもかかわるから基本的に景気対策には積極的だ。

「高橋意見書」を提出していた日銀総裁の是清は正貨不足の根本問題解決は産業の振興だと捉えて積極主義を標榜《ひょうぼう》する。

是清の「積極主義」に対する山本の「消極主義」である。

二人の日本銀行の後輩で、後の大蔵大臣井上準之助による人物評が残っている。

「先例のあるような事件がでてきたら山本さんのところに聞きにいくとよい。手に取るように教えてくれて大いに参考になる。そして、先例のないような事件には、高橋さんのところに行くに限る。必ず即刻いい考えを出される」

11月20日、井上馨と渋沢栄一が首相官邸を訪問、山本と原もいる中で、緊縮財政を求める意見書が示された。元老も財界も政府事業縮小論であり、これには軍事費や鉄道建設事業の抑制も含まれていた。

これを受けたのかどうか、山本蔵相は翌年度の予算案で鉄道関係予算を大幅に削減した。鉄道網拡張を主張する原はこれに怒って辞任をほのめかした。

原はもう一人の政友会最高幹部である司法大臣松田正久を伴って西園寺に食ってかかったが、井上馨ら元老たちから支持された山本蔵相に対する西園寺の信頼は厚かった。

西園寺が「原が辞めても仕方ない」と漏らしたという風の便りを聞き、原はここは泣き寝入りするしかなかった。かくして、是清はせっかく日本銀行総裁になり「高橋意見書」を書いたというのに、日銀総裁の時は思う通りの政策を行えたわけではなかった。

第115話　貨幣数量説

明治44（1911）年の年初来の輸入超過と日露戦争後の恐慌に対する反動景気によって兌換《だかん》銀行券発行残高は年末には未曾有の水準に達した。

これと同時に物価が上昇して、新聞では、

「今こそ利子を上げて市中に警戒を促し、物価上昇を抑え込まなくてどうするというのか」

という意見が強くなっていた。

明治45年2月6日、日本銀行は公定歩合の日歩1厘引き上げ（5・48％→5・84％）を発表した。ところが市中の貸出金利が日歩2、3厘高い中で日銀の1厘は少なすぎるという議論になった。公定歩合を上げるならば、もっと上げろというのである。

この議論の最中の2月16日に、是清は銀行倶楽部において自身の見解を講演で話した。

「1厘金利が上がれば真面目に商売をしている人たちにどれだけ苦痛を与えるかしれない。金利を上げて兌換券を縮小すれば、経済界が立ち直ると単純に考えるのは大きな間違いであります」

さらに、

「最近、貨幣数量説に基づいて我が国の物価騰貴の原因は兌換銀行券の増発によるとの議論が盛んなようだが、小切手や手形の流通が増えた現在では旧来の貨幣数量説は陳腐となった。物価の上昇は他のさまざまな要因によるもので、因果関係は逆で、物価騰貴こそが銀行券の増発をもたらしているのだ。従って金利を上げて貨幣の数量を減らせば物価騰貴が収まるというほど単純ではない」

マネーに対する分析の深度こそ違え、マネーとインフレという現代的なテーマが明治の終わりの当時から議論されていたのである。この講演は物議をかもした。

「東洋経済新報」（現「週刊東洋経済」）は「途方もなき見当違いの意見、全く事相を誤れる詭《き》弁《べん》」と断じた。

また「中外商業新報」（現「日本経済新聞」）は「信用取引の発達を取り入れていない貨幣数量説で通貨と物価の関係を論ずるのは不当」とどちらかといえば是清寄り、また「貨幣の対内価値は数量よりも流通速度にあり」という発刊されたてのアーヴィング・フィッシャーの主著『貨幣の購買力』に示された交換方程式のような意見まで出ることになった。

一方で是清の意見はどこから出たのかと言えば、これはアカデミズムと言うよりは、実務家としての実感のようなものだった。つい口から出てしまったのであって、後から学者からちくちくと問い詰められると困るから、講演から帰るとその足で、後に日銀理事になる調査局の田中鐵三郎のデスクに向かった。

「田中君、さっきね、銀行倶楽部で貨幣量が増えたから物価が上昇しているというのは間違いで、貨幣数量説は陳腐だと見得を切ってしまったのでね、そういう説が外国には必ずあるはずだから、ちょっと調べておいてくれんか」

田中が突然のことに驚いていると、いったん部屋を出た是清がまた戻ってきて愛嬌《あいきょう》のある笑い顔で田中に念を押した。

「大急ぎでな」

当時日銀では経済学の洋書を広く買い集めていた。そこで田中がその中から適当にあさるとシカゴ大学のジェームス・ローレンス・ラフリン著の『プリンシパル・オブ・マネー』という本が見つかった。この本は貨幣数量説に否定的で高橋総裁にとって都合がよさそうだった。田中は徹夜してこれを読んでまとめておいて是清に提出した。

果たしてこのまとめが是清の役に立ったのかどうかはわからないが、相手をけむに巻くぐらいはできたに違いない。

田中の是清との付き合いは是清が亡くなるまで続いたが、そんな彼の是清評は、「大局に立脚して所信を屈託なく表明される人」であった。

政友会の躍進

4月に入ると陸軍大臣の石本新六中将が病死して、代わりに後に強力な軍閥を形成する、薩摩の上原勇作陸軍中将が陸軍大臣となった。

こうした中、5月15日第11回総選挙が行われ衆議院の定数380人のうち政友会は211人の多数を獲得した。世間の政友会政府への期待は強かったのである。

ちなみにこの時の日本の人口は5000万人、有権者総数150万人、投票者数135万人で投票率は90％だった。

第116話　明治の終焉

明治44（1911）年10月10日、中国の武昌（現在の武漢）で武装蜂起が発生した。辛亥革命の発端である。これが成功すると、この動きはたちまちのうちに中国南部に広がり28のうち11の省が清朝政府から独立を宣言するに至った。

日本政府としての対処法はとりあえず二つ考えられた。清国政府側につくか革命側につくかであった。

辛亥革命

第2次西園寺公望内閣の新任外務大臣内田康哉は、元老山県有朋を含む政府首脳と打ち合わせすると、清国政府に対して銃砲弾薬を直接供与するのではなく、日本人商人を通じて供給することとした。偽装である。23日付で273万円分が売却された。一方で陸軍参謀本部などは革命軍にも同様の形態で武器を供与して連絡を確保した。そのため国としてはいわば両天秤《てんびん》の対応となった。

そして外交方針として中国における日本の権益の確保については、満州はロシアと、中国本体（支那本部）に関しては英国と歩調を合わせることにした。

しかし中国を取り巻く国際外交は英国の独壇場で進行し、12月2日には漢口において英国領事立ち会いの下で清国と革命軍の間で停戦協定が結ばれることになった。日本は英国に出し抜かれたかたちで、結局この革命騒動に主体的に関わることはできなかった。第2次西園寺内閣の外交政策の失点である。

明治45年1月1日、南京に集まった17の省の代表が、孫文を臨時大統領に推して中華民国の成立を宣言した。

またこの動きに対して、清国側の袁世凱《えんせいがい》は、自分に政権を渡すならば新中国の政治形態を共和制とする意向を南京に示すと、2月12日には清国皇帝溥儀《ふぎ》に退位を表明させて清国は滅亡し、南京側は15日に孫文が臨時大統領を辞任して袁を新大統領として選出した。これによって辛亥革命が成立し袁世凱を大統領とする中華民国が立国されたのである。

この革命は日本にも影響を及ぼした。いくら隣国とはいえ、皇室に仇《あだ》する辛亥革命の動きは警戒すべきものであった。明治40年の帝国国防方針で策定されて以来の2個師団増設に対する陸軍の要求は強いものとなった。

明治帝崩御

中華民国が成立した明治45年は、明治時代最後の年であり大正元年でもある。第2次西園寺内閣は正貨危機の中で行政改革を行うべく粛々と作業をしていた。大ざっぱに言えば、日露戦争でロシアを倒し、日本はひとかどの国にはなったが、その時にできた借金は思ったよりも大金で、それを返すのは大変だった。

7月20日、国民に向けてかねてより病気だった明治天皇が重態であるという発表があった。警視庁はこの日、予定されていた両国の川開きの花火大会を中止させた。

28日、西園寺以下の閣僚は、皇居に参内《さんだい》しお見舞いの後、皇居内で徹夜して明治帝のご回復を祈った。この翌29日早朝、内務大臣原敬は宮城前広場で徹夜した群衆が、前の晩よりもますます増加しているのを見て国民の沈痛を知った。

30日の0時43分、明治天皇が崩御された。満59歳だった。

崩御に次いで午前1時より元老、元帥、閣僚らで践祚《せんそ》の式が執り行われ、元号は大正と改元された。皇太子嘉仁《よしひと》親王が皇位継承し（大正天皇）、第123代天皇として践祚した。

一般人の葬式に当たる大喪儀は、大正元（1912）年9月13日に行われ、葬儀は陸軍青山練兵場（現明治神宮外苑）にて執り行われた。

この日、陸軍大将乃木希典は妻ともども殉死して国民に衝撃を与えた。そして夏目漱石は2年後に書いた小説『こころ』の中でこの殉死をとりあげて、作中の「先生」に「明治の精神が天皇に始まって天皇に終わったような気がしました」と言わしめた。

維新を経て、列強を追いかけ追いついた国運隆盛の明治時代が終わり、日本は借金を抱えたまま、いよいよ大正という新しい時代へと入っていくのだった。

是清の日銀総裁任期は長くないが、日露戦争後の正貨危機、辛亥革命、明治帝崩御とそれに伴う新元号の開始など実に事件が多い時期であったのだ。

原と是清の接近

第2次西園寺内閣に政権を譲った桂太郎は再び政権奪取を狙っていた。これは政治の世代交代でありすでに老人となった長州閥の大御所元老山県有朋からの自立でもあった。その手段は西園寺の政友会に対抗して自身の政党を結成することであった。

山県は桂太郎が独立自尊の動きを見せているのを察知すると、桂がもう一度政権を奪取して3度目の首相となり、そのうちに自分の地位を脅かすのではないかと疎ましくなっていた。

そこで明治帝の崩御にともない若い大正天皇が皇位継承するに際して、桂を大正天皇に仕える内大臣兼侍従長に就任させた。これはどんな効力を持つかというと、桂は宮中と府中（奥と表の政治）の別から政権奪取は不可能となり、ましてや政党結成などは無理になる。山県が桂を封印したのである。

第2次西園寺内閣の大蔵大臣山本達雄と日銀総裁の是清との経済政策に対する不一致は政権交代後も変わらない。

山本は金利をもっと引き上げ金融を引き締めろという。そのため日銀は公定歩合を引き上げろというのが大蔵省の意見だった。

是清がそんな無理をしてはいかんと言うと、山本は大蔵大臣の権限で、日銀の金利よりも高い大蔵省証券を発行して金利をつり上げるとまで言い出した。

こんなことがあって、ちょうど明治帝が崩御してしばらくした頃、是清は、辞任覚悟で西園寺に意見書を提出した。「消極主義」の山本か「積極主義」の高橋かどちらかを選べというのである。ところが是清がいくら待てども西園寺から返事がない。

是清は西園寺をよく知らない。8月30日、しかたなく政友会の幹部であり内務大臣である原を訪ねた。

原であればその昔、是清が特許の仕事で欧州に出張した際に世話になっているし、その後も井上馨の家などで何度か出会って話もしていた。

「実は私は西園寺さんに金融緩和を行うよう意見書を出しているのだが君はそのことを知っているか？」

「それはよく知っている」

と原が答えた。

「あれを決めてもらわなければ困る。もしも政府が私に反対の意見をとるならば、私は日銀総裁を辞めなければならない」

原も辞任覚悟で西園寺に同じことを訴えたことがあったが無駄だったことを是清は知らない。

原はやれやれという風情で是清にこう語る。

「山本蔵相には私もほとほと困っている。私も君の理論と同じで君の『積極主義』の意見には大賛成なのだが、これが山本とは全く合わぬのだ。ここは、無理なことはさせないようにするから、辞めるなどとは言わず、私の味方でいてくれ」

原は是清をなだめたが、

「とにかく西園寺さんの意見を聞きたい、私の出した意見書に対する回答が欲しい」

是清は原に迫った。

「まあまあ高橋さん、西園寺は今、明治帝の大喪儀もあって忙しいのだ。そんなことは言わずに辞表を出すのなんかやめてくれ」

原は何とか是清を帰らせた。

是清はもう日銀総裁を辞めたがっていた。

9月17日、原は元老の松方正義と面談した。

「松方は大いに政費を減じ、又（外貨獲得のために）外債を絶対に募集せずという消極論なり、山本蔵相とは十分に話し合っていると思う」

と原は日記にしたためた。

また、原によればその松方は10月15日の閣議においても、

「正貨の不足を憂ふるとて消極論を縷々《るる》陳述」

したらしく、この政権では是清の積極策にはもう出番はなかったのだ。

是清の反対にもかかわらず、公定歩合は10月2日に5・84%から6・21%へ、さらに11月14日には6・21%から6・57%へ、それぞれ日歩1厘ずつたて続けに引き上げられた。

第117話　大正政変

病死した石本新六に代わって第2次西園寺公望内閣の陸軍大臣は上原勇作になった。

この上原は、内閣として政費を減ずるべく行政改革に一致努力しているにもかかわらず、2個師団増設すなわち増師問題について強硬な姿勢を取り始めた。これには中国の辛亥革命の影響もあったが、内実は山県有朋によって宮中に押し込められた桂太郎が一波乱を期待して策動していたのである。

桂を内大臣に封印した山県は、念のために大正天皇に頼んで桂に大将から元帥への昇格を命じてもらった。元帥というのは終身現役の軍人でいられる最高の栄誉であるが、そのかわりに政党には関われなくなる。山県による桂封じ込めの露骨で巧妙な策謀であるが、なんと桂は元帥の地位を辞退したのである。山県に逆らった。

上原陸相の辞任

大正2（1913）年度の予算編成が迫る中、西園寺を含む政友会幹部は2個師団増設を翌年スタートにすることで陸軍との妥協点を見いだそうとしたが、上原陸相と背後にいる桂とはとうとう折り合えなかった。桂は再度の政権奪取をねらっていたのだ。

この長州閥の横暴に議会中心の政治を望む議員やメディアは反発した。

12月2日朝、前日に2個師団増設が閣議で否決されると、上原陸相は西園寺首相を経ずに直接大正天皇に辞表を提出した。いわゆる帷幄上奏《いあくじょうそう》のつもりだが、本来軍が議会を経ずに直接天皇に報告できる帷幄上奏は軍機・軍令に限られており、軍政にかかわる辞表提出は拡大解釈による行為であった。こんなことは憲政開始以来、初めての出来事だった。

陸軍大臣なしでは内閣が成立しない。

西園寺は長州閥の桂や山県に接触するが、山県も桂に取り込まれ、もとより両者に陸軍大臣の後任を推薦するつもりはない。

本来陸軍大臣は現役の武官に限定してはいなかったが、明治33（1900）年の当時、政党の伸張を警戒した山県が現役武官制を決めて予防線を張っていた。そのため陸軍大臣は現役に限られた。陸軍の現役の将官が、ドンである山県や桂にたてついて陸相を引き受けるわけがない。

こうして陸相を欠いた西園寺内閣は12月5日に総辞職することになった。陸軍が制度を利用することで内閣を倒したのである。

第一次護憲運動

翌6日、宮中で元老会議が開催された。病欠の松方正義を除き山県、井上馨、大山巌、そしてそこに桂が加えられた。

「桂君、陸軍のごり押しなんかで西園寺を辞めさせてはいかん」

と山県は白々しく話したが、西園寺の方は山県の続投の依頼を断固拒絶した。西園寺はもう嫌気がさしていたのだ。そして桂には西園寺を引きとどめる気などなかった。

新聞の方はどうせ陸軍から首相を出すに違いないと推測した。内大臣の桂は宮中だから無理なはず、であればその次の陸軍の実力者である朝鮮総督寺内正毅《まさたけ》ではないかと、翌7日には早速各紙大きな絵入りの記事を出した。

内大臣とは戦前に存在した宮中で天皇を常侍輔弼《じょうじほひつ》する内大臣府の大臣であって、内府と呼ばれることもある。内務大臣（内相）とは別である。

ところが桂の本音はもう一度政権が欲しい。だから、だらだらと元老会議が続く。松方をという動きもあったが本人が熟慮の末に高齢を理由に辞退した。

10回近い元老会議を開いても、次期首相は決まらなかった。

元老会議が結論を出せない。議会や民主主義を無視する行為が続いている。どうせ最後には長州閥を中心とする陸軍が政権を握るのであろうと国民は思った。

国民は日清戦争、および戦後の三国干渉以来の臥薪嘗胆《がしんしょうたん》の窮乏生活に耐えた。日露戦争では100万人近くの国民が戦場へと赴き、20万人が死傷した。近所の知り合いや親戚などの誰かしらが戦争に参加した。重税にも耐えた。

それなのに、その後も戦争でできた政府の借金で国民の税負担は重いままである。

軍の徴兵制度の一環で無償の義務教育が普及し、国民の識字率がようやく95%を超えた時期でもあった。

日露戦争というコンテンツで新聞は発行部数を伸ばし、鉄道網の拡大は日刊紙の販売領域を広げて新聞を読む国民は格段に増えていた。そしてそれに伴い国民は世論というものを形成し始めた。

普通選挙法の施行は大正14年のことで、この時代はいまだ10円以上の納税者に限定された制限選挙の時代である。国は国民に義務だけを強いて、政治には参加させないのかと、デモクラシーが芽生え始めていた時でもあった。

上原陸相による帷幄上奏、長州閥の横暴、元老会議のもたつきに対して、12月13日、弁護士や新聞記者たちは憲政作振会を作って師団増設反対を表明した。

また慶應義塾OBを中心とする交詢社《こうじゅんしゃ》も有志が憲政擁護会を組織した。大正政変の始まり、第一次護憲運動が始まったのである。

こうした動きが活発になった17日になって、とうとう桂に組閣の詔勅が下されたのである。これは桂の思惑通りであったが、護憲運動の者たちからすればそれ見たことかである。

内大臣が宮中を捨ててどうして首相になるのか、天皇に詔勅を出させて閥族《ばつぞく》は何でも好きなようにするのか。山県、桂は「奸臣《かんしん》」か。「宮中・府中の別を乱す」行為であると運動は盛り上がった。

19日には歌舞伎座に3000人の参加者を集めて第1回憲政擁護大会が開催された。「閥族の跋扈《ばっこ》を制し以て大正新政の禍機（禍のきざし）を一掃せん」、「閥族打破、憲政擁護」のスローガンを掲げて政府に物を言うことになった。

第3次桂内閣の終わり

12月21日に桂は側近の後藤新平らとともに第3次桂内閣を組閣、29日には、外務大臣に駐英大使の加藤高明を指名、大蔵大臣は第2次桂内閣の大蔵次官若槻礼次郎、逓信大臣には後藤新平を指名した。

新聞・雑誌等では元老山県とともに桂をこの政変の黒幕と名指しで批判が行われていた。

桂は「ニコポン・キンメシ政治」と評判で、ニコニコ笑いかけては肩をポンとたたき、近くメシでも食おうやという、こうした政治スタイルは良い時は愛嬌《あいきょう》だが、悪くなると真面目にやれとなる。

こうした騒然とした中で12月24日に第30回議会（通常会）が召集された。衆議院の勢力は政友会210名、第2党の立憲国民党が89名、政府寄りの中央倶楽部は30余名にすぎない。このままでは桂は国会を乗り切ることができない。桂は既存政党を切り崩し、閥族批判をかわすために自身の新党設立で乗り切ろうと考えて、時間稼ぎのために国会の停会を決めた。


年が明けた1月20日、桂は立憲同志会設立を発表した。

この間、政友会と立憲国民党（以下、国民党）の提携が成立し、特に政友会会員の尾崎行雄や国民党党首の犬養毅《つよし》が中心となって活躍、再開された2月5日の国会は政友会と普段は犬猿の仲であるはずの国民党との野党連合による内閣弾劾決議案で始まった。両党の切り崩しがうまくいかなかった桂はこの日再び5日間の国会停会を決めた。

2月9日には両国国技館で2万人による護憲集会が開催されて、翌10日には護憲派代議士は胸に白バラをつけて国会に登院した。当時日比谷にあった国会議事堂は6000人の護憲運動の群衆に囲まれた。

事態ここに至ると、薩派で海軍の有力者山本権兵衛大将は桂に対して、天皇の詔勅を利用して政局を動かしてきたことを厳しく追及した。総辞職して西園寺へ政権を譲れと迫ったのであった。

海軍までも敵にまわした桂は、いよいよ観念し総辞職を決意して再び議会を停会としたが、この停会の経緯がわからない国会をとりまく群衆はますます数を増やしていよいよ紛糾した。

川上親晴《ちかはる》警視総監が群衆に対して騎馬憲兵25騎を突っ込ませると、ちょうど日比谷焼討事件の時のように群衆は暴徒化したのである。

徳富蘇峰の「国民」、「読売」、「報知」など政府系とされた新聞社を襲撃、交番や路面電車を襲い騒擾《そうじょう》（騒いで秩序を乱すこと）となり全国へと展開した。

襲われた交番86、焼き討ちされた電車26両、死者は53人、警官隊が抜刀する非常に大きな騒擾となった。日比谷焼討事件の死者が17人だったから、この時の方がよほど大きい。

「人力車の車夫や馬丁に至るまで新聞を片手に談ずるところは閥族の横暴」

この時、老若の女性までが時局の論壇を楽しむようになったと新聞は伝える。

こうして大正2年2月20日、第3次桂内閣は騒擾の責任を取る形で総辞職した。これが大正政変である。日銀総裁だった是清の身の上にも変化が起こった。

第118話　大蔵大臣

桂太郎は令和元（2019）年に安倍晋三首相に抜かれるまで歴代首相在任期間第1位であったが、第3次だけを取り出すとわずか62日間しかなく、終戦時の東久邇宮稔彦王政権の54日間に次ぐ短い政権であった。

失意の桂は間もなく胃がんを発病した。だがこれは本人に告知されることなく、桂は政権への執着を残したまま、この年の10月10日に病死する。65歳だった。

また桂が構想した桂新党は、この年の12月に第3次桂内閣の外務大臣だった加藤高明を党首として立憲同志会として立党、以降勢力を拡大して憲政会となりやがて政友会と並ぶ2大政党のひとつになる。

国家のため

西園寺は元老たちから桂の後の組閣を頼まれたが辞退し、代わりに山本権兵衛海軍大将を推挙した。

桂政権が「閥族打破、憲政擁護」のスローガンによって倒された以上、次期首相には政党、具体的には政友会の原敬あたりにやらせてみるかとの話もあったが、元老たちはまだそれを容認できなかった。そのため西園寺は薩摩閥で海軍の山本を推し、組閣には政友会に協力させることになった。

山本はこれまで政友会に同情的だった。西園寺にすれば、いきなり政党政治の段階に入る前にワンステップ設けておくという妥協の産物である。

いつかは純粋な政党政治をと願う原敬も、とりあえずは山本を中心とする薩摩閥の力を借りておこうという思惑で一致した。

山本は同じ薩摩閥の中でも新興勢力の一人である牧野伸顕を参謀格に据えて組閣を始めた。

牧野伸顕は大久保利通の次男、この時51歳である。伊藤博文に引き立てられ外交畑で活躍、第

1次西園寺内閣では文部大臣として入閣した。

大久保利通は八男一女をもうけた。八男の大久保利賢《としかた》は大正元年9月に是清の長女和喜子と結婚して一家を成している。従ってこの時牧野と是清は縁戚関係にあった。

山本は当初大蔵大臣に貴族院議員で横浜正金銀行頭取の三島弥太郎を考えた。三島は薩摩出身の三島通庸《みちつね》の長男で45歳。子爵を継承している。貴族院の財政通と評判だった。

是清は日銀総裁に就任する際に兼任していた横浜正金銀行の頭取を辞任したが、その後釜が三島だ。いわば薩摩閥若手のホープである。その三島が、貴族院に気がねして大蔵大臣就任を辞退した。そんなうわさが日銀にも流れていた頃である。


是清たちが日本銀行で重役会議を開いていると電話が入った。

秘書が伝える、

「山本閣下からご足労ではあるが海軍省へ来てくれとの伝言でございます」

「総裁、これはきっと大蔵大臣就任の交渉ですよ」

と理事の一人が是清に言った。

「どうかな、私は山本さんのことはあまり知らないからね。違うのではないか」

是清は、山本とは宴会や園遊会でたまに会う程度の関係でしかなかった。

ところが山本を訪ねて海軍省へ行くと、やはり大蔵大臣就任の依頼だった。

「私が大蔵大臣になったとて、何ができるでしょうか。山本さんは私のことをご存じないでしょう」

と是清が言うと、

「君のことは松方正義公爵からよく聞いている。実は日露戦争が終わった頃から、私は外国に対する借金が気になっておってね。これは君が奮発して借りてきてくれたものじゃないか」

山本は生真面目な男である。

「ポーツマスでは賠償金を取れなかったことだし。それで今後は財政のことが大事だと思って民間に良い人はおらぬかと探していたのだ。君のことはずっと気にかけていた。松方さんがいうに、君は国家のためならば己を虚《むな》しゅうして（私情を捨てて）誠を尽くすそうではないか」

山本は是清に口を開く時間を与えない。

「君はたしかに財政に通じている。しかし、君の手腕に頼むのではない。私は君の精神を頼りにしているのだ」

是清は目を見開いて、思わずうなずいてしまった。

「国家のため己を虚しゅうする」

このフレーズは是清にとって殺し文句だった。是清を知る牧野が「こう言えば大丈夫」だと山本に入れ知恵したのだろう。

若き日の農商務省時代、つまりペルーの銀山開発に出掛ける前の昔のことだが、是清は前田正名の「国家というものは自己を離れて別にあるものではない。自己と国家は一つのものである」という国家観に深い感銘を受けた。

それ以来是清はナショナリストなのである。国家勃興の明治時代に育った日本人は多かれ少なかれナショナリストである。しかし是清は偏狭な愛国主義者ではない。幼い頃から外国人にさまざまな立場で接してきた是清は、自分自身が大日本帝国を愛するように、他国の人がその国を愛することにも敬意を払うのだ。

是清はよく前田のことを語り、自分もお国のためなら一身をも投げ出す覚悟であると話していたのである。牧野はそのことを心得ていた。

さらに日本銀行総裁就任以来、是清は第2次西園寺政権の山本達雄大蔵大臣と政策面での意見が合わずにフラストレーションがたまっていたこともあった。いつかは自分が思うままに経済政策を実行してみたいと考えていた。

是清は大蔵大臣就任を5分で引き受けたという。

牧野は、もし是清が蔵相就任を断ったら、その時は説得しようと山本首相の部屋から続く階段の下でじっと待っていた。是清が階段を降りてきた時、あまりに退室が早いので牧野はてっきり是清が就任を断ったのかと思った。

「どうだった?」

心配気に牧野が聞くと、

「こういうわけだからよろしく」

と実にあっさりとしたものだった。

政治家への転身

山本内閣の閣僚は、内務に原敬、外務に牧野伸顕、政友会からは原の他に司法の松田正久、逓信の元田肇の3人を出した。非政党員では大蔵の是清と、農商務には是清と折り合いの悪い山本達雄、文部に伊藤博文系と見られていた奥田義人《よしと》が配された。

是清を含む山本達雄、奥田の3人は、「閥族打破」をうたう山本内閣の世間体のために、政友会への入会が閣僚就任の条件だった。3人ともこれを容認した。

かくして是清は政友会会員となり、政治家としてのスタートを切ったのである。

閣僚の発表があった数日後、日本銀行は上野精養軒で大祝賀会を催した。是清の大蔵大臣就任と山本達雄の農商務相就任を祝ったのである。日銀は出身者から同時に二人も大臣を出したのだ。

日銀総裁の後任には前出の横浜正金銀行頭取三島弥太郎が就任した。

第119話　第1次山本権兵衛内閣

大正2（1913）年2月22日、山本内閣の組閣から2日後である。

大正政変で辞職した桂太郎に代わり首相に就任した山本権兵衛は、政友会会員の前で政友会の主義、綱領を山本内閣の施政方針とすることを声明した。

山本は海軍で薩摩閥である。桂内閣を倒した護憲運動のスローガン「閥族打破、憲政擁護」をかわして党員を安心させ、世間の騒擾《そうじょう》の芽を摘むためだった。

これに対して第一次護憲運動で政友会に協力した国民党の犬養毅は処遇に不満もあって離反、国民党は桂新党による切り崩しにあって政変前に比べてすっかり勢力をそがれてしまっていた。

この犬養毅は20年後の5・15事件の時の首相、是清はその時も大蔵大臣だった。

また政友会の中でも、尾崎行雄は、党利に走り閥族と安易に妥協する方針には従えないと、政友倶楽部を作って仲間を連れて分離した。犬養と尾崎の二人は護憲運動の中において「憲政の神様」と呼ばれ運動の象徴的な存在だったが、結局どちらも新政権から抜けた形になった。

閣僚デビュー

同月27日、桂内閣の崩壊によって中断されていた第30回議会が再開された。是清の閣僚デビューである。

この議会の予算案や法律案は前の前の第2次西園寺内閣によって作成されたものであり、これはそのままひとつ前の第3次桂内閣によって議会に提出されたものでもある。新任の大蔵大臣である是清が作成にかかわったものではなく、是清とはどうにも相性が悪かった「消極主義者」の元大蔵大臣山本達雄が作成したものである。

その山本達雄は元老や西園寺たちからの信頼が厚く、山本権兵衛内閣への参画を求められた。だが原敬にしてみれば、山本のあまりに弱気な金融政策では折り合えそうもなく、是清を大蔵大臣とし、山本達雄を農商務大臣としたのである。

しかしながら、この時代はいくら内閣が交代しようとも、また金融政策上の「積極主義者」であろうと「消極主義者」であろうと、やらねばならぬことは基本的に大きくは変わらない。問題は「正貨危機」回避と経済とのバランスである。

日露戦争をきっかけとして戦艦「ドレッドノート」などをはじめとする兵器の技術革新が起こった。世界の主要国が兵器の刷新を進める中で、日本は日露戦争以来積もった外債による借金をいかに返済していくか、そしてその一方で積み上がる軍事費の要求にどう応えるのかが国家としての主要命題だったのだ。大正元年度の一般会計総支出は5億9400万円。国債費は1億4200万円（うち外債7200万円）、軍事費は陸海軍合計で約2億円である。

日露戦争以降、国家支出の3分の1が内外債を合わせた借金の返済、3分の1が軍事費である。行財政を整理して政府支出を減らす。そして減らした資金で日露戦争以来重たくなっている国民の税負担をなんとか減らすとともに軍備にまわす。そんな構図だった。

この年の行財政の整理は山本権兵衛首相の強力な指導力の下、官吏の定員減少6428人、俸給の減額400万円、俸給以外の整理節減額5808万円で、各省の事業繰り延べを加えると7030余万円の金をまさに絞り出した。空前の整理刷新だった。

また上原勇作陸軍大臣の辞表提出で問題となった軍部大臣現役武官制も、この政権で改められ、軍部大臣は予備後備役の大将中将にまで対象を広げることになった。

細かいことではあるが、陸軍はこれに対して、編成と動員の機能を陸軍省から帷幄上奏権《いあくじょうそうけん》がある参謀本部に移した。内閣からの影響を受けたくない帷幄上奏事項を陸軍大臣の管轄から参謀本部に移したのである。

この政権では官歴に関係なく官僚になれるように、言い換えれば政党員の官僚登用への道を開く文官任用令の改正もあった。特別任用範囲は陸海軍を除く各省次官、内閣書記官長、法制局長官、警視総監などである。政党勢力の伸張により後退するのは、藩閥官僚系の人たちであった。

一方で大正政変に敗れた形になった桂新党は4月に第3次桂内閣で外相に指名された加藤高明が三菱の豊川良平（是清は鰻《うなぎ》会で世話になった、第62話）らの支援で入党すると、7月には桂の代理に推された。桂は10月10日に没したが、12月には加藤を党首として立憲同志会（以下、同志会）として結党式をあげたのである。

津島壽一

さて、当時の大蔵省は木造2階建て。現在の大手町の三井物産の位置にあった。大臣室は本館に向かって左一番奥の角部屋である。

大蔵次官は後に西原借款を主導する勝田主計《しょうだかずえ》が前政権に続いて留任、大臣秘書官には河田烈《いさお》が任命された。

大蔵大臣に就任した是清は人事に特に希望を出さなかったが、ロスチャイルド一族や米国のヤコブ・シフなど外国の大物からの英文の手紙がやってくる。そこでそうした英文レターの整理のために若い官僚を一人付けてくれるように依頼した。

「大臣は公務以外の手紙も多いので、君は秘書官室を通らずに直接大臣室に出入りしてくれ」

河田秘書官から命令を受けたのは後に戦後の海外債務を整理することになる国際財務官、その時はまだ新人官僚だった津島壽一《じゅいち》である。

利発な若者、津島は翻訳に工夫をした。

ある時、パース銀行のアラン・シャンドの娘さんから手紙が届いた。

〝Dear sir〟は「拝啓」ではなく「一筆しめし参らせ候」に、〝I am〟は「妾《わらわ》は……侍り」と、〝You are〟は「貴方様には……おわし……」と津島は英国の上品なおばさまを想像して、日本の古典的女性の書簡文体に翻訳した。そして最後の〝Yours sincerely〟は「あらあらかしこ」と結んで巻紙に丁寧に毛筆で清書して是清に差し出した。

是清は怪訝《けげん》な面持ちで巻物を受け取ると、声をあげて読み始めた。

津島は、イタズラが過ぎて、もしかしたら怒られるのではないかと緊張してかしこまっていたが、是清は読み始めると破顔一笑、

「おい、津島君、わしに西洋人の妾《めかけ》はおらんぞ」

「大臣、それは〝わらわ〟とお読み下さい」

だが、しばらくすると是清はまたまた〝めかけ〟と読む。そうこうして最後に「あらあらかしこ」と読んだ時に、津島は是清の目に青年のような若き輝きがひらめいたのをしかと見た。

それから20年近くが経ち、昭和4年になって是清が「朝日新聞」に『是清翁一代記』を連載した時、津島は忽然《こつぜん》とその時の是清の目に宿った若き輝きの正体を見た。連載には若き日の是清が芸妓桝吉《ますきち》と離れ離れになり出向いた唐津から、養祖母のおばば様宛に出した手紙が掲載されていたのだ。

「ひとふでしめし候御寒さ相まし候ところ御きげんよう御暮らし遊ばされ御うれしくぞんじ候、

(中略)あらあらめで度かしこ」

津島の訳と文体がそっくりだったのだ。

第120話　井上準之助

大正2(1913)年2月20日、是清は大蔵大臣に就任した。その際、日銀総裁の後釜には横浜正金銀行頭取だった三島弥太郎が就任した。

その三島の後釜は、しばらくの間日銀副総裁の水町袈裟六が兼任していたが、9月に入ると副頭取の井上準之助が内部昇格することになった。

このあたりの人事は元老松方正義の意向もあるが、大蔵大臣である是清の意見が影響力を持ったはずだ。

大学出のエリート

さて、ここで今後の是清を語る上で欠かせない人物となる井上準之助について年譜的に触れておきたい。

井上は旧暦明治2（1869）年3月25日、大分県豊後日田《ひた》の造り酒屋、現在の「角の井」ブランドの井上酒造の五男第7子として生まれた。嘉永7（1854）年生まれの是清とは15歳違いである。

家はさほど裕福ではなかったが、3番目の兄である井上良三郎が苦学の末商船学校を出て日本郵船に勤務したので、その援助を得ることができた。

仙台の第二高等中学校を出て、明治26年春に帝国大学英法科に入学した。井上が少し歳をとっているのは心臓病で1年半ほど学業にブランクがあったのと、最初は東京で職を得ようとしたからだ。

これは同世代の幣原《しではら》喜重郎（明治5年生）や浜口雄幸（明治3年生）に遅れること1年だった。

明治29年に卒業した井上は、兄良三郎が郵船出身で同郷でもある日銀営業局長の山本達雄と昵《じっ》懇《こん》だったことから、日本銀行に入行することになった。

当時の山本は日清戦争での賠償金を受け取りにロンドンへの出張命令が出たので、井上のことは川田小一郎総裁に託した。

是清を日本銀行へ入れたのは川田だが、山本を郵船から引き抜いたのもまた川田である。井上は実務研修を兼ねて大阪支店に配された。

井上は是清の薫陶を受けたにもかかわらず、金解禁において是清に仇《あだ》なす敵役として描かれがちだが、もともとは山本に近いのである。

井上が入行したこの当時、是清は西部支店から異動して横浜正金銀行の支配人であり、深井英五はというと徳富蘇峰の欧州旅行のお供をして、トルストイを訪ねていた時期である（第58話）。

明治30年10月1日、日本は金本位制を施行した。このため日本銀行は金融の国際人養成の必要から留学生を出すことになった。この件ではロンドンに出張して海外の金融業務を見聞きしていた山本の進言が大きく影響した。

それに選抜されたのが、明治28年帝国大学法科大学英法科首席卒業で後に総裁となる土方久《ひさ》徴《あきら》と、明治29年同科次席卒業の井上準之助であった。二人はピカピカの大学出のエリートだった。首席と次席が日銀に入行した。

日本で2番目に古い京都帝国大学ができたのが明治30年のこと、実はそれまで東大は東京帝国大学ではなく単に帝国大学とよばれていた。一つしかなかったからだ。

10月21日、井上は出発前に横浜正金銀行に行き、ここで手持ちの円を米ドルに両替した。この時に井上は初めて是清に会って「行ってきます」と挨拶した。これが二人の出会いである。

井上と土方は当初イングランド銀行（ＢＯＥ）での研修を希望したが、先方から前例がないということで断られた。そこで日本となじみが深いアラン・シャンドが勤めていたパース銀行のチャーリング・クロス支店で支店業務実務の研修を始めた。やがて土方は支店に残り、井上は本店に勤務して各セクションを回って本店業務を学んだ。

翌明治31年2月、横浜正金銀行の副頭取となった是清は外債発行調査のために欧州に出張するが、その際にパース銀行で研修する井上と土方にロンドンで会っている。


明治32年3月7日、いまだ渡航して2年が経過していないというのに二人に帰国命令が届いた。この時日銀総裁は川田から岩崎弥之助を経て山本達雄に変わっていた。

帰国理由はこの年の2月末に発生した「日銀ストライキ事件」（第６１話）の影響である。山本と敵対した日銀幹部がごっそりと抜けてしまった事件だった。

当時是清は横浜正金銀行副頭取ということもあって両者の仲裁に入ったが、この事件をきっかけに3月1日付で日本銀行副総裁になった。

山本総裁はこの事件で幹部クラスが手薄になった日銀の体制立て直しのために二人を呼び戻したのである。

戻った井上は検査局の勤務となった。また井上はこのタイミングで山口県吉敷《よしき》の毛利家一門毛利重輔《じゅうすけ》男爵の娘千代子と結婚した。

明治34年10月、井上は大阪支店調査役となる。この東京の井上の後を埋めたのが新しく入行した深井英五である。井上よりも2歳若い。引き継ぎなどでこの頃から井上と深井の付き合いが始まった。

明治37年からの日露戦争を、井上は京都出張所長として過ごした。日露戦争の公債募集にあけくれて、京都府内各地で積極的に講演しては販売すると京都の応募額は東京、大阪に次いで名古屋を抜き第3位となった。また井上の地域経済リポートも優れたものであると評判が良かった。

その結果井上は翌明治38年1月に大阪支店長に抜擢《ばってき》される。日露戦争に際して山本から代わった当時の松尾臣善総裁は副総裁の是清に何でも投げる傾向があったから、この人事は是清による抜擢であろう。井上は満35歳、年俸1700円。

大阪は日銀ストライキ事件で日銀を抜けた人材が活躍していた。当時の大阪市長鶴原定吉などはこの時抜けた人間だったが、井上のことをよく可愛がった。

翌明治39年9月、井上は「戦時公債募集に大いに功あり」ということで本店営業局長に昇進した。

井上は明治29年入行だから入行わずか10年。37歳での営業局長である。井上が優秀であったことはもちろん、日本の経済成長に応じて拡大する日本銀行の業務、そしてストライキ事件のせいで日銀の幹部人材は不足していたのだ。

横浜正金銀行頭取へ

日露戦争の戦争景気が冷えてその後の反動不況、正貨危機と続くこの時期の日銀営業局長は楽ではない。若いくせに厳格でかつ生意気な性格の井上は民間の銀行家たちの怨嗟《えんさ》を買うこともしばしばだったという。通常は営業局長から日銀理事というコースだったが、明治42年に井上は再び海外勤務に出される。

この異動について是清は「向こうで一流の銀行家と懇意になる機会を与えたい」と説明しているが、実際は井上に対する業界からの風当たりに対する冷却期間だったのではないだろうか。

明治43年12月に帰国命令。

その翌年、是清が日銀総裁に就任すると三島弥太郎が正金頭取に就任、その際井上は是清によって正金副頭取に抜擢された。

かくして井上は大正2年に横浜正金銀行頭取となったのである。

第121話　鉄道公債

是清宛に届く英文レターの整理を頼まれた大蔵省の若手官僚津島壽一。彼の仕事はそれが主ではない。海外に派遣された国際財務官、正式には大蔵省海外駐劄《ちゅうさつ》（駐在）財務官のカウンターパートとしての事務整理が彼の仕事であった。

この国際財務官の走りは日露戦争に際して資金調達に奔走した是清である。

是清は日露戦争開戦2年目に帰国した際、帝国日本政府特派財政委員に任じられたが、これは官制にはなく、あくまで対外的なタイトルだった。

是清は借り換え債も含めて都合6回の資金調達をこなすと明治40（1907）年5月に帰朝して日本銀行副総裁に戻った。

だがポーツマス講和条約でロシアから賠償金を獲得できなかった日本は、戦時中に借りた借金が残り、これの管理や整理を担当する役職が必要だった。

「借りた正貨は正貨でしか返済できない」

これが元老や是清たちを悩ませた国内における戦後の「正貨危機」だったわけで、これの対処に英仏に誰かを赴任させ続ける必要があったのだ。

是清の後は、当時大蔵次官だった若槻礼次郎が英国に赴任し、この時の書記官、いうなれば是清に対する深井英五の役を担ったのが大蔵官僚の森賢吾であった。

若槻はやがて後任の水町袈裟六大蔵次官と交代したが、実務を知る森はロンドンに在任したままだった。

明治43年になるといよいよ国際財務官を官制上の役職にすることになった。これの正式名称が「海外駐箚財務官」という次官級の役職である。初代は水町袈裟六である。

迫る租借権の期限

大正2（1913）年6月、水町が明治44年に日銀副総裁として帰朝して以降、現地で心得として代行していた森賢吾が正式に海外駐箚財務官になった。大蔵大臣高橋是清による辞令である。

森は昭和2（1927）年5月まで長らくこのポストに在任し、関東大震災後の復興債の発行など重要なイベントにかかわることになる。

是清が財務官として発行した外債は6本で合計13億円、すべて日露戦争がらみである。これに対して森が手掛けた外債は22回で合計13億5000万円にのぼる。

津島壽一は森を慕った。自身の回顧録である『芳塘随想《ほうとうずいそう》』の中で、森賢吾には是清の倍ほどの大部のページを割いている。森は海外資金調達の歴史の中での最重要人物である。

日露戦争後の正貨危機の間、政府は「非募債主義」で借金を増やさぬよう努めてきたわけだが、一方で貿易はつねに入超（輸入超過）であり、貿易赤字に加えて外債の利息支払いで正貨は減るばかりだった。

さらに日露戦争後には獲得した満州の利権と併合した朝鮮に対する投資にも正貨は必要だった。そこで発行したのが南満州鉄道（満鉄）の社債や日本興業債券、東京市電気事業公債などの地方団体債である。これによって政府が金を借りずとも民間資本を通じて正貨を日本に持ち込むことができたのだ。

しかし、それでも足りなくなると政府自身が鉄道債や国庫債券も発行することになった。目的が借り換えであるならば「非募債主義」には反しないという解釈だった。是清が大蔵大臣になりたての大正2年の3月、4月には第2次西園寺公望内閣の時に決定された英貨鉄道債2本計3000万円と、仏貨公債7700万円が発行されている。

山本権兵衛内閣の大蔵大臣となった是清も、「整理借り換え等の場合の外はなるべく内外市場に公債を募集せざる方針」を表明した。

だが是清の真意は生産的公債が増加しても、事業経営によって自然に元利を償却できるならばよし、資本不足の日本では外資を利用することは極めて重要だと考えていた。

是清は山本首相に「正貨の収支に関する問題」という鉄道公債発行を伴う長期的な正貨政策構

想を提出した。

「正貨問題の根本的な解決方法は産業貿易の発達を図り、輸入超過の趨勢《すうせい》を転回して輸出超過の状態にもっていく外なし」

外債を発行して投資するという、是清が日銀総裁の時以来の積極財政の持論であった。是清の構想通りにいけば、7年後の大正9年には日本は輸出が増加して輸入を超えて出超となり大正13年までには外債償還も完了して、日本から「正貨問題」は霧散するであろうという、まことに楽観的な予測を伴う企画書であった。

実は是清の楽観は必要に迫られたものでもあった。大正14年には日露戦争中に借りた四分半利付き英貨公債5億6000万円の償還がやってくる。借り換え債発行にしても規模が大きすぎるのだ。「正貨問題」はそれまでに解消せねばならない。逆算からの楽観であったのだ。

また大正12年には日露戦争でロシアから得た大連など関東州租借権の期限がやってくる。その時に日本が借金まみれでは延長交渉にも影響が出るのではないかと考えていた。

「10万の英霊と20億円の国費をつぎ込んで得た満州」は期限付きであり、当時は「中国問題」と呼ばれていたのである。

鉄道公債

大正2年9月22日、是清は内務大臣の原敬を訪ねた。せっかく大蔵大臣になったのだ。この政策構想に沿って鉄道公債を発行するためである。

「原君、私は鉄道公債を発行したい」

「鉄道公債の発行については大いに賛成だ」

「ついては明日の閣議で提案しようと思うのだがどうだ。一時帰国していた森財務官にもこの件は言い含めてすでにロンドンへと出発させた」

原は是清の手際の良さに少し驚くと、

「高橋君、今回は提案をやめて説明にとどめておいてくれないか。いきなり出すと反対意見が出て後戻りする懸念もあるからね」

原は是清の意見には賛成だが、急《せ》いては事をし損じる、必ず強固な反対意見がある。前のめりの是清に老練な原の知見は政策実現には欠かせない。

10月2日、山本達雄農商務大臣の午餐《ごさん》会が終わった後で、山本、原、是清で話し合う機会があった。是清が口を開いた。

「松方さんが、どうしても鉄道公債発行に反対だというではないか。もし発行しないのであれば私を更迭してほしい」

原は、これは是清のいつものやつだと思った。

「君はうまくいかんといつも辞めるという。そう事を急ぎなさんな」

それを見ていた消極主義者の山本が、

「悪いが僕は松方さんに賛成だな」

是清は、そう言った山本農商務大臣をにらむと、

「どうも松方さんを利用する輩《やから》がおるようだ。こんなことでは利用されている老人のいうことなど聞けないいじゃないか」

是清が毒づく。

「なんだと!」

原は山本をなだめ、興奮する是清の発言を制止した。

「高橋君、老人等に理屈を云っても仕方ない。鉄道公債の件は僕に任せておきなさい」

原には考えるところがあり、薩摩閥中心に根回しに回ると、是清に山本首相のところへ行くようにと促した。

是清が山本権兵衛に職を賭して涙ながらに正貨問題とそれを解決するための鉄道公債発行を訴えると、久しぶりに政権に復帰した薩人たちはまんざらでもなく、山本は松方を説き伏せて外貨建て鉄道公債の発行はめでたく認められたのである。

第122話　ジーメンス事件

大正2(1913)年末、第1次山本権兵衛内閣が取り組む大正3年度の一般会計予算案は6億4000万円だった。これは前年度の実行予算よりも1000万円増加しただけだった。是清にとっては大蔵大臣として2回目の議会だが、初めての自身による予算案である。

日露戦争後の明治40(1907)年に策定された帝国国防方針にのっとり、陸海軍は戦力の充実をはからなければならなかったが、正貨危機による予算不足によって進捗《しんちょく》は遅れていた。

首相の山本は明治海軍の建設者と呼ばれる人物だ。日本海海戦に勝利した連合艦隊を作ったのも、東郷平八郎をその司令長官に指名したのも山本である。

海軍の拡張予算には前年度に承認を受けた8400万円に新規に7000万円を加えて1億5400万円を計上、大正3年度の支出としてあらたに1000万円を要求した。一方で陸軍の拡張予算に対する支出要求は300万円、海軍偏重は誰の目にも明らかだった。

大蔵大臣の是清は、政友会重鎮の原敬の助けもあり、消極主義の元老松方正義をも説き伏せて、新規の外貨建て鉄道公債を発行する積極的な正貨政策をかかげて第31回議会に臨んだ。これは日露戦争において是清自らが借りてきた外貨建て公債に端を発する「正貨問題」を根本的に解消するためだった。

是清はやる気まんまんである。

あくまで仮の話だが、このままうまく運んでいれば、数々の日本経済を救った是清の事績の中に、この「正貨問題」も含まれていたのかもしれない。

議会は大正2年12月26日に開院式、明けて翌年1月21日に山本首相の施政方針演説があった。衆議院は与党政友会が過半を占めていた。

国会紛糾

ところがその陰で不穏な動きが進行していたことは未だ誰も知らなかった。

ドイツの電機メーカーであるジーメンス社東京支社の秘書カール・リヒテルが、会社の秘密文書を盗み取り、それを新聞社に売ろうとしていたのである。この秘密文書には賄賂を受け取った日本海軍高官の名前があった。

これをロイター通信社のプーレイが750円で買った。プーレイは、ろくでもない男で、これを記事にせずにジーメンス社をゆすろうと考えた。50万マルク（日本円25万円）で買わないかともちかけたのである。漱石が書いた松山中学の先生、坊っちゃんの年俸480円の520年分である。これだけあれば一生遊んで暮らせる。ジーメンス社東京支社の支配人ヴィクトル・ヘルマンは驚いて斎藤実海軍大臣を訪ねて状況を話した。

「プーレイを脅迫罪で告訴するつもりです」

斎藤も驚いた。が、彼は帝国海軍に自信を持っていた。そんな輩《やから》がいるのであれば、是非告発してくれ。

「告訴するかどうかは御社の自由です」

斎藤はこう答えると、海軍部内での内々の調査を指示した。是清が一生懸命予算案を作っている頃、大正2年の11月のことである。

ヘルマンは、斎藤を訪問後、そうはいっても事を穏便に済ませるために、プーレイと交渉して5万円でこの書類を買い戻した。

関係者はこれで事はすべて終わったと思っていた。

ところが、明けて翌大正3年の1月21日、時あたかも山本首相の施政方針演説の日に、ロイター電がベルリンからの報道として、ベルリンでカール・リヒテルが恐喝罪で懲役2年の刑に処せられたことを報道した。

ニュースのヘッドラインだけでは何がなんだかわからなかったが、翌日「時事新報」が全文を翻訳報道するに至って、これが海軍高官への贈賄事件であることが判明した。

折からの帝国議会予算委員会では同志会の島田三郎が政府を追及、以降連日、政友会から離れた政友倶楽部の尾崎行雄などが内閣攻撃の先鋒《せんぽう》に立ち、予算委員会はこの問題で紛糾した。28日には、海軍大臣が司法大臣宛に文書を渡し、検察が始動、海軍も査問委員会を設置した。かくして大蔵大臣の是清もせっかく取り組もうとしていた正貨問題の解決策どころではなくなったのである。

取り調べの過程で、この事件はジーメンス社だけに収まらず、当時英国のドレッドノート型を超える、超弩級《ちょうどきゅう》戦艦の建造として注目されていた英国ヴィッカース社製戦艦「金剛」、また同社の代理店三井物産もからむ大事件へと発展していった。

ジーメンス事件としてどうしてもジーメンスだけが日立つが、贈賄事件としてはヴィッカースの方がはるかに大きい事件だった。

「閥族打破」をスローガンに騒擾で死者まで出した大正政変によって生まれた内閣なのに、このありさま。世論のごうごうたる非難を懐柔するため、衆議院では海軍予算を3000万円ほど削って、議席過半を占める政友会の力で採決した。

一方、貴族院では元法制官僚の村田保《たもつ》が一種悽愴《せいそう》の色を帯びて登壇、老人にありがちなふるえる涙声で山本を攻撃した。

「首相閣下よ、閣下は果たして廉恥という言葉をご存知か、世人は閣下を国賊なりといい、海軍収賄の張本人といっているのではないか。人として廉恥を解さねば犬猫同様。もし薩摩の大西郷にして現存せば、必ず閣下に対してもいさぎよく切腹すべしと迫るであろう」

さすがにこれは貴族院議長の徳川家達《いえさと》から議院法92条の「無礼の言葉を用いてはいけない」という条文に違反しているとの注意を受けて村田は議員を辞職することになったが、牧野伸顕はこの時、山本権兵衛が目に涙を浮かべていたのを見たそうである。

山本権兵衛

海軍と三井物産から数名ずつの逮捕者を出したこの事件。歴史家からは追及不足が指摘されているが、山本権兵衛自身は全くの潔白であった。この男はそもそも質素な生活を好み、私的な金には淡泊である。

山本の家は現代の高輪台、二本榎にあったが、彼ほどの高官になってもまだ、若い大尉時代に購入した家に住んでいた。是清の赤坂の家と比べても、当時の首相で華族の家としてはあまりに小さかった。「己を虚《むな》しゅうする」とはこの男のことだった。その上、薩摩隼人で議を好まない。一切弁明をしなかった。

衆議院で攻撃の先鋒に立った尾崎行雄は、次の内閣で司法大臣となってこの事件を調べるが、山本は収賄に全く無関係だった。尾崎はこの時、山本に対してあまりに痛烈な言行をしたことを恥じた。貴族院は海軍予算の7000万円削減を採決、両院とも折り合えず譲らず、3月24日になって、山本内閣は予算不成立の責任をとって総辞職した。

次の内閣の八代六郎海軍大臣は山本を予備役にまわした。

その際八代は、

「ご子息の山本清大尉のことは海軍として十分面倒をみますから」

と伝えた。

するとそれまで粛々と辞令を受けていた山本は、

「待命（予備役）は大臣の権限であるからすこしも構わない。しかし息子のことを言うのは公私混同である」

と一喝した。

八代はほうほうの体で立ち去ったという。

第123話　第2次大隈内閣

大正3（1914）年3月24日、第1次山本権兵衛内閣が総辞職。是清も生涯で5度務めたうち、初めて就任した大蔵大臣を辞任した。

山本内閣は大正政変を機に成立、政友会を与党として行財政整理を進め、陸海軍大臣現役武官制の改正、文官任用令の改正などを断行したが、どう見ても海軍であり薩摩閥でもある。首相の山本自身がいくら潔白であろうとも、海軍高官による汚職、ジーメンス事件の衝撃は大きかった。

鰻香内閣

当時「内閣製造者」と呼ばれていた山県有朋、松方正義、大山巌、井上馨（病気で欠席）ら元老たちは相談の上、最大政党政友会の総裁である西園寺公望に組閣を依頼したが即座に断られた。西園寺にはもうやる気がない。

そこで山本内閣総辞職の原因は、貴族院が予算案に反対したからであるという理由で、貴族院議長の徳川家達公爵に頼んだ。これが総辞職から5日後、3月29日のことだ。

家達は家柄、品格、学識など申し分なかったが、世間からは「十六代様」と呼ばれている徳川宗家正統である。家達は二晩ほど考えたが、いまだ徳川が表立って政権に立つべきではないと辞退した。

政権の意味こそ違え、ひょっとしたら大正初期に徳川政権が誕生していたかもしれなかった。そうこうしているうちに時間が経っていく。早くも31日である。

しかし山県はむしろこれを待っていた。誰もいないのであればやむをえまいと、官僚出身で司法大臣経験者でもある子飼いの清浦奎吾《きようらけいご》子爵を推薦した。

こうした元老が指名する藩閥系の内閣を政党内閣の対極として超然内閣と呼ぶ。議会など無視して超然としているからである。

清浦は山県の系列だが長州ではなく熊本の出身である、熊本出身者たちが喜んで奔走した。山県は長州人だが、その派閥は他の地方からも幅広く、これという人材を集めていた。

清浦の腹心が政友会の原敬に接触して協力を求めたが、原は返事をせずに実質断った。原としては、薩閥の山本内閣で協力し、今度また山県の息がかかった清浦内閣でも協力しては、「閥族打破」もデモクラシーも何もあったものじゃない、政友会も節操がなくなると考えたのだ。

それでも清浦は何とか頑張って小粒ながら閣僚を集めたが、最後に海軍が大臣を出さなかった。皮肉なことに、せっかく山本内閣が現役武官制を廃したというのに、ジーメンス事件の後だけに、誰も名乗り出なかったのである。

「どうですか、組閣はうまく運んでいますか？」

記者からの質問に清浦は答えた。

「そうだね、大和田の前を通っているようなもので、においだけはするが、お膳立てはなかなかこないわい」

大和田は江戸期からの鰻の老舗で当時東京各所にあったが、これは尾張町（銀座）の大和田だろう。今も新橋で営業を続けている。この軽口のせいで清浦の幻の内閣は「鰻香《まんこう》内閣」と世に名前を残すことになった。

清浦は4月7日になって組閣の大命を辞した。清浦はこの時こそ組閣に失敗したが、10年後の大正13年に組閣することになる。時間がどんどん経っていく。

清浦辞退の話を聞いて、長州閥の井上馨が脳溢血《いっけつ》の後遺症で半身不随の病身ながら、療養先の静岡県興津（現静岡市清水区）からわざわざ上京してきた。当時興津には西園寺の別荘もあった。翌8日、井上は山県、松方、大山の3元老と会談した。井上は政党嫌いだ。

政友会はもともと長州の伊藤博文がつくったもの。井上も手を貸した。それが今回は長州閥の桂内閣を倒した後は、薩閥の山本内閣に協力するとは何ごとかと、井上は憤激して、政友会討伐に燃えていた。

「大隈重信ではどうだ」

大隈は明治14（1881）年の政変で参議を罷免、薩長閥に追い出された形で野に下った。当時10年後に迫っていた国会開設に向けて尾崎行雄や犬養毅らと立憲改進党を作ったのもこの下野の時期であるし、東京専門学校（早稲田大学の前身）を開設したのも当時である。

明治20年、条約改正交渉で行き詰まった井上馨外務大臣は、後任に大隈を指名した。

翌年大隈は外務大臣になるが、この時外相秘書官に抜擢《ばってき》したのが、今では桂新党を引き継ぎ同志会の党首となっていた加藤高明であった（第119話）。

大隈はこの外務大臣の時に爆裂弾を受けて片脚をなくした。その後、大隈は政治からは身を引きながらも政治評論を続け、歯に衣《きぬ》着せぬ物言いは国民に絶大の人気を誇っていた。

長州閥から見れば大隈は本来天敵である。しかしながらここで井上が大隈内閣を持ち出すとは一見唐突なようであるが、実は大隈は反政友会であり、この点でも利害が一致していたのだ。

理想の最強兵器

また政友会に対抗できる同志会に人脈もあり、さらに国民の人気は抜群と、井上にすれば政友会たたきの理想の最強兵器であったのだ。しかし大隈は大隈で、本来は元老たちが大嫌いなはずだった。

4月10日、混乱の中、井上は大隈を東京の自邸に招くと口を開いた。

「政友会を与党とする山本内閣には、根本的な経済政策というものがまるでない。欧米諸国の中国政策に比べてわが外交には『コンビネーション』、つまり外交と貿易との密接なつながりがない。まずは外交の基礎を定めて国防計画に移り、国防と財政を対応させねばならない」

積極財政の是清にダメ出しである。

大隈は、

「いかにもおおせの通り、国防は外交から割り出してまず財政の充実を図り、大蔵と外務、陸海軍と内閣の4者が連絡をとり全体の調和を図らなければならない」

井上は我が意を得たりとばかりに笑みを浮かべると、

「どうやら貴下も私と同意見のようだ。是非その方向で首相をやってもらいたい。政友会の横暴はこれを押さえつけねばならない」

「政友会のことならば、これはもう政権から離してしまえば、間もなく死んでしまうでしょう」

大隈は井上の話が政策よりも政友会討伐に主眼があることに少しとまどった。

この時、井上馨78歳、大隈重信76歳。大隈は政権への野心を隠さなかった。

かくして組閣の勅命を受けた大隈は、16日、自身が昔作った改進党の系統をひく加藤高明の同志会（旧桂新党）と尾崎行雄らの中正会（政友倶楽部から改称）とを基盤として第2次大隈内閣を組閣した。

日ごろから新聞記者のインタビューを受け、彼らとよく通じていた大隈重信は、メディアや国民から大人気であった。

ジーメンス事件を契機に閥族打破を目的に結成されたはずの全国記者連合会は大隈出馬の意向を聞きつけると歓迎の意思を表明した。

大隈の登場は唐突なようで、そうでもない。政友会つぶしが主眼だった。

内閣発足

大正3年4月16日、第2次大隈重信内閣が発足した。

大隈が首相と内務大臣を兼任し、同志会党首の加藤高明が外務大臣を、山県系の官僚で新たに同志会に入党した大浦兼武《かねたけ》が農商務大臣に就任した。

また第3次桂太郎内閣でもわずかの期間だが大蔵大臣を務めた同志会の若槻礼次郎が蔵相に返り咲いた。若槻はこの時後に首相になる浜口雄幸を大蔵次官に登用した。

山本内閣の政友会に代わり同志会が主要ポストを占めた。大隈の人気もあって閥族打破を唱えるジャーナリズムの評判も良好であった。

清浦鰻香《まんこう》内閣を不成立にした海軍大臣ポストには、加藤と同郷の尾張出身で、舞鶴鎮守府司令長官という閑職にいた八代六郎中将を一本釣りした。

八代は薩摩閥とは疎遠で、ジーメンス事件に際して海軍のあり方に問題意識を持っていた。八代は、通常であれば海軍省で前任者（斎藤実）と引き継ぐべきところを、教え子の日露戦争における国民的英雄である参謀秋山真之《さねゆき》を伴って直接大隈のもとに参上した。そして海軍次官には後に首相になる鈴木貫太郎を指名した。

八代は着任するや前首相の山本権兵衛を予備役としたことはすでに書いた通りである。海軍部内の粛正を断行したことから、ジーメンス事件を通して海軍および薩閥の横暴を憎んでいた世論は満足して、海軍への信頼は急速に回復していった。

首相の大隈も大蔵大臣の若槻も、景気刺激のための外債は発行しない非募債の主義である。世間には大隈内閣の消極的方針発表に伴って緊縮ムードが蔓延《まんえん》した。

大隈内閣は政友会討伐を徹底すべく大規模な地方官の更迭を行った。山本内閣の影響で、地方官には薩摩系や政友会系の人間が多かった。その数、11名の知事の免職、35名を転任という大規模なもので、各県の内務部長、警察部長の交代もあり、これは次回選挙に向けての対策でもあった。

一方で、大隈内閣誕生で野党となった政友会では、しばらくは厳しい時代が続くことを覚悟せねばならなかった。

原敬は山本内閣成立時に党員となった是清や山本達雄たちが政友会に残ることを確認すると、西園寺の後継の総裁となるべく慎重に事をすすめた。総裁の西園寺はもう辞めたがっていたのだが、慎重にというのは、政友会も一枚岩というわけではなかったからだ。

そうして6月18日に政友会総裁を引き受けた。

総裁となった原は、大正政変で桂太郎内閣を倒して以降、疎遠となっていた元老たちとの関係を修復すべく活動を開始した。政友会がもう一度政権与党になるためには元老、特に山県の懐柔は必要だったからだ。

元老のうち井上馨はとりつく島もなかったが、薩閥の松方正義は大隈内閣の地方官更迭に不満をもっていて話が通じた。

原は山県と意外にそりが合うことがわかった。山県は同志会党首で外務大臣の加藤に不満だった。加藤は唯我独尊、あまり山県に報告にこない。

原は山県を「元老中にては老人ながら一番精神の確かなる者」と評価した。

第１４章　欧州大戦

第124話　欧州大戦勃発

1914年6月28日、バルカン半島のサラエボでオーストリア＝ハンガリー帝国ハプスブルク家の皇太子夫妻が暗殺される事件が発生した。サラエボ事件である。日本の新聞紙上でも夫妻の絵付きで、一面で報道された。

事件は行きがかり上、ゲルマン人のドイツ対スラブ人のロシアの抗争へと発展する。7月30日にロシアが総動員令を出すと、世界の株式市場が暴落、開戦は不可避となり、8月1日、ついにドイツがロシアに宣戦布告した。

すると、それぞれの国と攻守同盟を締結していた欧州主要国家間の戦争へと発展した。英仏露対独奥（オーストリア）の戦争、欧州大戦（後に第一次世界大戦と呼ばれることになる）の勃発である。

8月3日、大隈重信内閣は臨時閣議を開き、大戦に対する声明を発表した。

「我が政府は厳正中立を期するものであるが、万一日英同盟の目的が危殆《きたい》（あやうくなること）

に瀕《ひん》する場合は必要の措置を執る」
ドイツ陸軍を手本にしてきた日本陸軍。幹部エリートのほとんどはドイツ留学組である。また
この時点でも多くの軍人がドイツに留学していた。そのため、日本は日英同盟下にあるにせよ英
国側についての参戦には反対の意見も多かった。
また英国も極東のドイツ艦隊征伐など局所的な対処への協力は求めたが、欧州大戦中の日本の
中国での勢力拡大を警戒して、日本の全面的な参戦は求めてはいなかった。
政界では与党の尾崎行雄、政友会の原敬《たかし》や是清も参戦に否定的で、新聞各紙も大陸進出に熱心
な「報知」、「二六新報」以外はおおむね静観の立場だった。
8日、こうした状況ながら、大隈は閣議に元老も参集してもらい日本の参戦を正式に決めた。
この時元老の井上馨は大隈と山県有朋に意見書をよせて、今次の大戦を「大正新時代の天佑《てんゆう》」
とし、「東洋に対する日本の利権を確立せねばならぬ、この大戦に参加することこそわが帝国の
世界的発展を期する絶好の機会である」と進言した。
日英同盟の義務と東洋平和の維持を名目として、権利拡張を目的に参戦することにしたのであ
る。

最後通牒

8月12日、盛岡にいた政友会総裁の原敬が東京に帰ると、是清は政友会の大岡育造と共に面会
した。
「噂だが、どうやら山県が外務大臣の加藤を罵倒したらしい」

大岡の話では外相の加藤高明は山県に相談もなく独断でものを決めているようだ。

15日、御前会議が開催され、日本はドイツに対して、青島《チンタオ》を明け渡せ、さもなくば開戦も辞さぬと最後通牒《つうちょう》をつきつけた。これは翌日発表された。

その期限は同月23日である。

17日、是清は米国の友人、ヤコブ・シフから電報を受け取った。

「報道によれば日本はドイツに対して最後通牒をつきつけたようだが、日本は中立によって万事に利益を得るべきである。自ら戦争に加入すれば莫大《ばくだい》なる危険を犯すべし」

日本は10年前の日露戦争時に、米英だけではなく、ドイツからも資金調達をしていた。その手引きをしたのはシフであり、ドイツの業者はシフの縁戚ウォーバーグ商会であったのだ。

またシフはドイツ系ユダヤ人であり、ドイツ語も話せば、ドイツ自体に思い入れがある。そしてシフは基本的に平和主義者なのだ。

「原君、これは加藤外相に見せるよ。そしてシフには電報を外相に見せたと返信しておく」

原はうなずくと、

「高橋君、その電報は是非、山県さんたち元老や枢密院の知人たちにも見せておいてくれ」

と言った。

日本参戦

元老の井上馨が欧州大戦勃発に際して指摘した「大正新時代の天佑」、この戦争によって日本にもたらされる権益は具体的に三つあると考えられた。交戦国に対する輸出によって外貨が稼げるという点は、当初さほど重要視されていなかった。

一つは当時「中国問題」と呼ばれたもので、日露戦争後のポーツマス条約で日本がロシアから得た権益には期限があり、それが意外に短いという問題である。

旅順・大連などの関東州租借期限は大正12（1923）年まで、南満州鉄道経営権は昭和14（1939）年に失効してしまう権益だったのだ。日本はこれらの期限を延長したい。

二つ目は日露戦争後の「正貨問題」でカネのない日本がいかにして中国（満州以外の）に対して影響力を確保するのかという問題である。

清朝滅亡後の袁世凱《えんせいがい》政権に対して列強は武力よりも、「ドル外交」と呼ばれる資金の借款によって影響力を強めていたが、日本は「正貨問題」による外貨不足でそれができなかった。

しかし今回はドイツが占領している青島および山東半島を確保することで中国に対して影響力を行使できると考えた。これは一つ目の「中国問題」解消の取引にも使えるであろう。

三つ目はドイツの南太平洋の植民地「南洋群島」の占領である。

「南洋群島」とは米国植民地のグアムを除くマリアナ諸島やマーシャル諸島、サイパン島などで、日本海海戦勝利以降、海軍にとって仮想敵国となりつつある対米国海上決戦への前進基地となる。

ドイツに対する日本の最後通牒には、ドイツによる無抵抗の山東半島引き渡しが条件に入れられていたが、ここでは日本の機会主義的な領土的拡張を疑う英国に配慮して、引き渡し後は占領地を中国政府へ還付する旨が明言されていた。

これが後に問題となる。

是清に対して日本は中立を保つようにと打電したニューヨークのヤコブ・シフは、日本側の反応がないことを知ると、米国で設立された日米の懇親団体、日米協会の副総裁を辞任した。

開戦外交

この件については横浜正金《しょうきん》銀行ニューヨーク支店から是清宛に電報があった。

是清はその電報を手に原敬と会談した。

「日本人の中には、シフ氏はドイツ系のユダヤ人だから今回の日本のドイツに対する宣戦布告に怒っているのだと解釈している者もあるが、シフ氏の義俠《ぎきょう》心はそんな単純なものではない」

是清は続ける。

「世間では、やれ日清戦争後の三国干渉の復讐《ふくしゅう》だと古い話を持ち出す者もあるが、その後の日露戦争では日本が困っている時、ドイツからファイナンスで助けてもらったではないか」

原はうなずくばかりだ。

「今朝、松方正義さんのところへ行ってこの件を話し合ったが、シフ氏を知る松方さんはシフ氏に対して『心痛し』という。原君、私はこの件については山県さんにも伝えておくつもりだ」

「高橋君、これは将来の我が国の外交にも大きな影響を及ぼす問題だ。これは是非、山県さんだけではなく、井上馨さんや関係者にも伝えておいてくれたまえ」

米国は中立を守り参戦していない。日本のドイツへの参戦が米国ユダヤ資本をも敵にまわすのであれば、米国そのものとの関係にも影響を及ぼすかもしれなかった。

是清は山県が加藤外務大臣を罵倒したとのうわさも聞いた。

加藤外相によるこの開戦外交は、外交を外務省に一元化し、元老や軍の介入をできるだけ避け、内閣が責任を持って行うという加藤の新しい考え方によって実施されたらしい。しかしこれは、言い換えれば加藤の独りよがりではないのか。

大隈内閣のドイツに対する最後通牒発出の決定は、各方面に対して説明不足だったのではあるまいか、是清や原はそう考えた。

シフは日本のドイツに対する宣戦布告再考を促す長文の電報を駐米珍田《ちんだ》捨巳《すてみ》大使宛にも送ったが、珍田は、既に最後通牒を送った後だったので「いかんともすることあたわず」と返事した。日露戦争の恩人シフは日本に失望した。

23日、日本はドイツに宣戦布告した。多くの日本人留学生を受け入れてきたドイツ陸軍も失望した。

ドイツ参謀本部は日本の参戦によって、ロシア軍が極東から欧州へ戦力の転出が可能になることを踏まえて、フランス侵攻軍（西部戦線）の一部戦力を、ロシア戦線（東部戦線）へ移動させなければならなかった。

上陸開始

9月2日、日本軍はドイツ軍の青島要塞《ようさい》攻略用に、久留米の第18師団を中核に約5万人規模の侵攻部隊を編成すると、山東半島に上陸を開始した。

日露戦争旅順要塞攻略で甚大な損失を出した経験を持つ日本軍は慎重に攻略戦を展開した。軽便鉄道を敷設し、要塞攻略用の重砲を運び込み準備した。

総攻撃は天長節（天皇誕生日）祝日の10月31日にあわせて開始された。

日本軍は被害の多い強引な肉弾攻撃を採用せず、十分な火力（砲撃）による敵の火砲制圧と歩兵部隊の壕《ごう》を掘りながらの漸進による「力押し」の戦法をとった。これは当時の欧州戦線から見ても技術的に洗練された軍隊であった。

ところが、メディアから見れば勇ましい肉弾攻撃こそが絵になるわけで、この作戦に対しては、なにをぐずぐずするかと評判は今ひとつだったのだ。

11月7日にドイツ軍は降伏。12月8日に青島要塞入場式が挙行された。余談だが、この月の18日には東京駅の開業記念式典が開催されている。

南太平洋の南洋群島については、10月2日の閣議において一時占領を決定すると、領有についてては戦後の話し合いに委ねることにした。

ドイツ軍降伏後、日本軍は青島要塞攻略の予想戦域を越える範囲で兵を展開し、山東省全域の鉄道を制圧していった。

さすがにここにはドイツ軍も駐留していなかったことから、国際法違反であったが、大隈内閣はこれを人質として、「中国問題」打開を目指す考えだったのだ。

元老の山県も、さすがに国際関係を憂慮して、「欲が深すぎる」と叱責するほどだった。

是清は政友会の調整役として活発に活動していた。政友会嫌いで原とは縁遠くなっていた井上馨を訪問した。

井上とは是清が日銀西部《さいぶ》（馬関）支店長で、日清戦争の最中に、下関の沖で釣り船を浮かべて無聊《ぶりょう》を慰めて以来の仲である（第54話）。是清は井上をうまく懐柔し、意見交換をしたが、元老たちの心は大隈内閣から次第に離れつつあることを感じていた。

第125話　対華二十一カ条要求

欧州大戦が始まった大正3（1914）年の夏以降、政友会総裁の原敬と是清の信頼関係は深まっていった。

大隈重信内閣の加藤高明外務大臣が日英同盟を頼みとして、欧州大戦に参戦し、満州の租借期限の延長や中国大陸での利権拡張を考えている一方で、原や是清は、将来を見据えてむしろ米国との関係を重視した外交政策を考えていた。

米国のシフからの手紙にもあったように、欧州大戦に対して日本はあくまで中立の立場をとり、中国を圧迫するのではなく、むしろ中国との連携を深めて、租借期限の延長などの日本にとっての「中国問題」を解決するという考え方だ。こうした外交に対する基本的な考え方において原と是清の考え方は一致した。

是清と山県有朋

11月1日朝、是清は山県有朋を訪ねた。

日本陸軍が青島要塞攻略戦の想定戦域を越えて山東半島の鉄道を占領しつつある時期で、山県が大隈内閣の厚かましいやり方を憂慮していた頃である。

「閣下、現内閣の行動は真に国家のために危険です。基本が誤れる外交は誰が担当しようともうまく運ぶはずがありません。現内閣に責任をとらせればよしという考えもございましょう。しかしそれでは国家はどうなりましょうか」

是清は饒舌《じょうぜつ》だ、山県も聞き入る。

「閣下は現内閣に安心されておるのでしょうか？　もしも不安を感じていらっしゃるのであれば、閣下自ら政局にあたるべきではありませんか」

是清は山県を持ち上げる。

「そうでなければ先帝に対し、また今上陛下に対しても、はなはだ不忠というものではありませんか」

山県は頭をかきながら「困ったな」という仕草をするが、持ち上げられてまんざらでもない。

是清は山県訪問の帰りに原の家に寄ってこの時の報告をした。

「高橋君、どうだった山県さんは？」

「どうにも。大隈内閣は嫌いだが、それでもまだ政友会よりはマシといったところじゃないかな」

「でも、随分と君の話を聞いてくれるようになったじゃないか」

政友会が政権を担うためには元老の賛同が不可欠である。是清は人たらしだ。日露戦争でも見せた現代でいうリレーションシップ・マネジメントに長《た》けている。

是清はこの時期、山県など元老を訪問しては政友会との関係強化に努めた。

また原は後藤新平との情報交換を大事にした。

後藤といえば長州閥の児玉源太郎に見いだされ、同じく長州閥である桂太郎の第2次、第3次内閣でも逓信大臣を務めた。原は南部藩、後藤は伊達藩領とお国は違えども、維新後の岩手県という切り口では同郷のよしみもある。長州系の動向把握には後藤の情報は欠かせない。

この頃、原と後藤との情報交換は2週間に1度ほどのペースだったが、これらの会合は内密裡にほとんどの場合赤坂表町の是清の家で行われた。

こうして是清は原にとり政友会運営上欠かせない人物となって、同時に是清は政治の世界へとどっぷりと浸かっていくのだった。

「5号隠し」

議会が始まる少し前の11月7日、中国山東半島のドイツ軍青島要塞が降伏すると、大隈内閣は閣議を開き、中華民国袁世凱大統領に対して日本の要求をまとめた。これが「対華二十一カ条要求」と呼ばれるものである。

加藤外相が、当初考えていたのは17カ条の要求項目で、これを(1)から(4)号までの案件にまとめていた。ところが青島要塞戦報道の中で、国内に中国権益拡張要求が噴出、これら追加された要求をまとめた(5)号を加えて全体で21カ条となった。

年が明けた大正4年1月18日、議会が解散して、選挙までの間の期間である。「対華二十一カ条要求」は袁世凱に渡された。
(1)日本がドイツから取り戻した形になっている山東省の権利について。中国への返還にはさまざまな条件が付加された。
(2)日露戦争ポーツマス講和条約で日本がロシアから引き継いだ権益の延長について。これは「中国問題」の主要な部分である。

(3)中国最大の製鉄会社の日中合弁化について。
(4)中国の領土保全について。
この(1)から(4)号までに関しては、つまり当初加藤外相が考えていた部分については、当時の国際社会の帝国主義的外交の基準から見れば、むしろ常識的とも言えるものだった。加藤外相は駐英大使として英国に在任以来親しくしていた英国のグレイ外相やロシアからも事前におおよその了承を得ていたものだった。

問題は第(5)号だった。(5)号は雑条項であって、これは加藤外相自身でさえ、「あまり感服のできない箇条を一括した」というような要求だった。

中華民国政府の顧問に日本人を雇用することや、中華民国の主権や列強の既得権益に触れるような条項が盛り込まれており、国際的に見ても火事場泥棒的な非常識で厚かましい内容だった。日露戦争が終了した1905年に、ロシアの利権を日本が受け継ぐ内容の満州善後条約が清国との間で締結された。当時この交渉が秘密外交で行われて成功を収めた前例から、加藤外相は袁世凱に対して交渉内容の秘匿を求めて、この(5)号は日本国内にも、もちろん国際社会に対しても秘密のまま、取引材料として利用しようと考えていた。

交渉の観測記事が内外で報道されるようになると加藤外相は各国政府や英国タイムズ紙に日本の(1)から(4)までの要求内容の開示を行ったが、それでも(5)号は秘匿した。ところが袁世凱はこの加藤の「(5)号隠し」を逆手にとって、1月下旬ごろから徐々に英米のメディアにリークし始めて注目を浴びるようになった。

各国に駐在する日本の在外外交官はそれぞれ問い合わせを受けるものの、加藤外相は在外外交官に対しても⑸号案件を秘匿していたので、世界各地で説明にあたった外交官たちの面目をも潰して、日本外交への信頼性を著しく損なうことになった。加藤は第⑴号から⑷号までが要求事項であり、第⑸号はあくまで交渉のための希望事項であると釈明したが、英米の不信感は募るばかりである。

相談を受けていた英国グレイ外相にしてみれば、日英同盟のよしみからも信義則違反だった。

第126話　第12回総選挙

大正3（1914）年末、第35議会が召集された。議会の状況は政友会が過半数、大隈重信内閣は山県有朋や軍部の要求を受けて懸案だった陸軍2個師団増設案を提出したが政友会の抵抗で否決された。また同時に予算案も流産する結果となった。

政友会原敬総裁の主張は予算収縮のために増師をもう1年待てというもので、欧州大戦が勃発した以上、軍事上の革新は必要であるが、もう少し大戦の経験を検討した上でなすべきではないかというものだった。

増師案を否決された政府はただちに議会を解散、この解散を受けた第12回総選挙は大正4年3月25日に行われることになった。政府はすでに政友会系の地方官を更迭して、準備万端である。

世間の大隈ブームともいえる人気は健在で、与党同志会としては、これを機に政友会を追い詰めようという考えだった。

改選数381議席、当時は大選挙区制で選挙人は直接国税10円以上かつ25歳以上の男子、全国で約155万人の制限選挙である。

この時の衆議院の勢力は野党が原敬の政友会184議席と犬養毅《つよし》の立憲国民党32議席、与党は加藤高明の同志会95議席、尾崎行雄の中正会36議席、残りはその他無所属である。

選挙委員長

年が明けて大正4年1月7日、与党同志会は大隈が兼務していた内務大臣のポストに、それまで農商務大臣だった山県有朋系元内務官僚大浦兼武《かねたね》を据えると、選挙戦の指揮を大浦に一任した。内務官僚に任せたのである。

また全国の早稲田同窓1万人もこの選挙に協力体制を組んだ。同志会300人の候補者中60人が早稲田OBである。

一方で政友会は、1月11日に是清を選挙委員長に指名すると、選挙委員に山本達雄他元閣僚経験者10人を据えて対抗した。是清の委員長就任に当たっては、是清が比較的新参者ということもあり、党内の一部から嫉妬の声も上がっていた。

内務官僚出身で地方行政、警察組織にも精通した大浦に比較すると、政治には、ほとんど素人の是清では心もとなかったが、是清は政友会ではすでに重要な地位を占めていたのだ。

この選挙戦の間、日本政府は加藤高明外務大臣がイニシアチブをとって中華民国に対して「対華二十一カ条要求」を突きつけて交渉をしていた。選挙と外交は並行して進行していった。

当時のメディアの扱いは、一に欧州大戦、二に中国問題すなわち「対華二十一カ条要求」、三が選挙というものだった。

順調に攻略が進んだ青島要塞、南洋群島占領と、もとより大隈を支持するメディアも戦勝記事で現政権を盛り上げる。戦勝は現政権に味方する。

また、その報道で強気になった国民も、中国には要求を突き付けるべきと盛り上がる。

この選挙から各政党が立候補者に対して公認料を支払うようになった。したがって党として選挙には金がかかるようになった。候補者1人に3000円として300人に公認料を配れば約90万円が必要だ。

同志会党首の加藤は選挙よりも外務大臣として対中交渉に専念した。それでも党首の地位を保てたのは、もちろんその優秀さにあるものの、岩崎弥太郎の長女春路《はるじ》を妻に娶《めと》り、三菱の資金力が背景にあったからにほかならない。政界では「三菱の番頭」とまで揶揄《やゆ》されることもあった。

同志会は大隈重信、並びに雄弁家で高名な与党中正会尾崎行雄の演説が収録されたレコードを制作して、これを地方に配布して集会で再生すると各地で人気を博した。また現役閣僚が各地方を遊説して回ったのもこの選挙が初めてのことだった。

「原君、同志会は閣僚が積極的に地方を遊説して回っているようだ」

是清は選挙戦の状況を原に報告する。

「一体どんな話をしているのだ?」

「どうも各県知事が閣僚歓迎会というものを開催して、地元の有志を集めているようだ。県知事や地方の警察官僚は政権交代の時に更迭して入れ替えているからね。早稲田の各地の同窓もこれに呼応しているという話も入っている。それに同志会は金を配って票を買っているといううわさもある。うわさだがね」

「うわさではいくら払っているのだ」

「相場は一人3円から5円だそうだ」

買収の話は原の耳にも入っていた。どうせお祝いだとか見舞いだとかいろいろな建前で金を配っているのだろう。是清は続ける。

「ひどいのになると秋に予定されている御大典（大正天皇即位の礼）に招待してやるから同志会に投票しろと、公の行事を我がものにして、皇室を党利党略に利用しようというものもある。地方の人間にすれば魅力的な話だ」

原が口を挟む。

「内務官僚の大浦が考えそうなことだ。それで、我が党の選挙運動はどうだ」

「僕のところへ各地から選挙演説の依頼がきているよ」

「高橋君は話が上手だからな」

「いや、そうじゃなくて、同志会の演説でも政友会や敵対する候補者を単に罵倒するばかりで、肝心の政策も何もあったものじゃないのだ。

僕は珍しく経済の話をするから、聴衆からの受けが良いらしいのだよ」

「積極財政の高橋是清だからね。明るくて良い」

原は、得意げな是清に口元が緩んだ。

「それで、我が党の情勢はどうなんだ」

原が尋ねた。

「そうだな。200とはいかないが160ぐらいに落ち着くのではないか？」

これが政友会側のつまり是清の開票前、3月21日前後の票読みだった。

人気者、大隈重信

この頃、同志会側では首相の大隈重信自身が動き始めていた。大隈ブームは健在、選挙戦終盤の3月16日から関西北陸遊説を開始した。

東海道線を展望車で下る。停車駅ではその地方の早稲田同窓が中心となって「大隈が来るぞ」と人を駅に集めている。大隈は列車の展望車のデッキや車窓から停車時間に演説をぶった。

1分であればそれなりに、長ければいくらでも、大隈は演説の名手であり人を魅了する。テレビもラジオもない、娯楽の少ないこの時代、地方の人にすれば大隈は生身の大スターだった。

停車駅ごとに人心をつかみ、17日には大阪で遊説した。この大盛況だった遊説以降、主要紙一面は欧州大戦から選挙の記事に移行する。大隈は格好の売れるネタで、大隈人気はさらに盛り上がることになった。

是清の経済演説も良いが大衆および選挙人にはなかなか響かない。それに3月に入ると、欧州大戦で供給不足になった市場に日本の輸出品が進出し、どうも日本の景気は拡大の兆しが現れてきていたのだった。これも現政権側に味方した。

大隈は、大阪を発つと夜行で金沢へ向かい、その後名古屋、再び東京を目指して19日まで停車場演説を続けていった。3月25日が投票日、都市部は26日、地方も27日には開票が進んだ。

結果は同志会153議席、中正会が33議席、新設された大隈伯後援会が12議席、与党同志会の予想外の圧倒的勝利で、議会では与党が過半数を占めることになった。政友会は選挙前184議席が108議席に、野党国民党も惨敗で、政友会は議会での過半数の地位を失った。

原は政友会の敗因を同志会による買収や、地方警察官による選挙干渉などと日記に記したが、予想外の大隈人気が本当のところだろう。

第127話　抗日運動の起点

選挙前の1月18日に中華民国に対して提出した「対華二十一カ条要求」の、まるで植民地として見下すかのような強硬な要求項目は、中国における反日感情を引き起こした。

日露戦争後、近代化を図る清国は科挙を廃止して官僚登用の要件を留学経験とした。これによって留学生は増えたが、特に欧米に比べて近くて生活風習も近く渡航費用が安価な日本には多くの中国人留学生が学んでいた。

「対華二十一カ条の(5)号に至っては、我が国を全くこれがために第二の朝鮮（1910年の韓国併合）たらしむる城下の盟に等しきもの」

日本に亡命中の孫文は、表だった日本政府批判は控えたが、北京の学生団体に書簡を送った。留学生たちは畏敬《いけい》していた日本人に対して、大きく失望させられ大挙帰国することになった。

2月25日には上海で国民対日同志会が結成され「日貨排斥」つまり日本製品の不買運動が中国国内に拡大することになった。

すると今度は日本で、この中国の日本製品不買運動に怒りをおぼえて、中国権益拡張論的な意見が盛んになっていったのである。

加藤高明外務大臣は中国の主権侵害ともなる⑸号を国際社会に秘匿して中華民国袁世凱と秘密交渉をしていたことから、袁によって暴露された時には英米から非難を浴びた。

日本は3月になると山東、満州、天津に約3万人の陸軍部隊を増派し武力的威圧を加えたが、英米による対日不信を察知した袁世凱は強気の交渉を続けた。

中国は英米メディアに対して日本の不当性を訴えてきた。これが米国の欧州大戦に対する戦争報道の中で単純化されて、「陰湿で野蛮な侵略者としての日本、善良で無力な中国、アンダードッグ（弱い者）を贔屓《ひいき》する正義のアメリカ」というわかりやすい構図が欧米メディアの間で広まっていった。

これは日露戦争の時に米国がロシアに対峙《たいじ》する小国日本を応援した構図と同じだった。だが、今度は立場が違ったのだ。

一方で日本人からすれば、米国西海岸で起きていた人種差別や日本人排斥の流れ、例えば1913年成立の、日本人を標的とした「カリフォルニア州外国人土地法」（土地所有と3年以上の貸借の禁止）など、とてもではないが米国が自分たちに口を挟めるほどの潔白な国だとは思えなかった。

日中の交渉は都合25回にもおよんだがなかなか決着はつかない。

5月4日、元老、閣僚の会議で、山県有朋は問題の多い⑸号の削除を主張した。また英国からも⑸号を削除しなければ日英同盟に影響を与えかねないという電報が届いたので、大隈内閣は⑸号抜きで中国に合意を求めることにした。⑸号など最初から出さなければよかったのだ。

5月9日、日本は最後通牒《つうちょう》（合意しなければ宣戦布告する）をもって中国側に「対華二十一カ条要求」を呑《の》ませた。中身は17条にまで縮小していた。

加藤は、英米の不信を招くなど、外相として大失態を演じていた。直後の5月20日から始まった第36回特別議会では、政友会から加藤外務大臣弾劾案が提出されたが、議会多数の同志会により否決されている。また国民全体には国際社会における日本の悪評の情報が行き渡ったわけではなく、国民はその情報には関心が無く、当時はそれほどの問題だとは考えられなかった。

しかし、やられた方は忘れない。中国国民は最後通牒を出した5月7日と、受諾した9日を「国恥記念日」として、その後の、今日まで残滓《ざんし》が残る抗日運動の起点となったのである。

この時まで中国ナショナリズムから見た帝国主義の第一の敵は英国だったが、これを境に日本がその対象へと入れ替わったのだ。

この年6月5日付の「東洋経済新報」石橋湛山の社説。

「隣邦支那が速やかに富強となることは、やがて我の富強を増す原因である。然《しか》るに此《こ》の原因を、今度の新条約は遮断した。（中略）畢竟《ひっきょう》此の度の日支交渉は根本的に大失敗と談ずるものである」

わずかな利権を手にして、結局は中国という大きな市場を失ってしまう。その思考には経済的合理性が欠けているのではないか、湛山はそう説く。これは政友会原敬や是清と同じ考え方であった。

大浦事件

第36回特別議会では、大隈重信内閣は議会の過半数を占める与党同志会の力もあり、懸案だった陸軍2個師団増設の予算も通過させた。また「対華二十一カ条要求」も5条を除いて押し通し、同時にまた懸案だった満州権益の「中国問題」にもケリをつけた形になった。

しかし議会では政友会の調査によって大浦兼武内務大臣による贈収賄事件、いわゆる大浦事件が発覚していた。

この事件は前年末の予算案審議の際に、当時は農商務大臣だった大浦が政友会の議員の一部を買収して、政友会の一部が集団離党した事件である。買収の証拠はそろっており、政友会総務村野常右衛門は、告発状を既に検察当局に提出していた。

捜査が進むと事件は拡大して、7月30日には34名が勾引《こういん》されることになった。ここにきて大浦はようやく辞表を提出したのだが、事件が大きくなったので大隈内閣は総辞職することになったのである。

だが、大隈は、そもそも政権を続けたかったこと、大正天皇や元老から引きとどめられたこと、大正天皇の即位の御大典が11月に迫っていたことなどを考慮し、加藤外務大臣、若槻礼次郎大蔵大臣、八代六郎海軍大臣の3名を入れ替えて政権を続行することになった。

8月10日、新任は内務大臣一木喜徳郎《いちききとくろう》、大蔵大臣武富時敏、海軍大臣に加藤友三郎、外務大臣

には、しばらく大隈が兼任した後石井菊次郎を迎えて大隈内閣は内閣改造という形で生きながらえることになった。

この時期、原敬は選挙敗戦後の政友会の基盤を固めるために全国を遊説して回っていた。是清はその留守番役として、元老の山県有朋や松方正義に会い、リレーションを維持していた。この時期の是清は政党政治家であった。

9月1日、長州系元老の一人、井上馨が静岡県興津で死亡した。79歳だった。晩年は政党嫌いで、政友会潰しに奔走していたが、是清にとっては昔からの恩人の一人であった。

第128話 「非募債主義」

大正4(1915)年8月10日、大隈重信内閣は閣僚を入れ替えて再出発した。

欧州大戦も開戦から早1年である。ロシアや英国から日本への軍需品の発注があった。また交戦各国が軍需品の生産に傾斜すると、貿易相手の国々に対する商品供給が途絶えた。その隙間に日本製品が進出するようになると、日本の貿易収支は一気に黒字に転じて、正貨は急増した。

国債減債基金

日本経済にとってはまさに大正の天佑《てんゆう》だった。そうした輸出用の工業製品を作る会社や商社、造船、海運会社などは大戦景気に潤った。

しかし一方で絹製品などの贅沢《ぜいたく》品は戦争で輸出が伸び悩み、また諸物価上昇の中で米価は低落して養蚕や米作農家の購買力を削《そ》ぎ、人口の大半を占める農民には好景気の実感はまだなかった。政府は米価対策などさまざまな対策を行ったがなかなか効果が上がらない。

また大隈内閣は行政改革を政策方針のひとつにあげてはいたが、選挙での買収や選挙干渉などが世間の印象に残り、改革どころか、かえって政治家の猟官運動ではないかと疑いをもたれるようになった。

11月の大正天皇御大典（即位式）も過ぎると国民は政府に失望し大隈人気も色あせ始めた。

すでに述べたように、大蔵大臣は若槻礼次郎から、それまで逓信大臣だった武富時敏に代わっていた。武富は元佐賀藩士、江藤新平が処刑された佐賀の乱にも参加していたような人物で、早い時期から政治家として活動していたが、大蔵省まわりの経験も長く、政界では財政通でも知られていた。

12月1日に始まった第37回議会では、前任の若槻大蔵大臣の「非募債主義」の下、国債減債基金から2000万円を減らして鉄道に投資するという事案があった。

国債減債基金とは、日露戦争において大量発行した国債を償還するには一度では無理なので、別会計として毎年積み立てている償還資金のことである。

是清は山本権兵衛内閣の蔵相の時、日露戦争で発行した外債の大量償還がやってくる大正14年のことを心配していたが、そのための減債基金であった。

鉄道に投資するならば将来収益が上がり返せる見込みがあるのだから、借金が積みあがった国債とは別に新たに外債を発行すればよい。これが是清の考え方だ。ところが減債基金に手をつけると、日本は借金（外債）を返す気があるのかと海外の投資家の心証も良くはない。是清はこれが気にくわなかった。

是清は硬直的な「非募債主義」を非難している。

「内外の事情によって、当年は募債をしないとかあるいはできないとかいう問題は起こってくるかもしれないが、これはいわゆる『事実』（状況・筆者注）如何《いかん》によって定まるもので、『主義』として定まるものではない」

是々非々の是清はそもそも「主義」なるものを好きではない。

「鉄道建設のように一時的に多額の資本を固定させることを要する仕事をもっていながら、借財をしないことをもって『主義』とするのは初めから間違いである。借財の善悪は『事実』の問題であって『主義』の問題ではない」

これは是清が日銀総裁の頃から繰り返し主張していることだが、最初から「非募債主義」を立てて原理的にこれに従うのではなく、例えば鉄道建設のように時間はかかるが収益性のある事業の場合、堂々と借金して事業を遂行すればよいのだという主張である。

是清の「非募債主義」に対する「積極主義」とは、やみくもに借金をして景気を盛り上げようというのとは一線を画している。


議会では政友会が、大浦事件後も大隈が居座っていること、また明治帝に殉死した乃木希典大将の遺志に反して乃木家を再興し、世間の猛反発を受けている責任を内閣がとっていないことなどを理由に内閣弾劾上奏案を提出、国債減債基金問題も含めて大隈内閣の人気はすっかり陰りを見せた。

議会が終わった大正5年4月1日、政友会は議員総会を開き、新進の者を役員にした。これによって是清は政務調査会長の役を解かれ肉体的、精神的な負担が軽減した。

是清が米国の友人、クーン・ローブ商会の社主ヤコブ・シフと交換している書簡には、自分は政治には向かないこと、早く政治家を辞めたいが原敬との友情で辞められないことが書かれていたが、この直後の手紙では、是清は党の役職を解かれて楽になったと記した。

同じ頃、大隈重信は山県有朋を訪ねた。

「私もそろそろ首相を辞めたいと思う」

それについては山県にも異論はなかった。

「ついては私の後継には同志会の党首である加藤高明を推薦したい」

大隈は「憲政の常道」を主張する。憲政の常道とは、衆議院での第1党となった政党の党首を内閣総理大臣として組閣されるべきということであった。

「私は、政党指導者は挙国一致の体制には向いていないと思う」

山県は憲政の常道とともに加藤についても明確に反対した。

「次期首相には寺内正毅《まさたけ》か平田東助あたりが適任だと思うが、どうか」

山県にすれば既に政友会討伐も果たし、陸軍2個師団増設問題もクリア、ひどい言い方をすれば、もう大隈や同志会に用はなかった。山県は陸軍の寺内正毅大将を元帥に昇進させた。これで寺内は生涯現役の軍人となり政党にはかかわれなくなった。

6月末になって大隈は大正天皇に辞意を表明、後継には加藤と寺内を推薦するという内奏を行った。辞めたいと言っただけで辞表は未だ出してはいない。

これを受けて天皇は山県に後継首相について下問した。山県の意向で、大隈と寺内は何度かの話し合いを持ったが、寺内は同志会との連立内閣は構想に無く、両者の協力はならなかった。

一方で西園寺公望は山県と密談して後、原敬に政友会をして寺内に協力することを約束させた。西園寺は山県に貸しを作り、寺内の後には政友会内閣ができるように考慮したつもりであった。

2大政党のひとつ憲政会成立

8月、山県は「椿山荘」に大山巌、松方正義、西園寺公望を招いて後継内閣について会談を行った。既に井上馨が死去、西園寺を新たな元老に加えたのだ。

10月、大隈は後継に加藤をと奏薦した辞表を天皇に提出すると同時に、これを内閣から直ちに公表、ジャーナリズムに訴える戦術に出た。

これを受けて大正天皇は山県に再び下問する。

しかしこれらはすべて山県の想定の範囲内である。山県は直ちに元老会議を開くと寺内を次期首相に奏薦した。

かくして10月9日、寺内正毅は、山県系官僚や寺内と個人的に近い人材を登用し、せっかく協力すると言っていた政友会関係者を一切閣僚に加えず、いわゆる議会を無視した「超然内閣」を成立させた。

この4年前の明治45（1912）年には大阪に通天閣（初代）と遊園地新世界ルナパークが開園していた。この中に当時、花街などではやっていた「ビリケンさん」が祭られて新世界の名物となっていたが、寺内の頭の形がこのビリケンにそっくりだった。

そこへきて寺内の内閣は政党を超然した内閣だったので「非立憲」である。そしてこれがビリケンにかけられて、寺内内閣は面白がってビリケン内閣と呼ばれたのである。

一方、加藤高明は同志会を中心とする大隈内閣の与党三派を合同し、憲政会を組織した。憲政会では党首の加藤高明をはじめ、若槻礼次郎や浜口雄幸が実権を握った。以降憲政会が政友会のライバルとなる。

中国の状況

大正4年5月9日、袁世凱は日本から最後通牒《つうちょう》を突きつけられて対華二十一カ条要求を受け入れた。それから少し経った6月22日、袁はこれに対抗して大統領令として懲弁国賊条例を公布した。

これは外国人と不動産貸借等を含む商工上の契約を行い自国の利益を優先させない者に対して銃殺刑に処すと定めたもので、対華二十一カ条要求を空文化させる狙いのものだった。

袁は年末に向けて、翌1916年の年号を洪憲と定め、自身が皇帝となり帝政を復活させることにした。国名は中華帝国である。

袁はバラバラだった中国を、より強権的な立憲君主制の下で治めるつもりだったが、北京では学生らがデモで抗議し、地方の軍閥はこれを口実に次々と反旗を翻した。袁はあまりの評判の悪さに3月には帝政を廃止せざるをえなかった。

その後、袁は混乱の中で6月に病気で急死、北京政府の実権はとりあえず段祺瑞《だんきずい》が握ったが、その後も各地で軍閥が跋扈《ばっこ》する状況は変わらなかった。

以降は段祺瑞を首領とする安徽派、張作霖の奉天派、馮国璋《ふうこくしょう》の直隷派などが外国の支援を受けながら、北京政府の実権を狙って抗争を繰り返すことになった。日本の外交もこれに振り回されることになる。

第129話　戦時のウォール街

1914年8月3日、ドイツ軍は開戦と同時に戦前から温めていた軍事作戦シュリーフェン計画に従ってフランスへ侵攻した。初動が遅いロシアを後回しにしてまずは全力でフランスを屈服させる作戦である。

ドイツ軍の進撃は続き9月2日には首都パリへ肉薄、フランス政府は首都をボルドーへと移した。

パリを背に反撃に転じた英仏両軍が少し押し戻すと、ここで両軍は塹壕《ざんごう》を掘り、戦線はフランス領内で膠着《こうちゃく》した。これが西部戦線である。

その後前線は押したり引いたりしながらも、終戦近くまで大きく移動することはなかった。

一方で東部戦線では、ドイツ領内に侵入したロシア軍を少数のドイツ軍がタンネンベルクで壊滅させ、その後もロシアが押され気味で推移した。

またバルカン半島方面では、オスマン帝国が、ドイツ、ハプスブルクの同盟国側に参加、各戦線は至るところで膠着状態となり、戦争は参加各国の指導者や国民が当初考えていたよりも長くなりそうだった。

戦争が長期化すれば巨額の戦費が必要になる。

戦争開始直後の8月には、早くもフランスが米国の投資銀行であるモルガン商会に対して1億ドルのフランス戦時公債発行の話を持ち込んだ。

米国は第28代大統領トーマス・ウッドロウ・ウィルソンの下、ウィリアム・ジェニングス・ブライアンが国務長官を務めており、戦時ファイナンスは中立国にとって最悪の禁制行為であると、これを許可しなかった。

米国は日露戦争では日本側だけにファイナンスしたが、欧州大戦当時の米国は人口の約10％がドイツ系移民であり、ドイツ系ユダヤ人が金融市場で大きな力を保持していた。英国の迫害を逃れたアイルランド系移民も多く、モンロー主義の手前からも単純に英仏に味方するわけにはいかなかった。

しかし英国海軍は開戦とともに米独を直接結ぶ海底ケーブルを切断、両国を結ぶ情報量が激減するとともに、ドイツを海上封鎖、北海や地中海も封鎖したため、米国とドイツとの物流は完全に消滅した。

戦争特需で英仏への輸出が盛んになる一方で、商売のないドイツの立場を尊重する理由は次第になくなっていった。

10月になると、交戦国の公債引き受けは禁止だが、物資調達向けの信用供与であれば許されることになった。これは農産物の輸出減少を心配した米国地方農民への政治的な配慮であり、建前を取り繕った実質的なファイナンスと同じだった。

年末にはモルガン商会がロシア国債を引き受けるとの話があった。モルガン商会に対するライバル会社であるクーン・ローブ商会のヤコブ・シフはこの件でジャック・モルガンに抗議に出向いた。ロシア帝国はユダヤ人に対する迫害を続けている。米国は中立を守ってファイナンスの手助けをすべきではないというものだった。

米国のユダヤ系金融機関の出自はゴールドマン・サックスもリーマン・ブラザーズも皆ドイツであり、ドイツ語を話すユダヤ人だった。

英仏合同使節団

年が明けた1915年1月、モルガン商会は英国陸海軍の軍需物資調達の代行機関となり、4月にはフランスとも同様に契約を結んだ。

モルガン商会が扱ったビジネスは、この後米国が参戦するまでの間に米国が英仏連合国側へ販売した物資全体30億ドルの約半分を占めた。

この年5月、ドイツ海軍のUボートが英国客船「ルシタニア」を撃沈して中立国である米国市民の多くが犠牲になる事件が起こった。ロシア国債引き受けの件で、米国は中立を守るべきとジャック・モルガンに抗議に行ったシフは、今度の事件はバツが悪かった。ジャックにお悔やみを伝えにわざわざモルガン商会を訪問した。シフは自身がドイツを代表している気持ちだったのだろう。

ジャックは遠目でレセプションにいるシフと目が合っているにもかかわらず居留守を使ってシフを帰らせた。

「あなたなどと話す気はない」という意味である。

その後すぐにジャックは思い直して居留守を使ったことを恥じて非礼をわびるためにシフを訪ねてきた。紳士がいた時代である。

9月に入るとウォール街で巨額の資金調達をもくろむ英仏合同使節団が米国へやってきた。彼らはまずは最大手のモルガン商会を訪ねると、次は第2位のクーン・ローブ商会を訪ねたが、その時にシフが出した条件は、ロシアには1ペニーも渡さないという現実には無理な話だった。クーン・ローブ商会は幹事団から外されることになった。

ゴールドマン・サックスもパートナーのヘンリー・ゴールドマンがシフと同じ理由で公債発行引き受けを拒絶したが、ゴールドマンは彼を退任させることで対処した。

米国参戦と金本位制停止

大正6（1917）年4月4日、米国議会は英仏側に立っての参戦を決めた。とは言っても当時の米国には大規模な陸軍が無かったので、5月に入ると選抜徴兵法を施行して427万人の大陸軍建設計画が開始された。徴兵して訓練をしなければならないので欧州の前線への派兵は1918年中ごろになると予想された。

一方で英仏の戦費はすでに枯渇しており、米国による戦費調達は大きな助けとなった。米国は「リバティ・ボンド」（自由公債）という名の戦債を戦中に4回、戦後に1回合計210億ドル発行して戦費にあてた。

戦争が始まると英仏独露など日本を除く参戦国は実質上金の輸出を禁止して金本位制を停止していた。それまで戦時景気で正貨が流入する一方だった米国も、戦費による正貨の流出を警戒して同年9月10日には金本位制の一時停止を決めた。主要国の中で、米国とともに金本位制を維持していた日本もこれを見て、2日後の9月12日に米国に追随して金本位制を停止した。これは金の輸出を許可制とする大蔵省令の交付によるものだった。

シフとの交流

「お父様、私たちはもうドイツ語で話してはいけないわ」

ある日、高橋和喜子と仲良しだったフリーダ・シフ・ウォーバーグは、保養地で実父のシフとドイツ語で話しているところを通行人から怪訝《けげん》な目で見られた。

占領地ベルギーやフランスでのドイツ軍の蛮行、Uボートによる米国民間人の犠牲者、米国メディアは次第にドイツ軍やドイツ人を悪魔化し始めた。

悪名高き米国の禁酒法は欧州大戦の副産物だが、これは酒造の主要業者がドイツ系移民だったことと無関係ではない。

それでもこの時期米国はまだ中立を守っていた。

是清にとってシフは本音で語り合える貴重な友人となっていた。

二人は書簡をやりとりしていたが、欧州大戦が始まると、その頻度は密になった。

和喜子の夫、横浜正金銀行の大久保利賢《としかた》は、ロンドンへ転勤となり、書簡はまるで暗い出来事を避けるかのように和喜子の話題に花が咲いた。

第130話　寺内正毅

先に述べたとおり、大正5（1916）年10月9日、寺内正毅は第18代内閣総理大臣に就任した。

寺内は長州藩出身、山県有朋、桂太郎、児玉源太郎に次ぐ長州閥の逸材で、日露戦争中は陸軍大臣、その後就任した朝鮮総督を経ての首相就任である。寺内内閣の閣僚は山県系官僚出身者が中心で政党人を排した超然内閣であった。

内務大臣には後藤新平。長州の児玉源太郎に見いだされ世に出て、台湾統治、満鉄総裁、第2次、第3次桂太郎内閣では逓信大臣だった一方で、政友会総裁原敬とは同郷の岩手県、原とは是清の赤坂表町の邸宅で会合を重ねている。

外務大臣には本野一郎、本野は日露戦争前にはフランス公使、戦後は約10年間ロシア大使を務めていた。

大蔵大臣はしばらく寺内が兼任していたが、大蔵次官から朝鮮銀行総裁に転出していた勝田《しょうだ》主計《かずえ》が昇格して就いた。勝田は伊予松山の出身、東京の愛媛県人寮常盤会寄宿舎では正岡子規や秋山真之《さねゆき》の同窓であった。

この超然内閣は大正政変による政党政治への期待と、欧州大戦という非常時における挙国一致の必要性との綱引きの中で、山県はじめ元老たちが下した決断だった。しかし国会運営には政党の力、今回は政友会の協力が欠かせなかった。

「国防と外交」

膠着する欧州大戦のニュースが流れる12月、是清は政友会の要職から離れていたが、原の腹心として忙しく働いていた。その頃欧州大戦の進捗《しんちょく》を考慮に入れながら「国防と外交」という論説を残している。要旨をまとめると、

・兵器の発達はめざましく、技術は高度化し軍人の優秀さよりも機械の性能が勝敗を決するようになってきている。
・こうした新技術の価格を考慮すると、歯止めのない軍拡競争は立ちゆかないので、平和を前提とした国防政策が必要になる。
・それはすなわち外交が論点を整理し、軍部がこれに従うべきである。
・欧州大戦が終われば経済力こそが各国の競争の場となる。軍人は純粋軍事的観点以外からものを見ることを嫌うが、軍拡が経済を圧迫するならばそれは国防力が低下することでもある。
・国防は重要だが国家の負担能力を超える軍事支出は効果的な防衛にはならない。

経済力すなわち軍事力。現代では当たり前の話だが、是清は当時の欧州大戦の様相を観察しつ

つ、今後の軍事力すなわち国防政策は外交力、経済力の前提なくしてありえないことを喝破していた。

この考え方はやがて、外交や経済政策を司る国会を超然し帷幄上奏権《いあくじょうそう》を持つ参謀本部の廃止論へとつながっていくのだった。

この月、文豪夏目漱石、元老大山巌が亡くなった。

年が明けて大正6年1月25日、第38回議会において加藤高明率いる憲政会が寺内内閣不信任案を提出すると、寺内は衆議院を解散させた。

解散は「憲政会の全滅」を策して行われるもので、内閣は政友会を支持し、選挙に先立ち地方官僚更迭を断行した。先の大隈重信内閣の時の第12回総選挙と立場は逆でも同じことをしたのだ。県知事の休職8名、更迭19名、県内務部長、警察部長の更迭は24名にのぼった。選挙ごとにクビになっていては地方官僚もやっていられない。

4月の第13回総選挙では県や警察が選挙運動や投票所で圧力をかける「干渉選挙」を行うのである。

1月29日、政友会総裁原敬は解散後の総選挙に臨んで、「三縁亭」に幹部を集めて午餐《ごさん》会をひらいた。

原は和食の宴席ならば、築地の料亭「花谷」、洋食ならば芝公園の「三縁亭」と決めていた。これは陸奥宗光に仕えていた頃、つまりかつて前田正名《まさな》を農商務省から追い出した頃から世話になった因縁で、満席ならば宴席の日時をずらすというぐらいに律儀なものだった。

宴席が打倒憲政会で盛り上がりを見せる中、

「原君、後藤君が拙宅に来ているよ。忘れていないかい」

この日は是清宅での後藤との情報交換の日だった。

是清の声がけに、原は後藤との面会の日時を勘違いしていることに気づいた。原は是清と一緒に宴席を中座すると、三縁亭を出て赤坂表町の是清の家に向かった。

後藤は待たされていたが、是清の奥方品子《しなこ》が相手をしていた。

「待たせてしまって申し訳ない。早速だが、政府は今回の選挙をどう読んでいるのだ?」

「原君、忘れていたね、今日のこと」

「いや、断じてそんなことはない」

後藤は原の態度に口元を緩めると答えた。

「前回の大隈内閣の干渉選挙と逆のことが起きるのだから、政友会150人、中立の議員が70人ぐらいではないだろうか」

この時の政友会の勢力は108議席にまで衰えていた。

「おいおい後藤君、僕は180人を目標として戦い、160人から170人くらいを成功だと見込んでいるのだよ。よろしくお願いしますよ」

前回選挙は井上馨と大隈が組んで政友会潰し、今回は、山県と西園寺公望による憲政会潰しである。真の憲政への道はまだまだ遠かった。

こうして4月に行われた第13回総選挙で、政友会は165議席を確保した。原のいうところの勝利を獲得したのだった。政友会は「是々非々」を旨としながらも寺内内閣の準政権与党であった。

この年6月、欧州大戦下の「内外の情勢」を整理検討する目的で、寺内内閣が臨時外交調査委員会を設立し各派の協力を訴えた。

これを加藤高明は断ったが、原敬や犬養毅は委員となり、犬養が率いる国民党35名が政府側にまわった。すると憲政会119名に対して、与党的立場に立つ議員は237名と議会の過半を占めることになった。

二つの諮問委員会

寺内の内政を特徴付けるものが、この「臨時外交調査委員会」と「臨時教育会議」の二つの諮問委員会の設置である。

「臨時外交調査委員会」は挙国一致の名のもとに各党を結集させようと、後の大政翼賛会的な問題をはらむ一方で、本格化する対中国との関係、ロシア革命や米国参戦など複雑化する欧州大戦への関与など、事の成否はともかく、内閣主導の外交政策に一貫性をもたせたことの意義はあった。

また「臨時教育会議」は国家の将来に備え初等教育から高等教育まで整理し直そうという会議で、後の原敬内閣に継承されるものである。

第131話　西原借款

1840年の英国によるアヘン戦争から始まった列強（英米独仏露他主要国）による中国植民地化の動きも、清朝末期からその手法に変化が出てきた。

アヘン戦争時に列強が欲したものは、交易ができる港だった。テクノロジーの最先端は蒸気船だった。しかし折から鉄道が発達してくると、鉄道とその周辺の農業、鉱工業などの産業支配が重要になってくる。権益が点から線へと変わってきた。

列強は狙った地域の鉄道を支配するためにそれぞれが鉄道借款を行い、中国領内の鉄道の権益を確保するようになった。日本が日露戦争でロシアから租借権を譲渡された満鉄（南満州鉄道）などはその典型である。

しかし中国（清の時代も含めて）の国民は、こうした各国の鉄道権益確保の動きを、まるで瓜が切り売りされるがごとく領土が列強や日本に買われる「瓜分《かぶん》の危機」として捉えた。

例えば日本の鉄道が東北本線はロシア、東海道本線は英国、山陽本線はフランス資本だったと想像してみればわかりやすい話だろう。中国では清国から中華民国へと統治形態が代わる中でも鉄道権益の回収運動が盛んになった。

「誠意」と「親善」

こうした中で、列強から見ると、鉄道保護のために遠い中国に単独で兵力を展開するにはコストが高すぎる。また借款全体の金額が大きくなったため、リスク回避の目的もあって各国が共同で投資する形態が考えられた。

日露戦争で是清が奮闘した英米仏独共同対日借款（外債発行）に見られた国際協調融資と同じである。

これは清朝末期の1909年に湖広鉄道建設のために締結された英仏独3カ国の共同借款が始まりで、これに米国が加わり、また辛亥革命以降に日露が加わり6カ国になった。欧州大戦前にはグローバリゼーションが進展していたが、こうした国際協調融資もその流れの中にあった。

欧州大戦が始まる直前の1913年4月、今度は米国が抜け、日本を含む5カ国（英仏独露日）が袁世凱政権に対する協調融資を行った。これが五国借款団と呼ばれるものである。政治的な借款はすべてこれを通すこと。どの国も抜け駆けは許さないという縛りがあった。

金融機関は例えば日本ならば横浜正金銀行というように各国の代表的な有力銀行である。仮に是清がそこに顔を出せば日露戦争の時になじみになった顔見知りの国際金融のメンバーばかりだったに違いない。

米国であれば、モルガン商会やヤコブ・シフのクーン・ローブ商会、銀行などの金融機関なのだが、米国が1913年に抜けた理由は、これら大手の独占を嫌う勢力が、協調融資団への参加を直前に妨げたからである。

しかし欧州大戦が始まると、英仏露独など列強は、軍事的にも財政的にも中国に対する借款などの余力はなくなった。こうなると金を貸せるのは大戦景気でもうかっている米国と日本のみである。

袁世凱が極めて評判の悪かった対華二十一カ条要求を受け入れた背景には、欧州の国は頼りにならず、日本からの財政的援助を期待したという側面もあった。

中国では大正5（1916）年6月に袁世凱が死去し、その後北洋軍閥の筆頭、安徽派の段祺瑞が日本では首相に相当する国務総理として政権を担った。一方の日本では同年10月に大隈重信内閣に代わって寺内正毅内閣が成立した。

大隈内閣による対華二十一カ条要求以降、日貨（日本製品）排斥運動など日中関係は悪化し、大隈内閣は袁世凱排斥政策をとってきたが、寺内はこれに批判的だった。

寺内は「誠意」と「親善」を柱とする「王道主義」を中国政策の柱として、中国に対する内政不干渉を政策として決めていた。この頃は軍人出身だから武断的というわけではない。開明的な大隈が中国政府に厳しく、軍人の寺内が内政不干渉だったのだ。イメージだけでその政策を決めつけるのは難しい。

日露戦争の時の外債発行による戦費調達で対外債務が積もり、戦後の日本は正貨危機に苦しんだ。欧州大戦開戦の大正3年末の正貨残高は3億4100万円だった。

ところが欧州大戦の戦場から遠く離れた日本は戦争による輸出景気に沸き、正貨残高は大正4年末には5億円台、5年末には7億円を記録し、6年末には11億円を超えて、日本は建国以降初めての対外債権国となったのだった。

寺内が組閣したのはちょうどこのタイミングだったのである。日本に流入する膨大な外貨、一方で中国の政権は資金難、列強は戦争で忙しいし金がない、ここで「誠意」と「親善」の下、「援段政策」の一環として登場したのが西原借款である。

朝鮮総督だった寺内は、大蔵次官から朝鮮銀行総裁に転出していた勝田主計を呼び戻すと、大蔵大臣に据えた。そして朝鮮に13年間も在留し共益社という綿業の同業組合を主宰していた民間人の西原亀三という人物を通して借款が進んでいく。朝鮮統治人脈である。

政治的な借款は五国借款団で牽制《けんせい》され縛られているので、勝田は政治的な借款はこれまでどおりに横浜正金銀行がやるとして、経済借款は日本興業銀行、朝鮮銀行、台湾銀行が主としてこれにあたることとした。対外的にはあくまで民業の融資という建前である。

政府は議会を経て政府保証がついた興銀債を発行してこの資金に充てることにした。一見民間の資金のように見えるが、損失時には政府が保証する。西原借款は型式は民間個別融資を装いながら、袁世凱の後を継いだ段祺瑞の政権に対する実質的な政治的借款であり、欧州大戦のどさくさにと、国際社会での評判は悪かった。

寺内内閣発足間もない大正5年末の第1次交通銀行向け借款500万円を皮切りに、翌年9月の2000万円、大正7年4月の有線電信借款2000万円、6月の吉林会寧鉄道借款1000万円、8月の黒竜江省森林借款3000万円と西原は北京で次々と借款を決めていった。海外融資だからせっかく貯まり始めた正貨は気前よく流出する。

少し前まで正貨確保を巡って元老たちが悩み、是清と山本達雄がギスギスと論戦していたのがうそのようである。

最後は翌大正7年9月28日、中国の欧州大戦参戦借款2000万円、山東半島の鉄道借款4000万円、寺内内閣総辞職表明後で任期最後の日に合計6000万円の借款が成立したのである。

翌日は次の原敬内閣発足の日だった。

1・4億円の貸し倒れ

資金は、名目はともかく、実質的には北洋軍閥最有力の段祺瑞による中国政権統一のための政費や軍費として使われた。

こうした段による武力統一の試みは、北洋軍閥内での段の安徽派とそれに抗する直隷派との対立の中で、困難を極めた。

最後の借款が決まった9月には、孫文が広東軍政府を組織して南北両政権が対立する状況の中にあって、段は国務総理を罷免され西原借款は完全に失敗に帰したのである。西原借款の総額1億4500万円のうち、返済されたのは最初の500万円のみで後は貸し倒れとなった。

あたかも寺内の独断による融資のように語られることも多いが、原敬や犬養毅も交えた臨時外交委員会の決議を経たもので、「誠意」と「親善」の「王道主義」の結末だったのである。

第132話　ロシア革命

欧州大戦開戦以来、ロシア軍は一時盛り返すこともあったが、全般にドイツ軍に対して劣勢だった。

開戦の1年後にはドイツ軍による東方大攻勢によって大きく戦力を毀損《きそん》して相当の領土を失うと、皇帝ニコライ2世は、従叔父である総司令官ニコライ大公を更迭し自分自身が総司令官についた。

総司令官は首都ペトログラード（現サンクトペテルブルク）を離れて800キロほど南の地にある大本営に単身赴任、この間首都ではドイツ系のアレクサンドラ皇后が怪僧ラスプーチンの影響下にあり、国内政治は乱れた。

1917年3月15日、ロシアの議会《ドゥーマ》は臨時政府を設立するとニコライ2世を退位させた。これが2月革命（ロシアは旧暦）である。ちょうど日本では寺内正毅内閣が誕生し、議会を解散して総選挙で憲政会の勢力を減じようとしていた頃だ。

ロシアは革命によって政権が代わっても戦争をやめなかった。ドイツ軍はこの機を逃さず、チューリヒに亡命していた共産革命家レーニンをロシアまで移送した。ドイツ軍参謀本部によって特別手配された列車はドイツ国内を停車せずに疾走したので「封印列車」と呼ばれた。

レーニンはその期待に応えて11月7日に臨時政権を倒し、自身が率いるボルシェビキが単独で政権を樹立することになった。これが10月革命であり共産国家ソビエトの誕生である。

レーニンは早速ドイツをはじめとする同盟国側と休戦し、翌1918年3月には講和条約を結んだ。また米国は2月革命のすぐ後、1917年4月6日に連合国側として参戦した。しかしもともと大きな陸軍を持たない米国は、先に述べたとおり、この時点から募兵を開始して兵士たちを訓練しなければならなかった。欧州への部隊派遣は翌1918年の夏以降とされていた。こうして大正6（1917）年末には米国の参戦と、革命によるロシアの戦線離脱と、欧州大戦は大きな転換期を迎えていた。

ドイツ軍春攻勢

当時の日本にとってロシア革命は決して対岸の火事などではない。日本が併合した朝鮮および満鉄の権益に直接国境を接する隣国の問題であり安全保障上の重大な問題である。

とりあえずウラジオストクへは居留民保護目的の軍艦を派遣したが、陸軍の出兵には踏み切れない。今後のロシア極東での戦争の様相も予想できず、必要となる戦力規模もわからなかった。大正7年が明けた頃の寺内内閣の姿勢は、連合国全体の協調を待つというしごく穏便なものだった。

一方で、ドイツ軍はロシアとの東部戦線から解放され、相当の兵力を西部戦線に集中投下した。米軍が欧州に本格的に派兵できるようになる夏までには英仏との勝負の決着をつけておかねばならない。こうして1918年の春、ドイツ軍は最後の春季攻勢を開始した。

現代に生きる我々はドイツ軍の敗北をすでに知っているが、当時のドイツ軍春攻勢はすさまじく、「もしかしたらロシアとドイツが手を組んで極東へ攻勢に出るかもしれない」という一部の日本人が抱いた懸念は、あながち妄想ではなかったのだ。

しかしながら日露戦争における戦費調達の事例を考慮に入れても、財政的にも米国の協力なしに日本のシベリアへの出兵は無理だと判断されていた。

世論としては日露戦争の時の伊藤博文からバカ扱いされた「七博士（対露強硬論を唱えた東京帝国大学教授戸《と》水寛人《みずひろんど》ら7人）」は健在で今度は「出兵九博士」としてシベリア出兵をあおった。

一方で東洋経済新報の石橋湛山は、ロシア革命を明治維新に例えて出兵を批判した。

「レーニンたちを浮浪人の集合のように考える人もいるが、これは幕末の我が国の西郷や木戸と同じである。ロシアの反革命党を助け革命党を圧迫するのは、我が幕末に政府を助け討幕党を圧迫するのと異ならない」

この年の夏、政府は言論を統制した。

出兵に慎重な政府をよそに陸軍は田中義一参謀次長を軸に独自に出兵計画を練っていた。寺内首相が作った外交調査委員会には統帥部の代表たる陸軍参謀総長、海軍軍令部長は呼ばれていない。そのかわり原敬や犬養毅などの政党人が口を出す。軍人から見れば、そんなものは承服しかねたのだ。

5月16日、かねて寺内の私設秘書、西原亀三を通じて段祺瑞政権に資金を提供していた関係で、陸軍はその見返りとして中国政府と「日華共同防敵軍事協定」を締結した。

中国はこれに応じて日本の資金（西原借款）でウラジオストクに出兵することになるが、この協定は独立国にとっては非常に重要な意味を持ち、日本陸軍は他国である中国領内に駐兵権を得て領内を自由に移動できることになった。

これを主権侵害、日本は中国を侵略しようとしていると理解した、すでに数が減っていた在日の中国人留学生たちは「救国団」を組織して集団で帰国、日本を見限った。

しかしまだ米国からシベリア出兵の話は届かない。米国さえ誘ってくれれば、日本はいつでも出兵するつもりだった。そしてひとたび出兵してしまえば、そこは議会が口出しできない帷幄上奏の戦場、陸軍はどうにでもできると考えていた。

シベリア出兵

日本が日華共同防敵軍事協定を締結しようとしていた5月14日、シベリア西部のチェリャビンスク駅で事件が起きた。

10月革命で成立したレーニン率いるソビエト政府はドイツ軍と休戦した。するとそれまでロシア軍の一部として参戦していたチェコ軍3万8500人が浮いてしまった。そこで彼らはシベリア、米国経由で欧州へ向かい再びドイツ軍と戦うべくシベリア鉄道を東に向かっていたのだ。チェコ軍は欧州大戦後の民族独立を勝ち取りたかった。そのために戦って連合国側に存在感を示したかったのだ。

ところがチェリャビンスク駅で、ロシアの捕虜として終戦に伴い帰国の途にあるハンガリー軍といさかいを起こしたのである。

チェコ軍は戦意も高く、よく訓練されていた。シベリアは革命後の混乱もあってほぼ真空地帯である、彼らは3カ月ほどでボルガ川から極東までシベリア鉄道の沿線を占領してしまった。

しかし当時のことだからチェコ軍の状況はよくわからない。連合国側にチェコ軍危機のうわさが流れ、それに伴い日本政府に対してシベリア出兵を強く求める声が連合国側からあがり始めた。

7月8日、米国政府はチェコ軍の救援に目的を限定し、日米それぞれ7000名の出兵を提案した。この7000名というのは、米国がフィリピンの駐屯地から移動できる最大数であった。

日本政府首脳は米国からの提案に沸き立った。

この時、山県と会った原敬は、山県の喜びように「これまでの自重論を忘れたかとあきれかえるほどだ」と日記に記した。

その原も含む外交調査委員会は1万2000名の派兵を決定し、8月2日に出兵を宣言した。宣言には今後の増派の含みも盛られていた。ソビエトに対する宣戦布告ではなかったが、これ以降ソビエトとは国交断絶、回復するのは大正14年になってからである。

第133話　是清一家

赤坂表町高橋是清の一家は、家族に加えて書生が常に5、6人、これに岡村という家令（家の事務をする人）と彼の家族、運転手、お手伝いさんが同居している。このお手伝いさんにもいろいろと分類があって是清夫妻の面倒を見る奥女中から始まって、中働き、子守りのねえや、おこまと呼ばれるこまづかいなどがいて、最低でも全部で30人から多い時には50人近くが一緒に暮らしていた。

是清は子供好きだから、家令の子供たちも同じように可愛がった。

これに、さらに葉山の別荘が加わるから、台所横の小部屋で家政を取り仕切る妻の品子は大変だった。同居する内妻の直子が女中頭として品子を助けた。

大正7（1918）年、欧州大戦のさなか、世は寺内正毅内閣で、是清の家には後藤新平や原敬など要人が訪ねてきては非公式な会合を繰り返していた。是清は政友会の役職こそ離れていたが、原の腹心であり多忙なことに変わりはない。

長男の是賢《これかた》は41歳、日露戦争では是清の事務を手伝った後、ブリュッセル大学政経科を卒業、数社の経営に携わっている。

是清がペルー銀山開発に失敗し落魄《らくはく》したとき「蜆《しじみ》売り」になって家計を助けると言った次男の是福《これよし》は37歳となり、三井物産を経て日本酵素の専務として働き始めたところだ。

米国クーン・ローブ商会のヤコブ・シフの家に世話になった長女の和喜子は27歳、大久保利賢に嫁ぎ、この時は横浜正金銀行ロンドン支店に勤める利賢について英国に在住して子育てしていた。

この時期に頻繁に交換された是清とシフの書簡ではロンドンで苦労する和喜子の話題が多い。三男是孝は25歳、英国オックスフォード大学に留学中、四男の是彰は1月にちょうど18歳になったところで、是清に黙って自動車の運転免許を取得した。

是清はある日警察の高官から、これはお宅の息子さんではありませんかと教えられて始めて知ったのだった。どうやら運転手が是清には内緒で、玄関先で運転を教えたらしい。是清は、普段から自動車の危険性にはうるさかったが、これに怒らず、書生や家族を集めた席で、手に職を持つことは良いことだと是彰を褒めあげた。

是清は明治43（1910）年に個人で自動車を買っていたが、日本で自動車が普及するのは大正12年の関東大震災以降のことである。当時まだ運転免許証は貴重な職業資格でもあったのだ。

次女の真喜子が9歳、三女の喜美が5歳、四女美代子3歳である。

是清63歳、妻品子52歳、内妻の直子は35歳、大正6年是清は直子との間に最後の子となる五女栄子をもうけている。

直子は是清の義弟是利の家で出産をすますと、栄子を赤坂表町に連れて帰り、品子の子として育てた。さらにこれとは別に是清には鈴木某という芸者との間に利一8歳がいた。

物価上昇

大正5年10月に寺内内閣が発足して1年半、寺内は持病の糖尿病と心臓病に苦しんだ。4月には山県有朋に辞意をもらし、夏も近づくにつれて健康状態に問題があることは誰の目にも明らかになった。

是清は第1次山本権兵衛内閣で初めて大蔵大臣となったが、その時はそれまで温めていた政策を実行しようにもジーメンス事件で何もすることができなかった。是清は政治家の世界は嫌いだが、金融財政の専門家としてもう一度大蔵大臣の職務を全うしたいと考えていた。

家での大人数での食事を終えて、女中たちが食事を片付ける中、普段ならば是清は2階の書斎へと上がってしまうところだが、この日は妻の品子と話が続いた。

「あなた、お米の値段が随分と上がっていますのよ。それに米だけではなくて味噌や醬油《しょうゆ》やいろいろなものがじわりじわりと上がっています」

品子は家政を取り仕切る。世間では米価をはじめとする食品の高騰が話題となっていた。高橋家はいかに裕福とはいえ大所帯である。家計への影響は大きかった。

「ずいぶんと上がってきているようだね。私もかつて米相場をやったことがあるからよくわかるのだが、米はある時15銭だと思えば突然30銭に値上がりするように、投機的に価格が決まるものなのだ」

品子は聡明である。こうした話は好きなので聞き入る。

「欧米などでは麦の価格に多少の変動こそあれ、パンの価格というものは実に安定している。日本の米の値段の上下など、もしこれが海外であればしょっちゅう大きな暴動が起こっているよ」

欧州大戦が始まっても米価は下落基調にあり、2年前には1升15銭程度で安定していたものだが、その後は徐々に値を上げていた。1年前の夏には25銭になり、6月ごろから出始めたシベリア出兵のうわさに投機筋が買い上げたのだろう。大正7年の8月のはじめには40銭をつけていた。2年前の2・7倍である。

当時の日本人は主食の米を大量に食べる。陸軍では一人1日精米600グラムに麦186グラムが定量である。米だけで4合、麦を1合とすれば1日半升食べることになる。育ち盛りが2、3人いれば、1日2升は飯を炊かねばならぬ。1升40銭とすれば米代だけでも月24円にもなる計算だ。

「月給100円以下の中流層には大変な問題だ」

「うちだって人数が多いから大変なのですよ」

品子はそう返した。

成金が多い都会の花街の車引きの中には月に50円、70円と稼ぐ者もいたし、日稼ぎの労働者の中にも日に2円、3円ともらう者もいた。だが地方の役場の書記や巡査の月給はせいぜい30円ほどだった。家族が多いと米が食えなくなる。

第134話　米騒動

大正7（1918）年6月下旬から7月上旬にかけて、富山県の東水橋町（現富山市水橋町）

では、漁師一家の主婦たちが、米の安売り要求や港からの積み出し停止要求などを起こしていた。

この辺りの夏の端境である7月、8月は不漁期である。魚が獲れない。そこで旦那の代わりに漁師の主婦が日働きで稼ぐのだが1日せいぜい50銭である。米が1升40銭にもなると、とてもではないが一家は食べていけない。

それにこれは米価が上がらなくても毎年起こるような話で、哀願要求であって暴動などではなかった。ニュース性は低く、地方紙の扱いも小さく、県外で報じられることはまずなかった。

8月2日、こうした状況下に政府は内外にシベリア出兵を宣言した。

するとこれを材料に投機筋が米を買い、米価がさらに上昇した。

8月4日付の「高岡新報」（北日本新聞の前身のひとつ）が富山の小規模な米騒動を報じると、それを読んだ人が集まり規模を拡大していく。

8月6日に富山県滑川《なめりかわ》で2000人規模の米騒動が起こると、「高岡新報」とともに「大阪朝日新聞」も滑川に特派員を送り込み、全国へと記事を配信し始めた。

「米騒動」という騒動の存在を他の地域の人々が認知することで米騒動が伝播《でんぱ》した可能性がある。10日の名古屋、京都、大阪を起点に、さらに西へ、また東京方面へと騒動は広がり全国に拡大していったのである。新聞の記事とともに広がったのだ。

騒動の最盛期は8月の中旬だったが、9月11日に最後の三池炭鉱での暴動が終結するまでに、1道3府38県の38市153町177村で暴動や示威運動が起こり、騒動に参加した人は70万人から100万人に達した。軍隊の出動は100カ所以上に達した。参加者は工場労働者や農漁民をはじめとするさまざまな大衆だった。

世は戦時景気による成金の豪勢な贅沢話《ぜいたく》が蔓延《まんえん》する中で、貧富の格差は拡大していた。米価は庶民が食べていけない価格水準だったのだ。

欧州大戦勃発の大正3年7月の東京卸売物価平均指数を100とすれば、4年が経過したこの頃には204と倍まで達し、米だけではなく諸物価は高騰し、収入が増えない中間層以下の生活を直撃していた。

これまでも日露戦争後のポーツマス講和条約反対運動の日比谷焼討事件や、大正2年の第一次護憲運動に伴う騒擾など大衆は暴れたが、それは明治時代に入ってからの国民国家意識醸成の中での、「国家」がどうあるべきかという運動であった。

ところが今回の米騒動は違った。「自分たちは飯が食えない」という個人の生存権に根ざす民衆運動だったのだ。

原敬

米国の欧州大戦参加の大義の一つは、専制的なドイツやハプスブルク両帝国に対して自由を守るためであり、人権抑圧的な皇帝専制政治に対する民主主義擁護だった。そして日本もそちら側で参戦している。

また、専制国家の下で抑圧に怒れる民衆は革命を引き起こし、ロシア帝国を崩壊させたばかりだった。日本でも政党を無視し、民主主義を超然した「超然内閣」の寺内正毅内閣は時代背景的に分が悪かった。

米騒動に危機感を持った政府は、皇室から300万円、さらに三井、三菱から救済資金を出させて各県に分配した。また、米穀強制買上資金1000万円を国庫から出し、穀物収用令を緊急勅令として発布して、米穀の民衆への分配に備えた。

ところが、こうした施策の一方で軍隊をたびたび出動させたように、寺内内閣は騒動に対して徹底的な弾圧と厳罰主義で臨み、演説会や新聞記事掲載の禁止など専制的な対策も併用した。

こうした動きに民衆は怒り、メディアはこれを追及した。

「言論擁護、内閣弾劾」の大会が各地で開催され、また国会内では加藤高明率いる憲政会が寺内の倒閣運動を始めた。

ところが寺内は病気である。この米騒動が始まる前の4月にも山県有朋に辞意を漏らして慰留されていたところだ。山県は全国に広がる米騒動を横目に、もう寺内は限界だとわかっていたが、この状況で専制的なイメージの山県系官僚による超然内閣を成立させるわけにもいかない。人材も払底しており、いつもの通り山県の頼みとするのは西園寺公望だけだった。

ところが西園寺にはやる気はまったくない。

寺内の辞意を察知していた政友会の原敬は、山県はまだ政党内閣を望むまいと、急がずに寺内内閣の自滅をじっくりと待つことにした。

こうした政治的な局面では、政友会幹事長の横田千之助《せんのすけ》が閣僚の後藤新平外務大臣や児玉秀雄内閣書記官長、また政界黒幕の三浦梧楼（観樹）将軍らと連絡を取りつつ奔走した。

ストレートな性格の是清はこうした腹芸が多い活動には全く向かなかった。

9月4日、原が寺内と会談すると、この会談で寺内が原に辞意を漏らしたとして各新聞社が報じた。寺内内閣の終焉《しゅうえん》は徐々に近づいてきていたのである。

内務省系官僚で原にも山県にも接触があった松本剛吉《ごうきち》によると、松本が山県に、

「次期首相に原は如何か」

と問うと、山県は、

「可否何等答えずして両目を瞑《つむ》られたり」

これを目にした松本は、

「山県公意中の人は原氏なり」

と確信を持ったという。

政党嫌いの山県にすれば、政党人である原の受け入れはまさに断腸の思いであっただろう。

9月16日、原は陸軍参謀次長の田中義一と懇談した。原は山県系エリート軍人である田中との関係を大事にしたかったし、一方で田中は将来自分が首相になることを見据えて政党との関係を築いておきたかったのだ。二人はこれまでも何度か会っているる。原と陸軍が手を握ったのである。

この懇談でお互いの良好な関係性が確認され、田中は原内閣の陸相に就任することになり、それ以降の政友会での活動につながっていく。

9月21日、寺内は辞表を提出。

それから少し経って、原が大正天皇から組閣の命を受けたのは27日のことであった。

ここに日本の政党人を首班とする初の本格的な政党内閣が誕生することになった。原は経済に

対する似た考えを持つ是清を大蔵大臣に選ぶであろう。是清には再び蔵相として自分の政策を実現する機会が訪れたのである。それは欧州大戦が終わる少し前のことだった。

第15章　五大国

第135話　原内閣

大正7（1918）年9月29日、原敬《たかし》内閣がスタートした。華族ではない無爵の平民宰相、日本初の本格的な政党内閣である。

立憲政友会（以下、政友会）としては山本権兵衛内閣の与党以来5年ぶりの政権復帰であった。これまでの首相は公家の西園寺を除けば、皆西南雄藩の下級武士出身ばかり。原は家老職の出自ながら南部藩は奥羽越列藩同盟のひとつ、ご一新以来の朝敵からの初めての首相就任だった。「白河以北一山百文」、これは白河よりも北の地に値打ちはないという東北蔑視の言葉とされるが、原はペンネームに一山（逸山）を用いていたぐらいだから、首相就任の喜びはひとしおであっただろう。

初の本格的な政党内閣

大蔵大臣には高橋是清。農商務大臣には山本達雄。これは山本権兵衛内閣の時と同じである。

新聞は5年前の両者のやりとりを想起させるべく積極財政の高橋か、それとも消極財政の山本かとあおった。原は政党政治の船出に当たり、党内人気と、それに多少のバラマキの印象も大事だと景気の良い積極財政の是清を選んだ。

また原は米騒動にまつわる米価調節という重大問題解決のために農商務相のポストも重要視していたのだった。

是清と山本の二人は金融界出身の大立者である。原にしてみれば、二人には山本権兵衛内閣で閣僚に就任する際に政友会の会員となってもらった恩義があった。さらに次の大隈重信内閣時代に政友会が力を失っても彼らは離党せずに政友会につくしてくれたのだった。原は金融財政のプロでもあるこの二人を大事にした。

外務大臣には外交官出身の内田康哉《こうさい》、内務大臣には内務官僚あがりの床次《とこなみ》竹二郎、文部大臣には財界から政友会に参加した中橋徳五郎、逓信大臣には党務に功績が多かった野田卯太郎を配した。

原は陸軍の参謀次長田中義一と通じていたが、あえて陸軍大臣の人選を山県有朋に相談することで、山県からの推薦という形で田中を陸軍大臣に迎えた。海軍大臣には加藤友三郎が留任した。

「原さんは9時半ごろ、例の絹帽フロック（コート）勲一等の略章といった礼装で」

と、「東京朝日新聞」は新閣僚初参内の様子を伝えている。さらに、こうある。

「内田新外相は乾門から燕尾服の襟を正して、山本新農相と中橋新文相も乾門から自動車の轍を連ねてやってくる」

ここまでは良いのだが、記事にはコミカルな描写もある。

「野田新逓相が高橋新蔵相と六十号の自動車に相乗りで来る、二人とも太って居るので自動車が思うように走らないので大塊《たいかい》宗匠（野田のこと）はじれったそうな顔をして居たが行く手にせまる記者団を見るや恭しく絹帽をとって無言の愛嬌《あいきょう》を振りまいていく」

本当に自動車が思うように走らなかったのかどうかは定かではないが、是清のこの時の体重はピークを過ぎたとはいえ23貫（87キロ）あった。また野田大塊の方はこれより上で、身長5尺8寸余（176センチ）、体重は33貫（124キロ）あって、その昔、勝海舟から何故相撲取りにならぬかといわれたほどで、二人の同乗はおかしかったに違いない。

また閣僚の各家庭の様子も写真付きで報道され、「喜びの声」が伝えられた。これまでの藩閥の閣僚たちと比べると多少は庶民的だったに違いない。

「東京朝日新聞」には是清の妻、品子《しなこ》の写真も掲載されたが、記事中には現在葉山の別荘におられて不在とある。健康がすぐれなかったのだろう。

いずれにせよ初の政党内閣の誕生を国民は歓呼で迎えたし、それを伝える新聞記事は喜びにあふれていた。初の非藩閥、政党政治に対する国民の期待は大きかったのだ。

だが、原は友人にこう漏らした。

「大変歓迎を受けてありがたいわけだが、あまり我輩に期待すると失望するぜ」

10年早く首相になっていれば相当働けたと思うが、年をとるといろいろ周囲の事情が複雑になって自由に身動きが取れないという。

山県をはじめとする元老の意向を尊重し、皇室や陸海軍にも気を使う、政友会内部の権力抗争にも配慮しながらようやく手にした政権である。理想の形などいきなり実現するはずもなかったのである。

パリ講和会議

内閣が発足して約1カ月後の11月11日、春季攻勢も空しく力尽きたドイツ軍が休戦協定を受諾して、欧州大戦が終わった。

講和会議は年が明けた1月18日から、パリで開催されることが決まった。

米国はウッドロウ・ウィルソン大統領が、周囲の反対を押し切って自ら参加を表明、英国はデヴィッド・ロイド・ジョージ首相、フランスはジョルジュ・クレマンソー首相、イタリアはヴィットリオ・オルランド首相と各国とも元首クラスを送り込むことになった。

世界人口の4分の3をカバーする33カ国が参加する史上最大の国際会議だったが、ドイツ以下の敗戦国は呼ばれなかった。

会議では米英仏伊日五大国から2名ずつ出して最高会議である10人委員会を発足させることになったが、日本は遠隔であることと政権成立後間もないことから、原首相は参加せず代わりの代表を選ぶことになった。

開戦当時外務大臣だった加藤高明を推す声もあったが、加藤は野党憲政会の総裁である。原だけでなく、加藤嫌いの山県の反対で実現しなかった。

結局代表には首相経験者の西園寺公望が選ばれ、牧野伸顕《のぶあき》元外相がサポートすることになった。

西園寺はフランス留学が長く、当地の弁護士資格も持ち、フランス首相のクレマンソーとは昵《じっ》懇《こん》の間柄であった。

この時西園寺用に古い商船を専用に改造し、中には和室をしつらえ、同伴シェフには選考会を経て「灘萬」三代目・楠本萬助が選ばれた。西園寺は5トンの和食の食材とともに少し遅れて出発した。貴族であり、日本代表にふさわしい。

代表団には、珍田捨巳《ちんだすてみ》駐英大使、松井慶四郎駐仏大使、伊集院彦吉駐伊大使を加えて全権団が構成された。

随員は後に有名になる者たちが目白押しである。

松岡洋右、吉田茂、重光葵《まもる》、野村吉三郎、芦田均、近衛文麿、有田八郎、それに前年に理事になりたての日本銀行深井英五《えいご》の姿もあった。

随員には、経済がわかる者も加えようということで、山本農商務大臣が人選をまかされて、三井合名会社の理事福井菊三郎、日本綿花の社長喜多又蔵ともども選ばれたのである。

日本銀行といえば、パリ講和会議が開催されて間もなくの3月、是清は日本銀行総裁三島弥太郎の急病死に際して、横浜正金《しょうきん》銀行頭取だった井上準之助を抜擢《ばってき》した。井上を正金頭取に推したのも是清だったから、井上のキャリア形成には是清の力によるところが大きい。

高橋大蔵大臣、井上日銀総裁の時代である。

第136話　深井パリへ

大正7（1918）年11月、日本銀行理事の深井英五は、赤坂表町の是清の家を訪ねた。

深井もすでに46歳、日露戦争時の出張以降も深井はたびたび個人的に是清のもとを訪ねていた。

だが今回の深井はパリ講和会議の日本全権団の一人として訪れた。大蔵大臣の監督下にある日本銀行の理事としての業務の一環である。

「大臣、今回の出張に際して、私が心得るべきことをご指示願います」

深井が是清に尋ねた。

「今回の講和会議に関しては、注文すべきことは特にない。君にはぜひ今後の世界経済の動向に目を配ってきてほしい」

真面目な深井はメモをとる。

「それと、君と一緒に行った最後の出張からすでに10年以上が経っている。先年の外債募集当時の友人との交わりを一層深くするように心がけてほしい」

是清からそう頼まれた深井の頭の中に、当時の大変だったはずの出張の記憶が、むしろ懐かしい楽しかった思い出としてよみがえった。

「カバン持ちの男」

伝記作家の小島直記にいわせれば、深井は「カバン持ちの男」である。

最初は深井24歳の時、徳富蘇峰のカバン持ちとして欧州に行きトルストイとも会った。

その時に発揮した語学力から今度は蘇峰の推薦で松方正義のカバン持ちとなり洋行にお供した。

そして次はその松方の口利きで日本銀行に勤めることになり、入行後は是清のカバン持ちとして資金調達に赴いた。

もっともこれはカバン持ちというにはあまりに高度で過酷で長期にわたる業務であったが、その分、その功績と業務経験は銀行内外での深井の評価を高めることになった。そしてその時に築いた国際金融の世界における人脈は日本人としては稀有《けう》なものであった。

今回はカバン持ちだった深井も理事である、日銀から若手のカバン持ちがお供することになった。

12月10日、首席全権の西園寺は遅れてくることになり、深井は次席の牧野伸顕と同じ船便で横浜を発ちサンフランシスコ経由でニューヨークへと向かった。

牧野は深井が松方と訪欧した時の駐オーストリア公使で、その時以来の知り合いである。

「会議がどのように進行するのかはまだはっきりとしないが、君はとにかく、人脈を生かして、いろいろな人と接して周囲の状況を察し、ぜひとも自分に知らせてくれたまえ。特に米国ではウッドロウ・ウィルソン大統領が会議で提案すると噂の国際連盟設立に関して、君とつながりがある金融界の人たちの意見を聞いておいてほしい」

深井は太平洋を渡る船中で、こう頼まれた。米国は大手金融業者が跋扈《ばっこ》する時代、ウィルソンも金融業界を敵にまわして国際連盟を設立するわけにもいかないだろう。

年末年始を過ごしたニューヨークでは、深井はクーン・ローブ商会のヤコブ・シフから何度かもてなされた。是清の近況を伝えるとシフは非常に喜んだ。

「深井さん、私はドイツ系なるがゆえに、戦中は大変遠慮したが、私は米国人としてこの国に無条件の忠誠を尽くす所存だ。高橋男爵にもそう伝えてください」

深井はナショナル・シティ銀行やファースト・ナショナル銀行など日露戦争の時に知り合いになった金融業者をまわって旧交を温めた。

また深井は日銀理事として1914年に設立されたばかりのニューヨーク連邦準備銀行にも積極的に接触した。この時ベンジャミン・ストロング総裁は病気療養中だったが、副総裁J・ハーバート・ケースとは昵懇になり将来まで文通を続ける関係となった。

後に深井は講和会議終了後に来日したストロング総裁とは私事まで打ち明け合うほどの関係を築き、ストロングを通して米国政財界にも広く友人を得ることになる。

モルガン商会は日露戦争時のファイナンスには積極的に関わらなかったが、欧州大戦を通じてその勢力を大きく伸ばし、米国随一の巨大投資銀行になっていた。

伝説のジョン・ピアポント・モルガンは既に他界し、モルガン商会は息子のジャック・モルガンやトーマス・ラモントによって経営されていたが、深井がニューヨークに滞在した時期には不在だった。だが、その他の重役陣と会談を重ねリレーションの構築に尽くした。これが後に役立つ。

深井が会談をした多くの人は、戦後は復興事業や自動車や航空機、無線機など大戦中の技術革新による新たな発展のために世界経済は活況を呈するであろうという意見で一致していた。

その際米国は資金供給者として、また同時に事業の経営にも参画して、大いに世界経済の発展に貢献するであろうという意気込みを見せた。

これを受けて深井は回顧録にこう書いた。

「露骨に表現すれば米国が経済的に世界の覇者となるであろうというのだ」

そして、ウィルソン大統領の国際連盟案については、皆、世界永久平和を希求する高邁《こうまい》な構想であると言うが、深井が知る限り米国金融界で熱心に賛成する者は一人もいなかった。

国際連盟案について、民主党は大統領の方針に従って徐々に賛成するようになったが、共和党は米国を国際政治の渦中に投ずるべきではないと明確にこの案に反対であった。深井はこれらを牧野に口頭で報告し、それを簡潔にまとめて日本銀行と大蔵大臣、すなわち是清に電報を打った。深井の報告はいつも的確だった。

スペイン風邪に罹患

明けて大正8年の1月中旬、パリに到着した深井を迎えてくれたのは、ロンドン駐在財務官の森賢吾や横浜正金銀行ロンドン支店長の巽孝之丞《こうのじょう》、この二人はロンドン駐在が20数年におよび、日本国内での知名度は高くないが、ロンドンの金融街シティでは広く尊敬を受けるような存在だった。

また深井は三菱銀行ロンドン支店長の菊池幹太郎にも世話になるが、この菊池の次女頼子は、やがて是清の四男是彰と結婚することになる。その際には深井が仲人の労をとっているが、あるいは深井がこの縁に、ほんのわずかでも貢献していたのかもしれない。

日本銀行ではロンドン、パリ、スペインに駐在員がおり、彼らもパリに集まった。

1919年1月18日午後3時、パリ講和会議はフランス外務省時計の間で開会された。意気込んだ深井だったが、会議開始早々に寝込んでしまった。当時流行していたスペイン風邪に罹患《りかん》したのだ。深井の同志社の先輩、代表団の一員である元衆議院議員横井時雄は、高熱に苦しむ深井を見て、「遺骨は私が持って帰ります」と他のメンバーに覚悟を見せたが、1カ月ほどで回復した。

第137話　パリ講和会議

大正8（1919）年1月から始まったパリ講和会議に先立つこと約1年前、ウィルソン大統領は米国議会で欧州大戦終了後の世界の設計図ともいえる「14カ条の平和原則」を発表した。

この平和原則は、講和の公開や秘密外交の廃止、公海航行の自由、平等な通商関係の樹立、軍備の縮小、民族自決などから成っていたが、ウィルソンにとって最も重要な項目は14番目の国際連盟の設立だった。ウィルソンは人類の恒久平和を目指すこの組織設立のために自ら大西洋を越えてパリに乗り込んできた。

フランスの戦死者は139万人、戦傷者268万人、パリはまだ荒廃していた。物資が不足し、カフェでは砂糖を持参しなければならなかった。

ウィルソンは国際連盟の設立を最重要事項としたが、損害が大きかった英仏はドイツの賠償問題を優先したい。このため、処理すべき議題があまりに多いので、58の小委員会を立ち上げて、それぞれ併行して議論することになった。

日本は国際会議に不慣れな上に遠い極東からやってきた。日本代表は合計64人で、これにタイピスト、運転手を加えて106人しかいない。会議は英語か仏語で行われる。各自担当を決めて各小委員会に出席してもせいぜいメモをとるのが精いっぱいで発言などは無理だった。

日本は発言がないので「サイレント・パートナー」と揶揄《やゆ》され、やがて10人委員会から外されてしまう。

こうしてパリ講和会議は日本外交の人材不足、情報発信力の弱さなどを露呈し、若手外交官を中心に外務省機構改革へとつながっていくことになる。

人種差別撤廃規約

原内閣の講和会議全権団への要求事項は大きく三つである。

赤道以北ドイツ領南洋群島の割譲、青島要塞《ようさい》攻略で獲得した山東省のドイツ利権の譲渡、人種差別禁止を国際連盟規約へ盛り込むことだった。

ドイツ領南洋群島の割譲については軍事基地を築かないことで日本への委任統治が認められた。これがやがて第二次世界大戦における南洋の島での悲惨な戦いにつながる。

山東省の譲渡に対しては、日中間で結んだ対華二十一カ条要求とともに、中華民国が反対を唱えた。どちらも民族自決の趣旨に反していた。

中国代表で駐米公使でもありコロンビア大学修士でもある顧維鈞《こいきん》はハンサムな31歳、パリの議場で流暢《りゅうちょう》な英語を駆使して演説も巧みにこなすと各国のメディアの注目を浴びた。それはおとなしい日本とは対照的だった。いかにも中国は上手《うま》くことを運ぶかのように見えた。

日本は国際連盟設立計画に対して、白人有利の組織になることを懸念した。そこで人種差別撤廃規約を盛り込むことでこれに対処しようとした経緯がある。

ウィルソンの民族自決の趣旨からして、恒久平和の国際組織をつくるのであれば人種差別はありえないはずだ。

根回しの段階で米英仏伊は規約に対して特に反対はなかったが、それを聞きつけた白豪主義のオーストラリアのヒューズ首相が強硬に反対し、規約案は破棄されてしまった。ヒューズは年内に総選挙を控えており、人種差別撤廃規約は選挙にマイナスだったのである。日本は五大国の一つとなったが、白人の仲間にはしてもらえなかった。

ちょうどこの頃、3月1日に日本統治下の朝鮮で独立運動が起こった。ウィルソンの民族自決に刺激されたのである。「三・一運動」と呼ばれる事件で、これはパリで話題となり、日本は差別される側とする側の二面性を露呈することになった。


4月の末になってイタリア代表が領土問題に不満で帰国してしまうと、いよいよウィルソンは困った。この上、人種差別撤廃規約問題で日本代表に帰られてしまっては、ウィルソン念願の国際連盟の設立も困難になってしまう。

日本としては積極的に駆け引きをしたわけではなかったが、4月30日、ウィルソンは山東省問題で日本に妥協することにした。

これを聞いたパリ在住の中国人留学生たちは、中国代表団のホテルに押し寄せて、ベルサイユ条約にサインしないことを要求した。

また本国では5月4日の日曜日に北京大学の学生たちが「ベルサイユ条約調印反対」のデモを天安門広場で行った。それまでの中国におけるデモとの違いは極めて知的水準の高い学生による運動だったことだ。西洋から学んだやりかたで、国際社会に対してアピールした。

これが以降も続く中国の変革運動である「五四運動」の起点となり、以降の反日の起点ともなる。

5月7日、それまで会議への参加を許されなかったドイツ代表は初めて条約案を提示され、書面による反論だけが許された。そしてその反論はほとんど考慮されることもなく、6月28日、戦争責任はすべてドイツに帰せられたベルサイユ講和条約にサインさせられたのである。

この時、連合国側は賠償金額を決められず、持ち越しとされることになった。

英国の代表団の一員だったジョン・メイナード・ケインズは、合理的な根拠もなく、国内政治向けに多額の賠償金を要求する代表たちにあきれて勝手に帰国してしまった。

当時の外貨決済は正貨（ゴールド）である。ドイツが多額の賠償金を支払うには正貨が必要で、その正貨は貿易で稼ぐ以外にない。

であればどの国がドイツ製品を買うのか、計算するとドイツがもし多額の賠償金を支払えるとしたら、英国の輸出産業は壊滅することになる。ケインズが帰ってすぐに『平和の経済的帰結』を著すと、これは12カ国語に翻訳されて世界的なベストセラーとなった。

だが、それでもドイツへの賠償請求が緩められることはなかった。欧州大戦戦後処理のこの矛盾がやがて次の戦争へとつながっていくとは、当時誰も考えていなかった。

米国参加せず

日本の山東省譲渡問題も含めて連盟設立のために様々な譲歩を余儀なくされた米国ウィルソン大統領はその高邁《こうまい》な理想からも乖離《かいり》していった。

1919年のノーベル平和賞はもらったが、米国上院はモンロー主義の観点から米国の連盟参加を批准せず、国際連盟は最大の軍事力と経済力を持つ米国抜きで発足することになった。米国の不参加は深井がウォール街で聞いたとおりだった。

第138話　原敬と鉄道

大正7（1918）年12月、寺内正毅内閣から政権を引き継いだ政友会の原敬内閣は最初の議会、第41回議会を迎えた。

政友会は野党の時から四大政綱、すなわち教育の改善整備、交通通信機関の整備拡充、産業および通商貿易の振興、そして国防の充実を唱えている。政権を獲得した今こそ、これらの政策を実現し、地方基盤の強化に努め、元老重臣、官僚との腐れ縁を清算して、真の政党政治を確立したいところだった。

我田引鉄

教育の改善整備とは、高等教育の充実である。日本の産業の勃興に伴い、学びたい学生および優秀な人材が欲しい企業の双方で、高等教育機関の不足が課題となっていた。また、欧州大戦において貿易が盛んになったことから外国語が使える国際ビジネスマンの育成も期待された。

原内閣は12月6日に大学令・高等学校令を公布し、それまで官立の帝国大学に限られていた大学を、公立、私立にも設置を認めた。翌々年早慶はじめ11校が国の制度上の大学となった。

次に交通通信機関の整備拡充であるが、原敬といえばよく引き合いに出される逸話が「我田引鉄」の話である。

これは自分の田だけに水を引くがごとく鉄道を誘致するという意味で、当時は全国に鉄道網が展開されていく時代だったので、鉄道誘致を選挙公約とすることで政友会は勢力を伸ばした一面もあったのだ。

ある時、原の出身地岩手県盛岡市と三陸海岸を結ぶ山田線の路線敷設計画を衆議院で問われた。

「こんな所に鉄道を敷いて、第一沿線に人が住んでいないじゃないか。首相は山猿でも乗せるおつもりか？」

「鉄道規則を読んでいただければ分かりますが、猿は鉄道には乗せないことになっております」

原は何食わぬ顔で答え、議場は笑いに包まれたという。このやりとりは有名な逸話ではあるが、実は議事録には残っていない。

ちなみに山田線は、この当時東北本線と三陸海岸を結ぶ唯一の路線で、開通してみると大盛況だったのだそうだ。


日露戦争が終わった直後、当時台湾総督府民政長官だった後藤新平は南満州鉄道（満鉄）の企画書である「満洲経営策梗概」を手に、まだ満州の戦場にいた児玉源太郎のもとを訪ねた。

児玉は満鉄を中心に満州の植民地経営をもくろんだが、戦後早くに病死したことによって初代の満鉄総裁は企画書を書いた後藤新平になった経緯があった。

その後、後藤は明治41（1908）年末に第2次桂太郎内閣で初代の鉄道院総裁になり、鉄道行政の専門家として日本の国有鉄道の在り方について考え続けていた。

「いかにして日本の鉄道を欧米先進国に比べて遜色なきまで改良進歩せしむべきか。国際標準軌に改軌すべきである」

国際標準軌に改軌とは何か、諸説あるが、明治5年に新橋―横浜間に初めての鉄道が開通した時、日本は建設コストが安いという理由で狭軌の軌間を選択したと考えられている。軌間とは線路の幅のことで、狭軌は1067ミリ、現在JRの在来線で使用されており、対する広軌は1435ミリで、これは世界の標準軌間であり、日本では一部私鉄と新幹線で採用されている。

広軌であれば建設費は高いが輸送能力も高い。満鉄は標準軌を採用して中国の鉄道と連結し、速度と輸送量を誇っていたから、後藤は日本の国鉄も、軍事的にも、また産業政策的にも標準軌を採用すべしと考えていた。

細々と地方路線をたくさん敷設する前に、日本の国鉄は狭軌から国際標準軌へと改軌すべきである。この後藤の考えを「改主建従」と呼んだ。

医師出身の後藤らしく、実地の調査や海外の論文なども引用して理論武装のうえ、明治44年の議会に「改軌」を諮った。

ところが、標準軌への改軌の前に地方路線の敷設を優先すべき、すなわち「建主改従」を主張する当時の原敬が率いる政友会の抵抗にあった。

そうこうしている内に第2次桂内閣は第2次西園寺公望内閣にかわり、鉄道院総裁には原敬が就任したので「改主建従」計画は一時頓挫してしまったのである。

その後後藤は第3次桂内閣において逓信大臣兼任で鉄道院総裁に復帰するが、第3次桂内閣は大正政変によって短期間で総辞職に追い込まれたので後藤は何もできなかった。

その後大正5年の寺内正毅内閣で後藤は3度目の鉄道院総裁に復帰、しかも内務大臣の兼務であったから力の入れ方が違った。翌年から鉄道院工作局長の島安次郎を中心にいよいよ改軌への実証実験を開始した。

八浜線（現横浜線）を三線方式で狭軌広軌両用にして実際に広軌の車両を走らせて実験データを収集、広軌の優秀さを証明して、後藤は満を持して改軌工事の予算化に臨むことになった。大正7年度から5カ年計画、総工費6447万円、当時の国鉄全線6600キロを標準軌に改軌する計画を立案した。

後藤が是清の赤坂表町の家でたびたび原敬と会い、情報交換に応じていたのは、原と同郷のよしみというだけではなく、「建主改従」を主張する政友会への説得であり工作であったのだ。

ところが、いざという時に、米騒動が勃発し、寺内内閣は総辞職してしまったのである。

都市住民を主な支持層とする憲政会は幹線の輸送能力の増強、すなわち改軌による広軌化に賛成であり、農村を主な支持層とする政友会は地方路線をあまねく全国に広めたい。これは何も選挙対策としての鉄道誘致「我田引鉄」だけではなく、当初乗る人がいないと言われた山田線も活況であったように、地方からの強いニーズがあったのだ。

改軌問題

原内閣発足の翌年大正8年2月、内務大臣兼鉄道院総裁の床次竹二郎は貴族院における帝国議会特別委員会でこの問題について答弁した。

「改軌問題はこれまでいろいろと沿革を経てきましたが、現在の狭軌においてさまざまな改良を加えれば、近き将来において輸送力に欠乏するようなことはないと断言できます。陸軍も狭軌であっても国防上支障なしとのことです」

これで日本の改軌問題は「建主改従」で決着を迎えたのである。

原内閣は翌大正9年5月15日、鉄道事業当局の権限強化と独立を目指して鉄道院を鉄道省に昇格させた。

また大正11年4月11日、原遭難後の高橋是清内閣において149路線もの新設路線の計画を盛った改正鉄道敷設法が成立、この法律は戦後も残り、とうてい乗客が乗りそうもない政治的なローカル線を作り続けることになる。この法律は昭和61（1986）年の日本国有鉄道改革法まで続くことになった。

一方、日本の国鉄の標準軌化は戦後の新幹線まで待たなければならない。新幹線計画の時の国鉄技師長は島秀雄、後藤の部下、標準軌化に情熱を燃やした島安次郎の子息だった。

第139話　積極財政

日本にとって国家存続に関わる重大な懸案だった正貨（外貨）問題も欧州大戦による輸出ブームで解消することになった。寺内正毅内閣では西原借款によって中華民国の段祺《だんき》瑞《ずい》政権へ資金を貸し出すほどだった（第131話）。

大正4（1915）年から同8年までの戦争中と終戦の翌年までに日本が貿易で稼ぎ出した黒

字額は約13億3000万円だった。

これに加え船賃、保険など貿易外収支も18億4000万円ほどあり、日本の正貨残高はこの間3億4100万円から20億4000万円まで約17億円分増加した。

また英国公債の購入など対外債権が15億円の増加となり、わが国外債の償還3億円と合わせて収入だけをみると日本は欧州大戦において約35億円の外貨を稼いだことになる。

開戦時に元老の井上馨が言ったように、戦場が遠い欧州大戦は日本にとってまさに「大正の天《てん》佑《ゆう》」だったのだ。

拡大する軍事費

同時に欧州大戦の好景気に合わせて国家予算も膨張した。

寺内内閣の大正6年度一般会計予算は7億4000万円だったが、翌大正7年度が9億2000万円である。

さらに積極財政の是清が初めて大蔵大臣としてかかわった大正8年度が予算ベースで10億6400万円、翌大正9年度が14億円、10年度には15億9000万円にまで膨らむことになる。

繰り返しになるが、政友会の四大政綱は教育の改善整備、交通通信機関の整備拡充、産業および通商貿易の振興、国防の充実の四つである。

日本初の本格政党内閣は元老山県有朋のいわば「容認」とともに成立した。したがって山県や軍の要望にも応えねばならない。国家予算が膨張すれば、軍事費もまた増加することになる。

軍事費が一般歳出に占める割合は大正6年度で38・9%だったものが、是清の大蔵大臣としての初年度である大正8年度の実績では45・8％にも達していた。まさに軍事国家の予算である。

この軍事費については寺内正毅との引き継ぎの際、すなわち政権交代の大正7年の秋に新首相の原敬に申し渡しがあった。

欧州大戦は戦争技術においてまさに革命だった。航空機、戦車、艦隊の刷新、その他新兵器や部隊編制など、日本陸海軍も改めねばならない点が多い。すると当然資金がいる。

寺内はすでに国防計画として海軍は戦艦8隻、巡洋戦艦8隻の「八八艦隊」を、陸軍は4個師団の増設を決めており、これは元帥会議に諮られて、すでに陛下に奉答しているのだという。海軍は8カ年継承事業、陸軍は14カ年の継承でこの予算は陸海合計約30億円にもなる。これらは通常の軍運営費に付加されるものである。

陛下に奉答したのはよいが議会で決まったわけでもないので予算はいまだついていない。これには原も大蔵大臣の是清も驚いた。

日本の国庫にそんな金はない。何でも決めればよいというものでもない。最初からつっぱって再検討という手もあったが、原にしてみれば軍や山県ら元老にも気を配り、せっかく手に入れた政権だった。

「どうしようか」

と原が大蔵大臣の是清に相談する。

「そんな金はないのだから、値切るしかあるまい」

原がうなずくと、是清が何かを決意した。

「それは私に任せておけ。私の手でうまくいかねばその時は君の出番だ」

是清は山本権兵衛内閣で最初の大蔵大臣を務めた時、陸軍と海軍が軍事費のとりあいをやっていたのを経験していた。この問題は陸海バラバラに話し合っても仕方がないと考えた。そこで田中義一陸軍大臣と加藤友三郎海軍大臣を同時に呼んで3人で率直に話し合うことにした。

是清らしいストレートなやり方だ。

「寺内閣下から国防計画の引き継ぎがあった」

是清はざっくばらんにいくしかなかった。

「国防もゆるがせにできないことは承知だが、我々は同時に国力も考えねばならない。要するに30億円という金は今の日本にはないから、もう少し実情に合わせて考え直してくれんか」

是清が財政状況等縷々《るる》説明すると、二人は、「もっともだ」と納得して、しばらく再検討すると15億円ぐらいにまで減らして持ってきた。随分といいかげんな話だが、これは是清の回顧だ。

そこで是清は言った。

「一体、陸海軍ともこんな大きな計画を立てているが、これはどちらも同時にこれほどいるのか。その間に緩急軽重がありそうなものだが、それはないのか。どちらを先にし、どちらを後にするとかありそうなものだが、両君は陸海軍大臣として考えず、ここはぜひ軍部大臣として陸海合わせて考えてくれないだろうか」

これに加藤は黙っていたが、田中はこう言った。

「それならば、海軍が先だ。海軍には軍艦に艦齢というものがあるから、この艦齢を念頭において国防計画を立てる必要がある」

と陸軍の計画そのものを修正しこう続けた。

「大蔵大臣の話はよくわかった。それでは海軍は大正16年に計画全部が完成するということだが、陸軍はその完成まで計画を待とう。それまでは、必要やむを得ざるものだけ補充しておくにとどめるが、海軍が完成したら、直ちに陸軍の計画遂行に移ることにしてもらいたい」

こうした田中の気性に、是清も原もすっかり惚《ほ》れ込んで、これが後年政友会総裁の座を田中に譲る大きな動機となった。

第140話　欧州大戦後のバブル

大正7（1918）年9月、原敬内閣のひとつ前、寺内正毅内閣総辞職の直接の原因となったのは米騒動だった。

米騒動にはシベリア出兵など米価上昇の個別の理由があったにせよ、その根底には欧州大戦中に進んだ日本の景気の過熱と日銀発行券の膨張、それらに伴う物価高騰と投機熱の高まりがあった。従って寺内内閣に代わった原内閣の当面の課題は、高騰した米価と物価の収束であるはずだった。

しかし新生原内閣の大蔵大臣高橋是清も、農商務大臣山本達雄も基本はどちらも、価格決定は市場の働きに任せるレッセフェール、自由放任主義である。原は外国からの米輸入に熱心で、米供給という対処法によって価格を下げようとしたが、いずれにせよ無理に物価を抑制し景気を冷やすような対策は講じなかった。

それよりもむしろ政友会は四大政綱の教育、交通施設、産業貿易振興、防衛の分野に積極的に財政資金を投入してゆく計画だった。

加藤高明率いる野党憲政会は、これに対して物価対策の根本は通貨収縮にありと、金融の引き締め、金利の引き上げを主張していた。

積極政策

是清は、日本銀行総裁以来の貨幣数量説否定派である。貨幣の増加が物価高騰の原因だとは考えず、因果関係はむしろ逆で「好景気のために物価の騰貴が起こった」と考える。ここで金利を引き上げて、欧州大戦で盛り上がった景気を妨げ、お金が労働者階級に回らぬようにしてしまう人為的な政策などはとるべきではないと議論を展開していた。

内閣が発足して1カ月後の11月11日にドイツが休戦協定にサインして欧州大戦が終わると、まずは綿糸相場が急落、戦中に日本を潤した用船料が低落、戦争の特需も消えて景気も落ちこむのではないかと一時は株式市場も軟調な展開となった。

また翌大正8年1月に入るとパリ講和会議が始まり、対華二十一カ条要求の破棄説や、オーストラリアのヒューズ首相が日本の南洋群島（旧ドイツ領）保有に反対しているなどのネガティブなニュースが入電し、株式市場は軟調な展開を続けていた。ちょうど深井英五がスペイン風邪に罹《かか》りパリで寝込んでいた頃である。

3月、日本銀行総裁の三島弥太郎が現職のまま病死すると、是清は後任に井上準之助を任命した。是清は井上も自分と同じキャリア上の系譜にあり、同じようにものを見るだろうと考えた。

この頃になると、憲政会はもとより学者や経済評論家の中にも、戦争が終わってもいつまでも下がらぬ物価に対して、その原因として日本銀行券の膨張を指摘する者が増えてきた。それを受けて、株式市場は目先金融の引き締めがあるのではないかと用心してあいかわらず低調に推移していた。

そんな中、4月23日に大蔵大臣の是清が関西銀行大会で講演をした。題して「戦後の経済界情勢と経済政策」である。

この講演は大正8年度予算の解説から始まって税制整理、公債政策、今後の経済見通しにまで及ぶ長いものだが、全般に欧米の戦後復興に際して、戦災を逃れた我が国の優位性を語る景気の良い話だった。

通貨収縮どころか公債は新規に発行して財政は拡張するというし、どうみても当面は引き締めもなさそうだった。これが市場にとってポジティブなサプライズになった。講演内容が翌日の新聞に全文掲載されると、株式市場にはドッと買いが入った。

株式市場が買われる要因は他にもあった。この時期にはちょうど電圧を高くして電力を長距離送電する技術がすすみ、郊外には山間の発電所からの高圧線が建設され始めていた。国産の日立や米GEと提携した東芝、米ウェスチングハウス社と提携した三菱電機などの小型モーターが普及し始め、それまで蒸気機関による大規模な設備投資が必要だった工場の動力が、電線をモーターに繋ぐだけですむようになり、小資本でも工場の開設が可能になっていた。

さらに欧州大戦でドイツから輸入が途絶した薬や化学、精密機械の分野では国産の代替品の開発もすすんでいた。

この時代はこうした要因を背景にした会社設立ブームがあり、当時の「経済雑誌ダイヤモンド」（現「週刊ダイヤモンド」）はこれを「会社狂時代」と表現するほどだったのだ。

是清の演説はこうした動きに乗る投資家を元気づけた。

「戦争でヨーロッパ諸国が痛手を蒙《こうむ》っている今日だ、日本がこの機会に積極的に、世界に経済進出をこころみるのは当然じゃないか」（長谷川光太郎著『兜町盛衰記』図書出版社）と投資家は政友会原内閣、是清の積極政策を喜んで受け入れた。

是清自身にとっても彼の積極政策は一時的な景気浮揚策などではなく、発展途上にある我が国の産業界を欧米のレベルにまで引き上げるための投資環境の整備の一環だったのである。さすれば貿易も自然に輸出が輸入を上回るようになり、正貨も貯まっていくであろう。

新聞雑誌は煽るし、株価は上がる上がる。兜町と北浜は大盛況となった。

この時の相場はこの是清の演説が起点となりその後約1年間継続することになった。世界の主要市場とは連動しない日本独自の動きであった。

6月に入ると欧州大戦中に金輸出を禁止していた米国が金解禁をして金本位制に復帰した。戦時中に米国に追随して金本位制を停止した日本だが、この時、是清は米国に追随して金解禁をしなかった。

戦争が終われば日本の武断的な対中国政策を改めて平和友好的なものにしなければならない。その際には中国に投下する資金が必要になるだろう。領土を占領するのではなく、投資を通じて利息や配当から収益を得るのである。原と是清はそう考えて、欧州大戦で稼いだ正貨を温存することにしたのだった。

是清は日露戦争時の正貨調達の困難さを知っており、その後の正貨問題でも苦労した。正貨の大事さを誰よりも知っている。金解禁よりも、米国にある政府保有の在外正貨（ドル預金）を金に換えて日本に移送した。

株式はどんどん上がる一方で、物価の方も異常なまでの速度で上昇した。大正3年開戦時の物価指数を100とすれば、終戦時は200、終戦から1年半後の大正9年3月には338と3倍以上にもなっていた。

期待と金だけが膨らみ実需が追い付かない。金を借りても少し経てばインフレで実質的な借金は減る。実体のない泡沫《ほうまつ》会社が数多く生まれ、銀行は株式購入に安易に融資し、株式長者が数多く現れた。バブルである。

欧州大戦時の株成金は戦中よりも、むしろ戦後のこの時期に多く出た。成金がこの世の春を謳《おう》歌《か》する一方で、物価高騰によって庶民生活は苦しいものになった。

景気過熱に物価高騰、以前からの消極派である農商務相の山本達雄や日銀総裁の井上準之助は物価抑制のための公定歩合引き上げを是清に進言したが、攻めに入った是清や原は頑として聞かなかった。

図のようにその後の株式の崩落ぶりを見てしまえばわかりやすいが、これは欧州大戦後の楽観に支配された日本経済独自のバブルだった。バブルは終わらないとわからない

高橋是清大蔵大臣就任期間の株価

東洋経済新報株価指数　関東大震災まで

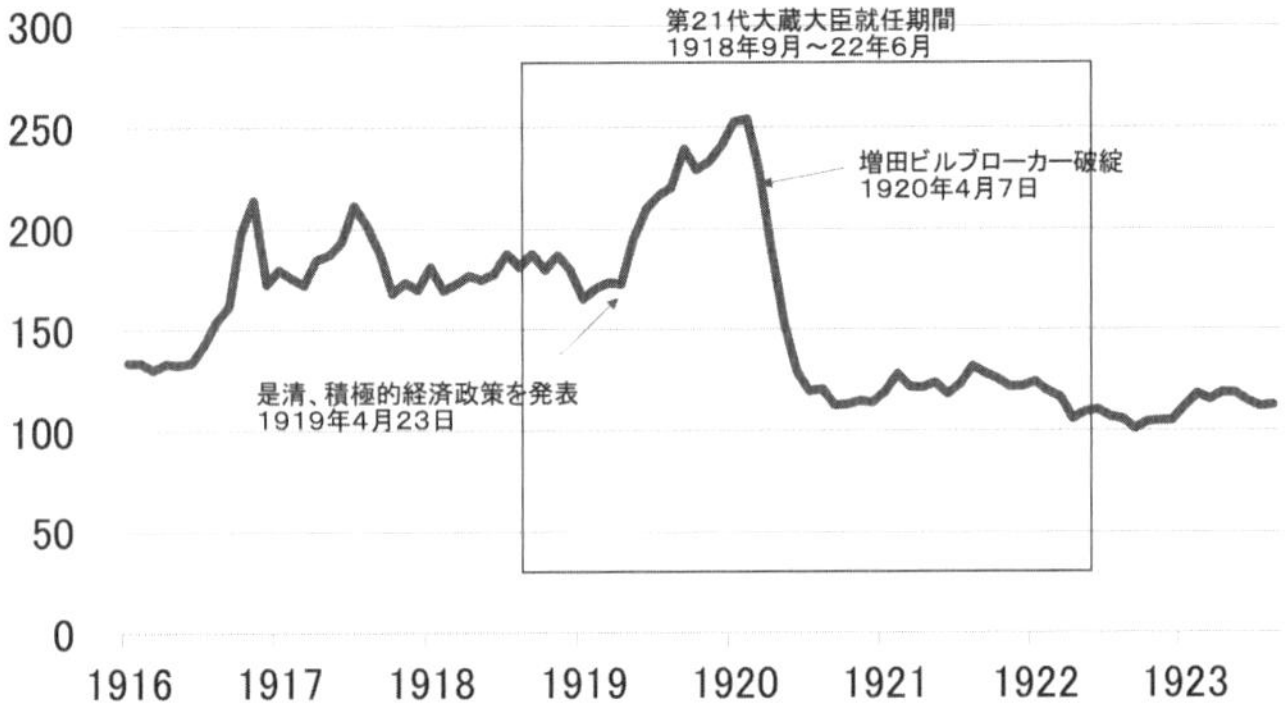

データ出所：日本證券取引所月報

かくして大正9年3月15日に株式バブルは崩壊を迎えたのである。市場は5月、6月まで混乱をきわめた。

井上準之助が後にこう表現した。

「大正9年の時は日本全国、一時暗黒になったのであります。すべての取引所というものはみな停止しました。綿糸とか生糸とか地方の機業とかいうようなものは、みな仕事を止めて、数十日の間何もせずに、なさけない顔をしておったわけであります」

バブル崩壊は金融機関に膨大な不良債権を発生させることになった。4月7日の増田ビルブローカー（ビルとは、手形のことである）の破綻をはじめとして、横浜の七十四銀行の破綻救済など、政府と日銀は破綻金融機関の救済に走り、脆弱《ぜいじゃく》な体質の金融機関を温存することになった。

このつけは関東大震災の時に顕在化し、その後の始末は是清が自ら当たることになる。

是清は公債を発行して景気に対して積極的な政策をとった。後世どうしても是清の上手く運んだ事例ばかりが都合よく強調されるが、この時のバブル形成と崩壊は、その後の日本経済に深い傷痕を残すことになる。

地方の疲弊

そしてもうひとつ、後の日本を運命づける重要な出来事が起こっていた。それはこの頃から始まる農村の疲弊の原因となるものである。

日本は維新後の明治6（1873）年7月28日に地租改正を行った。これは旧来の石高制に基づく米による物納から、金銭による金納に改正するもので、豊作凶作の別なく地価に対する一定の率によって定められることになった。当初は地価の3％だったが、日清日露の戦争があるごとに変化して、この欧州大戦の時期には4・5％になっていた。

明治期の地方歳出の規模は国の約半分程度だったが、日露戦争以降、国の経済規模拡大とともに地方自らの事務である教育費と国政委託事務費の増加があった。一方で、戦後は軍事費と公債費の負担にあえぐ国には負担能力はなく、地方の負担は増加していた。

その環境下で欧州大戦が起こり、大戦景気によるインフレが発生すると、なかなか改定が行われない地価に対して定率の地租の国税は実質大減税となり、その一方で行政の負担は地方にしわ寄せされた。

大正デモクラシーで目に見える国民負担は避けたい政党政治は国税を増税しにくい体質であったが、その代わりに法的に地方税の増加を可能にしたのである。かくして地方歳出はどんどん増えて、昭和2年にはとうとう国の歳出規模をも上回るようになったのである。

欧州大戦景気で成長したのは交戦国の途上国への輸出需要を埋めた汎用の工業製品、輸入停止になった高付加価値商品の強制代替需要、すなわち都市部の第2次産業であった。これに取り残されて負担だけが増えた農村部の地方財政は、これ以降苦しさを増していくのである。貧富の差が広がり、それは都市と地方の格差でもあった。

農村出身の兵士の窮乏に、一部の者だけが肥え太っていると問題意識を持つ青年将校はこうした環境の中から登場するのである。

第141話　シベリア出兵

まだ欧州大戦中の大正7（1918）年、ロシア革命によって、極東ロシア、つまりシベリアに軍事的空白ができた。

「20億円の軍資金と10万人の大和民族が流した血潮によって獲得された満州」陸軍は日露戦争でロシアから譲り受け、対華二十一カ条要求で租借期限を延長したばかりの満州の地歩を固めるためにも、シベリア方面への進出の機会をうかがっていた。

しかしこの時点ではまだドイツが欧州大戦の勝者となり、既に敗北したロシアと組んで極東へ攻め入る可能性が残っていた。

仮に日本がシベリアを確保したとしても、ロシアがドイツとともに東進して日本と本格的な戦争になった場合は軍需物資と軍資金を米国に頼る必要があった。当時の英仏にはその余裕はない。

従ってシベリアへの派兵は米国との協調の下で行われるべきであると、時の寺内正毅内閣も元老山県有朋も考えていた。

7月8日、米国はロシア革命によってロシア領内に取り残されたチェコ軍（連合国側）救済の目的で、日米それぞれ7000人の共同出兵を持ちかけてきた。

日本政府首脳と陸軍はこの提案を応諾し、日本は8月2日、「日本にとって用兵上必要な兵力」として1万2000人の兵力で出兵すると内外に宣言した。これが米国に協調的であるかは別にして、とりあえず日本単独のシベリア出兵ではなくなったのだ。

この宣言によって米価が高騰し、寺内内閣を倒壊させる米騒動の直接的なきっかけとなったことは既に書いた通りである（第134話）。

この時の陸軍参謀総長は上原勇作、次長は田中義一だった。田中はこの後、寺内の後を継いだ原内閣で陸軍大臣に就任する。

上原は大正元年、第2次西園寺公望内閣の時に2個師団増設が認められないと、首相である西園寺を経由せずに、帷幄上奏権《いあくじょうそうけん》を拡大解釈し、大正天皇に直接辞表を渡した軍人である（第117話）。

統帥権の独立

上原はひとたび兵を出してしまえば、そこは内閣も容喙《ようかい》（口出し）できぬ統帥権の世界であると考えており、後の暴走する陸軍の片鱗《へんりん》がここに見られた。

また彼らは政党人の原が外交委員会を通じて派兵に口出しすることを統帥権独立への介入であると嫌悪していた。

日露戦争と比べて、この時の軍と政治の関係はどこが違うのか。当時は伊藤博文、山県有朋、首相の桂太郎と、いずれも維新の刃《やいば》をくぐり抜けた者たちが政治家となり軍人となって日本を導いていた。軍と政治は一致していたのである。

日本は中華民国段祺瑞政権に対する西原借款の見返りに日華共同防敵軍事協定を締結し、中国領内での日本軍の移動を可能にしていた。

そのため他国のように上陸はロシアのウラジオストクからだけに限定されない。日本は、出兵1万2000人と宣言しながら、実際には8月だけで7万2400人も動員した。

その中でも中国北東部、ロシアとの国境の街、満洲里に派兵された第7師団は、閣議決定をまたず国境を越え東シベリア南部の都市チタを占領した。

また陸軍はこれを機に韓国併合後に朝鮮の民族運動の拠点となっていた沿海州朝鮮と隣接した中国領内、間島地区にウラジオストクとの電信線保護名目で朝鮮軍を出動させた。

本旨は「排日思想を有する鮮人の巣窟」から彼らを駆除するのが狙いであった。こうなるとチェコ軍救済とは何の関係もない。

日本はウラジオストクから出兵した日本軍は共同出兵だが、その他は別であると弁明した。しかし日本の大陸進出意図は明らかで、米国の不信は募るばかりであった。

ただしこれは米国からの目線であり、その一方でいまだ西部戦線でドイツと戦う英仏からは、シベリア以西への進軍を期待されていた側面もあったのである。

ここで政権は原内閣に移った。

原内閣の陸軍大臣には、こうした拡張的な作戦計画を立案した当の本人、参謀次長の田中義一が就任したが、入閣した田中は意外にも原に対して協力的だった。

田中は欧州大戦の様相を見て、これからの戦争は国民をあげての総力戦になると確信していた。であれば国内政治において勢力を伸ばす政党の協力なしに軍備の増強は達成できないと考えた。政友会の四大政綱をみても、その中には防衛力の強化、軍備の充実が取り上げられている。原も新しい航空戦力の強化など軍備充実に理解を示していたので、田中は将来自分が国を指導する時、国民を代表する政党を取り込むべきと考えたのだ。

11月11日に欧州大戦はドイツの敗北で終結した。ドイツ東進の脅威はこれで完全に消滅した。12月24日、田中陸相の協力もあって、原内閣はシベリアの兵力を2万4000人に減らすと決定した。

さて、これでチェコ軍救出があっさりと終わっていれば事はもう少し単純だったのだが、極東はまだ革命勢力、言い換えれば新生ソ連の支配下にはなかった。

さまざまな反革命勢力が跋扈《ばっこ》する中、元海軍提督のアレクサンドル・コルチャークが指揮する部隊が反革命勢力として頭角を現し連合国側の支持を得ていた。連合国にとってソ連の共産主義は容認できなかったのだ。

ところがコルチャークが次第にソ連政府に追われてシベリアへと追い詰められてくると、日本にとってシベリア出兵は満州方面の共産主義勢力からの防衛、赤化防止が新たな目的として浮上してくる。

大正8年8月、コルチャーク軍への支援のための増派問題では、閣議において財政問題はもちろん、米国との関係を憂慮する大蔵大臣の是清と田中の間で、激しいやりとりがあり、結局増派は認められなかった。

こうした中でコルチャークはソ連によって処刑され、チェコ軍はソ連と休戦協定を結ぶとシベリアから撤兵してしまったのである。

撤兵へ

こうしてチェコ軍救済の目的がなくなった米国も大正9年1月には撤兵を決め各国がシベリアから撤兵することになった。

戦線が延びていた日本は、撤兵するにもとりあえず増派が必要という状況で、これは財務面での是清の反対にもかかわらず、原の裁定で5000人の増派を決めた。

石橋湛山は1月17日付の「東洋経済新報」の社説「陸軍国家を危うくす」の中で、「陸軍は国論を無視して増兵を主張し、原内閣は内閣安泰のために陸軍の主張を退けられないでいる　現役軍人を陸海軍大臣に任命する日本の内閣官制のために内閣は陸軍の威嚇によってシベリア撤兵をできないのである」と非難した。原にしてみれば陸軍の大ボス山県有朋を懐柔してようやく手に入れた政党内閣である。石橋の批判は確かに耳に痛いが、政友会内閣は陸軍の意向を無視しては成立しないのである。

日本は増派して状況を整えてシベリアから撤兵して行く方針だったが、6月に入ってチタのあるザバイカル方面からの撤兵を決めても、陸軍組織の一部である参謀本部が協力的ではない。陸軍大臣も加わった政府の撤兵の決定に対して上原参謀総長は辞表を出すと騒ぎだして抵抗する。

統帥権を振りかざし、政府の意向にも従わず、財政面でも無理を強いる参謀本部に対して是清には考えるところがあった。

日本のシベリア出兵は、米国と同調したチェコ軍の救済名目で始まり、やがてロシア革命に対する干渉戦争となった。日本軍は米国や各国と協調してウラジオストクから進軍したような印象を持っている読者も多いと思う。

しかし実態はそれに加えて、チタなど北満州・ザバイカル地方への出兵、朝鮮の民族運動制圧のための中国領間島地方への出兵、石油資源目当ての北樺太への出兵など、シベリア出兵というよりはシベリア戦争ともいうべき規模と空間と時間を伴ったものだった。

1921年3月の英ソ通商協定をはじめ、各国がすでに撤兵を終え、次第にソビエト新政権承認へと動く中、いつまでもソ連領内に兵をとどめ、領土的野心を見せる日本は国際社会から孤立し始めた。

日本の最終的な撤兵はずるずると遅れて大正11年10月、原敬が遭難してそれを継いだ高橋是清内閣の、そのまた次の加藤友三郎内閣の時である。

日露戦争の戦費の約半分に相当する9億円もの戦費をかけ3500人の犠牲を出しながら、戦略目的も明確ではなく、当時も「無名の師（大義名分のない出兵）」と批判も多かった。兵の士気も上がらず、日露戦争の時のように国を守るという使命感も感じることができない。そのために士官が兵からリンチを受けるなど軍紀の弛緩《しかん》が問題となるほどだった。

第142話　シフからの手紙

戦後恐慌の発端として象徴的な株式市場の暴落は大正9（1920）年の3月15日に始まったことはすでに書いた。

全国169行で銀行窓口取り付けが発生し、うち21行が休業、政府や日銀が救済に回ったものの、第43回議会が始まる7月ぐらいまで世間は落ち着かなかった。是清はいつまでも引き締めを行わなかった大蔵大臣の「放漫財政」のせいであると責められていた。

是清は暴落のあった3月ごろから、今であればわかることだが多分スペイン風邪だろう、流行性感冒にかかって体調を崩していた。

そんな中、ニューヨークの親友、ヤコブ・シフから手紙が届いた。日露戦争のファイナンス以来、シフとの文通は頻繁にあり、特に欧州大戦開戦以降はやりとりが増えていた。

「貴殿のご子息やご令嬢、そしてお孫さんたちに、こうしてまた会うことができ、どれほど幸せを感じているか言葉に表し尽くせません。和喜子は、私どもと同じ屋根の下で生活したころと比べて、ただの一日も歳をとったようには見えません」

ロンドンから東京へ一時帰国していた大久保利賢の一家、つまりその妻である是清の長女和喜子と4人の子供たちがロンドン再赴任にあたって、途中でニューヨークのシフの一家を訪ねたのだ。文面はシフの和喜子に対する慈愛に満ちあふれていた。

「大久保氏から、貴殿はここ何カ月かあまり健康がすぐれなかったけれども、今では大分よくなっている、と伺いました」

シフは株式恐慌をはじめとする日本の経済状態をよく知っている。したがってそれに立ち向かう大蔵大臣である是清の健康を気遣っていたのだ。

「私も、昨夏から本来の調子ではなく、もう昔のようには無理がきかなくなってしまいました。しかし、私もすでに齢《よわい》74ですし、今までのような体力が持続するはずもなく、そのことをもって、自らを慰めようとしているのです」

シフは弱気になっていた。

「私たちの世代は、多分、世の中が以前の状態（欧州大戦前）に復興するのを見届けるまで、到底、生きてはいないでしょう。しかし、たとえ時間はかかっても、その時は来るのです。

近々、貴殿から健康になったという知らせが届くことを心待ちにしております。

１９２０年6月20日　シフ」

この手紙でシフから同世代の「私たち」と呼ばれてしまった是清も、もう65歳であった。

是清は8月20日付でシフに返事を書いた。

このころの是清は体調を崩して温泉で療養していた。発信は那須塩原の松屋ホテルからである。

「和喜子とその家族を温かく歓迎してくださったことに対して、まずは厚く御礼申し上げます」

是清はお礼の後、シフが気にしていた自身の健康について書いた。

「流行性感冒に襲われたこの3月初めごろからずっと健康状態が芳しくないのです。主治医は、幾度となく転地療養を勧めてくれていますが公務から離れることができずにいます」

是清は首相の原に辞意を漏らしたが、それでは政権がもたないからと強く慰留されたことを記した。そのために是清はとりあえず温泉で療養し回復を図っていたのである。

また先日、初代ニューヨーク連邦準備銀行総裁であるベンジャミン・ストロングが訪日した時に懇談する機会があったが、デフレ問題に関して彼と意見が一致してうれしかったと是清は綴《つづ》った。

「こうしてここ2週間は塩原の温泉で療養中です。この調子であればあと3週間もすればまた公務に戻れると思います。どうか貴殿もご安心ください。次回はもっとよい知らせを書けるようになっていることを望むのみです」

NYからの電報

9月7日、是清は子爵に昇爵した。パリ講和会議の論功行賞が理由である。他に有名なところでは渋沢栄一が男爵から子爵に、閣僚の山本達雄、田中義一が男爵になっている。

しかし是清は肉体的にも精神的にも疲れ果てていた。

シフが指摘するように「私たち」の時代はもう終わりなのかもしれない。

であるならば日本のために言うべきことは言い、残すべきものは残さねばならない。恐れるものなど何もないではないか。

大蔵大臣として約2年が経過し、シベリア出兵において陸軍は、というよりも参謀本部は政府の方針に従わず、戦場での統帥権を盾に独断の行動を重ねる。そのために欧米からは日本の領土的野心に対して疑惑の目をむけられ、拡大する戦費は、欧州大戦でせっかく蓄えた正貨を浪費して、大きな財政問題になりつつあった。

これからの日本はどうあるべきか、温泉療養ですっきりとした是清の頭の中で、構想がまとまりつつあった。

「大臣、国際電報です」

是清は赤坂表町の自宅に戻り、2階の書斎で読み物をしていた。

9月27日、午後4時45分発、ニューヨークからである。

「敬愛する父は土曜日（25日）の午後痛みも苦しみもなく永眠しました　モーティマー・シフ（ヤコブ・シフの息子）」

是清は老眼鏡を机の上におくと、しばし放心し、やがて頬を一粒の涙が伝った。

第143話　参謀本部廃止論

是清はシフの死を通じて自身の老いと寿命を意識した。今こそ政治家としてやるべきことがあると覚悟を決めた。

是清は療養先の那須塩原で構想が固まりつつあった政策提案を、シフの死をきっかけに一気に書き上げると、早速印刷に回した。

タイトルは『内外国策私見』である。全部で400字詰め原稿用紙17〜18枚分、引用を除けば

6000字ほど、やや大きめの4号活字で、B5判だった。

『内外国策私見』

大正9(1920)年10月15日、閣議が終了した後、是清はこの『内外国策私見』を一冊持ち首相の原敬に見せた。

「原君、これは私が療養中に我が国の将来を見据え、よく考えてまとめたものだ。欧州大戦後の世界の中で、日本はどうあるべきか。私見ではあるがこれを要所に配布したいと思う。そこで、その前に君の意見を聞いておきたい」

原はこれを受け取ると、パラパラとページをめくった。原にすれば直言居士の是清が何かを書くこと自体が不安材料であった。

「今や我が国はパリ講和会議の結果五大強国の一つとなったが、国の歩みは困難を増している。日中問題、日米問題、さらにシベリア問題など国際問題が紛糾錯綜《さくそう》し実に容易ない状況である」

原は、冒頭のこの文章を見ると、椅子に深く腰掛け直して、ゆっくりと慎重に読むことにした。そばにいた田中義一陸軍大臣は、怪訝《けげん》な表情の原を見て、印刷物の中身が気になるようだった。

要旨はこうである。

軍国主義を奉じたドイツとオーストリアは欧州大戦に敗れ去り、正義と人道を標榜《ひょうぼう》する英国、米国、フランスが勝利を収めた。

今後五大国の一角として日本が真面目を発揮しようとするのであれば、我が国も正義と人道に重きを置いて、列国から誤解されるようなことがあってはいけない。

日本の制度文物はドイツに模倣私淑するものが多く、日清、日露戦争と勝利をあげて世界を驚嘆せしめた結果、我が国の実情をよく知らない者の中には、日本は「第二のドイツ」であると呼ぶ者さえおり、こうした誤解はどうしても解いていかなければならない。

これが『内外国策私見』の基調であり、以下にその誤解を解くための具体策を中心に四つの政策が挙げられていた。

一、対中国要求の緩和、欧州大戦中に最後通牒《つうちょう》をもって中国に突き付けた対華二十一カ条要求であるが、これが欧米において「日本は軍国主義」と喧伝《けんでん》される要因になっているので改めなければならない。

二、参謀本部の廃止。帷幄上奏権を持ち、統帥権によって内閣から独立しているのは、ドイツの制度を模倣したものであって、ドイツが負けて参謀本部が解体された今、五大国にこんな制度を持つ国はない。

これこそが日本は軍国主義であるとの印象を外国に与えている。参謀本部を持ったドイツは軍事的に戦争に負けたのである。

三、農商務省を廃止して、農林省および商工省を設置すること。

四、文部省を廃止すること。小中学校の経営監督は地方自治体に任せ、その地方に応じた教育をほどこすべきである。また公立大学はその特典を廃止し、私立大学と平等に競争するようにしなければならない。

「一片耿耿《こうこう》の志を国家のため沈黙するわけにはいかず、あえて先輩諸公の曇りのない判断を仰ぐ次第である」

と是清は締めている。今こそいうべきことはいわせてもらう。耿耿とは、かたく思っていることがあって忘れられないさまである。

もっとも是清は普段からそういうところがあるからこそ直言居士とも呼ばれていたのだ。

「高橋は八分の意見を述べればよいところを十二分述べる」

これは渋沢栄一の是清評のひとつである。

原は一読して思った。中国問題は置いておくとして、農商務省の分割は、政治家や役人の役職が増える話だから問題あるまい。しかし、参謀本部や文部省の廃止の話は唐突だし非現実的だし抵抗勢力が多すぎる。

原は田中に冊子を手渡すと、立ち上がって諭すかのごとく是清に話した。

「高橋君、これを発表したとしても、現実には何も行われずいたずらに反対者をつくるだけで、国家に何の利益もなしだ」

国家に利益なし。是清は忠君愛国の心からの提言であるから、原はポイントを突いたわけだ。

「君の意見は正論ではあるが、本気でやるとしたら内閣の議論をかためて、万難を排して決行する以外にない、とにかく今は機が熟してはいない、無理だ、いくら私見であっても発表はやめておいてくれ」

思いっきり鉄拳を振り上げたつもりの是清は少しショックだった。原の日記には「高橋、余の言に従えり」とだけある。

原は是清の文章を読んで、予備役中将で帝国飛行協会副会長の長岡外史《がいし》の話を思いだした。

長岡はちょっと変わり者で、プロペラのような髭《ひげ》をはやして、周囲からは「プロペラ髭」と呼ばれていたのだが、航空部隊の充実に熱心で、それに費やす予算がないというのであれば、参謀本部を廃止したらどうかと放言していた。

こんなものは世界にないのだから日本は軍国主義だと誤解を受けるのだ。今は元老の山県が目を光らせているが、山県が死ねば参謀本部も廃止されてしかるべきだと。

原はひょっとして是清と長岡は何らかの関係があるのかと疑ったが、是清の意見は、財政や国際関係などをにらんだもう少しスケールの大きい視野からのものだった。

山県有朋の反応

それから10日ほどして、田中が原に報告した。

「どうやら参謀総長の上原勇作が高橋の『内外国策私見』を読んだらしい」

だとすれば、親分の山県もすでに読んでいるということになる。

「僕は配るなといったじゃないか」

怒る原を制止して田中は続けた。

「それであれば、隠していると思われるのも困るから、さっそく山県のところへ行って参謀本部廃止論の冊子があることを報告してきました」

田中は機転がきく。

「で、どうだった」

「山県さんは少々興奮しましたが、私はシベリア出兵で参謀本部が我を通していれば、こんなことは反動として起こることだから、大いに前途を考慮してその弊を修正しながらやっていきましょうと申し上げました」

で、山県さんはと原は聞く。

「実に同感だとおっしゃっていました」

山県は参謀本部廃止論は不快だが、参謀本部のやり方にも不満を持っていたのだ。

後年是清が暗殺されることになる原因の一つが、この時の参謀本部廃止論である。

第144話　山県有朋

では、参謀本部廃止論とは、当時それほど突飛な意見だったのだろうか。

三浦観樹将軍

三浦梧楼という長州奇兵隊出身の元中将がいる。戊辰戦争の生き残りで、号を観樹、自らを観樹将軍と名乗り、この当時政界の大御所を自任していた。

李氏朝鮮の第26代王・高宗の妃、閔妃《びんひ》殺害事件の首謀者として一時収監されていたこともある、直情径行、我輩我輩と自我が強くあまり評判のよくない男である。

木戸孝允を尊敬するあまり、山県に対する評価は低く、同じ長州でありながら仲が良くない。山県の9歳年下である。

大正14（1925）年3月に政教社から発刊された三浦の『観樹将軍回顧録』には「参謀本部

廃止問題」という章立てがあり、この当時、つまり大正9年ごろに三浦が原敬首相に対して参謀本部の廃止をすすめたとの記述がある。

「(参謀本部などというものがあるから) 軍閥などという中傷を、世界各国から受けるのではないか。今日の文明国にこんなものを残しているところがあるか」

三浦も是清の『内外国策私見』に目を通したのかもしれない。だがこの認識はシベリア出兵を通じて陸軍と国際問題に関心がある者の間では、ある程度共有されていたものだった。もちろん言い出す勇気のある者は限られるのだが。三浦の場合は山県さえ死ねば参謀本部問題はどうにかできるのではと考えていた。

するとある日、田中義一陸軍大臣が三浦を訪問してきて、「いきなり参謀本部を廃止するわけにはいかないが、どうやら上原勇作参謀総長が辞めそうだから、この際おとなしい秋山好古《よしふる》大将を後に据えれば、参謀本部横暴の弊害もとりあえず収まるのではないか」と答えた。

参謀本部の廃止問題というよりは、上原参謀総長の個人的な横暴な性格に問題の本質を転嫁するものだった。

しかし結局のところ上原は辞めず、三浦は山県に上原を辞めさせるように督促するが、そのうち(大正11年)に山県が死んでしまって、三浦の中の参謀本部廃止論はうやむやになったのだそうだ。結局山県が死のうが、誰も手をつけなかった。

宮中某重大事件

山県有朋は天保9(1838)年生まれ、大正9年の参謀本部廃止論を知る頃は元老、陸軍元帥、枢密院議長であり華族として最高位である公爵であった。すでに82歳である。

山県は長州藩の足軽として生まれ、勉強して松下村塾に入り、長州藩の奇兵隊では軍監もつとめた。この当時まさに明治維新と新政府の生き字引的存在であった。

伊藤博文の死後は最有力の元老となって、軍部・官界・枢密院・貴族院に幅広い藩閥を構築していた。長州閥である。

「わしは一介の武弁（武士）である」

総理大臣を務め、政治に深く関与するようになると、山県はよく口にしたが、このセリフはほとんど皮肉として使われるほど彼は権力欲をむき出しにしていた。

是清との接点でいえば、日露戦争開戦2年目の明治38（1905）年1月に、当時の桂太郎首相の官邸で会っている。そこには伊藤博文、松方正義、井上馨、山県と顔をそろえていて、桂は是清に対して追加の資金調達は可能かどうか問いただしたのだった。

大正7年の米騒動において長州閥の寺内正毅内閣を見限った山県だったが、自身の影響下に首相の重責を担う後継者の人材はなく、大の政党嫌いながら、仕方なく政友会原敬の内閣成立を容認した経緯があった。

ところが大正9年の始め頃にもなると、山県は、原が東京市電争議や八幡製鉄所争議を解決していく手腕をみて「どうも原は偉い」と評価しはじめるようになった。

また原自身も頻繁に山県を訪問して相談するし、陸軍大臣に田中を起用する時も、原はすでに田中とは話がついているにもかかわらず、山県の口から推薦するように仕向けるなど、山県への細やかな配慮を欠かさなかった。

10月になって田中から是清の参謀本部廃止論の話を聞いた時も、後継が見当たらないことから原への信頼は変わらなかった。

ちょうどこの頃のこと、大正天皇の皇太子・裕仁親王（後の昭和天皇）妃に内定していた久邇宮家の良子《ながこ》女王（後の香淳皇后）の家系に色覚異常の遺伝があることが発覚した。

良子の母は薩摩の島津家、山県は皇室を通じて薩摩閥の影響力が増すことを嫌った。

元老の山県と松方正義は医師団の報告を受けると伏見宮貞愛《さだなる》親王を通じて良子女王の父久邇宮邦彦《くによし》王に婚約を辞退するよう、「考慮」を願うと伝えた。

当時色覚異常の人は軍の将校になれない。裕仁親王の世子はやがて天皇となり大元帥となって軍隊を率いなければならない運命にある。山県と松方は色覚異常の血は避けねばならないと主張したのである。

一方でこの縁談を決めたのは大正天皇の皇后、貞明皇后である。病気がちな大正天皇に代わって重臣たちとやりあい、当時の皇室を背負っていた。皇室を藩閥の問題に巻き込むとは許せない。いきおい山県とは対立する形になった。

12月14日になると山県は枢密院議長の辞表を提出して、婚約解消に向けて一歩も引かない姿勢を示した。

しかし裕仁親王にも良子女王にも帝王学として倫理を教えていた学者杉浦重剛《じゅうごう》らが良子女王側について一種の運動を開始すると、山県らに対する反対運動は一層強固となる。最後は皇太子自身が婚約に変更がないことを直接山県に伝え、軍配は貞明皇后、すなわち良子女王側に上がったのである。

不敬な上に負けた形になった山県は12月30日に至り婚約の調査が不十分であったとする待罪書（処罰を待ちますという書）を提出すると、小田原の別荘古稀庵に戻って謹慎することになった。

翌大正10年2月10日に政府が良子女王の婚約内定に変更はない旨を世間に発表した。当時、世間はこの事件の概要を知らなかったが、後に「宮中某重大事件」と呼ばれ世間を賑わすことになる。

2月18日、もう一人の婚約反対派で内大臣であった松方が自ら敗北を認める形で、山県に相談なく辞表を提出した。

すると山県も成り行き上これに追随せざるを得ず、2月21日に全官職の辞職と栄典の辞退を申し出る書面を捧呈しなければならなかった。

山県の政治生命はとうとうこれで終わるはずだった。

しかしこの当時、大正天皇の病状の悪化が進行していた。そのため天皇を補佐する摂政設置問題が喫緊の課題となっており、5月に入ると原首相が主導して山県と松方の辞表は却下されることになったのである。これで、本来であれば隠居せねばならない山県は救われ、原に大きな借りができてしまったのである。

これ以降、山県は原をさらに信頼するようになる。摂政設置や陸相の人事問題など、従来慣例的に山県主導で行われていたことについて、山県は原の主導で政治が進んでいくことを容認するのであった。

明治・大正の立身出世した高官たちの多くは留学や外遊の経験をした。元老山県有朋は欧州大戦が終わった翌年の大正8年ごろから、皇太子裕仁親王（昭和天皇）にも是非欧米を中心に外遊して見聞を広めてほしいと考えていた。

しかし大正天皇が病弱で、皇太子には近々摂政として政務を補佐してもらわなければならないこと、また皇后をはじめとする皇室や、国粋主義者などからの反対もあり、山県は宮中某重大事件と関連付けられてなかなか実現せずにいた。

原敬首相は皇太子の外遊に大賛成で、その宮中某重大事件が落ち着きを見せた大正10年2月15日、政府は皇太子御外遊を正式発表した。

皇太子は3月3日に戦艦「香取」に乗り込み出発、沖縄に寄港後、香港、インド洋を経由して各地で歓迎を受けた。同盟国である英国皇室からも親身にもてなされ、また当地メディアにおいても大人気を博したのだった。皇室外交の始まりである。

旅程は6カ月に及び帰国は9月3日である。この旅行は昭和天皇にとって、生涯忘れられない楽しい出来事になった。

第145話　東亜経済力樹立に関する意見

皇太子が欧州に向けて出発された頃、シベリア出兵の撤退問題を巡って、撤兵を推進したい政府とそれに抵抗する参謀本部が対立していた。

東方会議

大正10（1921）年4月、田中義一陸軍大臣は時局収拾のために対露、対中問題整理を目的とする会議開催を原敬首相に提案した。原はこれを受け5月16日からキーパーソンを一堂に集めて外交・防衛政策を討議した。関連各地域の意見を集めて政府としての統一された見解を出すためである。これは「東方会議」と呼ばれた。

出席者は原内閣の閣僚に加えて、朝鮮総督の斎藤実《まこと》、同政務総監水野錬太郎、朝鮮軍司令官の大庭二郎、関東長官で山県有朋の養子である山県伊三郎、関東軍司令官河合操、浦塩（ウラジオストク）派遣軍司令官立花小《こ》一郎《いちろう》、青島守備軍司令官由《ゆ》比《ひ》光衛《みつえ》、中国公使小幡酉吉《ゆうきち》、奉天総領事赤塚正助らが呼ばれ、大蔵大臣の是清も参加しているが、参謀本部は呼ばれていなかった。

原はこの会議でシベリア出兵の中止、満州経営のあり方を改革、何かと国際社会から非難されていた山東鉄道沿線から撤兵し、これの中国側（北京政府）との共同経営を提案した。

また対中国借款は、西原借款のような日本単独の借款は避けて米英仏との協調融資に限るなど国際社会からの「軍国主義」批判に応える姿勢をとった。

この間、田中陸軍大臣の心臓疾患による辞任や、山県、松方正義両元老の「宮中某重大事件」に絡む御沙汰御下賜内定（引退撤回）などがあり、原は東方会議を通じてシベリア撤兵を推し進めつつ、その方の調整にも奔走した。

「山県さん、田中大臣の後継には大臣自身から山梨半造中将の推薦がありました」

原がそう言うと、いつもの山県であれば自身の影響力を示したいところだが、

「自分から見れば孫のような年代で、人格等よくはわからないが、田中が指名するのであればよ

かろう」

と、政党内閣首班の原の主導で陸軍大臣が決まるまでになった。

そして5月31日、原は東方会議の結果を山県に報告した。

「シベリア山東撤兵問題につき関係者を招集し会議を以て撤兵を決しました。参謀本部は反対のようですが、これ以外に仕方がありません」

すると山県は、

「軍人に相談してはだめだ。これ以外に良策なし」

と言ったのである。

山県の原に対する信頼はここまできていた。

この会議の結果について、「之レ日本ガ、領土的侵略主義ヨリ経済的侵略主義ニ転換セムトスルモノナリ」と報じた中国の新聞がある。

中国に投資して山東鉄道の共同経営を試みるなど、武力を控え経済力による進出を図る。日本側から見れば大きく譲歩したつもりでも、中国から見ればまだ経済的侵略主義に映ったのであろう。

東亜経済力

ちょうどこの頃、是清は「対支経済計策概見」という政策提案書を書いた。「大正十年五月、子爵高橋是清」と記名のある原稿用紙が残されている。この提案書は当時日本銀行総裁だった井上準之助の手に委ねられ、加筆されて「東亜経済力樹立に関する意見」として現在に残されている。

時期的にこの「東方会議」中に是清が考えたことをまとめたものなのであろう。つまりは、是清は「東方会議」の結論では物足りぬと考えたのだ。

目次があり、五つの章立てになっている。
一、国策の意義
二、国力批判の標準
三、アジア経済力の樹立
四、支那の現状と当面の重要問題
五、英米の確執と其東洋侵入
その内容を要約すると、日本は今や正貨保有残高で見れば英米に次ぐ世界第3位の経済的地位にある。昔は国の大小を論ずるに軍事力が評価基準であったが、総力戦である欧州大戦を経た今では経済力こそが国力の大小を測る一番の尺度である。

アジアにおける日本の使命は中国の豊かな資源を開発してアジアの自主的経済力を確立し、英米勢力の支配下に屈するようなことを防がなければならない。

中国はいまだ中心勢力が定まっていないが、日本は内政に干渉することなく、中心勢力が確定すれば、行政費を借款すべきである。是清はこの資金のために、正貨が日本に潤沢にあるにもかかわらず金本位制に復帰しなかったのである。

またこれと同時に日本の対中態度を根本から変え、従来のような偏狭な排他的感情と、武力的進出方針を捨て去り、ひたすら隣国の人民の信望を博し、現在の排日的傾向を一変して日本を信頼できるような国にすべきである。

米国ではモルガン商会をはじめとする金融資本が巨大化している。日中が反目したままでは容易に東アジアの支配権は奪われてしまうことになるだろう。

今こそ、中国と提携し東アジアの経済力を涵養することによって、英米2大経済力と対抗できる第三の経済力「東亜経済力」を樹立しようではないかという壮大なものである。

是清のこの政策提言は6月10日に「日支経済同盟、行政費4億円を無条件貸付」と題する新聞記事となった。

その翌日、是清は政友会幹部である法制局長官の横田千之助に対して、

「私は、大蔵大臣を辞めて中国公使となり日中問題を解決したい」

と申し入れた。

しかしながら原首相にしてみれば、是清の提言には英米に対するアジア黄色人種の日中提携という要素もあり、英米の大使に疑念を抱かせる可能性もある。原内閣として「東方会議」を開催して参謀本部を抑え、シベリア撤兵を決め、中国に対する武断的政策を変更しようと結論を出しているにもかかわらず、またしても大蔵大臣が私的な意見を開陳したことになる。

「高橋も、東亜経済力の樹立など、今行われもせざる書生論を容易に口外するのは困ったものだ」

原はこう反応した。

是清のこの提言の1カ月ほど後に、日本は米国から欧州大戦後の世界平和を話し合うワシントン会議への招待を受けた。

この会議に先立ち東洋経済新報社の石橋湛山は社説として「一切を棄《す》つるの覚悟」を書いた。隣国への侵略をやめて領土的には小さくても豊かな通商国家として繁栄すべきという「小日本主義」の考え方である。

侵略を止める平和的外交の考え方は同じだが、是清はかつての英国が金融で世界を支配したように、日本は東亜でのロンドンになるべきだと考えた。当時の日本はそれほど潤沢に正貨を保有していたのである。

第146話　バーデン＝バーデン

大正10（1921）年10月27日、是清が「東亜経済力樹立に関する意見」を書き、ジャーナリストの石橋湛山がワシントン会議に臨み「一切を棄つるの覚悟」という「小日本主義」的な社説を掲載した同時期である。

フランクフルトの南約150キロ、ドイツの温泉保養地バーデン＝バーデンに陸軍士官学校16期卒で30代後半の働き盛りの少佐3人が集まった。欧州大戦の終了したこの時期に欧州に派遣されている時点でまぎれもない陸軍のエリートたちである。

この3人のうちの一人、岡村寧次《やすじ》は欧州出張の命を受けドイツに立ち寄った。その際、ロシア駐在武官の命を受けながら、ロシア革命でいまだ赴任できずベルリンに滞在していた小畑敏四郎《としろう》と出会った。

当時スイスにはこの二人の同期の永田鉄山が駐在していたので、3人はスイスに近いバーデン＝バーデンを選んで会合を持ったのである。本来であればこの3人と仲が良い1期後輩17期の東條英機もいるはずだったが、あいにく赴任地が少し遠いライプチヒだったので参加していない。

軍刀組の密約

岡村と永田は、東京陸軍地方幼年学校からの同期、小畑は大阪陸軍地方幼年学校を出て、その次の陸軍中央幼年学校で二人の同期となった。

この3人に17期の東條英機を加えた4人は、以前から勉強会を開き、将来の帝国陸軍のあり方について議論していたのだった。

陸軍は教育制度が時代で変わる。彼らの時、地方幼年学校は東京、仙台、名古屋、大阪、広島、熊本にあった。各校定員50人で13歳から入学でき、3年課程である。

ここを卒業すると東京の陸軍中央幼年学校へと進み1年8カ月、士官候補生として隊付き勤務6カ月を経て陸軍士官学校に進み1年7カ月、最速20歳で卒業である。

永田の場合、士官学校は首席卒業、その後隊付き勤務4年間を経て進んだ陸軍大学校では次席卒業だった。陸大の定員は毎年約50人である。

陸大卒は「天保通宝」に似たバッジをつけていたので、「天保銭組」と呼ばれ、外観で一般の凡庸な士官と見分けることができた。また陸大卒上位6位までは天皇陛下から恩賜の軍刀を下賜されたので「軍刀組」と呼ばれ、将来出世間違いなしのエリートと見られたのである。逆に陸大を出ていなければ将官になれる見込みはほとんどなかった。

当然軍刀組は将来の帝国陸軍、彼らにすればそれはすなわち日本を背負わなければならないという自負があり、まさに天下国家を考えなければならない立場にあると考えたのだ。

永田はドイツ語、小畑はロシア語、岡村は中国語とそれぞれ得意な言語が異なったので、この段階では互いに競い合う必要がなかったのである。

また東條はドイツ語だが、1期上の永田があまりに傑出していたのでこれも競い合う必要はなかった。

13歳で地方幼年学校へ入学し、世間と隔絶された軍の寄宿舎生活という環境下で、士官学校、あるいは陸軍大学を目指して純粋に勉強を続けてきた若者にとって、戦争景気に浮かれた当時の日本の世相や上級将校の堕落等は看過しがたい問題だった。また明治期の陸軍士官学校大量採用の後に欧州大戦後の平和ムードが押し寄せたことによる人事上の閉塞感も問題意識を助長したであろう。

バーデン＝バーデンで彼らは話し合い、陸軍の革新に乗り出すことを誓い合ったと伝えられている。この会合は画期的な事件というよりは象徴的な意味合いを持って「バーデン＝バーデンの誓い」とも「密約」とも呼ばれることになった。


具体的に誓いあった事項は次の二つである。

一つめは長州閥の専横を改めること。

当時の陸軍の要職は山県有朋を頂点とする長州閥によって占められていた。長州閥の中には長州以外の出身者もいたが、一つの閥が陸軍を専横していたことに間違いはない。

永田は信州諏訪の高島藩、小畑は土佐郷士、岡村は元江戸幕府、東條は東京育ちながら旧南部藩の出である。東條の父英教《ひでのり》は同郷のよしみで原敬とも付き合いがあった。

英教は陸大1期を首席で卒業、ドイツ留学までしながら進級は少将まで、中将へは予備役編入による名誉進級だった。長州閥であればありえない。ただし英教に対する冷遇は藩閥問題だけではなく日露戦争時の実兵指揮能力の問題だという指摘もあるし、真面目過ぎて世渡り下手な性格でもあったようだ。

いずれにせよバーデン＝バーデンの3人に東條を加えた4人はこれ以降、陸軍内部の有望な人材を結集していくことになる。

二つめは、国民と一体化した軍隊を作ること。

欧州大戦は参加国が、軍だけでなく民間人も含めての総動員となり、国の総力をかけて戦う総力戦となった。

欧州出張においてそれを実感した彼らは、母国を顧みて陸軍は国民と乖離《かいり》していると嘆いたのである。総動員体制へ向けての陸軍の改革が必要であった。

是清は独立した統帥権こそが国民（議会）と軍隊を乖離させていると見て、参謀本部の廃止をもって統帥権の独立を終わらせようとしたが、彼らにとっては統帥権の独立は既存の前提条件であって、そこから国民と軍との融合を考えようとしたのだった。彼らにすれば議会は国民を代表していなかった。

この時は帝国陸軍の改革という内国問題だけに注目が注がれて、満州問題などはまだ課題として挙がっていない。

石橋湛山が唱えた「小日本主義」、是清が提起した中国を植民地主義的な観点から捉えぬこと、などはむしろ陸軍にとっては話にならない観点だった。今後日本が世界と伍《ご》して軍事力を維持していくためには、大陸の資源は必要欠くべからざるものであり、既得の権益であったのだ。

「国家の災い」

永田たちは同志を募り、大正12年ごろから渋谷の「二葉亭」（フランス料理）で会合を始めた。15期から18期、会員は20人ほどで、これは二葉会と呼ばれた。

これがやがて若手幕僚による木曜会と合流し一夕会《いっせき》となる。ここでは陸軍改革とともに満蒙問題が重要なテーマとなってくる。

一夕会はやがて、永田の「統制派」と、小畑の「皇道派」に分かれ、陸軍若手将校によるテロリズム、2・26事件へと連なっていくのであった。

少壮エリート将校による国軍改革運動はやがて軍内の下克上の風潮を生み出し、閣議の予算編成にまで容喙してくるようになる。

2・26事件の数カ月前、昭和11（1936）年度予算策定の時に是清は閣議でこう言った。

「社会と隔離した特殊の教育（幼年学校のこと）をするということは、思想が偏った者を作ることだ。陸軍ではこの教育を受けた者が嫡流とされ、幹部となるのだから、常識を欠くことは当然で、その常識を欠いた幹部が政治にまでくちばしを入れるというのは言語道断、国家の災いというべきである」

この発言は陸軍大臣を通じて陸軍に伝えられた。

第147話　原が刺さるる朝

欧州大戦（1914～18年）は英仏米の民主主義国家対独墺オスマン帝国などの専制国家との戦いであった。連合国側の唯一の例外だった専制国家ロシアはロシア革命によって崩壊し、最後は民主主義国家が勝利を得た。

総力戦を戦った諸国の国民は、国家からの義務に応じると同時に、国家に対して堂々と権利を主張するようになった。その権利の代表的なものが参政権であり、これは婦人も同様である。米国では1920年に憲法修正第19条によって婦人参政権が確立した。ただし人種問題は未だ別である。

比較的保守的な英国でも終戦の年には男子普通選挙に加え有産婦人の参政権が認められ、敗戦国のドイツではワイマール憲法下に男女平等の普通選挙が始まることになった。

こうした世界的なデモクラシームードの中で、日本でも大正デモクラシーの下、吉野作造の民本主義などが広く受け入れられ、普通選挙を求める運動や、待遇改善の労働争議などが活発になった。

普選運動

大正8（1919）年2月11日、紀元節であり明治憲法公布の記念日でもあるこの日、日比谷公園では学生団体主催の集会が開催された。集会後には学生700人が皇居前までデモ行進を行い、

「デモクラシーは世界の大勢なり、民本主義は時代の潮流なり」

と普選実現を要求した。

この時はちょうど第41回議会、政友会原敬内閣である。野党の国民党や憲政会は衆議院議員選挙法改正案を出していたが、その内容は直接国税10円以上納付者から、2円以上に基準を下げて大選挙区にしろというものだった。

これに対して原内閣では参政権を直接国税3円以上納付者による小選挙区として、3月には205対144で政府案が可決した。

これによって有権者は146万人から300万人まで増えたが、院外つまり世間では、これではとうてい不十分としてかえって普選運動が盛り上がることになった。ジャーナリズム、知識人グループなどを中心に普選運動がますます活発に展開されたのである。

翌大正9年の第42回議会では、今度は、野党は納税条件なしの普通選挙を主張、この年の紀元節2月11日は数万の群衆が街頭に繰り出し一大デモンストレーションが展開されたと「大阪朝日新聞」は以下のように報じた。

「紀元節の普選大示威運動、芝と上野から二重橋へ三団体より成る数万の民衆、大旗を押立てて普選の歌を高唱、万歳を三唱す」

これを読んだ原は日記にこう記した。

「新聞には五万人又は十万とも称するも、実際は五千人計《ばか》りなりしという」

原は決して普選運動を軽視していたわけではない。国民の民心の変化に応じて選挙権の拡大は必要であると考えていた。だが、それは段階を踏んで行われるべきものであって、一部の民衆運動に強要されて進めるべきものではなかった。

2月26日、原は憲政会提出の普選案に反対意見を述べると「国民の公平なる判断に訴える」と議会を抜き打ち的に解散し総選挙を挙行した。

5月10日の総選挙は地方での小選挙区制の効果もあり、政友会は新定数464のうち278議席を確保し、以降の原政友会の議会運営はよほど楽なものになったのである。ちなみに開票前後から欧州大戦後のバブル崩壊が明らかになり、日本経済は深刻な不況に入っていくことになる。選挙が少し後ならばと思えば、時も原に味方していたのである。

その翌年、大正10年夏、東方会議が開催され、是清の「東亜経済力樹立に関する意見」が新聞に掲載された頃である。

米国からワシントン会議への招待があった。欧州大戦の戦後を調整する軍縮会議である。原は全権代表を加藤友三郎海軍大臣に託すと、その間の海軍大臣代理は原が兼務することとした。代理とはいえ文人が海軍大臣になっていたのである。

9月3日には皇太子（昭和天皇）も欧州訪問から帰国し、11月25日には摂政に就任する予定である。

原内閣も成立から3年が経過した。この時すでに長寿の内閣だった。

原は景況感が悪化していたし、政友会のせいで全国に普選が実現しなかった不満があることから遊説し、直接訴えることで、国民の理解を得ようと活動していた。


この年11月に入ってすぐの閣議の後のことだ。

「高橋君、君は最近山県公爵に会ったかね？」

と原が聞く。

「山県さんには、特に用事がないので会っていないよ」

「それはいかん、時々会っていろいろの話をしてくれ、ああいう人はそうしなけりゃならん」

ああいう人の意味は是清にもわかった。

「それでは近いうちに会うよ」

と是清が返答すると、原は、確か山県さんは近く小田原の別荘に行くはずだから早いほうがいいと、その場で電話して都合を聞いた。

「高橋君、明朝10時に行くように」

原はこういう男だ。てきぱきと仕事を切り盛りする。

11月4日、この日も閣議の日だった。是清は山県との会談の報告と、その時山県に頼まれた言《こと》伝《づて》があったので、早めに首相官邸を訪ねて原と会い、二人で話した。

原はこの日、閣議が終われば夜行列車に乗って京都の政友会近畿大会へ行く予定だった。

ここ数日、原の命を狙う者がいるとのうわさは立っていた。是清はこの朝どうにも霊感というか、いやな予感がしたので、原にこう伝えた。

「京都の大会なんか、何も君が行くことはないじゃないか。地方大会などに一々顔を出さずとも、そんなことは他の人にまかせて、君はもっと国の政治をやればよかろう」

このあたり、是清には政党の運営がよくわかっていなかったのかもしれない。原は人間関係の維持に非常に繊細だった。

「皆、準備して僕を待っているのだよ」

原はニコリと笑って是清の肩を叩いた。

是清は再三再四にわたって原を慰留したが、原は聞かなかった。

9月の終わりに安田財閥の安田善次郎が暗殺されて、是清は安田財閥の方からしきりに後継者を探してくれと頼まれていた。そこで日本銀行総裁の井上準之助と相談した結果、日銀大阪支店長兼理事の結城豊太郎を斡旋《あっせん》することにした。

この日は夕方から日銀の接待所で結城と安田側の主要人物たちを引き合せしていたのだった。その時電話が入った。

「原がやられた、すぐ臨時閣議を開くから来い」

大正10年11月4日

この日大正10年11月4日午後7時10分、原は東京駅に到着すると駅長室でしばし休息した。京都行の列車は7時30分発である。

7時25分ごろ、原が駅長室を出て現在の丸の内南口の切符売り場付近に差し掛かった時に、短刀を持った一人の暴漢が群衆の中から飛び出て襲い掛かった。この暴漢は大塚駅の転轍手（ポイントの切り替え係）で、右胸部から心臓に至る一突きで原を殺害した。原は65歳であった。

転轍手は「原を倒せば国民は悪政より救われる」と信じていた。

第16章　内閣総理大臣

第148話　内閣総理大臣

原はほとんど即死で、日本の政治を止めないためにも、後継や内閣をどうするのか決めなければならなかった。

閣僚が集まった中、大蔵大臣として原の次席的な立場にいた是清が発言した。

「後継内閣は大命に依ることだから、ここでとやかく議論すべきではない。それよりも立憲政友会の総裁を早く決めようではないか。総裁推薦が先決の問題だ」

大命に依るというのは、当時の日本は多数党が首相を決める議員内閣制ではなく、実質は元老たちが大命として、すなわち天皇陛下の名によって次の首相を指名していたからだ。軍人でも藩閥でも華族でもない、政党首班の原が首相になれたのも山県有朋たち元老の容認があったからである。政党内で決めることではなかった。

後継者選び

是清は首相の地位が欲しいと思わなかった。それよりも原には健康上の問題から、事あるごとに大蔵大臣の職を辞したいと伝えていたほどだった。

是清は原と一緒に働いていて、原の党をまとめる総裁としての能力の高さをよく知っていた。原は大小軽重とも、何にでも興味と熱意を持てる男で、党員の名前と顔はもちろんのこと、その人の履歴や諸々の事情などもすべて把握していたし、面談の希望があれば誰彼の区別なく、こまめに皆に会うようにしていた。党員への気配りは相当なものだった。

一方で是清はといえば、政友会の議員が陳情にきても、党よりも目の前のお国の仕事が大事とばかりに、大蔵省の職員を優先して、議員の面会を断るようなやり方で、党員からの評判は決して芳しくなかったのだ。

また、是清は顔や名前を覚えるのが大の苦手で、そもそも他人にあまり興味がなく、議員がやあと訪ねてきても誰が誰だかわからない。政党の総裁などには全く向かない人間だった。またそのことは本人が一番よく自覚していた。従って自分が総裁などになる気は全くなかった。

臨時閣議のメンバーは大蔵大臣の是清に外務大臣の内田康哉《こうさい》、内務大臣の床次《とこなみ》竹二郎、農商務大臣山本達雄、逓信大臣野田卯太郎、大物はそろっているが原の後継者としては誰もが力不足だった。

会議は深夜まで続き、翌日、残された全閣僚が辞表を提出、内田外務大臣が臨時総理として、

「原内閣の国策であった軍備縮小の方針は次がどのような内閣となっても変更されることはない」

と声明を出した。

ワシントン軍縮会議を控え対外的なメッセージであると同時に、暗殺が軍備縮小反対派の過激分子によるものではないかと懸念されたので、思い通りにはいかないぞとの意味もあった。

一方、山県有朋の私設秘書松本剛吉《ごうきち》は、原刺殺の翌日、朝一番の列車で小田原の別荘にいる山県を訪ねた。

山県は3日に東京から小田原に戻ったばかりで、体調を崩し37度9分の熱を出していた。そこへ昨晩松方正義内大臣からすでに電話で原暗殺を伝えられていた。

「非常に気分が悪い」

山県は松本に向かってそう言うと、

「原は、政友会の俗論党及び泥棒らに殺されたのだ」

そう言い切った。

山県は原を高く評価していた。自分亡き後の日本の後事を託せるのは原以外に見当たらないとまで考えていた。一方で政党そのものに対する評価は相変わらず低かった。

原内閣の与党政友会も政権3年目に入ると、各所で汚職がはびこった。山県はこうした議員たちを泥棒と呼んだのだ。

「原は勤王家であり日本は皇室中心であることをよくわかっていた。頗《すこぶ》る残念だ」

と山県は松本の前で滂沱《ぼうだ》の涙を流した。

山県の熱は下がらなかったが、8日には訪ねてきた西園寺公望と昼食を共にした。山県にすれば原亡き後は、誰も首相候補たる者がいない。これまでのように西園寺に頼むしかなかった。だが西園寺は断った。

10日になって西園寺は高橋是清を原の後継にすることを提案、これには元老の松方内大臣も同意、翌日には秘書官の入江貫一が小田原の山県を訪問した。入江が西園寺と松方が是清で同意していることを告げると、

「西園寺、松方の相談なれば異議なし」

政党嫌いの山県も納得したが、それでもぽつりとつぶやいた。

「また、泥棒どもの延長か」


西園寺から首相になるように請われた是清は脚気《かっけ》に胃腸病、健康上の理由からも固辞した。本当にやりたくはなかったのだ。

「高橋さんな、ワシントン会議の代表団はこの6日には既にワシントンに到着しているのやで」

西園寺はいやがる是清を口説く。

「ここで内閣が全く違うものになって、日本の方針が軍縮からぶれてしまってもええんか？」

こう責められると軍縮を推し進めたい是清は受けざるをえなかった。

13日、首相だった原以外に内閣のメンバーに変更はない、皇居では是清のみの親任式が執り行われた。大蔵大臣兼務である。

かくして是清は、内閣総理大臣にまで上りつめたのだった。芸者のパトロンであればまだしも、ヒモだったことのある総理大臣は空前絶後であろう。

政友会総裁人事

この日、政友会では総裁を誰にするか幹部会を開いた。是清は、総理は引き受けたが、党の総裁は断るつもりだった。海千山千の政治家たちをまとめられるとは思えない。

ところが逓信大臣の野田卯太郎は、

「総理と総裁は不可分だ」

と譲らない。

「自分は党の運営には暗い。そんな厄介な仕事はゴメンだ」

と是清が言うと、

「党のことは何もやらないでよいから、とにかくマア総裁もやれ、そうでないと党がまとまらん」

ということで是清は押し切られてしまったのだった。こうして伊藤博文、西園寺公望、原敬《たかし》に続く第4代政友会総裁となったのである。

いざ実際に総裁になると、何もやらないでよいどころか細かい仕事がたくさん。総理の方はよいが、総裁の方は早く後釜が見つからないものかと是清は早くも後継者を待ち望む有り様だった。

世間は政友会に原に匹敵する能力を持つ後継者がいるとは考えていなかった。是清や野田では政友会は長くは持つまいと見ていた。

「この新内閣は、原内閣に比し形の上から云えば、総理の地位に立つものが無爵の実力者から有爵の凡人に変わった迄である。原が生きていても最早内閣の運命はしれたものだったのだから、誰を選んで陣容を立て直したとしても、内閣の運命は原時代に予想されていたよりも短いものと

なるだろう」（「東京朝日新聞」11月13日）

ここでは是清も有爵の凡人だ。高橋内閣は早々と政権を投げ出すであろうと予測されていたのである。首相に大蔵大臣に政友会総裁、なまじ忙しいものだから、この時期の是清の健康状態はすこぶる良好だった。

第149話　ワシントン軍縮会議

大正10（1921）年11月12日（米国時間）、日本では原敬が暗殺され、是清が後継首相にまさに任命されようかというタイミングである。

米国の首都ワシントンでは、欧州大戦後の海軍軍縮と太平洋や中国問題を討議するワシントン会議が開催された。米、英、日、仏、伊の五大国のほか、オランダ、ベルギー、ポルトガル、中国の4カ国代表が参加し会議は翌年の2月6日まで続いた。

これは国際連盟の主催ではなく、米大統領ウォレン・ハーディングの提唱の下、米国主導で開催された国際会議だった。米国は国際連盟の提唱者でありながら、議会の反対で加盟していない。

軍縮の妥協点

米国は、この会議で欧州大戦後に膨張する海軍予算を削減し、同時に太平洋における安全保障や門戸開放を含む中国問題を整理しておこうと考えた。日英同盟の廃止など、具体的な目標を設定してそれに沿うアジェンダ（会議の議題）を準備していた。米国は欧州大戦によって47億ドルもの対英債権を持つに至り、戦前に比べて英国に対する発言力を強めていた。英国の世界覇権であったパクス・ブリタニカがパクス・アメリカーナに移行する過程にあった。

一方で英国は、戦後の財政負担が厳しいことから、諸権益は守るとしても細かいことは決めずに、漠然と軍縮の進展を期待していた。

日本はというと、米国から会議の招待を受けた際、進行中の艦隊建設に制限を加えられそうなことから、新聞は国民感情を代弁して「国難来《きた》る」とあおった。これが当時の国民の気分である。だが、政権を担う原敬や是清からすれば、大正10年度一般会計予算の49%は軍事費であり32%は海軍費であった。景気低迷下の財政難の状況から軍事費の削減につながるこの会議の趣旨はまさに渡りに船だった。国民や新聞は国に金が無い現実を軽く見ていた。

日本の全権代表には原内閣の海軍大臣である加藤友三郎大将が選ばれた。この提督は、日本の建艦目標である八八艦隊の実現は財政的に厳しいこと、また本当の戦力とは軍艦の数よりもその国の経済力であることをよく理解していた。軍事費が国の経済成長を圧迫してはなんにもならないのである。

加藤に加えて貴族院議長徳川家達《いえさと》と駐米国大使の幣原《しではら》喜重郎が加わり全権は計3名となった。また当初は経済関係の議論も予想されたので、日銀総裁井上準之助の派遣も考慮されたが、結局理事の深井英五《えいご》が全権代表の随員となった。

深井はこれまでに徳富蘇峰と松方正義のそれぞれのお供、日露戦争時に是清と3回、それに欧州大戦後のパリ講和会議にも参加しているので、これで都合7回目の洋行になる。

日本が関わる会議の議題は大きく三つである。
一、主力艦保有量の決定
一、日英同盟の継続問題
一、中国問題
最初の総会で議長に選任された米国代表チャールズ・ヒューズ国務長官は、会議の冒頭から根回しなしで、一般聴衆を相手に、主力艦建造計画の中止と老齢艦の廃棄による主力艦保有量の制限について具体的な提案を行って聴衆を驚かせた。ここまで踏み込む覚悟なのかと。

日本代表の加藤はこの演説に返答して、

「主義において欣然《きんぜん》この提案を受諾し、自国の海軍軍備に、徹底的な大削減を加える決心をもって協議に応ずる」

と、答えたのである。この日本海軍の提督による返答も聴衆を驚かせた。

しかし、この話は簡単には進まなかった。

米国の提案は主力艦米・英・日5対5対3の比率であるが、日本の海軍部内では対米7割を強く要求していたのである。7と6とでは大差がないと思うかもしれないが、平時の兵力差は、戦時には2乗になるというセオリーがあり、7だと49で半分だが、6だと36で3分の1の兵力になると考えられた。半分ならばなんとか戦えるが、3分の1では戦にならない。すなわち6を吞《の》むということは米国海軍とは戦わないことを意味したのである。

原や是清、加藤は大局的見地から対米で無制限の建艦競争に入れば、経済力の差から日本に勝ち目はないことをよく認識していた。

完成間際だった戦艦「陸奥」を廃棄艦リストから除外すること、太平洋の島々の防備を現状維持とすることなどを条件に米国案を受け入れることにしたのである。（なお、後に米国諜報機関は日本の電報の暗号を解読し対米6割の妥協点を事前に知っていたことが明らかになっている）

年が明けた大正11年2月6日、ワシントン海軍軍縮条約が締結された。米・英・日・仏・伊の主力艦保有量は5対5対3対1・67対1・67の比率に制限されることになった。

1920年の実質GDP（アンガス・マディソン・プロジェクトの推計値）は日本を1とした場合、米が6、英連邦を含まない単体の英が2、仏が1・3、伊は日本と同じ1である。対米6割でも経済力と比較して随分と背伸びをした数値だった。

これ以降、昭和5（1930）年のロンドン海軍軍縮会議を経て、2・26事件があった昭和11年に条約が失効するまでの間、ネイバル・ホリデーと呼ばれ、米英日仏伊は主力艦を建造しなかった。高橋是清内閣の事績である。

ホリデー終了後の最初で最後の日本の新造戦艦が「大和」、「武蔵」、「信濃」（空母に改装）である。

帝政ロシアが崩壊した欧州大戦以降、極東における攻守同盟である日英同盟の存在意義は薄れていた。米国がその存在を嫌がる以上、英国としては日英同盟に固執する必然性はなかった。

それはまた日本も同様であり、この会議に参加する際に原内閣が代表に渡した最重要方針は「米国トノ親善円満ナル関係ヲ保持スルコト」だった。

そこで、ワシントン会議ではそれに代わる安全保障措置として太平洋上の島々における紛争の解決を目的に米・英・日・仏の間で4カ国条約が締結された。

英米協調外交を維持

日本にとって最も厄介だったのが対中問題である。日本は中国の主権、独立、領土的行政的保全の尊重、門戸開放、機会均等など、全体論的な話には賛成する一方で、日本の個別の利権に関するものは米英を外し、中国全権との個別交渉で応じた。

その結果、日本は関東州租借地（満州）を返還する意思がないこと、対華二十一カ条要求についても撤回しないことを表明。その代わりに保留となっていた対華二十一カ条要求の第(5)号は正式に撤回、膠州湾租借地や山東鉄道の返還、山東半島の日本陸軍の撤退などが決められた。

仏国は膠州湾、英国は威海衛の還付を決めたが、九竜の租借地については返還できないとした。

これらは米、英、日、仏、伊、オランダ、ベルギー、ポルトガル、中国の9カ国条約として締結された。

日本にとってのワシントン会議の意義は、明治初年以来の英米協調外交路線が維持されたことにあるだろう。これ以降の国際秩序はワシントン体制とよばれる。

ワシントン会議では経済問題は討議されず、手持ち無沙汰だった深井はこれを機会に米国主要人脈との交際を深めていった。

会議開催中に、今度は英国の主導で経済会議が開催されることになった。場所はイタリアのジェノヴァである。原が暗殺され、総理大臣になっていた是清から深井に対して、そのままジェノヴァへ向かうように命令があった。

第150話　ジェノヴァ国際経済会議

大正11（1922）年2月18日、日本銀行理事の深井英五は、ジェノヴァ国際経済会議に参加するためにニューヨーク港を出帆してロンドンへと向かった。

欧州大戦後のパリ講和会議では、ドイツの賠償金額の決定は保留とされ、以降も継続して話し合いがもたれた。

会議は12回にもおよび、1921年4月の第2回ロンドン会議においてようやく総額1320億金マルクが決定されたのである。

こうした一連の会議に日本代表として、あるいは全権代表の補佐として参加していたのが、ロンドンに駐在する国際財務官の森賢吾である。

欧州大戦以降の日本は五大国の一角としてこれらの会議への主体的な参画を求められた。

ケインズの失望

賠償金額の1320億金マルクとは戦前の金本位制当時のマルクの価値を金価格で表したもので、ドイツは実質上金（純金4万7256トン相当）での賠償を求められた。この金額は1913年のドイツ国民総所得の2・5倍に相当する。

前述のとおり英国の経済学者ジョン・メイナード・ケインズは、理屈に合わない高額な賠償金を求める英仏の代表に失望し、パリ講和会議の途中で帰国して『平和の経済的帰結』を著した。

ドイツが金で賠償金を支払うためには、金を稼がなければならない。金を稼ぐ方法は、金山を見つけるか、貿易によって他国から稼ぐしかない。仮にドイツがこの量の金を貿易で稼ぐようであれば輸入代金である金をドイツに支払う相手国が必要になる。もしドイツがこの賠償金を完済したとすれば、その時は英国やフランスの主要産業はドイツの輸出攻勢によって壊滅しているであろうとケインズは指摘した。賠償金額はありえない数字だというのだ。

この本は1920年に世界で10万部が売れるほどの当時としては大ベストセラーとなった（第137話）。こうしたアカデミックで合理的な理屈があるにもかかわらず、英仏は国民のドイツに対する懲罰感情に押されて巨額な賠償金にこだわった。

この時欧州は戦後の物資不足であるのに、為替が弱いために購買力がなく、米国の余剰物資は高くて売れずに世界経済は不景気だった。

ドイツは欧州大戦で最終的に敗戦したにもかかわらず固有の領土を1ミリも侵されなかった。生産設備は健在で、なまじ賠償金懸念で為替がマルク安になると輸出が伸びるような状況だった。

一方でフランスは戦勝国でありながら工業地帯をドイツに占領されていたために生産設備の回復が遅れ、景気の良いドイツに対する怨嗟《えんさ》の声は高まるばかりだった。理不尽な賠償金額請求も強硬な取り立てもフランス国民にとっては理にかなっていた。

4月10日から始まったジェノヴァ国際経済会議はそれまでのドイツの賠償問題とは別に、欧州経済復興を話し会う会議だった。そのため参加国は31カ国におよび、ドイツとソビエト連邦も招集されたことが特徴である。

米国は参加を断った。米国は戦後、英国に代わり世界経済の覇権を掌握しながら、世界経済をリードすべき立場にあることをまだ自覚していなかった。

日本の全権委員は石井菊次郎駐仏大使、林権助駐英大使、それに森賢吾財務官である。深井は日銀の代表として参加した。

図は終戦の1918年11月の仏フラン、英ポンド、日本円の対米ドル為替を基準として、各通貨の購買力、つまり価値をパーセンテージで表したものである。

英仏とも戦後はその価値を落としたが、戦地から遠く離れ、戦争特需によって大量の外貨(正貨)をため込んだ日本円が安定している様子が印象的である。

このようにジェノヴァ国際経済会議は各国の通貨価値が不安定な状況下に開催された。そのため、会議の目的は各国通貨の安定にあった。金本位制下にあった欧州大戦以前の安定した為替と活発な貿易を再びというのだ。

金本位制への信仰

設定された目標は以下である。

一、通貨安定のためには各国とも金本位制に復帰すること。ただし通貨価値が著しく下落し、回復が困難な場合には新平価をもって復帰すること

一、中央銀行の金利政策を活用し、各国中央銀行の協力を実行すること

一、諸国間に通貨協定を結ぶこと

一、中央銀行の自主性を堅持すること

欧州大戦後の対米ドル通貨価値

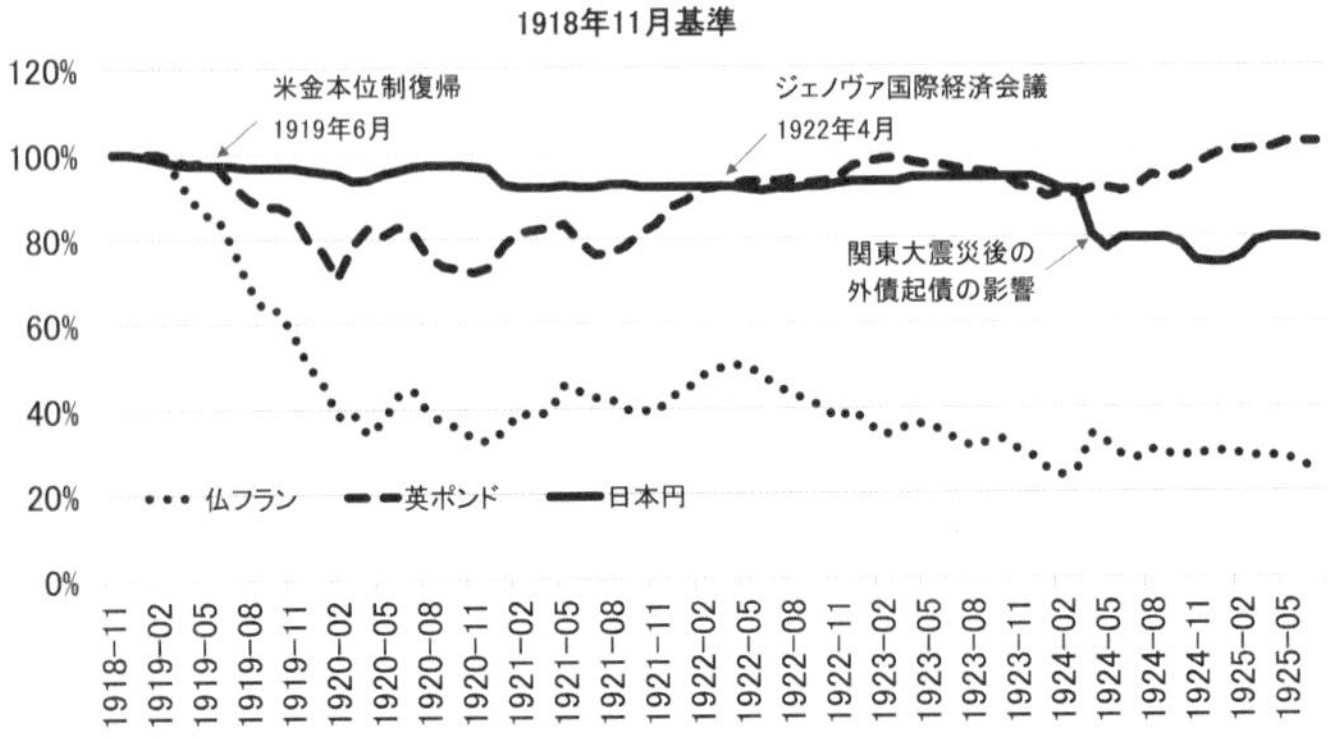

英ポンド：Bank of England, U.S. / U.K. Foreign Exchange Rate in the United Kingdom
仏フラン：National Bureau of Economic Research, New York Rates of Exchange on Paris, Cable Transfer
日本円：Foreign Exchange Rates: Telegraphic Transfer Selling Rates Quoted by the Yokohama Specie Bank (1912-1941)

深井英五はこの目標に対する感想を自伝に記した。

「その眼目というべきは、紛々たる世上の議論を裁断し、金本位制の再建を通貨整理の目標として掲揚したことである」

しかしながら、

「通貨を切り下げた新平価による金本位制実施は通貨膨張が激甚なる国において仕方なく実施されるべきものであって、決して積極的に推奨されるものではない」

深井は安易な切り下げを抑止するために「案文の修正」を希望して、森代表を通じて案文を修正させている。

後日、日本が金本位制に復帰する際に、円安という為替の実情に合わせた新平価ではなく少し背伸びをして旧平価にこだわることになる。ジェノヴァ国際経済会議の深井は日本に対して自ら高いハードルを設定してしまったことになる。

金本位制という通貨制度は欧州大戦以前の国際経済の支柱であったこと、またそれが戦前に実現していた各国の健全財政、健全通貨、自由貿易と結びついていたこと、さらに各国の目標設定としても具体性を持つことから、アカデミックな世界や実務を担う当時の金融のエキスパートたちの間でも信頼を得ていたのである。しかしどの為替レートで金と連動すべきかは別の問題である。

この会議以降、各国は金本位制復帰を目指して国際協調していくことになる。もちろん日本も例外ではない。

この会議では各国と新しい共産主義国家ソ連との新たな外交関係樹立も議論される予定であった。しかし会議開催中にソ連とドイツの間で、欧州大戦下における領土及び金銭に関する主張を互いに放棄するというラパッロ条約が電撃的に締結され、両国のまるで会議を愚弄《ぐろう》するかのような身勝手なふるまいで参加国を驚かせたのである。

第151話　高橋内閣の船出

少し時間を戻して是清の総理大臣就任の頃に戻る。大正10（1921）年11月12日、是清が内閣総理大臣就任の内示をもらって、明日が就任式という夜のことだ。

大蔵省書記官だった津島壽一は、首相ではなく兼務する大蔵大臣としての是清からいくつか決裁を仰ぐために赤坂表町の是清の屋敷を訪ねた。

津島はこの時33歳、第二次世界大戦後に、戦前の日本の外債処理一切を任された財務官僚である。

就任式前夜

是清は書斎に続く2階の居間で、いつもより早く床に入って吸入器を使っていた。津島が必要な決裁をもらって帰ろうとすると、是清は床に入ったまま津島を見るでもなく、まるで自分に言いきかせるかのように話し始めた。

「自分は、君も知っているとおり、原総理に大蔵大臣を辞めたいと申し出ていたほどなのに、それは実現しないで、今は逆に総理を引き受けることになった。これは、まるで夢のようなことだ」

すでに深夜。是清が言葉を止め、息をつくと、屋敷全体が深い静寂に包まれた。

「人生というものはどうなるか全く見当がつかない妙なものだ。若い時からのことをふりかえって見て、変転極まりない人生を送った。しかし、自分は人のため、国のために尽くすという気持ちだけは一貫して来たつもりだ」

そして是清は津島の前で、それまでの人生をとうとうと語り始めた。幕府お抱え絵師の私生児として生まれ、すぐに養子に出されたこと。米国では年季奉公で奴隷のように扱われたこと、帰国をすれば仙台藩から捕縛されそうになったこと。

しかし肝心なのは、こうした経験のどれもが不幸ではないことだった。絵師の実父とは長い付き合いがあったし、養子に出された先ではおばば様と出会い大事に育てられた。幼少期に横浜で知り合ったアラン・シャンドとは今でも良い関係が続いている。

薩摩の森有礼《ありのり》との出会い、彼を通じて知り合った生涯の友である前田正名《まさな》。前田はこの年8月に亡くなった。生きていれば総理大臣の職を是非受けろと励ましてくれたに違いない。

ペルー銀山で失敗はしたが、そのおかげで川田小一郎《こいちろう》日本銀行総裁や松方正義と出会い、日露戦争のファイナンスを任されることになった。そして出かけたアメリカではヤコブ・シフという得難い親友を見つけた。

「自分は何と幸運に恵まれてきたのだろうか、偶然めぐりまわってきた総理大臣の役職であるが、自分は全身全霊をかけて全うしたい」

是清は津島に、そう静かに語った。

この15年後の2・26事件の直後、津島は、まさにこの部屋を見て、是清が言った「人生はどうなるか、全く見当がつかない」という言葉をかみしめることになる。

現在、この部屋は小金井市の江戸東京たてもの園に残されている。

翌日、皇居での親任式を終え、官邸で初めての閣議が開催された時、津島は控室で農商務大臣の山本達雄につかまった。

「君はわしが大蔵大臣のときに大蔵省に採用したのだが、だんだんと仕事もやるようになり、えらくなったものだな。わしはよろこんでおる」

山本は津島が是清にべったりであることを知っている。

「高橋もえらくなったもんだな、ここは是非うまくやってもらいたいものだ」

山本が日銀総裁になったとき、是清はまだ副総裁だった。年齢は是清が2歳上だが、山本には上司としての意識があった。ところが今回は是清が首相となり、山本はその閣僚となるのである。

津島は山本の口調に軽い胸騒ぎを覚えた。

是清が首相となって初めての大仕事は大正10年11月25日の皇太子裕仁親王（後の昭和天皇）の摂政就任である。父帝・大正天皇の健康状態の悪化により、政務を補佐する摂政宮となった。これは原内閣の時から決まっていたことである。

是清は原を継ぐにあたり、覚悟を決めて自分の信念に従って政策の方向転換をこころみた。

翌大正11年1月1日の新春所感では、

「世界大戦においては列国互いに軍備を競い、武力によりて領土を拡張し、以て民族の発展を図るということが、国家の主要な任務とされて居た」

しかしと、是清は言う。

「大戦の経験によりて、単に武力を以て民族の発展を期することの不可能なるを知ると同時にむしろ戦勝の悲哀を味わったのである」

戦争に勝った英仏さえも大変な経済的困難に直面しているというのだ。

是清は、武力的競争は終わり、これからは経済的競争が一層激甚になるのだから、軍事力を強化するよりも、資本家も労働者も協力して勤勉努力をもって良品を廉価に供給し、世界経済の競争に勝たねばならぬと表明した。

金本位制下での日本はいつも金すなわち正貨の不足に悩まされてきた、この不足の根本原因は世界に向けて輸出できる産品が少なく、貿易が常に入超（輸入の方が輸出よりも多いこと）だからだ。その解決は欧米に劣る産業上の競争力を強化する以外にはない。そしてそのためには常にこの分野へ投資しなければならないのだ。「積極財政」と呼ばれ景気が良くとも悪くとも、常に投資する姿勢を見せる是清の根本は国際競争力の強化にある。

1月8日に、原の死を聞いてすぐに会議に出席していたワシントンを発った横田千之助《せんのすけ》法制局長官がようやく帰国すると、是清と新内閣の方策を練った。

新首相を積極的に支持したのが、横田をはじめ、野田卯太郎逓信大臣や、政界の策士と呼ばれた岡崎邦輔らである。是清を中心としたこのグループは政友会刷新派とも総裁派とも呼ばれる。

中心となる政策課題は、戦後不況に対応し、それまでの放漫財政を修正しつつ産業基盤を整備すること。その上で政友会の地盤である地方利益は守らねばならない。また海軍は軍縮があるとして、横田がワシントンで、肌で感じてきた国際協調の空気を利用した陸軍の縮小である。

内閣改造私案

史料「小川平吉（政友会の大物議員）関係文書」の中に「高橋内閣改造私案」という、当時のあくまで私案の政策案の文書が残されている。

一、枢密院に大斧鉞《だいふえつ》（根本的な改革）を加えること
一、外交調査会を廃止のこと
一、陸海軍大臣を文武官並用となし、参謀本部及び海軍軍令部を其の下におくこと
一、陸軍軍備半減のこと
一、普通選挙制採用のこと
一、各府県知事を公選となすこと
一、シベリア撤兵の断行

一、支那の利権恢復《かいふく》に関しては列国の先手を打ち、且同国における継母的態度を改めること其の他も含めて合計13項目からなっていた。

見ての通りこれは、これまで是清が提案してきた「参謀本部廃止論」や「対支経済政策概見」がベースとなっている。それらは、原からはそのままでは実現の可能性は低く、物議だけを醸すと批判されたものである。

いきなりこんな政策を大上段に掲げてもそれこそ軍部から反対されるだけである。仲間内で回覧したものだろうが、外にも漏れていた。

是清は内閣の改造を通じてこうした政策を実現しようと考えた。そのためには一見矛盾しているように見えるが、山県系官僚と手を組むことで、貴族院や山県の協力を得て政策実現の一歩を踏み出そうと考えたのだ。しかし、改造する時間もないままに議会は始まった。

第152話　文官を軍部大臣に

大正11（1922）年1月10日、原敬から政権を引き継いだ是清が第45回帝国議会に臨んで気を引き締めている頃である。明治の巨星、侯爵大隈重信が逝去した。83歳だった。

新聞は容体が悪化した1月6日から、過去の業績も加えて連日詳細な報道を開始した。大隈は大衆に人気があった。大隈を書けば新聞は売れる。

見舞客も早稲田の自邸に毎日数百人が押し寄せる大盛況で、進行中のワシントン会議の報道もかすむほどだった。

関係者はかねてより大隈の公爵への昇爵とその葬式は国葬とすることを望んで活動したが、元老たちが取り合わず、願いはかなわなかった。

そこで大隈の側近たちは費用を自弁とし、日比谷公園を告別式場として借り17日に「国民葬」を挙行した。市民30万人が参列し別れを惜しんだという。

それから少しして、2月1日には大隈の後を追うかのように元老山県有朋が逝去した。83歳、大隈と同じ年である。

前年の原敬の暗殺以降、山県は体調を崩していた。葬儀は2月9日、こちらは国費で行われる「国葬」で場所は同じ日比谷公園だった。しかし悪天候もあり人影は薄く、大隈の時のような華々しさはなかったと伝えられる。

山県が去り、残された元老は松方正義と西園寺公望のみ、陸軍に対して影響力を持つ元老がいなくなった。

山県にはかつて、陸軍長州閥を率いる後継者候補として桂太郎、児玉源太郎、寺内正毅《まさたけ》と優秀な人材があったが、みな早世してしまった。残る長州出身の目立った人材は前年陸軍大臣を山梨半造に譲り今は静養中の田中義一のみとなった。高所から陸軍を統制できる人材がいなくなったのは、偶然にもワシントン海軍軍縮条約が締結される頃であったのだ。

陸軍の軍縮

第45回帝国議会は進行中である。キングメーカーだった元老の山県が死ぬと、それまで遠慮していた野党も含めた政党が陸軍を攻め始めた。

折からワシントンで開催されていた海軍軍縮会議によって海軍費の削減が現実のものとなりつつあった。

またこの会議による世界的な軍縮と平和の風潮がメディアで伝えられていたことも追い風だった。そこで今度は陸軍の軍縮の番だということになったのだ。

さらに量的な軍縮に加えて「高橋内閣改造私案」の一項目にもあった、陸海軍大臣を文武官並用とすることが議題として持ち上がった。欧州大戦後、ドイツ、ロシア両帝国亡き後、主要国にあって軍人が軍部大臣を占有するのは今や日本のみである。

2月7日、ワシントン会議が終了した翌日である。与党政友会から「陸軍の整理縮小に関する建議案」が上程された。

法案の説明は大岡育造代議士が当たった。彼はとうとうと軍事費削減の意義を述べた後にこう付け加えた。

「憲政治下に帷幄上奏《いあくじょうそう》なるものあり　総理大臣といえども之に関わる事を許さず　行政内閣の外に帷幄あり　随意に国庫負担をも増加してはばからざる如き　列国をして我国の平和主義を疑わしむるものである」（2月8日、「東京朝日新聞」）

同時に国民党犬養毅《つよし》も「軍備縮小に関する決議案」を提出して演説をぶち、山梨半造陸軍大臣と大論戦になっている。

この犬養毅が後に政友会に参加し総裁となり、統帥権干犯問題で当時の与党民政党浜口雄幸内閣を攻撃することになるとは、この時誰が想像できたであろうか。

また国民党の西村丹治郎代議士は「陸海軍大臣任用の官制改正に関する建議案」を提出した。

これは軍部大臣への文官任用を認めるもので、これら3法案は議会最終日の3月25日に衆議院で可決されている。

しかし可決されたからといってすぐに法制化されるわけではない。当時は貴族院もあれば、枢密院もある、キングメーカーたる元老の意向もある。

原敬が暗殺されていなければ、この法案を実現し、軍部大臣には文官が就き、その後の昭和陸軍の暴走はなかったかもしれない。しかし、それはタラレバの話でしかない。この時の内閣総理大臣高橋是清は、そうした政治力を持ち合わせていなかった。このテーマは次の内閣に持ち越されることになる。

第45回帝国議会における与党政友会の四大政綱である教育、交通基盤の整備、産業貿易振興、防衛の充実、の柱は変わらない。

しかし大正9年3月のバブル崩壊や世界経済の低迷から国家の歳入が減っており、是清の高橋内閣の代にはこれまでのようなバラまきは通用しなくなっていた。是清は前年比マイナス1億1800万円、総額14億6000万円の縮小予算で議会に臨んだ。

この年の議会は、ワシントン会議を受けての軍縮の実現や社会運動の活発化など政治課題も多い一方で、政友会の天下が長期間続いた影響で、政治家や官僚の汚職が目立つようになっていた。衆議院の勢力は与党政友会281、憲政会102、国民党28と、原が残した政友会は圧倒的多数の議席を保有していた。その力をもって衆議院では多数決の力で各種法案を通過させた是清だが、貴族院では難渋した。

また原内閣の時代から内包され、原の統率力をしてようやく抑えられてきた政友会内部の対立がいよいよ高橋内閣の下で表に出てくることになった。政党人としては経験の浅い是清に対する嫉妬や反感もあった。

潤沢な予算で地方に鉄道を敷設し、バラまきを行う、地方富裕層を基盤にした政友会の運営モデルが不況を境に機能しなくなり、党内には不協和音が広がった。

政友会の不協和音

政友会四大政綱の一つ、教育の分野では、原が首相に就任した大正7年に新大学令が公布され、その後東京商科大学、新潟医科大学、岡山医科大学、千葉医科大学、金沢医科大学、長崎医科大学などが専門学校から大学へと昇格した。

その際、選にもれた5大学（東京工業大学、大阪工業大学、神戸商業大学、東京文理科大学、広島文理科大学）は活発に昇格運動を繰り広げることになった。

こうした中で、原内閣の文部大臣・中橋徳五郎は自身の選挙活動もあり、この何校かに対して昇格実施の言質を与えてしまったのだった。

ところがその後の財政悪化でこれが実現せず、「中橋文相の二枚舌」問題として追及されることになった。

原がいた時は、これは中橋文部大臣の問題ではなく、内閣としての問題であると中橋をかばったが、是清は気がまわらない上に、政治屋の中橋に冷たかった。

3月2日の貴族院予算総会では、是清はこれを中橋個人の失態問題として突き放すような言動をしてしまった。これが政友会の中で問題化した。首相は閣員を守らないのかと。

中橋文部大臣は元田肇鉄道大臣とともに政友会内でも官僚系のメンバーで、是清は、もともと自分が組閣する際に閣僚からはずそうと思っていた人物である。

第153話　小泉策太郎

大正11（1922）年5月2日、第45回帝国議会も閉会し1カ月ほど、是清は閣議を開いた。

明治憲法下での首相の権限は、現在の首相に比べると著しく弱い。国務大臣の任免権は首相にはなく天皇の大権である。各国務大臣は個別に天皇に対して輔弼《ほひつ》責任を負うものであって、首相は単に国務大臣の首座というに過ぎなかった。

したがって国務大臣の中に内閣に背く者があっても首相には更迭する権限はなく、内閣総辞職かあるいはその大臣の「自発的辞職」を待つ他なかった。

首相の是清、横田千之助を中心とする総裁派グループは、中橋徳五郎文部大臣と元田肇鉄道大臣を辞めさせ、当時台湾総督で帰京中の山県系官僚の田《でん》健治郎を大蔵大臣として入閣させるべく工作していた。田は貴族院にも影響力がある。

仏像鑑賞会

さて閣議である。是清は内閣改造のために閣僚全員に辞表の提出を求めた。ところが中橋、元田にすればその意図は、自分たちはクビということがわかっているから容易に納得しない。

「首相、あなたは、世間では放漫財政の非難を浴び、党内では脱線居士と呼ばれていることをご存知か。あなたこそ辞めるべきではないか」

この中橋の意見に大幹部である山本達雄農商務大臣なども同調したものだから、是清はにわかに政友会の分裂が心配になった。

「思ったよりも反対が強いな」

予想外の展開に是清は自分の方から折れてしまった。

「では辞表の提出は無しにしよう」

かくして内閣改造は取りやめになってしまったのだ。

そして、節操のない話だが、是清の頭に浮かぶ仲直りのアイデアは宴会だ。呉越同舟とばかりに、総裁派も反総裁派も一緒になって、とりあえず芸者を揚げて和解の宴《うたげ》を派手に張った。

「一同賑やかに会同して乾杯する、政友会万歳という風情だ。あほらし。何が和解か、何がめでたいか」

これにあきれかえったのは、策動の陰にこの男あり、「政界の策士」と呼ばれた小泉策太郎という人物である。小泉はこの騒動を傍観していて、是清のから騒ぎに、くだらないから自分ももう政治家稼業も潮時かと考えていた。

そんな頃、小泉は政治家渡邊千冬《ちふゆ》子爵から別の宴席に招待されたが行けなかったので、後日詫《わ》びに訪れたことがあった。

「君が欠席した宴席では話題が仏像の話になってね、君が所蔵している運慶作『愛染明王像』の話になった。すると首相の高橋が、仏像に興味津々で、ぜひ君の仏像を見たいと言うのだよ」

小泉は首相で子爵でもある高位の是清とじっくりと話したことはなかった。

そこで小泉は自邸で「仏像鑑賞会」を開催して、政友会の幹部連中を呼んだ。是清に野田卯太郎、床次竹二郎などの面々である。

この時小泉は初めて畳の上できちんと是清と話し、久しぶりで親戚の長者に会ったような印象を受けた。脱線居士だとばかり思っていた是清のことをすっかり気に入ったのである。

「自分にも仏像の収蔵があるから、一度来て見てくれ」

小泉が是清の誘うままに赤坂表町の屋敷を訪ねると、応接室の書画調度、邸宅の結構、庭園の模様など、小泉がそれまで知り得たどの政治家にもない雅致（風流な味わい）がある。

「この男だ！」

小泉は自分の政治生命を是清にかけてみることにした。

ただし是清は頑固者でもあると聞く、小泉の意見を素直に聞くような男でなければ仕える意味がない。

小泉はあらためて一人で是清を訪ねると、こう切り出した。

「先ずもって私の方から申し上げたいが、あなたが総裁だからと遠慮してしまうと言いたいことも言えないので、ここは対等の立場を借り失礼をかえりみないことのお許しを得たい。そしてもしあなたが私を気にくわぬのであれば、これ限りお目にかからない、公私ともに今後決してお邪魔に出ないことを誓います」

この開き直りを受けた是清は、小泉を面白い男だと思った。

「君の気持ちはよくわかった。少しも遠慮におよばない。何でも素直に話したまえ」

と予想外に寛容な態度をとった。

小泉はならばとばかりに遠慮なく熱弁をふるった。小泉は史論家でもあり、戦国時代の著書もある。

「あなたが総裁となり首相となったのは、大徳寺の焼香場に秀吉が三法師丸（織田信長の嫡孫）を抱いて出たことに似ているが、秀吉には山崎で明智相手に弔い合戦をした功績があった。あなたにはその殊勲もないから、柴田勝家や織田信孝、その他の大名が服しないのは当然である」

小泉はまるで講釈師のように茶で喉を潤すと、

「原が去ったが、高橋的威信が行われないから、政友会はもめている。これからは賤ケ岳ともなり、小牧山ともなって、初めて信長死後の形勢が定まることでありましょう。その用意、決心がなければ、秀吉、つまりあなたの天下はひらけませんぞ」

小泉は是清を秀吉に例えてまくしたてたが、意外にも是清は温容を崩さず、小さくうなずきながら静かに耳を傾けていた。小泉にすれば話のわかる人物だった。

原なき後の政友会

政友会はごたごたが続いている、是清もこれから賤ケ岳の合戦をせねばならぬと秀吉話を真《ま》に受けたわけではないだろうが、とにかく再び内閣改造をやる気になった。

今度は閣僚の何人かを入れ替えるのではなく、閣内不一致を理由に内閣総辞職をして、あらためて是清に対する組閣の大命降下を待つという戦略であった。

6月6日、閣議が開かれ、是清は自分も含む閣僚全員の辞表を取りまとめるとさっさと捧呈《ほうてい》してしまい、中橋、元田以下内閣改造に反対した6名については政友会を除名処分にしてしまった。きっぱりとした行動ではあるが、約1カ月間にわたる政友会のゴタゴタは世間に是清の統率力のなさを露呈した形になった。

政友会の先輩、元老西園寺公望は、大命降下どころか、是清の統率力のなさにすっかりあきれていた。

西園寺は新首相の推薦には関わりをもたず、もうひとりの元老である松方正義に委ねた。すると松方は新首相として是清ではなくワシントン会議から帰ったばかりの海軍大臣の加藤友三郎を指名したのである。

是清たち政友会総裁派は、加藤はきっと組閣を断ると考えた。従って是清への大命降下はまず間違いないと祝杯をあげるような情報音痴な有様だった。

ところが、どうも加藤友三郎が断れば、政友会のライバルである憲政会の加藤高明に大命降下がありそうだという情報が入ってくる。

この頃は政権与党が圧倒的に選挙に強い。政友会はこの情報に狼狽《ろうばい》し、一転して加藤友三郎に対して大命を受けて組閣するように説得することになった。

その際、政友会は閣僚を一人も出さずとも、加藤内閣に協力する旨を約した。選挙のために政党内閣を捨て、政党とは無関係の超然内閣を選択したのである。こうして高橋是清内閣の次は海軍出身の第21代加藤友三郎内閣となった。

政友会にすれば、内閣総辞職などしなければ良かったのだ。間抜けな話である。

政友会の内部紛争の種火は消えぬまま、この頃の政友会は天下を狙う秀吉どころではなく、「清盛亡きあとの平家」と揶揄《やゆ》された。

第17章　関東大震災

第154話　加藤友三郎内閣

大正11（1922）年6月12日、加藤友三郎内閣が発足した。

大正デモクラシーの流れの中で、本来であれば議会多数党である立憲政友会（以下、政友会）総裁の是清に組閣の大命は降りるはずであった。ところが海軍大将の加藤に降りた。

是清が政友会内部のゴタゴタを収めきれなかった一方で、加藤にはワシントン会議で軍縮条約をまとめあげた手腕と、条約で決められた軍縮の履行が期待されたからであった。

また高橋内閣が成立した時、存命中の山県有朋が「また泥棒どもの延長か」と落胆したごとく、選挙地盤への利益誘導や汚職に走る政党政治に対する元老レベルの信頼性は低かった。

海軍大臣は加藤が兼任、外務大臣には内田康哉《こうさい》、陸軍大臣には山梨半造がそのまま前内閣から留任した。加藤の出身地広島は地元初の宰相就任とあって大きく盛り上がりを見せた。

大蔵大臣には元大蔵次官の市来《いちき》乙彦など、閣僚は貴族院研究会から3人、貴族院における政友会別働隊の交友倶楽部から4人と、政党政治に逆行した軍人宰相と貴族院議員中心の「超然内閣」でもあり、政友会が与党として閣外協力することから「変態内閣」とも呼ばれた。

閣僚も小粒で一見期待値が低そうな内閣だが、衆議院は過半数を維持する政友会が味方であり、閣僚たちの出自である貴族院も協力的だったので、政策実行力がある内閣だった。

「変態内閣」の軍縮

まずシベリア撤兵である。

日本は大正7年、寺内正毅《まさたけ》内閣の時にロシア革命に対する干渉戦争としてシベリアに出兵した。同時に出兵した米国がとうに撤兵し、ソ連の統治は安定し始めていた。日本がソ連領から何らかの利権を獲得する余地はもうなくなっていた。にもかかわらず、居座る日本には領土的野心だけが目立ち海外から評判が悪かった。

原内閣時代から、後にソ連の一部となる極東共和国との間で撤兵交渉が続けられていたが、ソ連との間に国防上どうしても緩衝国を置きたい日本との交渉は行き詰まっていた。

加藤は就任して間もない大正11年6月23日にシベリア撤兵を閣議決定すると、粛々と撤兵を履行した。

10月25日に日本軍が沿海州からの撤兵を完了すると、この年の12月30日、全ロシアを統一するソビエト社会主義共和国連邦の結成が宣言された。なお日本の完全撤兵は大正14年である。

日本は「20億円の軍資金と10万人の大和民族が流した血潮によって獲得された満州」を守るためにシベリアへ出兵し、日露戦争の戦費の約半分にあたる9億円の軍資金と3000人の戦死者を出して、国際的悪評以外に何の得るところもなく撤兵したのである。陸軍内部の処遇はともかく、統帥権に守られた軍隊には、出兵のへ評価も処罰も何もなかった。

そして加藤内閣のもう一つの業績は軍縮である。

同年の2月6日に締結されたワシントン海軍軍縮条約を日本が批准したのは8月5日である。さらに条約の発効は翌大正12年の8月17日だが、加藤はこれを既定の事実として準備を推し進め、この年にはすでに軍縮の成果を出している。

主力艦で廃棄されるのは戦艦8隻を含む14隻、沈めるか解体の処分、旧式艦の中には武装を取り払って特務艦となったものもある。その中で日本海海戦時の戦艦「三笠」は各国の承認を得て記念物として保存されることになった。現在も横須賀の三笠公園に保存されている。

また戦艦として建造中であった「赤城」と「加賀」が空母に改造されることになった。後に両艦は真珠湾攻撃に参加することになる。

加藤は軍縮に対応して組織の縮小も行い、海軍軍人の整理は准士官以上1700人、下士官及び兵5800人に及んだ。また新造艦の建艦中止に伴い呉、東京工廠《こうしょう》の職工の整理は1万4000人に達した。

陸軍も高橋内閣下の第45回帝国議会で陸軍縮小案が可決されたこともあり、次の議会を待たず8月から軍縮が開始された。

陸軍の縮小は師団の数を減らさず、それまで4中隊で編制されていた大隊を3中隊とすることで、1大隊につき1中隊、陸軍全体で合計220中隊、3万3000人を減じた。企業で言えば

軍事費と総歳出占有率

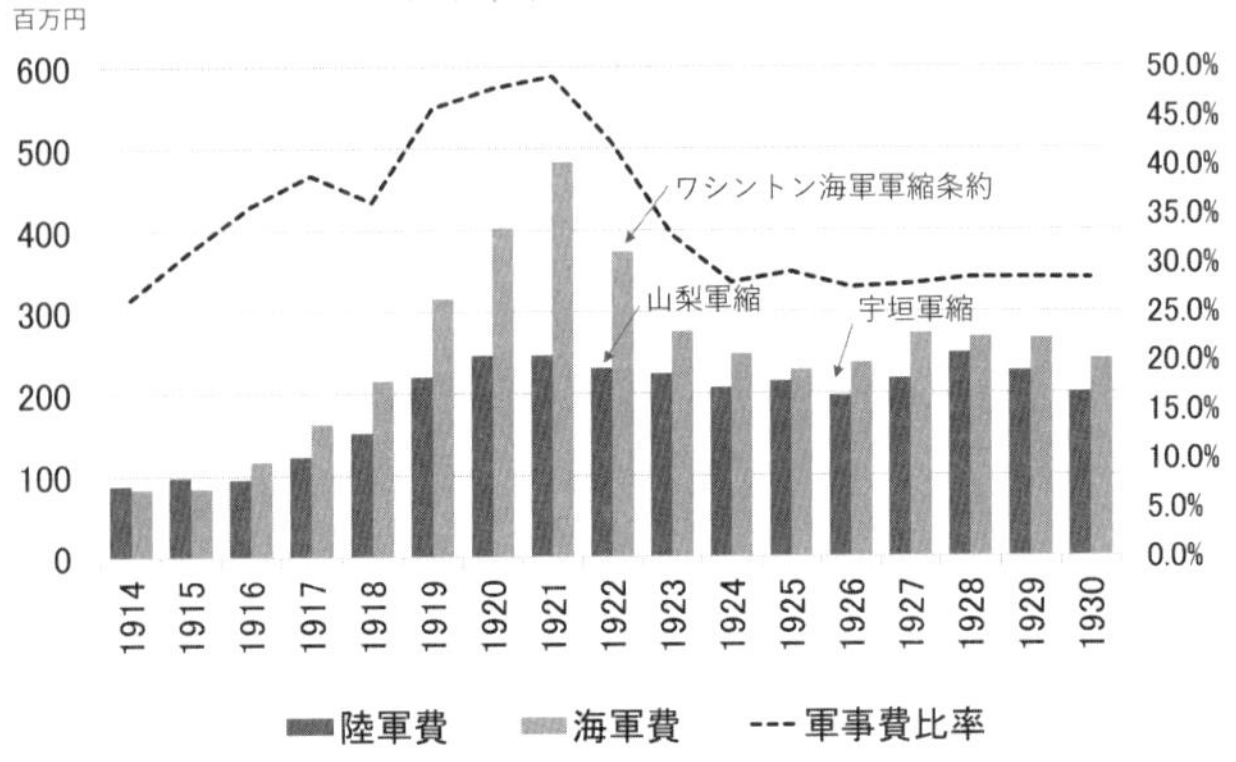

データ:大蔵省百年史　主要財政経済統計

平社員を削り管理職を温存した。また削減の代わりに1連隊につき2機関銃隊を新設して近代化を図るとし、図を見ても分かるように陸軍費は大きく減ったわけでもなかった。

この軍縮を陸軍大臣の名をとって山梨軍縮と呼ぶ。憲政会など野党側からはこの軍縮は不徹底と追及され、以降のさらなる軍縮（大正14年の宇垣軍縮）へとつながっていくことになる。

この年12月27日、第46回帝国議会が召集されたが、加藤は病状が悪化して開会式にも出席できなかった。病名は大腸がんだった。

議会は何とか乗り切ったが、翌大正12年の春が訪れる頃には、病気による衰弱は誰の目にも明らかになった。加藤は病軀を押して最後まで頑張ったが、8月24日に現職の首相のまま逝去した。享年62。もう少し時間が与えられていれば、その後の軍国日本も変わっていっただろうとの声は多い。加藤は日本海海戦時の連合艦隊参謀長である。葬儀は海軍葬で執り行われた。

第2次山本内閣へ

加藤の病状悪化は知れ渡っていたから、後継首相を巡る思惑は政友会にもちろんあった。政友会は相変わらず衆議院で280人を超える第1党である。総裁の是清を前面に押し立てて政友会内閣の成立を唱えていたが、総裁派と反総裁派の亀裂は埋まってはいない。党内には是清に対する不信感も強く、一部では加藤内閣の司法大臣・岡野敬次郎を担いで、実質加藤内閣の継続を図ろうとする者もいた。

そんな中、政友会は元老西園寺公望の信頼を取り戻せず、西園寺は松方正義と相談の上、山本権兵衛を次期首相に指名した。以前本人が関係しないジーメンス事件によって倒閣された山本に対する同情は世間にもあった。

西園寺としては、ここに挙国一致内閣を実現させ欧州大戦後の財政及び行政の整理と、公平な選挙を断行させせようとの期待があったのだ。挙国一致内閣とは要するに政党には政権を渡せないという意味でもあった。

第155話　関東大震災

大正12（1923）年8月28日、加藤友三郎首相の海軍葬の日である。

約10年前にジーメンス事件によって首相を辞任、海軍大将から予備役に編入され退役していた山本権兵衛に2度目の組閣の大命が降りた。

日本海軍の建設者であり、宴会なし、酒タバコに蓄財蓄妾《ちくしょう》（妾《めかけ》を持つこと）もやらない高潔な人格、山県有朋も一目おいたという国家に対する貢献、元老西園寺公望にすれば、ここは大物に登場してもらい、挙国一致内閣を作ってほしいと託したのだ。山本権兵衛すでに70歳である。

大正12年8月28日

山本は翌8月29日に築地にあった水交社2階に組閣本部を設置すると、朝から政友会総裁高橋是清を招致した。山本は是清に挙国一致内閣を作りたいので第1次山本内閣でも大蔵大臣の任にあったように今回も入閣してくれと頼んだ。山本は自身が大物であると認識し、閣僚もまた大物を集めたかったのである。

是清はこれに即答せず、政友会に諮ってみると答えたがその後謝絶した。憲政会総裁加藤高明も招致されたが、こちらは即答で謝絶した。

後藤新平も呼ばれて、後藤はもったいぶった。対露外交、対支政策、東京都市計画方策（震災前である）、翌年の選挙政策、思想問題などの自身の5大意見を開陳して入閣の条件とした。

山本内閣はこの後藤新平を中心に始動することになる。後藤は同じく山本に呼ばれた犬養毅《つよし》を自宅に呼んで組閣の諸策を練ったので、後藤の家の玄関先は新聞記者、政客、利権屋などで賑わったという。

月が明けて9月1日土曜日、半ドン（午前中だけ仕事）の朝。

横浜正金《しょうきん》銀行本店支配人の大久保利賢《としかた》44歳は、横浜本店に出勤すると兄の牧野伸顕《のぶあき》からできるだけ早く築地の水交社2階にいる山本権兵衛の組閣本部へ出向くようにと伝言があった。同じ薩摩閥である。利賢は是清の長女和喜子の夫であり大久保利通の八男でもある。

急ぎ上京した利賢が山本に面談すると、

「日本銀行総裁の井上準之助を山本内閣の大蔵大臣として誘いたいので、すぐに使者として日本銀行へ行き伝えて欲しい」と頼まれた。

利賢と井上は親しい。

井上の蔵相就任は後藤新平の強い要望とも言われるが、是清が謝絶する際に、

「では、井上はどうか？」

と山本に聞かれ、

「彼ならば大丈夫」

と是清からの推薦もあったに違いない。

面談を終え利賢が1階に下りると、入れ替わりに検察の大物平沼騏《き》一郎《いちろう》が上がっていった。入閣交渉が行われるのだろう。

これがちょうどお昼の12時前、突然、水交社はとんでもなく激しく揺れた。しばらくして震動が収まった時に、2階から山本と平沼が階段を駆け下りてくると、建物から出て庭にある藤棚の下に避難した。関東大震災である。山本は余震の中で平沼に入閣を持ちかけた。

利賢には大役がある。水交社の混乱を横目に、とりあえず徒歩で築地から常盤橋にある日本銀行本店へ向かった。途中そこかしこで火の手はあがるし余震は続いていた。

その時是清は赤坂表町の屋敷の応接間で客人二人を相手に談話していた。激震が走った。客人は庭へ飛び出したが、是清はまず観音像の木像一つを抱えると、余震が続く中縁側に座りこみ、

「旦那様、旦那様、お逃げください」

と言う女中たちの声をよそに念仏を唱え続けた。養祖母のおばば様が大事にしていた観音像である、そのおかげかどうか屋敷に大きな被害はなかった。

葉山の別荘にいた家族は昼ごろ帰宅予定だったが、地震発生の時にはすでに東京駅に到着しており、少しすると自動車で無事に赤坂表町まで帰ってきた。これもおばば様の観音様のご利益か。

この日、日本銀行本店に出勤していた幹部は井上総裁と理事の深井英五《えいご》の二人だけである。ペルー銀山開発に失敗して落魄《らくはく》した是清が、日銀に入って最初にした仕事がこの建物の建築所事務主任だった。

理事室で事務を執っていた深井は最初の大震動を受けた。椅子に着座したまま机にしがみついていると天井からぶら下がったシャンデリアが大きく動くのが見え、外では何かが崩れ落ちるような音がしていた。そこで机上の書類をまとめて廊下に出たが行内にはいささかの異変もない。ところが窓から外を眺めると周辺の家屋は軒並み崩壊していた。

ちょうど井上総裁が応接室から出てきたので、点呼も兼ねて各部署からの被害状況について報告させ一緒に聞いた。行内は特に被害もなく、事務は平生通りに執行することにした。日銀は無事だったのである。そこへちょうど大久保利賢が築地から到着した。

「井上さん、今築地の水交社から参りました。山本権兵衛さんがお呼びです」

井上も深井も、山本が組閣中なので、これは大蔵大臣就任の依頼であるとすぐに理解した。

日銀の事務は平生通りだから、井上は後を深井に託して車で築地へ向かった。途中、京橋、銀座の辺りは火の手があがっている。到着すると水交社もすでに燃え始め消火は困難な状況で山本と会えなかった。

日銀に残された深井は、この日は半ドンで、手形交換の結末がいまだついていないことに気がついた。交換尻（手形の相殺差額）を日銀に持ち込めない銀行が多かったのだ。深井は災害時の混乱を避けるために、独断で交換は成立した前提で事務処理を進めることにした。

しばらくして井上が水交社から戻ると、深井と各部局長も交えて月曜からの営業を協議した。日銀としてはとりあえず建物が無事なので普段と変わらない。この夜は警備の人間を残して帰宅することにした。

関東大震災、我々が知る結果から見ると被災者は１９０万人、死者・行方不明者は推定10万５０００人、国家予算15億円の時代に、被害総額は55億円ともいわれている。また東京市内の銀行本店１６８行のうち１２１行が、支店３７４行中２２２行が焼失した。

この日、日銀の建物は無事だったが、日本橋から今の銀座にかけて家屋は倒壊し、昼飯時であったことから火を使っている家屋が多く、随所で火の手があがっていた。関東大震災の被害はここからだった。

日銀本館にも火の手

深井が赤坂日枝神社下の家に帰宅すると家には格段の被害はなかった。関東大震災もエリアによって被害に大きな違いがあったのだ。それでも余震と物が焼ける臭いと、遠くの喧騒《けんそう》は響く、深井にとっては不安な一夜であった。翌２日の明け方、深井のところに日銀から急使がきた。

「本館が燃えています」

昨日は無事だった本館が燃え始めた。井上総裁にはすでに知らせたという。井上の家は三河台、現在の東京ミッドタウン辺り、日枝神社からは目と鼻の先、深井は昨夜の残り物で簡単に朝飯を済ませると井上の家に向かった。

第156話　震災手形

井上はまだ家に居た。

「本館が燃えるとやっかいだ。守るべき証券、紙幣や帳票もあるので、私は陸軍に行って工兵の応援を頼んでくる。深井君は本店に行ってくれ」

井上は車で陸軍省に急いだ。

深井も車で日銀へ向かうと、途中皇居前芝生に避難者の群れがあり、呉服橋に近づくと本館のドーム部分から出る煙が見えた。呉服橋橋詰めには数組の家族らしい一群の死体が折り重なり、日銀正門の脇にも死体があった。

どうやら昨日から燃えていた三越や三井の火の粉が本館のドーム部分に延焼したようだった。ところがお堀の水をポンプで放水する消防車は1台しかおらず、頼りない。ドーム下には重要なものはないが、他の部分に延焼してはたまらない。

深井はお供を二人連れて帝国劇場横の消防仮屯所まで車で向かった。援軍を頼みに行ったのだ。お供を連れたのは相手になめられないためだ。

「日銀はもうだめじゃありませんか?」

一晩奮闘した消防士たちは疲れ切っており、相手にしてくれない。一般の人にとって日銀の重要性は建物の外見だけではわからない。深井は熱弁を振るった。

「今なら消火ができます。そうすれば明日から開業できます。もし日本銀行が閉まれば日本のお金がまわりません。金がないと官民ともに災害の手当ての支払いにも困ることになります。是非ここは奮発願いたい」

堅物そうな深井が必死に訴えるものだから、消防の頭《かしら》も感服した。

「わかりました。後からすぐに参ります」

それでも深井は引かない、

「後からでは駄目です。今すぐです」

結局、深井たちが同乗し、3台のポンプ車が日銀に応援に駆けつけて放水した。

消防の頭に重要箇所を説明するために、井上と深井は、消火の水にぬれながらも、いまだ火がくすぶる本館に自ら入り、細かく指示していった。

消防士たちは疲労困憊《こんぱい》していた。深井が聞くと、皆昨晩から働き詰めで何も食べていないという。そこで井上と深井は自宅に連絡して、ありったけの米を炊かせて握り飯にして持ってこさせ、沢庵と梅干しを付けて消防士たちにふるまった。消防士たちは日銀の偉い人たちの心づかいに感激して一層消火に励んだ。

「もう大丈夫でございます」

午後2時ごろ頭が言った。かくして本館は無事消火して今日にその姿を残しているのである。

井上が警視庁へのお礼と大蔵省への報告に行こうと公用車で出かけると、宮城前広場ですれ違った車がクラクションを鳴らしながら急停車して呼び止めた。

「おーい、井上君じゃないか？」

後藤新平である。大災害なのに何故か満面の笑みである。

「私はね、君に大蔵大臣就任を頼もうと日銀へ向かうところだ。この大災害だ。組閣は一刻の猶予もないのだ」

かくして井上は後藤の車に同乗して、組閣本部となっていた後藤邸に向かった。この頃築地の水交社も大手町にあった大蔵省も燃え落ちていた。

井上は車の中で大蔵大臣就任を受けた。

井上はそのまま夜の赤坂離宮での新閣僚の認証式に出るという。副総裁は休暇中、他の理事も出張中である。連絡を受けた深井は日銀を一人で切り盛りせねばならなかった。

深井は事務方を集めて意見をひととおり聞くと、兌換《だかん》券等が無事であったことから明日9月3日月曜日の定刻開店を決めて帰途についた。

帰り道、丸の内の「明治屋」食料品店に暴徒が迫り警官隊と小競り合いをしていた。この日、前内閣によって戒厳令が敷かれた。また抜刀自警団が徘徊《はいかい》し朝鮮人襲来のうわさが流れていたが、深井はその真偽を疑い家にとどまった。

夜、井上が認証式の燕尾服《えんびふく》のままやってきた。新閣僚は身辺危険につき泊めてくれというのだ。

井上は平服に着替えると、近くの第一連隊に避難している奥方を迎えに出かけていった。

昼の炊き出しで深井家にはもう米はなかったが、井上は閣僚向けの特別配給で米、味噌などを持ってきたので分けてもらった。水道は止まっていたが、深井の家には井戸があった。

「深井君、差し向きモラトリアム（支払い猶予令）を敷かねばなるまい」

その晩、井上は深井と話し合った。

休業している銀行はいち早く開店させなければならない。しかし預金者は皆震災で現金を必要としているだろうから、無条件に銀行を開店すれば預金支払い金はすぐに枯渇してしまう。また銀行が支払い資金を確保するために手形を取り立てようとすると手形債務者を倒産に追い込むだけである。これはドミノ倒しのように連鎖する。

金融的な決済についてはしばらくの猶予をおくべきだと深井も考えていたので、即座に同意した。

井上は翌日、焼けてしまった大蔵省の代わりにしていた蔵相官邸に出勤し挨拶《あいさつ》を終えると指示を出した。

「モラトリアムを検討する」

もちろん本邦初である。欧州大戦時に英国はじめ欧州各国で実施されたことがあったので事例はある。大蔵省の各国関連資料は焼けてしまったが、大蔵省秘書官の津島壽一が資料を持っていた。大蔵省理財局が急ぎ法案を作成し7日の緊急勅令として公布された。

以下の四つを除き震災9月1日以前の債務の支払いを1カ月延期する。これがモラトリアムである。

(1)公共団体の債務支払い、(2)給料と労銀の支払い、(3)それを支払うための預金の引き出し、(4)1日100円以下の銀行預金の支払い。

緊急時の素早い立法に「電光石火のモラトリアム」とも呼ばれた。

また日銀は商工業復興資金の融通をはかるために支払い準備金の貸し出しを無制限に援助することとした。これで市中銀行は取り付けを逃れる。

金融に精通した日銀総裁が大蔵大臣となったことは、日本にとって不幸中の幸いであった。一方で空席となった日銀総裁には、前大蔵大臣の市来乙彦が就任し、ちょうど日銀総裁と大蔵大臣が入れ替わった形となった。

銀行救済

それからしばらくした9月18日、三菱の串田万蔵、三井の池田成彬《しげあき》、安田の結城豊太郎ら銀行団代表が井上を訪問。営業再開をしたいので、モラトリアムをなるべく早く打ち切って、被災地宛の手形は日銀で再割引、すなわち買い取るように急いでほしいという依頼だった。

井上は日銀幹部と協議、市中銀行が震災前に割り引いた手形を「震災手形」として日銀が再割引すること、そしてそれによって生じた日銀の損失については政府が1億円まで補償することを決めた。手形買い取りによる銀行救済法である。

9月27日、「震災手形割引損失補償令」を公布施行、日銀は4億3000万円の手形再割引を行った。

この中には震災に関係なく戦後不況で不良化していた手形も紛れ込み、その整理を先延ばしすることとなり、昭和2年の金融恐慌発生の遠因ともなるのであった。

第157話　帝都復興計画

大正12（1923）年9月2日、関東大震災の翌日、第2次山本権兵衛内閣は、外務大臣に伊集院彦吉（9月19日）、内務大臣後藤新平、大蔵大臣に井上準之助、陸軍は田中義一、海軍は財部《たから》彪《べ》《たけし》、司法大臣に平沼騏一郎（9月6日）、逓信大臣犬養毅、農商務大臣に政友会も誘った田健治郎という布陣でスタートした。

3日午前零時過ぎ、後藤内務大臣は東京帝国大学農学部教授で「日本の公園の父」と呼ばれる本多静六に電話した。

後藤新平はこの物語の中だけでも日清戦争後の帰還兵の防疫管理、台湾統治、日露戦争後の満州経営計画と満鉄経営、また鉄道院の総裁としては「官営鉄道標準軌化」で原敬《たかし》と闘ったようにこれまで実に多彩な仕事に携わっていた。

これに加えて大正9年から12年にかけては東京市長も経験しており、震災後の復興ができるのは自分しかおらぬと自負していた。これを機に東京は世界の主要都市に負けぬよう近代化されねばならない。後藤は「復旧」ではなく「復興」にこだわった。

後藤新平
「もしもし」

本多は寝ていたところをいつまでも鳴りやまぬベルに起こされ受話器をとった。受話器の向こうは夜中には似合わぬ後藤の張りのある声だった。

「本多君、今日、閣議があって僕が帝都復興計画をやることになった。ついては計画の原案を君に立ててもらいたいのだ。至急だ」

深夜に唐突かつ突拍子もない依頼である。本多もカチンときた。

「そりゃご苦労さま。でもそれは僕の専門外だし、僕は政治屋にはならないから、きっぱりお断りだ」

切ろうとしたが、受話器から叫び声が漏れる。

「まて、本多君、僕はコレに関して君が大切な資料を持っていることをちゃんと知っている。この国の危急存亡にかかわる時、変に尻込みするとは何事だ！」

後藤は自分で話していて次第に興奮して怒鳴り散らす。深夜に電話してきて誠に迷惑な話だ。本多は、きりがないので明日返事すると一言断ってなんとか電話を切った。

早朝、本多が睡眠不足でうつらうつらしていると、後藤の秘書官が迎えにやってきた。なんて身勝手な奴だと思ったが、後藤は言い出したら後に引かない。仕方がないのでそそくさと準備すると秘書官の車に乗り込んだ。

「早くから申し訳ございません。後藤大臣とは長いお付き合いだそうで、遠慮はいらぬと言われたものですから」

車中、秘書官が本多に謝る。

確かに長い付き合いだった。本多が後藤と初めて出会ったのは明治24（1891）年だから32

年前のこと、後藤は本多が留学しているミュンヘンに官費留学生としてやってきた。当時本多静六25歳、後藤新平34歳。

その頃の後藤は医者だったのだが、

「俺は人間の身体ではなく世の中の病気を治す」

と自分の専門の医学ではなくポリチカルエコノミー（政治経済学）を学ぶのだと、当時から大風呂敷を広げるような人間だった。

ドイツ語ができないので、本多が恩師の妹さんで語学の先生をしている41歳のドイツ人の未亡人の家を下宿先として紹介すると、1週間もしないうちに男女の仲になって同居を始めたから来いと手紙が届いた。下宿ではなく同居？

「後藤さん、何てことをしてくれるのだ、僕は先生に申し訳がたたないじゃないか」

と本多が怒ると後藤は平気な顔で、

「僕はちゃんとした下宿人なのだから差し支えないじゃないか、想像はついても誰も男女の仲だとは断言できない。第一、かかる文明国では人が隠していることをあばきたてるような非紳士はいないから問題ないのだよ」

後藤は昔から厚かましい奴だった。

車の中で本多が小さく思い出し笑いをすると、秘書官が怪訝《けげん》な顔をした。

「どうかしましたか」

本多は首を2、3度横に振った。

後藤の家に着くと、人が大勢いる。別室へ招かれた。

「君は慎重を期しているようだが、帝都復興のような大きな計画の骨格はアバウトでよいのだ。ただし思い切ってでかいことをやらねばならぬ」

後藤は相変わらず人を食ったようなことを言うが目は真剣だった。

「後藤さん、あなたがいう大切な資料とは何ですか？　僕が持っているのですか？」

「かつて僕が東京市長だった時、洋行帰りの君はスペインのバルセローザの都市計画を僕に自慢気に話したではないか。あれだよ」

「バルセロナですよ」

本多も後藤に負けぬ大風呂敷の男である。そういえば後藤に少し大げさにバルセロナの自慢話をしたことを思い出した。

バルセロナの都市計画は中心の道路（一等道路）が幅60メートル、中央の16メートルは車馬用で、両側に12メートルの遊歩道、そこにはベンチや花壇がある。あれが東京にできれば痛快ではないか。本多は頭の中で映像を巡らせた。

「よしわかった。やります」

「僕は急ぎ復興院を作ろうと思っているから、あさってまでに頼む」後藤はそう言った。

それから本多は2昼夜不眠不休で計画を作った。

後藤はそれをもとに合計35億円の予算を立て閣議に回した。国家予算が15億円の時代「後藤の大風呂敷」と呼ばれる帝都復興計画である。

しかし、これを受けた井上蔵相は、復興予算は公債で賄うしかなく、その利払いは普通歳入の剰余の範囲内にせざるを得ないとし、結局7億２０００万円が予算として閣議の承認を得たのである。

縮小される予算

9月27日、後藤は帝都復興院を設立すると自ら総裁に就任。この計画実現のためには土地の強制買い上げも辞さないが、予想される地主の反対に対しては断固たる態度をとることを決めた。

だが政財界長老からなる帝都復興審議会は後藤案に反対した。特に伊東巳代治《みよじ》は復興ではなくすみやかな復旧が大事とし、伊東自身は銀座の大地主であったために土地の所有権は絶対であると主張した。かくして議会に提出された政府予算案は5億７４８０万円まで縮小されてしまった。

12月11日から第47回臨時議会が開かれると、政友会は帝都復興のために彼らの支持層である地方が犠牲にされるとの立場で計画に反対、予算はさらに2割削減された。これに対して後藤、犬養、田たちは衆議院を解散しても戦うべしと主張したが、山本首相は腰砕けになってしまった。

復興計画は縮小されたが、それでも上野、新宿、両国などのバラバラだったターミナル駅が東京駅と鉄道でつながった。

また浜町公園や隅田公園、昭和通り、靖国通り、永代通りなど、この時の復興計画は現在の東京に多くのインフラを残してくれたのである。

第158話　「国辱国債」

大正12（1923）年9月、後藤新平内務大臣が震災復興計画策定に駆けずり回っている頃、大蔵大臣の井上準之助は森賢吾財務官を蔵相官邸に呼び出した。

森は、明治40（1907）年、日露戦争で戦費調達を担った是清の後任、若槻礼次郎の秘書官としてロンドンに駐在し、その後、大正2（1913）年には時の大蔵大臣是清による辞令で海外駐劄《ちゅうさつ》財務官に昇進した（第121話）。パリ講和会議やジェノヴァ国際経済会議でも活躍し、永らくロンドンにいたが、大正11年の春になって、一時帰国の形ながらようやく日本へ帰ってきたところだった。

長い海外生活で家族と共に生活できた時間は限られていた。森は東京に新しい家を建て、失った時間を取り戻すかのように子供たちの養育に努めた。

ところがその翌年、つまり関東大震災が起きたこの大正12年の春、ふみ子夫人を病気で失った。森はもう48歳、海外勤務は御免被りたいと考えていた。そこに井上からの呼び出しである。

森賢吾財務官

「大蔵省も焼け落ちて、復興予算もいまだ決まらない。こんな状況だが、我が国には外債発行が必要なことだけは確かだ。君には申し訳ないが至急米英に向かってもらいたい」

森は断るつもりだった。だが大蔵省には事務を執る建物もなく、蔵相官邸の庭にはテントが張られ、連日玄米握り飯にタクアンで皆しのいでいる。

森は目前に広がる首都東京の惨憺《さんたん》たる状況を見て、日本のためにもう一度海外に赴任する決意をした。

「わかりました。そこで一つお願いがあります」

森は井上大臣に特に要望して、大臣秘書官の津島壽一の同行を許してもらった。今般の公債発行は厳しい仕事になる。どうしても優秀なサポートが必要だったのだ。津島は森を敬愛している。森の家と同じ敷地内に新邸を建てたばかりだった。

大正の天佑《てんゆう》、欧州大戦の輸出ブームによって大正9年には13億4300万円にまで積み上がった日本の在外正貨は、それ以降は出るばかりとなり、この時期は5億5000万円までに減っていた。そしてさらに減るであろう。

加うるに日露戦争中に是清が発行した4・5%債（1905年3月および7月発行）6億円のうち未償還3億5000万円の期日が大正14年1月に迫っており、復興資金と外債償還資金両方の外債発行が急務だったのだ。

津島は是清の屋敷を出張のあいさつに訪ねた。

外債発行は是清の大得意の分野である。津島に対してひとくさり日露戦争での体験を語り、ヤコブ・シフとの友情について話した。

「クーン・ローブ商会は日本の恩人であり、切っても切れぬ縁故関係がある。国家も個人と同様、信義を重んじなければならぬ」

津島はこうした話をこれまでも何度も聞かされていた。

「今度の外債は同商会が引受発行するようにすべきだ。このことは森にもよく話しておいてもらいたい」

是清は念を押した。

欧州大戦によって国際金融業界の地図は是清の頃とは大きく変わっていた。すでにロンドン市場はその力を失いつつあり、大型の案件はニューヨーク市場に移っていた。

またシフのドイツ系ユダヤ人のクーン・ロープ商会は、欧州大戦ではドイツと敵対する連合国向けのファイナンスにも出遅れ、同商会は市場での影響力をすっかり落としていたのだった。

森はこういうこともあろうかと、あえて是清を訪問しなかったが、津島からその話を聞かされて表情を曇らせたのであった。

是清が外債発行に奔走した当時、英国は絶頂で国際金融市場には資金があふれ低金利の状況が続いていた。

だが今回は欧州戦後の世界的不況、金利も高い。ファイナンスだけでも大変なのに、クーン・ロープ商会に義理を通せるのか自信がなかった。

こうしてニューヨークへと渡った森と津島、震災復興債の交渉は年が明けた大正13年の1月から始まる。後述するが第2次山本権兵衛政権は長くは続かず、ファイナンスは後継の清浦奎吾内閣、勝田主計《しょうだかずえ》蔵相の下で進められた。

森は、当然のことながら当時の業界で支配的なモルガン商会をシンジケートのリーダーとしつつ、内部条件その他ではクーン・ロープ商会を共同主幹事としてイコール・フッティングにおくことで円満に話をまとめたのである。

是清もこの報告に満足した。

2月に入りニューヨークで6・5％利付き公債1億5000万ドル、英国で6％公債2500万ポンド、日本円で計5億5000万円の公債発行を成し遂げたのである。

紀元節の晩餐会

2月21日、起債契約書に調印する日、ニューヨーク銀行クラブで午餐《ごさん》会が催された。モルガン商会からは、J・P・モルガンの後継ぎで社主のジャック・モルガン、筆頭幹部のトーマス・ラモント、クーン・ローブ商会からはヤコブ・シフの息子モーティマー・シフ、そのほかニューヨーク金融界の主要な人物46名が参加した。

会場へ向かう途中、森がモルガンに話しかけた。

「ジャック、今日は、我が国の神武天皇即位の日、すなわち紀元節なのです」

「ほぉー、それは何度目でしょうか」

「2584回目ですよ」

驚いたジャックは午餐会のテーブルにつくと、すぐにメモをして開催のオープニングスピーチに立った。だがこの話は盛り込まれなかった。

森が2584回はどうしたのかと聞くと、

「実はスピーチに盛り込んで、日本は建国以来元利払いをミスしたことは一度もないと言おうとしたのだが、もし間違っていたら困るのでやめておいたのだ」

「ジャック。間違っていないよ。日本は神武以来外債の元利払いを一度もミスしたことがない」

その午後、モルガンにミネアポリスの新聞が日本の信用に対する攻撃をしていると電話があった。するとジャック・モルガンはその新聞社の社主をニューヨークまで呼びつけこう言った。

「いいか、なぜ日本が信用に足るか教えてやろう。日本は神武以来２５８４年の間、外債の元利払いをミスしたことは一度もないからだ」

政治経済学者三谷太一郎に言わせれば、日本と米国の平和な関係は「共通する金融用語」によってまだ固く結ばれていたのであった。

是清と森賢吾が扱った外債は約13億円ずつとほぼ同じ額だ。また二人とも困難な状況下で起債を成し遂げ、欧米の金融界で絶大な信頼を得たことも同じである。

しかしながら、是清は日露戦争戦勝の功績によって男爵の地位に昇り、国民からその功績を称賛された。その一方で、森は困難な条件下でようやく成し遂げた６％や６・５％の公債発行なのに、その条件が悪すぎるとして「国辱国債」とまで呼ばれ、森の功績は一般に顧みられることがなかったのである。

第159話　清浦内閣

大正12（１９２３）年12月23日、震災復興を協議した第47回臨時議会が閉会した。

同月25日、東京銀行倶楽部で大蔵大臣井上準之助と日銀総裁市来乙彦の就任祝賀会が開催された。

井上が日銀総裁から大臣に就任したのは9月1日の震災の翌日だったが、モラトリアム発令に震災手形の割引、復興予算策定に外債起債の準備と忙しく、祝賀会どころではなかったのだ。二人は役職が入れ替わっただけだった。

日銀営業局のOBで、この時横浜興信銀行（現横浜銀行）専務だった斉藤虎五郎は井上にこう聞いた。

「あなたは今までずっと銀行にいらっしゃった。議会の答弁はなかなか難しそうですが、いかがなさるおつもりですか？」

井上はこれに笑顔で答えた。

「議会の答弁には二つの型があります。一つは一木喜徳郎《いちききとくろう》（法学者、貴族院議員）型で条理を正して諄々《じゅんじゅん》と説く。もう一つは高橋是清型で、条理をつくさずその時の情勢をとらえて簡単に結論を言ってしまう。

高橋さんは議会でやかましく追及されると、窓の方を向いて『今日雨の降るのも政府の責任か』とやって議場の皆が大笑いになるなどということがありましたな。けれども高橋型でやるのは高橋さんにしかできないので、僕は一木型でゆきますよ」

山本辞任

第2次山本権兵衛内閣は関東大震災の大変な時期に組閣されたが、後藤新平が策定した震災復興予算が臨時議会で削られたり、山積みの難問に対して迅速に対処できなかったり、山本は加齢のせいか以前のような人間的迫力を失って、首相としての指導力を発揮できずにいた。

12月27日、難波大助という極左テロリストが、第48回議会（通常会、臨時も通常も通し番号）の開院式に向かう摂政、皇太子裕仁親王（昭和天皇）の御料車（自動車）を襲った。場所が虎ノ門だったので虎ノ門事件と呼ばれる。

難波の仕込み銃は車両を傷つけただけだったが、皇室を襲うなど前代未聞で、難波は襲撃の後、周囲の群衆から袋だたきにあった。

皇太子は襲撃に対して特に恐怖を抱かず、そのまま議会の開院式に出席し、その後もテニスをしたぐらいだったが、山本首相は責任をとって辞職することになった。皇太子の慰留にもかかわらず辞任の決意が固かったのは、政権運営の自信をなくしていたからなのかもしれない。

そうなれば是清の周辺は、いよいよ議会多数派の政友会に組閣の大命降下があろうかと期待も盛り上がる。ところが年が明けた大正13年は第15回衆議院議員総選挙が予定されていた。元老西園寺公望は政友会にせよ憲政会にせよ、政党に政権を持たせると選挙干渉がひどくなることを案じて、選挙管理的な意味で、後継首相として故山県有朋系の枢密院議長清浦奎吾に組閣の大命を下した。

覚えているだろうか。第1次山本権兵衛内閣がジーメンス事件に倒れた大正3年、山県は子飼いの清浦を首相にしようとしたが、海軍が大臣を出さずに流れた。鰻屋の匂いだけで鰻重が食えない「鰻香《まんこう》内閣」である（第１２３話）。

あの時は、組閣は流れて大隈重信に大命が降下したのだ。そして日本は欧州大戦に参戦した。

しかし今回の清浦は貴族院を中心に組閣することに成功した。政党を無視した「超然内閣」である。政党を無視したというよりも、選挙があるところくなことをしないので政党を避けたという方が正しい。これが関東大震災の翌年大正13年1月7日のことである。

是清が自分に大命降下がないことを知ったのは、年が明けた1月5日、清浦から政友会に対して組閣協力の誘いがあったからだ。是清は断った。

ここで二つの出来事が起こる。一つは護憲運動である。高橋是清内閣以降、海軍の加藤友三郎、海軍の山本権兵衛ときて、ここでまた政党内閣へと戻らず官僚系の清浦奎吾の政権である。これでは憲政の常道が通らない。つまり政治に民意が反映されないではないか。普通選挙の実現が遠ざかると運動が盛り上がったのである。

もう一つは政友会内部の問題である。政友会の内部でも普通選挙問題を巡り、高橋総裁の下で普通選挙を実現しようとする横田千之助ら「総裁派」と普通選挙よりも、政友会の政権獲得を優先すべきであるとする床次《とこなみ》竹二郎ら「改革派」との対立が深まった。

今回是清に大命降下がなかった以上、もはや現体制での政友会に政権の目はない。それはすなわち政友会の衆議院議員にすれば、県や警察が選挙運動や投票所で圧力をかける「干渉選挙」を期待していたので、次の総選挙では議席を失う可能性が高まることを意味していた。ここは清浦の与党として政権に参加し、次の選挙では干渉選挙の恩恵を受けたいと考えた。

そこで清浦が組閣するとわかった時、「総裁派」の横田は小泉策太郎を是清の下へと走らせた。ここは憲政運動を盛り上げ、政友会の結束を高めなければならない。そのための策があったのだ。

小泉は是清に問うた。

「あなたは政友会総裁として憲政を常道に復し、民意に応えなければならない。そのための覚悟はできているか」

重ねるように、

「あなたは自己を全く虚しゅうし、憲政のために一身を投げ出す覚悟がおありか」

と念を押した。

「無論だ」

是清は答え、小泉は深くうなずく。

「そういう覚悟がおありでしたら、あなたはこの際、華族を辞し貴族院議員を辞め、一平民となって衆議院選挙に出てくれませんか」

小泉の予想通りだった。是清は深く考えずに即答した。

「お易いご用だ。そうしよう」

是清の決意

是清は子爵である。いくら子息に爵位を譲ると言っても、平民に戻るのは当時にすれば極めて不利益で非常識な決断である。人が良すぎる。小泉やその背後の横田にすれば是清の高潔な心事を利用して、政友会として憲政正常化への覚悟を示すとともに、会の団結をはかろうと考えたのだ。

小泉はそれを聞くと、では、私が決意文を書きましょうと、1週間ほど鎌倉に籠もり人を避けて、「我立憲政友会員諸君に告ぐ」を書いた。

第160話　第二次護憲運動

大正13（1924）年1月7日、清浦奎吾内閣が成立すると、9日には衆議院第1党である是清率いる政友会の院外団が第2党である加藤高明の憲政会院外団に提携を申し入れた。「特権階級の陰謀により出現したる貴族院内閣は階級闘争の端を啓《ひら》くものにして、明らかに国民に向かって挑戦したるものと認む」と、憲政会院外団はその申し入れを承諾した。

さらに翌日には第3党の犬養毅の革新倶楽部にも呼びかけ、三派連合会の名称を「第二憲政擁護会」と命名することを決めた。院外団とは議員以外の党員から構成されるいわば政治活動の別動隊のようなものである。従ってまだ正式に三派が連合したわけではない。

護憲運動の是清

護憲運動に三派が協力するのは良いが、政友会は一枚岩ではなかった。

1月15日、政友会は赤坂表町の是清の家に主なメンバー22名を集めて最高幹部会を開いた。

護憲三派に賛同する者もある。「総裁派」である。また一方で政友会は「穏健着実」な路線によって国民の信頼を得てきたのである。これまでいかなる内閣に対しても、その成立の形式を理由として包括的不信任案を出したことはないのだから、清浦内閣に協力すべきだとする者もあった。これが「改革派」である。

幹部会は5時間にわたり、ほぼ全員が意見の応酬をするような大議論の末、最後は総裁の是清に委ねられることになった。

「いずれの国でも革命とか動乱というものは、まず政治運動が悪化すると社会運動になり、更にそれが悪化すれば革命となり動乱となるのである」

是清は、今は政治運動の範囲で収まっている清浦内閣への不満が、やがて社会運動へと転化することは抑えねばならぬと話した。

その上で、

「私は大局より観て、貴族院主体で構成される清浦内閣を擁護することはできない。従って、来たる総選挙では私自身も華族の地位を捨て平民として出馬して、衆議院に議席を持つつもりである」

この会合に向けて、政友会の中では総裁である是清に「決意」があるとうわさが流れていた。これまでも是清には辞める辞めると繰り返してきた経緯があったので、その「決意」とは総裁を辞任することだと考えているメンバーが多かった。

従って是清のこの決断に幹部会の皆は驚いた。

そして翌16日には、小泉策太郎が1週間かけて起草した「我立憲政友会員諸君に告ぐ」という宣言文が発表されたのである。内容は幹部会で話したことを名文に仕立てたものだ。17日付、「国民」、「時事」、「東京朝日」、「東京日日」など、主要紙すべてが是清の決意を支持していた。

しかし、こうして護憲の世論が盛り上がる中でも政友会「改革派」の動きは止まらなかった。むしろ加速した。

16日の夜には、中橋徳五郎、床次竹二郎、元田肇、山本達雄の政友会「改革派」の幹部4人が清浦内閣と示し合わせた上で脱党届を出した。その後も脱党者は止まらず149名に達し、政友会残存の129名を上回って衆議院第1党、しかも政権与党となってしまったのだ。

彼らは、その名を我こそが本物の政友会とばかりに「政友本党」と名乗り、その後1月29日に結党式を挙げる。

1月18日には観樹将軍こと三浦梧楼の斡旋で、「護憲三派」政友会総裁高橋是清、憲政会総裁加藤高明、革新倶楽部党首犬養毅の三者とこれに加えるに尾崎行雄が結集し正式に清浦の超然内閣打倒に協力することになった。これが第二次護憲運動の協調活動の始まりである。

1月22日、第48回議会の首相施政方針演説があった。議会は26日に予定されている皇太子裕仁親王成婚式のために一時中断した。再開は31日である。

裕仁親王のお相手は久邇宮《くにのみや》邦彦《くによし》王の第1女子良子《ながこ》女王、皇太子の第124代天皇即位とともに香淳皇后となられる。

裕仁親王の被災者に対する心配りから、パレードもなく式は質素に執り行われた。


1月30日午後、大阪の中央公会堂で「護憲三派」による憲政擁護関西大会が開催された。会場は超満員、建物周辺にあふれ出た人たちのために是清、尾崎、加藤、犬養らは窓から顔を出してあいさつするほどだった。

「意義なき内閣は倒すべきである」

是清が第一声を放つと会場はいやが上にも盛り上がった。

「清浦内閣が組閣の使命としたる理由は第一に選挙の公平を期し、第二に摂政宮殿下の御成婚に障碍《しょうがい》なからしむるというにあったのである。

しかるに御成婚は既にめでたく済みたる今日、彼等特権内閣は与党を製造することに苦労して居るではないか」

この前日に政友本党が結成式を挙げて気勢を上げていた。是清はそのことを言ったのである。

加藤、尾崎、犬養、次いで東武《あずまたけし》、小橋藻《も》三《ざ》衛《え》、中野正剛、永井柳太郎、佐々木安五郎らが続々と演壇に上がると、あっという間に時間は過ぎた。午後3時半閉会、同5時より3階大食堂において懇親会、同6時に散会となった。

問題があったのは帰りの列車である。この頃は夜には1時間おきに大阪発東京行きの急行があった。加藤は名古屋に用事があると言って1本早い汽車で大阪を発ったが、是清、犬養らは連れだって同じ汽車に乗った。

真夜中に木曾川と尾張一宮駅の間まで来ると汽車が急停車した。列車の転覆を狙ってレールの上に枕木が置いてあったのだ。冬なので機関車に雪除けのスカートがついていたから助かったものの、それがなければ大惨事になっていたかもしれない。

「おい、どうした。何があった」

「何でもある男が女にふられてくやしまぎれに悪戯をしたのだそうですよ」

「護憲三派が乗った汽車に対してか？」

そんな偶然があるものかと是清は怒った。

翌1月31日、国会が再開されると、革新倶楽部の浜田国松議員が緊急質問に立ち、政府に対してこの枕木事件を追及した。これに小松謙次郎鉄道大臣が答弁に立った時に暴漢が乱入し、議場は騒然とし休憩に入った。すると清浦内閣はそのまま衆議院を解散してしまった。

「衆議院は公正なる国民議政の府であって、議員たるものはすべからく大局を達観し、一意国利民福を企図すべきであります。しかるに衆議院における或る党派は初めより内閣倒壊を宣言し、議場においては議事を進行せむとするの意なく、議員たるの本分に背き終始国民の期待に副わざるものであると認め衆議院の解散を奏請するのやむなきに至ったのでございます」

清浦は自身の役割を達観していた。公平な総選挙の遂行である。

総選挙は大正13年5月10日とされた。これは当初から予定されていた日であって、本来はもう少し早くできたが、関東大震災による選挙人名簿焼失などがあり時間がかかったのである。

第161話　第15回総選挙

大正13（1924）年2月、是清は子爵の爵位を長男是賢《これかた》に譲り、平民となって5月10日に予定されている第15回衆議院議員総選挙に備えた。

有権者は当時の人口5888万人中、直接国税3円以上納税の満25歳以上の男性で329万人だった。人口に対する比率は5・6％である。

盛岡へ

この時点での各党の勢力は、加藤高明率いる憲政会が１０３議席、政友会を割って出ていった政友本党が１４９議席、是清の政友会は１２９議席である。

当時は小選挙区制なので、どこで出馬するかは大問題。是清は選挙区を党に委ねた。

３月２日、前政友会総裁原敬の出身地である政友会岩手支部は市民集会を開催し、是清の盛岡での出馬要請を決議した。この総選挙を暗殺された原の弔い合戦と位置付けたのだ。そしてその足で代表者は東京へと向かい是清に直接出馬要請決議書を手渡した。

当初、是清は地元の赤坂（東京第1区）での出馬を考えていたが、仙台や高知からも要請があり、どうすべきか迷っていたところだった。

政友会総裁が落選するわけにはいかない。盛岡であれば原の築いたしっかりとした地盤があるだろうとの思惑もあった。是清は4日になって立候補承諾の電報を盛岡に打つと、岩手支部はその電報を原の墓前に供えた。

ところが原の継承者を名乗る者は、是清だけではなかった。政友会から分かれた政友本党は、三重県知事をしていた内務官僚の田子《たこ》一民《いちみん》を呼び寄せて立候補させた。当時は小選挙区制で盛岡市だけで一選挙区である。二人の直接対決になった。政府側についた政友本党は官憲をも使って全面的に田子を応援することになり、盛岡は全国まれに見る激戦区となったのだ。

田子は明治14（１８８１）年に盛岡藩士の家に生まれた。維新後貧しくなった盛岡藩士の子弟の例に漏れず、苦学の末に東京帝国大学法科大学を卒業したのは26歳の時であった。

地元出身の原の斡旋《あっせん》で内務官僚となり、山口県警を中心に警察官僚から県知事へと順調に出世の階段を上っていたところだった。

田子から見れば原は恩人である。自分は是清などよりよほど原との血は濃い自信があった。選挙を控えて原の墓前に参ると、田子は必勝を誓った。どちらからも当選祈念をされた原はあの世で困惑していたに違いない。

先回りして伝えておくと、この田子という人は次回の第16回総選挙では政友会から立候補し、以降9回連続の当選を重ねることになる。

政府は他府県で働いている盛岡出身の官吏60数人に官費で旅費を与えて帰郷させ、田子に投票させるようなこともした。また政友本党の首領格床次竹二郎も盛岡入りし自ら選挙戦を指揮した。昨日の友は今日の敵である。

3月21日、是清は盛岡入りすると、原の墓前に原の養子である貢とあいさつ、一緒に写真を撮り、自分こそ正統な後継者であるとアピールした。

是清は市内の富豪金田一家の別荘を借りて泊まり込み、1日に7、8カ所、朝から夜の11時まで回って説いて歩いた。

3月23日、盛岡の商品陳列所での演説会などでは1200人の聴衆が集まり、政争をよそに財政演説をしてしまうなど、少しちぐはぐなところもあったが是清の話はいつも面白かった。

これは場末の演説会でもそうだが、そうして人を惹き付けたところで、是清の後に弁士が演壇に立ち、お涙頂戴といく。

「2度まで大蔵大臣を務め1度は総理大臣をも拝命した70歳の老人が、今や栄爵を投げ打ち、貴族院を退き、赤裸々な一平民にかえって、今日盛岡の諸君の前に立ち、どうかよろしく頼みますといわれるのはなぜか、諸君、これ実に政道を打開せんとする真心の発露であります」

弁士が涙交じりにこう言うと、聴衆の中の婦人が声をあげて泣く。他の聴衆も、つられた弁士も一緒に泣くというような光景が見られたそうである。

「あんたが泣いてどうする」

講談落語好きの是清も泣かされたに違いない。

政府側の執拗《しつよう》な弾圧や人身攻撃、政友会関係者のささいなことでの選挙違反での逮捕など、政府側の選挙干渉は激しく、日が進むにつれ是清は不利だとみられていた。

床次などは、西園寺公望を訪問し、選挙の話をした時、「高橋だけは確実に落ちました」と話していたほどだった。


5月3日に是清は盛岡入りしていたが、その帰りの列車である。仙台を過ぎてすぐの長町まで来たところで脱線転覆した。先頭が機関車、次が郵便車で3両目が是清が乗る一等車という順番だったが、機関車は横転、郵便車は半倒れ、一等車も相当傾いた。是清に怪我はなかったが、車内は荷物がちらばりほこりが立ち騒然としている。

「皆さん、お怪我はありませんか？　順番に窓から脱出しましょう」

この時、救護に当たった乗客が「理論の嘉納、実践の三船」、また柔道の神様とも呼ばれた「講道館」の三船久蔵41歳である。岩手県出身の男前である。

是清とは未知の間柄だったが、車両から抜け出し線路脇に避難していると、三船から話しかけてきた。どうも運転士は死んだらしい。

「高橋さん、お怪我はありませんか」

聞けば三船は、今回の故郷盛岡での選挙で政府と政友本党の選挙のやり方があまりに汚いことに憤慨して、盛岡にいる大勢の門弟に高橋陣営に協力するように説いてきたところだったという。三派連合ができて以降、是清もこれで2度目の列車事故。仙台鉄道局は局長はじめ仙台駅長も政府側、盛岡まで選挙応援に出かけていたところだった。今回の事故もまた線路に枕木がおかれていたそうである。是清は政友本党を疑った。怖い時代の話である。

投開票

選挙は5月10日、結果は是清859票に対して、田子は810票で、激戦の末是清が当選した。当時は選挙費用に制限はなかったから、選挙には金がかかる。「選挙に手を出せば井戸と塀しか残らない」とも揶揄された時代である。

原は資金集めが上手だったが、是清は国の資金調達は得意でも政治資金に関してはあまり得手ではなかった。今回は3万円ほどの資金を準備したが、選挙干渉が予想よりひどくて、選挙の運動員が警察に引っ張られる。それも買収したとかではなくて、くだらない理由で逮捕されて、100円、200円の罰金をとられる。是清のために奔走した結果の罰金だから払わぬというわけにもいかない。それに加えて各種の集会の費用、飲食などもあって、予定の3倍はかかってしまった。

当時、米1升が50銭、タイピストの月給が50円、一般事務の女性社員で30円といったところ、10万円あれば大きな屋敷が買えた。

理想選挙のつもりでやった是清の選挙さえこれほど金がかかるのだから、他の議員たちは大変だっただろう。それはまたどうしても、政治家稼業から金銭的な見返りを求めるようなものになってしまう。

第162話　護憲三派内閣

大正13（1924）年5月10日の第15回衆議院議員総選挙の結果、加藤高明率いる憲政会が48議席増やして151議席となり第1党になった。第2党は政友会から分離した清浦奎吾内閣の与党政友本党で、33議席減らし116議席へ。第3党は是清率いる政友会で、ここも29議席減らして100議席となった。清浦は公平な選挙遂行を意識して、あまり選挙干渉を行わなかったと伝えられているが、盛岡における是清に対する干渉を見ていると、政友本党と政友会の潰し合いのような選挙だったのだろう。

元老西園寺公望は、清浦内閣の総辞職を受けて、6月9日に衆議院第1党の総裁である加藤に組閣の大命を降下した。憲政の本道である。

首相には加藤、外務大臣には義弟の幣原《しではら》喜重郎、いわゆる英米協調、大陸不干渉の「幣原外交」はこの時から始まる。

内務大臣に若槻礼次郎、大蔵大臣には大蔵次官経験者の浜口雄幸である。この三つの主要ポストを義弟と憲政会が独占したことで、加藤は政友会の是清とずいぶんもめた。是清も政友会へ説明せねばならない。

その是清は農商務大臣となって、この任期中に是清の持論であった農商務省の農林省と商工省への分離を果たすことになる。是清はくしくも、若き日に特許局創設で働いた農商務省の最後の大臣となったのだ。陸軍大臣は宇垣一成《かずしげ》、海軍大臣は財部彪である。

「三菱の番頭」

加藤高明は安政7（1860）年生まれの64歳、現在の愛知県の代官の手代の家に生を享けた。勉強がよくでき、21歳の時に東大法学部を卒業するまで首席を通した。ところが当時の慣例を無視し、官僚にならずに三菱に入社した。

「首席卒業の法学士前垂れ掛けに」と話題になったが、三菱は加藤を大事にし、英国へ派遣、陸奥宗光との出会いなどそこで人脈を形成した。

岩崎弥太郎の長女春路《はるじ》と結婚し、政治家としては三菱財閥という資金的背景を持つことになる。「三菱の番頭」と呼ばれた。

明治20（1887）年に三菱から外務省へ入省、その7年後には駐英公使、明治33年には満40歳の若さで第4次伊藤博文内閣の外務大臣となった。

明治39年、第1次西園寺公望内閣で2度目の外務大臣となった。ちょうど是清の友人ヤコブ・シフが訪日していた時で、鉄道国有法案では、閣僚の中で唯一反対して辞表を出した。

政治家のキャリアとしては是清よりもずっと長い。その後、再度、駐英全権大使として条約改正に尽力、桂太郎と意気投合し憲政会の前身である同志会に参加し総裁となった。

親英派であり、英米との協調が外交路線の基調であるが、欧州大戦の「対華二十一カ条要求」では外務大臣として元老たちを無視して中国に対して強硬な要求を突きつけ、日中関係悪化の原因を作った。

加藤が組閣してひと月ほど経った頃、元老の松方正義が死去した。89歳だった。これで首相を指名するキングメーカーの元老は西園寺公望唯一人になった。そしてその西園寺も今や74歳である。

幣原外交と是清

話は当時の中国に移る。中国の国内情勢は日本の政治とは切っても切れない関係にある。袁世凱《えんせいがい》亡き後、北京では張作霖《ちょうさくりん》の「奉天派」と「直隷派」の呉佩孚《ごはいふ》が武力で権力争いをしており、さらにそれを取り巻く軍閥があった。また南には孫文の中国国民党があり、中国は群雄割拠の状況にあった。

奉天とは都市名だが、奉天派のエリアは地理的に東三省（狭義の満州で、現在の遼寧省・吉林省・黒竜江省）を指し、ここには日本の権益が集中していた。一方で直隷とは「中華皇帝のおひざもと」という意味で、これは時代とともに変遷するが、当時は北京の周辺河北省の一帯を指した。

大正11（1922）年には奉天派と直隷派の第一次奉直戦争があった。日本では関東軍と奉天総領事は「奉天派」を支持し、北京の公使館と公使館付武官は「奉天派」支持に反対するような状況ではあったが、日本は特に干渉せず、この時は直隷派が勝利したが領土的な問題は発生しなかった。

加藤内閣がスタートしてしばらくした大正13年9月中旬、「奉天派」の張作霖は15万人の兵力で両派の境界、すなわち満州と華北の境界である山海関に進出して第二次奉直戦争が始まった。

ところが攻めたはずの「奉天派」の旗色は悪く、「直隷派」が山海関を越えて、日本の利権が集中する東三省に侵入してこぬかと閣議でも問題になった。

軍部よりも民間では特に危機感が強く、張作霖援助のプラカードを立てたデモ隊が外務省へも押し寄せるような状態だった。これを受けて閣僚の中でも日本軍を山海関へ出兵させろとか、張作霖に武器を供与しろとかの意見が強くなってきた。

特に政友会の是清は支持団体からの陳情もあり、緊迫した面持ちで、

「ことここに至っては張作霖を援助するほかはあるまい」

と言い出した。内政干渉を強く主張したのである。

しかしこの加藤内閣は組閣時に内外に対して、幣原外交の一環で中国への内政干渉はしないと誓ったばかり。幣原は国際間の信義にもとると是清の出兵論を断固として拒絶し、是清とは議論沸騰してもめにもめた。

ところが、この閣議の夜、呉佩孚率いる「直隷派」は馮玉祥《ふうぎょくしょう》の軍閥による裏切りで結局敗戦したとの報が幣原に入った。

そこで臨時閣議が開かれた。

閣議で幣原が、張作霖に援助したりして中国の内政に干渉する必要はもはやなくなったと報告すると、大きな卓の真向かいにいた是清は立ち上がると卓をぐるりと回って幣原のところにやっ

てきた。

是清は幣原の手を強く握りしめた。

「よかった、よかった、君が頑張ってくれたので私も日本も救われた。もし我々が主張したように内政干渉していたら、列国にも顔向けできず、日本は信用を失っていただろう」

さっきまで憂国の念から自分と激論を交わしていた是清が、自分の立場とか面目に全く拘泥しないで自分の主張が行われなかったことを素直に喜ぶ。幣原はこの時から「高橋翁に対して無限の尊敬と希望とを感ずるようになった」と述べている。

後年、馮玉祥の裏切りは日本の陸軍による工作であると判明するが、この時は閣僚たちにも知らされていなかった。

米茶

「おい、用事がある。ちょっと来たまえ」

議会が深夜まで続いたある日、是清が幣原を呼んだ。

「米茶はどうだ」

是清は酒入りの土瓶を差し出す。

どうも是清は米国の禁酒法時代にホテルで酒を注文すると土瓶に入れて持って来るという話を聞いて、米茶と名付けて国会で茶を装いちびちびとやっていたのだ。幣原はワシントン会議で体調を崩して以来酒をやめていたが、是清のせいでまた飲み出したと自伝に記した。

第１６３話　排日移民法

大正11（１９２２）年12月、まだ加藤友三郎内閣の時である。日本の駐米大使は病気がちの幣原喜重郎から外務次官の埴原《はにはら》正直に交代した。

埴原は山梨県出身で私学である早稲田大学の前身東京専門学校卒、さらに平民であり重臣との姻戚関係も特別なコネもなかった。駐米大使としては珍しい存在である。ワシントン、サンフランシスコと駐在経験も長く対米外交一筋の46歳、日本外交史上最も若い駐米大使でもある。

米国をこよなく愛し、米国のメディアや文化人からも大切にされていた。駐米大使にはまさにうってつけの人材であった。

日本人の名誉

この少し前、欧州大戦後の米国では、戦争に参加するために元の出身国へ帰った若者たちの帰還と、戦争で荒廃した欧州からの移民が巷にあふれて社会問題化していた。

戦後のパリ講和会議において日本提案の人種差別撤廃条項が認められなかったように、当時は現代と違い人種差別が大っぴらに行われていた時代である。米国では、当時人口比率が高かったアングロサクソン系の移民は歓迎だが、東欧系や南欧系の移民は歓迎されなかった。

そうした中で１９２１年に、１９１０年の移民実績数を基準に国別の移民者数を制限した移民割当法が２年間の時限立法で成立した。

しかし1910年基準ではすでに東欧系や南欧系が多過ぎるとの指摘もあり、1924年には基準年を1890年ごろまで戻そうと法改正がすすめられていた。

その一方でアジア系に関しては、1882年の中国人排斥法や、1908年の日米紳士協約による日本側の移民自主規制によって移民数は既に制限されていた。

日本はたとえ形式的ではあってもアジア諸民族の中で唯一、連邦移民・帰化法による移民全面停止を被らなかった民族だった。日本は自主規制によって日本民族の名誉を守っていたのである。日本人は欧米白人と対等であると。

当初、1924年に改正される移民法はほとんど移民がなくなっていた日本をターゲットにはしていなかった。ところが米国下院での審議の中で、排日派の議員たちは意味のない排日移民修正条項を加えようとしていた。ちなみに1920年当時の米国在住の日系人は12万人、そのうち7万人が西海岸の4州に集中していた。

日露戦争での勝利によって躍進する日本。黄禍論が渦巻く中、欧州大戦後のパリ講和会議ではとうとう世界五大国の一角を占めるまでになった。

米国西海岸ではロシアを打ち破った「ミカドの軍隊」は脅威であり、ハースト系新聞は日本の脅威をあおり、日本をたたけば売れたのだ。愛国ビジネスである。

1890年の移民実績から計算される日本人枠は年間わずか146人であったが、日本側の自主規制によって既に意味がない数字だった。ところがここに「帰化不能外国人の移民全面禁止」を定める第13条C項が追加されることになった。

当時日本人は帰化不能外国人だったが、形式的だけであれ、唯一法律で移民を禁止されていない民族だったので、これは明らかに日本人だけをターゲットにした排日移民法案だったのである。しかも自主規制で既に日本からの移民はいないので実質的な意味もない。「排日」を看板にした西海岸出身議員たちの人気取りだけの法案だった。

近隣国を侮蔑し選挙民の人気を得る。国家全体の利益をかえりみず自身の利益のみを追求する政治家、これは現代でも日常的に見られる光景である。

大正13年4月、日本では清浦奎吾内閣が解散し、総選挙に備えていた頃である。

ワシントン体制下における英米協調、前年の関東大震災においては米国から巨額の寄付が寄せられ日米関係はこれまでになく良好な状態だった。ニューヨークでは日本の震災復興債の起債も無事完了した。

この頃、埴原大使は親しい国務長官のチャールズ・ヒューズほか自身の人脈を駆使して、過激な発言は控えながらも排日法案成立を阻止すべく各方面に対して地道な活動を続けていた。

「日本が問題にしているのは移民の制限ではない。人道・道義の問題である。『正義』と『公平』を国の基本と誇る米国人の良識に問いたい」

日本が米国移民を自主規制している紳士協約は世間にあまり知られていない。そこで埴原はヒューズの提案でこれに関する交換書簡を作成し、世間に知らしめようと考えた。これが4月10日である。

その2日後の12日、下院で1924年移民法が通過した。同時に1908年の紳士協約の破棄も決定された。この法案は日本では排日移民法案として新聞紙上で報道された。

ポピュリストの多い下院に比べて上院は国際関係を重要視する議員も多く、まだわずかに希望が持てた状況だった。

そうした中で起きたのが、「覆面の威嚇」問題である。上院での審議において、上院議員ヘンリー・ロッジは埴原書簡の最後にある、もし法案が通過すれば「両国間に現存する幸福にして相互有利なる関係に対して重大なる結果（grave consequences）を誘致するであろう」という一文をとらえて日本が米国を威嚇していると騒ぎ立てたのである。もちろんこれは標準的な知性があれば理解できるような歪曲《わいきょく》である。

しかしながら4月17日には法案は大多数をもって上院を通過、日本ではこの進捗《しんちょく》は「排日法案」として連日報道され、日本人は米国によってひどく名誉と尊厳を傷つけられていた。パリ講和会議での人種差別撤廃条項案では漠然とした人種差別だったが今回は日本民族そのものの否定である。

残るはカルビン・クーリッジ大統領による法案に対する拒否権だけが頼みであったが、大統領は法案の追加条項だけを拒否することはできない。

当時の欧州からの移民問題の緊急性から移民法全体を否定するわけにはいかなかった。

5月26日、大統領が署名することによって排日移民法は成立したのである。

「ニューヨーク・タイムズ」も「ワシントン・ポスト」もこの法案成立を激しく非難した。

日本時間5月31日朝5時、黒の袴《はかま》に絽《ろ》の羽織、紳士風の40歳前後の壮漢が日本の米国大使館隣の井上子爵邸の庭で割腹自殺した。

「自分は無名の一臣民である。常に正義を標榜《ひょうぼう》する米国民が、排日移民法案を可決したのは憤慨にたえない」と米国大使宛の手紙を残していた。

埴原大使の帰国

日本政府はこの法案成立に正式に抗議をしたし埴原も釈明に努めたが、それはもうあとの祭りだった。大統領による法案署名の2日後、埴原大使の帰国が発表された。公式には状況報告のための一時帰国とされたが、世間では更迭であると理解された。

埴原を知る米国の知識人たちの多くは埴原の味方だった。

アイビーリーグの名門ブラウン大学は埴原の帰国前に卒業生を含む約2000人を集めて式典を開催し、埴原に名誉博士号を贈った。これが、せめてもの慰めだった。

日本における反米感情は突如巻き起こったものではない。戦争発起には常に名誉や尊厳が関係してくるのだ。

第164話　引退

大正13（1924）年6月、第二次護憲運動によって成立した護憲三派による加藤高明内閣は、米国からの排日移民法騒動のさなかにスタートを切った。

7月1日の加藤首相による施政方針演説では次のことが強調された。

・行政整理を断行し歳出を抑制
・ソビエトとの国交回復
・普通選挙法を通常国会で実現する

・貴族院改革を慎重にすすめる
・国債発行を抑制し、国債の信用回復に努める
これは震災復興のための外債が、高利回りの国辱国債となったことへの対策である。また震災復興のための予算付けも急がれる。

護憲三派内閣

9月、中国における第二次奉直戦争が始まり、是清が大陸への干渉を主張して幣原喜重郎と議論していた頃、つまり幣原に茶碗酒を勧めていた頃でもある。

是清は政友会の幹部小泉策太郎を赤坂表町の屋敷に呼ぶと、

「政友会総裁を辞めたい」

と漏らした。

「察しはついておりました」

と、小泉は答えた。

是清は、自分は政党を率いる力量はないと自覚していた。またもう70歳を過ぎて体力にも自信をなくしていたのだ。

世間では、政友会は資金に窮しているとうわさが立っていた。5月の第15回衆議院議員総選挙では、原が政友会の金庫に残した90万円のほか、幹部たちが調達した資金を合わせて160万円ぐらいの費用がかかったといわれている。帳尻合わせは総裁の仕事である。

是清は横浜正金銀行の頭取や日銀総裁、大蔵大臣をやり、日露戦争での報奨金ももらったから

世間では金持ちだと思われている。だが、是清は金銭欲が強いわけでも吝嗇家《りんしょくか》でもなかった。

原に呼ばれて政友会に参加した時も持参金として相当の資金を提供したはずなのだ。特定のスポンサーもいないから、逆に大胆な金融政策もとれる。しかし総裁をやっていると、どうしても金がかかる、趣味で集めていた仏像も売らねばならず、次第にその数を減らしていた。

是清は自分の後任には加藤内閣で司法大臣をやっている横田千之助が党歴も長くふさわしいと考えていたが、あいにく横田は病弱だった。

であれば外部から後藤新平、あるいは伊東巳代治あたりを呼ぶのも良策とも考えたが、二人ともすでに高齢である。

そこで目をつけたのが、原敬が元気な時から政友会とつながりを持つ陸軍の田中義一であった。彼ならまだ60歳だ。原内閣で陸海軍が予算の取り分で衝突した時に、田中は譲った。是清にはその姿勢が強く印象に残っていたのである。意を受けた小泉は横田らと相談して田中に対して裏面工作を始めた。

この年の12月から翌大正14年3月にかけて開催された第50回議会では、普通選挙法案が提出された。

納税額に関係なく25歳以上の男子に選挙権、30歳以上の男子に被選挙権が認められ、これによって３２９万人だった有権者は一気に１２４１万人にまで拡大されたのである。ちなみに女性の参政権は第二次世界大戦後を待たねばならない。

貴族院改革では有爵議員の年齢資格の25歳から30歳への引き上げ、それまで増加の改正しか行われてこなかった伯・子・男爵議員の人数を176人から150人へと初めて減らすことに成功したのである。

その少し前、大正14年1月20日には、日ソ基本条約が調印されソ連との国交が回復した。1917年のロシア革命以来である。この時ヨーロッパ諸国はすでに国交を回復していた。

日ソ国交回復、普通選挙法公布の直後にそれらを追うように施行されたのが治安維持法だ。治安維持法第1条は、「国体を変革しようとしたり、私有財産制度を否認することを目的に結社を組織したり、それに加入したりする者は、犯罪として取り締まる」とあったように、あきらかに共産主義を視野に入れたものだった。

この護憲三派内閣のアウトプットは盛りだくさんである。これに陸軍大臣・宇垣一成による軍縮、いわゆる宇垣軍縮が加わる。

加藤友三郎内閣時の山梨軍縮とは異なり、宇垣は陸軍会計経理規定整理委員会を設けて、現有21個師団のうち高田、豊橋、岡山、久留米の4個師団、連隊区司令部16カ所を廃止した。この結果として約3万4000人の将兵と、軍馬6000頭が削減された。

浮いた経費は戦車連隊、各種軍学校などの新設、航空機や戦車など陸軍の近代化へと回された。また4月11日には「陸軍現役将校学校配属令」が公布され中学校以上の各校に現役将校が配属され軍事教練を施すことになった。これは軍縮により発生する失業将校の救済、さらに来たるべき総力戦への備えという意味があった。軍縮の一方で軍国教育が拡充された。

田中義一

こうして護憲三派内閣の一連の成果が出て、田中からは政友会総裁就任への内諾も得た4月3日、是清は麴町にあった加藤高明邸を訪ねた。

「私も老境に入り気力は減退し、内外多端の激務にも堪えないようになってしまった」

と切り出して小泉が苦心して書き上げた覚書を土台に、是清は加藤に辞意を伝えた。

「私は閣僚であるが、それは政友会の総裁であったがゆえである。近日正式に田中男爵に会って、政友会総裁就任をお願いしようと考えている。そこで今般総裁を辞めることになったから、閣僚も辞めたい」

加藤は引き留めたが、是清の辞意は固かった。

世間では、是清は政友会から丸裸にされた上に、借金を背負わされ小泉から党費として150万円の手形振り出しを強要されたとか、田中に近い日立の久原《くはら》房之助に借金の面倒を見てもらったがゆえに、田中に政友会の総裁を譲ったとか、うわさされた。

しかし是清の理財家としてのそれまでの実績、その後の政財界からの期待や活躍から見ても、そうしたものは単なる面白おかしい作り話に過ぎない。是清は金ばかりかかる政党運営に見切りをつけたのだろう。そして確かに是清はあまりにも多忙だった人生に少し疲れていたはずだ。

ただこの時、政友会は財政的に行き詰まっていたのは確かで、新しく政友会総裁となる田中義一は300万円の政治資金を持参金としたが、この金はシベリア出兵時の陸軍機密費から出たものではないかと追及されることになる。

これは翌年、陸軍機密費横領問題として国会でもとりあげられたが、担当の石田基次席検事は東海道線大森—蒲田間の鉄橋下で変死体となって発見されることになる。

伊藤博文、西園寺公望、原敬、高橋是清と継承され大正デモクラシーの中核であった政友会は軍人田中の総裁就任によってその性格を変えていく。

是清が田中義一陸軍大将に正式に政友会総裁就任を要請したのは4月8日である。現役の軍人は政党活動ができない。翌9日に田中は予備役に編入された。

14日には政友会臨時大会が開催され、田中はそこで新総裁就任の演説をした。

「我が国は先の欧州大戦で一等国となったが、その後は充実を欠いている。今や世界は侵略主義的国際競争には幻滅し、協調的国際思潮が浮上しているのであるから、我が国は接壌の善隣（中国と仲良く）を図り、我が国と有無共通の貿易関係を促して、共存共栄の実を挙ぐるに至ることは当然の帰結であります。我が国は産業立国として立つべきなのであります」

軍人出身とは思えない、あるいは後の田中の行動からは想像できない国際協調的な名演説であった。しかし、この後政友会は、田中の演説とはうらはらに対中強硬路線に転じ、軍部との関係を強めていくのである。

第１６５話　つかの間の休息

是清が担当する農商務省は大正14（１９２５）年4月1日付で農林省と商工省に分離した。是清は最後の農商務大臣であり、最初の農林大臣と商工大臣でもあったのだ。商工省は戦時に軍需省と農商省の一部となり戦後は通商産業省を経て現在の経済産業省に至っている。

是清が両省の大臣職を解かれたのは17日金曜日であった。

朝5時起床、起きると2階の雨戸をすべて開けて後、階下に降りて庭を巡回する。是清は胃腸病に脚気《かっけ》と病持ちだったので体操を欠かさない。それからゆっくりと風呂に入り、仏間に入って15分ほど読経した。

朝食はパンとコーヒーの洋食である。そしていつもは8時半にお決まりの大臣お迎えの車が来ていたが、それはもうなくなった。

政友会総裁と大臣の職から解放されてようやく得た静寂であった。

それでも内外の新聞や論文などには目を通し、情報収集は欠かさなかった。そして衆議院議員は続けている。

赤坂表町の屋敷は現在高橋是清翁記念公園になっている。これは是清の死後、昭和13（1938）年に高橋家から東京市に寄付されたもので、その後港区に移管され今日に至る。

もともとの敷地は約2000坪あり、現在の公園に隣接するカナダ大使館を加えた広大なものであった。さらに表の青山通りは昭和39（1964）年の東京オリンピックの際に拡幅され、記念公園は18メートルほど削りとられている。

建物については現在小金井市の江戸東京たてもの園に是清が日常使用していた母屋と玄関だけが残されているが、往時の高橋是清邸は3棟の建物が建っていた。

政友会総裁を辞めた時、是清は満70歳、妻の品子《しなこ》が59歳、長男の是賢48歳は是清が選挙に出馬する際に子爵を譲られている。次男是福《これよし》は43歳で、ここまでが先妻柳子《りゅうこ》の子である。

高橋首相の姪たちとメディアに紹介された

次いで品子の子として大久保利賢のもとに嫁いでいる長女の和喜子33歳、三男の是孝は32歳、オックスフォード大学留学中に欧州旅行で知り合ったドイツ人アニタと結婚、その後離婚したが是清の孫となる正夫をもうけている。後年の家族の集合写真では現代でいうハーフのハンサムな正夫の姿も見える。後年アニタはジーメンス社勤務のドイツ人と結婚して、夫の東京支社赴任にともなって再び日本にやってきた。

四男の是彰は24歳、学習院高等科からグラスゴー工科大学電気工学科で学んでいた。是清の古くからのなじみで日露戦争のファイナンスでも世話になった銀行家アラン・シャンドが英国での後見を引き受けた。

ちょうど前年１９２４年の夏休みに一時帰国すると、欧米では既に始まっていたラジオ放送に目をつけ、英国の無線機メーカー、マルコーニ社に留学するため再度渡英した。現地では実技を身につけるために職工でも何でもする覚悟だった。是清は若者がこうした実務を習得することを好んだので、是彰が職工見習いをしていることは自慢だった。

大正13年ＮＨＫの前身である東京放送局が設立された。ちなみに初代総裁は後藤新平、どこにでも顔を出す人である。世界中でラジオ放送が本格化する時期にあった。

そして内妻の直子は43歳になった。直子との間には4人の女の子がいる。次女の真喜子が15歳、三女の喜美11歳、四女美代子9歳、五女の栄子は8歳である。

是清がまだ首相だった数年前、この4姉妹の写真がメディアでとりあげられたことがある。そこでは庭に寝転び遊ぶ彼女らは高橋首相の姪御《めいご》さんたちと紹介されている。

また選挙の時には、おじいさんの当選に喜ぶお孫さんたちと新聞で紹介され、正妻である品子の子として育てられている彼女たちからすれば、なぜ新聞はいつも間違うのかと不思議だったのだそうだ。

是清は絵師川村家に生まれ、養子として仙台藩足軽の高橋家に入った。その後高橋家の養父母の間に男子が生まれた。是清にとって6歳年下の義理の弟にあたるこの人が是利という。奥さんは都弥といい助産婦だった。

直子は妊娠してお腹《なか》が目立つようになる度に、是利の家に行き出産し、そして回復すると女中頭として赤坂表町の屋敷に復帰した。そして生まれた子供は是利の子供として出生届が出されたが、赤坂表町の屋敷で是清と品子の子として育てられたのである。従って首相の姪御さんというメディアの表現は正しかったことになる。

後に姉妹は是利の籍を離れ是清・品子の籍に養子縁組されて、晴れて是清の正式な子供となるのである。直子は立場をわきまえ、子供たちに自分が本当の母親であることを決して漏らさなかった。

姉妹のPTAや父兄参観には品子が母として参加し、四女の美代子や五女の栄子にすれば、「どうしてうちの母は老人なのか」といつも疑問に思っていたそうである。

もう一人の息子

そしてもう一人、是清と鈴木某という芸者の間に息子、利一14歳がいる。利一も是利の子として届けられ、11歳の時に是利が死ぬと、是利の、つまり本家の高橋家の跡継ぎとなった。

利一は利発な子供で、是清も実の子供として接して可愛がった。慶應義塾大学英語會を経て三井物産に就職、2・26事件の際にはニューヨーク駐在中で、ニューヨーク・タイムズのカレント・ヒストリーという月刊誌に「父・是清」という記事を英文で寄稿している。

日本の軍部はこの記事が気に食わなかったようで、カレント・ヒストリーが日本で発売禁止になるや、米国では逆にそれが話題となって75万部を売り上げたのだそうだ。

是清は子供好きだった。家令の岡村の子供たちも分け隔てなく可愛がった。

政友会総裁辞任後の是清は家族や特にかわいい娘たちと幸せな時間を過ごしたのである。もうこのまま引退かと思われたが、世間がそれを許さなかった。

第4部　知命篇

第18章　昭和金融恐慌

第166話　正貨残高

振り返れば、明治29（1896）年、この年、日清戦争を戦った第2次伊藤博文内閣に代わって松方正義が内閣総理大臣になった。

松方は日清戦争で清国から得た賠償金を元手に彼の悲願であった金本位制を採用した（第59話）。

その時、横浜正金《しょうきん》銀行で働いていた是清は、松方から金本位制採用について意見を求められてこう答えた。

「それは誠に結構、好機逸すべからずでございます。今なら1円はちょうど過去の2分の1、半分に平価を切り下げるチャンスです。これは金銀の相場水準に従った無理のない切り下げです」

日本は明治の初めに1ドルを1円と定めた。そして日本円の紙幣は銀との自由な交換（兌換《だかん》）を行った。銀本位制である。だがそれから30年ほどの間に、銀の質量当たりの価値は金に比べると半分に下がってしまった。そのため日本円の価値は実質金本位のドルと比べて1ドル2円と半分になっていたのである。

是清はこの時のエピソードを生涯最も愉快だった話のひとつとして自伝に記した。後年になっても、日本の金本位制採用に少しは貢献したという意識があったのだろう。

かくして日本は翌明治30年10月1日から金本位制を採用したのである。1ドル2円、ドル・円相場での売買の呼び値は100円＝50ドルだった。

金本位制のメカニズム

金本位制とは、金を貨幣価値の基準とする制度であり、金との兌換や、金の自由な輸出入を認める制度である。金の価値を基準に他国通貨との交換もレートが固定して容易になる。

金本位制下で一国が通貨を発行する場合には、いつでも兌換が可能なようにその裏付けとなる金を一定の比率で準備しておかなければならない。

金本位制では輸出入の差額は金で支払われる。貿易が赤字であれば赤字の分だけ金が海外に出て行く。すると国内の準備金は減少して、それと同時に国内の通貨量も減少することになる。通貨量が減少すると、景気が悪化して物価が下がる。すると国産の商品が安くなるので輸入が減って輸出が増えて貿易赤字は解消に向かう。理論上そうなるはずだ。これが金本位制の持つ基本的な国際収支調整のメカニズムと呼ばれるものである。

ただし実際の国際経済はそう単純ではない。例えば輸出が絶好調で金が大量に流入しても、その国が通貨量を増やすとは限らない。そうなると金が流出し通貨量が減った国は、金をなかなか取り戻しにくくなる。

また外貨のやり取りは貿易以外にもある。例えばサービス収支とよばれる海運や観光の収入、対外金融債権・債務から生じる利子・配当金等の収支もある。

現代では「そもそも通貨とは」という側面からも様々なアプローチで金本位制の評価がなされているが、ここでは当時の人々の考え方としてこの基本的な金本位制のメカニズムを頭に入れておくと様々な事象を理解しやすい。

20世紀初めの国の運営者にとって、金本位制および金の保有量は最大の関心事だった。

在外正貨

当時の日本では、この準備金について金の現物を国内に備蓄しているケースと、いつでも金と交換できる英ポンドや米ドルとして海外の銀行に預金しているケースがあった。国内の残高を内地正貨、国外にある場合を在外正貨と呼ぶ。正貨とは金、またはいつでも金との交換が可能な外国通貨のことである。

図は日露戦争が始まる前年の1903年から、太平洋戦争が始まる1941年までの年次のグラフである。棒グラフは内外の正貨の残高、つまり日本の金（正貨）の保有量を示し、折れ線は外貨建て国債の発行残高を示している。

このグラフで示された時代は是清が国際財務官として、またその後は大蔵大臣として活動した期間である。当時の金本位制下の縛りの中で、是清は一体何をしたのか。また是清とよく対比される井上準之助は何と戦っていたのか。この正貨残高のグラフはそれを理解するためのツールで

内外正貨と外国債発行残高

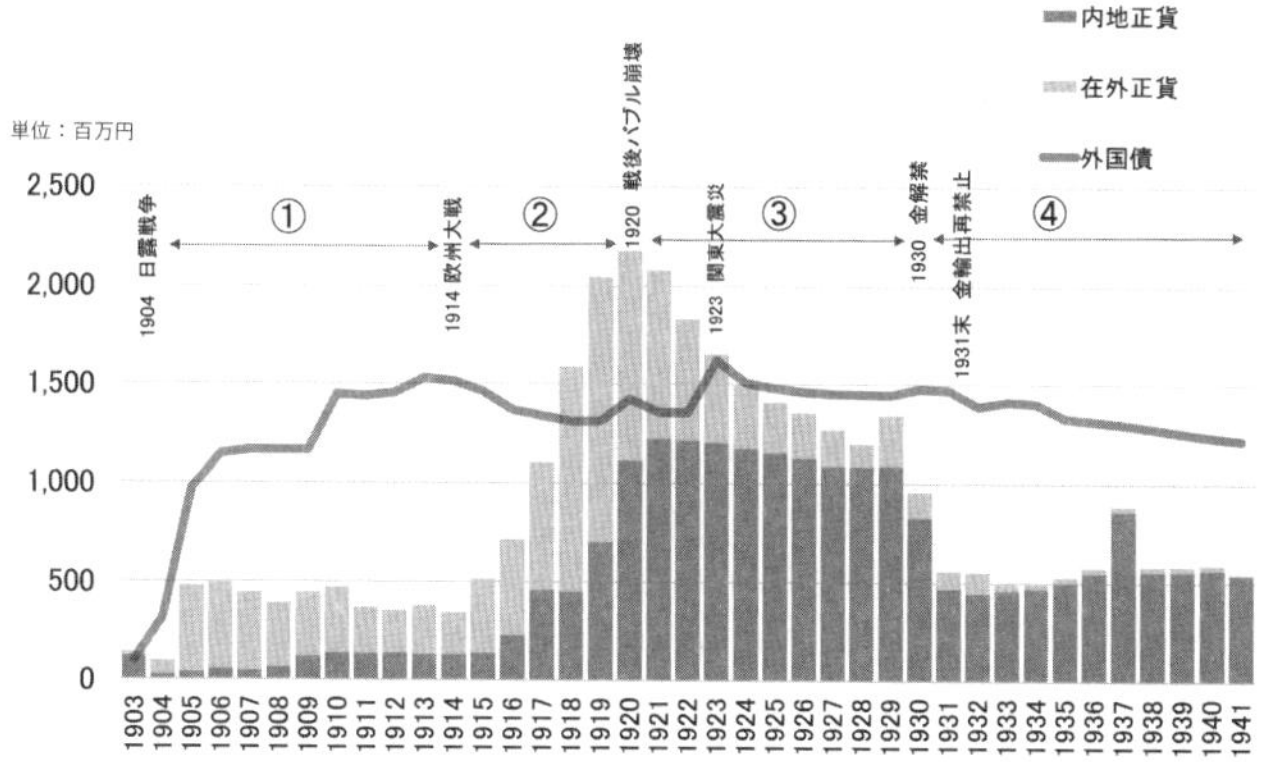

データ:大蔵省百年史 主要財政経済統計

ある。

時代の区分

この時代は①から④までの四つの期間に区分することができる。

①外債発行による正貨補充の期間

1904年からの日露戦争では是清が欧米へ出張し外貨建て国債（外債）を発行することで戦費を調達した。戦争は金がかかる。軍需品を輸入するためには正貨が必要だった。また外債を発行するためには金本位制を維持し国家財政の健全性を示す必要があったので、いつでも紙幣を金と交換するための兌換準備の正貨も必要だったのである。

是清が調達した英ポンドや米ドルは、本来であれば金塊に換えて船便で日本へと送るのだが、いずれ軍需品の輸入代金としてすぐに支払われるものである。であれば運賃や保険料をかけて現物の金を日本へと輸送するよりも現地の銀行に外貨建てで預金しておこうということになった。これが在外正貨である。この時期の日本の保有正貨は外国で発行された日本公債によるものであるから在外正貨が主であったのだ。

　1905年に日露戦争が終わっても、列強に比べて工業化に出遅れていた日本は輸入超過が続いた。さらに戦時中に発行した外債の元利支払いは正貨でなければならない。これでは正貨は出ていくばかりである。皮肉なことに正貨が不足すると金本位制維持のためにさらに外債を発行して正貨を補充しなければならない状況が続いた。そのためこの時期には外貨建て債券の発行残高が伸びたのだ。

　国家財政の約30%が公債費、30%が軍事費、残りの40%で国をまわしていたのである。

　こうした状態が続き、正貨が不足して、日本はもうだめかという時に生起したのが欧州大戦（第一次世界大戦）である。元老の井上馨はこれを「大正の天佑《てんゆう》」と呼んだ。

②大戦景気による正貨充実の期間

　欧州大戦では戦場から遠く離れた米国や日本は恩恵をこうむった。参戦した列強が経済を戦時体制にシフトする中、軍需品の輸出や世界市場にできた民生品市場の空白を戦場から遠い日米が埋めたからだ。そのため日本は工業製品の輸出が伸びるとともに海運の運賃収入などがあって正貨が猛烈な勢いで流入した。

　1918年に戦争が終わると欧州の復興は予想よりも早く、日本の輸出ブームは1920年には陰りを見せた。一方で正貨が貯まった日本はシベリア出兵や西原借款などに気前よく正貨を放出した。

政権は政友会の原敬内閣となり、本来であれば財政の引き締めが必要なところ、原首相と大蔵大臣の是清は積極政策を続け、大正17（1920）年の春には株式市場でバブルが崩壊した。ここが日本の正貨残高のピークだった。この時、日本は金本位制復帰のチャンスだったが、原内閣は対中国投資に正貨を温存すべきと考えて復帰を控えた。

正貨が流入しても温存しては、世界に金が不足する。

後のことになるが是清はこう言っている。

「金本位制は発展国が外国から資金調達をするためには必要だが、十分な正貨を持つ国では必ずしも必要ではない」

③大戦後正貨流出の期間

この後、日本は欧州各国の復興とともに欧州大戦前と同じ輸入超過の時代に逆戻りしてしまう。在外正貨が急激に減っていく中で、運悪く関東大震災が発生した。

震災からの復興には輸入物資を購入する正貨が必要である。この時発行した外貨建て国債は発行条件が悪くて、国民からは「国辱国債」と呼ばれたのである（第158話）。しかしそれは日本の実力であった。

この期間は出口の見えない不況が続く。それでも在外正貨の減少は止まらない。要するに日本は稼ぐ金以上に出費が多すぎるのである。欧州大戦中に稼いだ記憶をそのままに、収入が減っても散財をやめられない状態だった。

この事態を打開するためには財政を緊縮して、国民は贅沢《ぜいたく》をやめ、正貨の流出を抑えて金本位制を復活することが必須であると政財界人の多くは考えるようになった。

④金解禁後の世界

この期間の話がこれ以降の話である。

第167話　蘇る金本位制

大正14（1925）年4月、是清は立憲政友会（以下、政友会）総裁を辞任した。

この頃、世界の通貨システムは、1922年のジェノヴァ国際経済会議において先進各国が誓ったように、欧州大戦以前の金本位制に復帰すべく各国とも動いていた。

現代の我々の目から見れば、金本位制は欠点が多い通貨制度に見えるが、当時の欧州大戦以前のグローバル経済の隆盛を知る者たちからすれば、それは多少の犠牲を払ってでも、必ず取り戻すべき正しい秩序だったのである。

米国の復帰

1918年に欧州大戦が終わると、世界の経済環境は様変わりした。未曾有の規模の戦争遂行に、各国政府は巨額の借金を背負った。

敗戦国のドイツは、戦争に際して占領地からの略奪と国内発行の自国通貨建て債券だけで軍資金を調達した。

戦争が終わるとドイツは戦争責任を問われて連合国側から巨額の賠償金を請求された。これは戦前の金本位制下のマルク建てで1320億金マルク（約66億ポンド）を請求されることになった。要するにゴールドで支払わねばならない。

英仏からすればドイツには二度と強大な経済力を持たせたくはない。ところがこの賠償金額はドイツが強大な経済力を持たねば支払えない金額だったのである。

繰り返すが、ケインズの著書『平和の経済的帰結』の計算では、ドイツがこの賠償を支払うためには工業製品を輸出して正貨を稼がなければならないが、その水準はドイツ産業の隆盛によって英仏の産業が壊滅するレベルだった。要するに支払い不可能な数字だったが、たくさんの若者が戦死した連合国側からは配慮されることはなかった。

連合国側ではロシアがフランスと英国から7億6000万ポンドを借りたが、ロシア革命で帝政が終わり共産国家ソビエト連邦になると、前体制の借金は踏み倒された。

フランスは当初英国市場で5億5000万ポンド資金調達し、後に米国市場からほぼ同額を借り入れた。

英国はフランスや他の連合国に17億4000万ポンドほど資金を貸し出すと同時に、米国からは8億4200万ポンドを借り入れる立場であった。

米国は各国に合計18億9000万ポンド貸した。ちなみに日本を苦しめた日露戦争の海外からの借り入れ、すなわち外債発行額は8200万ポンドほどであった。欧州大戦は戦争の規模が全く違ったのである。

国土の一部が戦場となり生産設備を破壊されたフランスが、自身の英米に対する借金を返済するためにはドイツからの賠償金が必要だった。また英国はフランスからの返済がなければ米国への返済は苦しい状況だった。

こうしてドイツが賠償金を払えない状況では、この連鎖した借款関係の解消は困難だった。


欧州大戦以前の英国は世界一の海軍力と世界に巨額の債権を持つ覇権国だった。「パクス・ブリタニカ」の時代である。ロンドンは世界の金融の中心地であり、いつでも金と交換できる英ポンド（正貨）は覇権通貨だった。借金を返済できない国には強力な海軍を差し向けた。日露戦争の資金調達の時、是清は迷わずロンドン市場を目指した。英ポンドを持つことは金塊を持つことと同値。金本位制の下で、世界はロンドンを中心にまわっていたのだ。

欧州大戦が始まると各国は金本位制を停止、紙幣と金との兌換を停止して軍需物資の輸入に必要な金を確保した。一方で米国と日本は戦場から離れており、物資の供給源となったので輸出代金が入り世界の金が集中した。そのため両国の金本位制は1917年9月まで停止されなかった。

こうした事情で、米国は戦争が終わった1919年には早くも金本位制に復帰した。同時期同じ環境にあった日本も金本位制復帰を考えたが、時の原内閣大蔵大臣・高橋是清は、中国への投資のために正貨が必要になると判断して復帰を見送った。

その後日本はシベリア出兵による巨額の出費、戦後バブルの崩壊、関東大震災による甚大な被害と、せっかく欧州大戦でため込んだ正貨も失い金本位制復帰への機会を逸していたのである。

当時金本位制に復帰できない各国は、為替レートを市場に任せながらも一部介入する管理フロート制を採用していた。

ドイツの復帰

欧州大戦後のドイツのハイパーインフレーションは有名だが、それは戦後すぐに訪れたものではない。賠償金額の決定は終戦から3年後の1921年のこと。1923年1月にドイツによる賠償金支払いの遅れに対してフランスとベルギーが、炭鉱があるルール地方を差し押さえとして占領すると、ドイツはストライキでこれに応えた。

同地方はドイツの石炭の73%、鉄鋼の83%を産出する経済の中核地域であったので、ドイツ経済はこれで崩壊した。

またその際、ドイツ政府がストライキに入った労働者の給料を紙幣の印刷によって賄ったことがきっかけとなって、無制限な通貨発行が行われてハイパーインフレが発生したのである。

ハイパーインフレに対してドイツは、旧来のパピエルマルクを廃棄して土地の地代を担保とする新たなレンテンマルクを発行することで対処した。レンテンマルクは発行量を制限し米国ドルと1ドル＝4・2マルクでペッグ（連動）する仕組みを設けた。

その一方でハイパーインフレによって価値を喪失していたパピエルマルクに対して、1923年の11月に1レンテンマルク＝1兆パピエルマルクの交換比率で、実質デノミネーション（通貨の呼称単位の切り下げ）を行うことでドイツのハイパーインフレは収束した。

また翌年には米国の仲裁（ドーズ案）により賠償金返済問題も一部棚上げにされ、米国資本が投下されることでドイツ経済の混乱は収束に向かったのである。

新しいレンテンマルクは米国ドルとペッグすることで金本位制採用と同じ状態になった。そして通貨移行の目的で発行されたレンテンマルクは1対1の比率で新通貨ライヒスマルクと交換された。英仏独の中で、敗戦国ドイツの実質金本位制復帰が一番早かったのは皮肉である。

英国の復帰

英国は1922年ごろから、通貨当局が「旧平価」による金本位制復帰を宣伝、これは議論を呼んでいた。「旧平価」とは戦前の為替レートで1ポンド＝4・8665ドルの水準であった。

金本位制復帰への論点は、⑴金本位制に復帰すべきなのか、⑵復帰するならば為替レートは「旧平価」かポンド安の実勢レートである「新平価」なのかの2点である。

英国知識層の大勢は欧州大戦以前の大英帝国の繁栄回復をイメージし、「旧平価」での復帰を望んだ。

一方でケインズはこれに反対で、英国の産業は戦前の競争力を失っている。「旧平価」での復帰は英ポンドの実質上の切り上げになり、英国輸出産業に深刻な打撃を与えると警告した。

イングランド銀行元総裁ウォルター・カンリフ卿率いるカンリフ委員会（戦後通貨と外国為替に関する委員会）は、ケインズの意見を実務経験不足であるとあしらうと同時に、「旧平価」での復帰をできるだけ早く実現し戦前と同じ国際金本位体制を再建すべきだと結論した。この議論は後の我が国の金本位制復帰論争を彷彿《ほうふつ》させる。

1925年5月13日、是清が政友会総裁を辞任したまさにその頃、英国では金本位法が成立し、英国ポンドは旧平価で金本位制に復帰したのである。

第168話　渡辺銀行破綻

大正14（1925）年4月、是清が政友会総裁を辞め「護憲三派」内閣の閣僚も辞任すると、革新倶楽部の犬養毅《つよし》も逓信大臣を辞めて政治家を引退することにした。「護憲三派」を名乗りながら結局は憲政会主導で物事が進むことに嫌気がさしたのだ。

犬養は、自分は高齢（是清より1歳若い69歳）なので、もう小政党を率いるのは無理だと言うと、自身の革新倶楽部を政友会に吸収させた。

護憲三派内閣から憲政会内閣へ

田中義一新総裁率いる政友会は、閣内でいつまでも憲政会の風下にいることに不満で、政権を獲得すべく策動しはじめた。憲政会加藤高明内閣の浜口雄幸大蔵大臣が作成した租税整理案に対し反発、これを受けて加藤は7月31日に閣内不一致を理由に内閣を総辞職させ、元老に是非を問うた。

この総辞職に次期政権を狙う政友会と、かつて政友会と袂《たもと》を分かった床次《とこなみ》竹二郎率いる政友本党は活気づいた。政権をとれるのであればまた一緒になろうと、両党提携を発表したり、元老の西園寺公望に直接「政本提携」の電報を送り付けたりして政権交代をアピールしたが、そんな節操の無いことで西園寺の心は動かなかった。

組閣の大命は再び憲政会の加藤高明に下ったのである。これで「護憲三派」内閣は終了し、以降は加藤高明による憲政会単独政権となった。

大正15年1月に首相の加藤が肺炎で急死すると、同じく憲政会の若槻礼次郎が跡を継いだ。利権争いに明け暮れる政友会へは大命降下は無かったのである。

この年の年末、12月25日に大正天皇が47歳で崩御すると摂政宮（昭和天皇）が新帝の座につき、25日以降、時代は昭和へと改元された。従って昭和元年は25日から31日までの1週間しかない。

こうして翌昭和２（１９２７）年に入ると、前年末召集の第52回議会は1月28日から再開された。

震災手形

欧州大戦景気で急速に拡張した日本経済は、その後の反動不況、それに続く関東大震災と立ち直りの機会を与えられないまま昭和に入ってしまった。

政府、日銀は将来発展すべき有望企業が、こうした不況や震災で倒れぬよう救済資金を放出して財界の健全化に努めてきた。しかしその一方では、本来淘汰《とうた》されるべき不健全な企業も破綻を先送りされて温存されることになった。

欧州大戦終了当時２０００以上あった普通銀行および貯蓄銀行の中には、弱小で既に破綻するものや営業停止のものが増えた。生き長らえているものの中にも、一個人や一つの会社への固定貸しに集中している銀行や、不動産投資に貸し出しが偏っているものがあった。そしてその中には担保物件の価格下落によって経営状態が悪化しているものが目立つようになっていた。

またこれは弱小の銀行だけではなく、神戸の鈴木商店に貸し込んでいた台湾銀行などもその例に漏れず、経営状態が悪化しながらもこれらの銀行がなんとか存続しているのは関東大震災の際に特例として扱われた震災手形のおかげであった。

時の蔵相・井上準之助によって、大正12（1923）年9月に2年の支払い猶予を与えられた震災手形も、その猶予期間はすでに2回延長されて最終期限はこの年、昭和2年の9月に迫っていた。

井上は震災直後、震災のために流通できない手形を20億円と見積もり、日銀に再割引を求める手形を5億円、そのうち2割の1億円が日銀の損失となって、政府が補償するであろうと見積もって準備していた。しかし昭和元年末時点でもいまだ2億7000万円分の手形が日銀に残っていたので、差額の1億7000万円分を処理するための新しい法律が必要だった。

猶予期間を延期すれば財政の整理を妨げ、強引に決済を迫れば財界の動揺は避けられない。政府補償による債務の免除がなければ台湾銀行以下の救済はおぼつかない状況であった。

そこで政府はこの震災手形問題を処理すべく昭和2年1月末に「震災手形損失補償公債法案」と「震災手形善後処理法案」を議会に提出したのである。二つをまとめて「震災手形法案」と呼んだ。

この法案は、どこそこの銀行が危ないだとか、審議の過程で個別銀行名が出ると財界に及ぼす影響が大きいため、若槻首相は与党憲政会と野党政友会、政友本党の間で議会中の政争中止を求め平穏な議会通過が見込まれていた。

ところが2月の末に至って、憲政会と政友本党の政策提携「憲本聯盟」成立が伝わると、一つ孤立した形勢になった政友会は俄然《がぜん》政府に対し攻撃的になった。

政友会は委員会において震災手形所持銀行と震災手形債務の内訳の公表を迫り、某特殊銀行（台湾銀行のこと）救済のために震災手形救済の美名を借りて整理をするのかと、台湾銀行問題も持ち出して政府を困らせた。

これに対して片岡直温《なおはる》大蔵大臣は政府として個別行に関するデータは公表できないという立場を貫いた。

3月4日、憲政会に政友本党を加えた多数で、両法案はなんとか衆議院を通過したものの、これが貴族院に回付されると、「政府は国費をもって一部政商（鈴木商店）を保護するものである」と、議場であるいは新聞紙上で非難を浴びると同時に、この件が不透明で曖昧な情報のまま広く世間の知るところとなっていったのである。

東京渡辺銀行

そんな不穏な空気が流れる3月14日、東京渡辺銀行の渡辺六郎専務が大蔵省を訪ねて、手形交換尻の資金がなく、もはや決済がつかないと報告に来た。

渡辺にすれば、大蔵省に泣きつけば日銀にでも頼んでくれて何とか決済をつけてくれるのではとの甘い期待もあったのだが、応対した田昌《でんあきら》次官は極めて事務的に対応した。

破綻の手続きをとるように指示すると、

「東京渡辺銀行は、14日午後1時、33万7０００円の手形交換尻を決済する能《あた》わずついに支払い

を停止せり　震災手形650万円全部日本銀行提出済み、預金総額3700万円」

とメモを書き、帝国議会議事堂へと向かった。議会出席中の片岡蔵相に報告するためである。

当時、片岡蔵相は議会で政友会・吉植《よしうえ》庄一郎議員の辛辣《しんらつ》かつ執拗《しつよう》な質問を受けているところだった。

田次官が差し入れたメモを見た片岡は、「ほらいわんこっちゃない」あんたも法案成立の妨害ばかりしていると金融界は大変なことになるぞ、という意味でこの材料を使った。

「現に今日正午ごろにおいて渡辺銀行が破綻をいたしました。これに対してもなんとか救済をしなければならぬと存じますが……」

ところが議会の反応は、片岡の思惑を上回っていた。議会は「破綻」に騒然とした。

田次官が大蔵省を出発した直後に渡辺銀行から決済はついたとの報告があったのだが、それは後の祭りだった。

第169話　鈴木商店

昭和2（1927）年3月14日、衆議院において、時の片岡直温大蔵大臣は東京渡辺銀行が支払いを停止したと発言した。唐突で大胆な発言に議場にいた議員や記者たちは驚いた。

しかし実際には決済がついていたことを知った大蔵省や日銀の幹部は、この発言の後も東京渡辺銀行に対して営業を続けるよう強くすすめた。ところが東京渡辺銀行側にすれば、いずれ破綻は避けられず、蔵相のうかつな発言はその責任をいくらかでも政府の責任に転嫁できるので、むしろ休業することにした。

新聞は蔵相の失言とともに、経営者が東京の大地主（日露戦争の時に株を買い上げた。第69話）で比較的信用が厚かったにもかかわらず銀行が破綻に至ったことを大きく扱った。しかしこれだけで取り付け騒ぎが広まったわけではない。

18日に芝公園で「震災手形法案」反対国民大会が開催された。

「国民の金で一部政商を助けるな」

とこれはもう明らかに鈴木商店のことだったが、騒ぎが大きくなると、これによって震災手形所持銀行への不安が高まった。

銀行救済が難しそうであれば早めに預金を下ろしておこうと、首都圏の5、6の中小銀行で取り付け騒ぎが起こったのである。これが全部で3段階あった昭和金融恐慌の第1段階の始まりだった。

3月23日、世間が騒然とする中、貴族院は事態収拾のために「震災手形法案」を条件付きで可決した。

その条件とは、第一に震災手形処理は貴衆両院議員が参加する審査委員会に付議すること。第二に貴衆両院議員が参加する「台湾銀行調査会」を設けることだった。

震災手形処理を審査委員会で決めることはわかる。では何故ここで台湾銀行を調査せねばならないのか。それは台湾銀行問題とは、台湾銀行が貸し込んでいる政商鈴木商店救済問題そのものだと考えられたからである。世間は、政府は銀行救済のドサクサに紛れて鈴木商店を救うのではないかと疑ったのである。

金子直吉

では鈴木商店とはどのような会社であるのか。

鈴木商店とはその実質上の経営者である金子直吉そのものであった。

直吉は慶応2（1866）年土佐の商家に生まれた。家業の破綻、他家での丁稚《でっち》奉公を経て、明治19（1886）年、20歳の時に神戸の砂糖問屋鈴木商店に入った。

明治33年、番頭として樟脳《しょうのう》事業を手がけていた直吉は当時の台湾総督府民政長官後藤新平と近しくなり、樟脳の専売制をもくろんでいた後藤と通じ、台湾樟脳油の販売権のうち65％を獲得すると大きな利益を上げた。まさに政商である。

その後、直吉は社業を発展させ、「生産こそ最も尊い経済活動」という信念のもとに「煙突男」と揶揄《やゆ》されるほど製造業、すなわち工場建設に邁進《まいしん》して鉄鋼、造船、石炭、化学、繊維から食品に至るまでの80社を超える一大コンツェルンを形成した。

鈴木商店の流れをくむ企業は神戸製鋼所、帝人、双日、日本冶金工業など現在も数多く残っている。

鈴木商店のさらなる拡大への転機は欧州大戦である。直吉は鉄や船などの投機的商品を買い占め、一時は、三井財閥、住友財閥、三菱財閥を凌駕《りょうが》する勢いを示した。しかしそこが成長のピークであった。

やがて戦後景気の反動がやってきたが、拡大した戦線の縮小は容易ではなく、鈴木商店の経営は過剰債務で傾いていった。

この時、やり手の直吉は時の大蔵大臣是清や逓信大臣野田卯太郎の屋敷にお百度を踏んで債務の整理を懇願した。さらに井上準之助日銀総裁も動かして、さまざまな銀行から借りていた債務を台湾銀行に肩代わりさせ一本化させることに成功した。

当時の是清や井上にすれば、ここで鈴木商店を破綻させては他にどんな悪影響がでるかわからないと、問題を先送りしてしまったのだった。

鈴木商店はビジネスの起点が砂糖と台湾樟脳であったようにもともとメインバンクとしての台湾銀行とのつながりが深く、鈴木商店を生き残らせようとすれば、当時は台湾銀行を救うしかなかったのだ。

この戦後反動期の鈴木商店の債務は2億円といわれていたが、問題先送りによって昭和2年にはすでに4億数千万円にまで膨らんでいた。うち鈴木商店振り出しの震災手形は8000万円である。

さて、議会の進行中も台湾銀行による鈴木商店向けの貸し出しは続けられていたが、「震災手形法案」が貴族院を通過した後の3月26日、台湾銀行は鈴木商店への援助資金の貸し出し停止を通告すると28日限りで打ち切ってしまった。

「震災手形法案」さえ成立すれば、震災手形もチャラになって何とかなると考えていた直吉は落胆して、台湾銀行に融資の継続を懇願に行くが、「台湾銀行調査会」が設置されると決まった以上、もはや勝手なことはできぬと拒絶されてしまうのである。

直吉は同郷土佐出身の片岡蔵相を訪ねて、鈴木商店破綻による混乱を人質に脅し半分、懇願半分で粘ったが、片岡は首を縦に振らなかった。

金融恐慌第2段階へ

4月1日（金）にこの鈴木商店に対する貸し出し打ち切りの事実が新聞で暴露されると、「震災手形法案」通過で一息ついていた株式市場は大暴落した。

さらに5日になって鈴木商店が新規取引停止を発表すると、金融界に大動揺を巻き起こすことになった。鈴木商店が大株主である第六十五銀行が臨時休業すると、株式市場は恐慌の様相を呈し、神戸では一流銀行にまで取り付けが起こり、波紋は関西から中国地方方面へと伝播《でんぱ》した。これが昭和金融恐慌の第2段階である。

3月からの貴族院での「震災手形法案」の審議を通じて、台湾銀行の実情が暴露され始めると、市中銀行は台湾銀行のコールマネー（金融機関同士の短期融資）を次第に引き揚げ始めた。台湾銀行は市中から2億円のコールマネーをとって営業資金を賄っていたので、徐々に枯渇していき、4月9日（土）に至ると台湾銀行の金庫は文字通り空っぽになってしまった。

政府は在外正貨の2000万円を預金形式で台湾銀行に貸し出して一時しのぎをしたが、そうした弥縫《びほう》策はもう限界に来ていた。

12日、若槻礼次郎首相以下、浜口雄幸内務大臣、片岡大蔵大臣、安達謙蔵逓信大臣、町田忠治《ちゅうじ》農林大臣の閣僚に、日銀から市来《いちき》乙彦、木村清四郎の日銀正副総裁が集まって協議した。

そこで憲法70条による緊急勅令によって、日銀が無担保で融資を行い、日銀の損失は2億円を限度として政府が補償するという「日本銀行特別融通及損失補償令」が立案された。

この勅令案は「台湾銀行調査会」の賛成を経て閣議決定された。だが勅令案は議会が決定した法律ではなく天皇からの命令の形態をとる。したがって天皇の諮詢《しじゅん》機関である枢密院で帝国憲法と整合しているか発令者となる天皇にお答えしなければならない。ところがどうも勅令案が回付された枢密院の反応が芳しくない。

片岡蔵相は震災手形法案審議の過程で、「この法案さえ通れば、台湾銀行は蘇生いたします」と何度もキャッチコピーとして使ってきた。

ところがそれから3週間もたたないうちに、台湾銀行からこんな法案では台湾銀行はまだまだ危ないという話が漏れてきた。このため内閣は枢密院からの信用をすっかり落としていたのである。

また後述するが別の問題もあった。この時中国大陸では日本人居留民が巻き込まれる「南京事件」「漢口事件」など残虐事件が発生していた。ところが中国内政不干渉を唱える幣原外交によって日本は居留民保護の部隊を出兵せずにいた。居留民の被害は広がっているのに、これはけしからんという意見も加わり、枢密院では若槻内閣の継続そのものに対して否定的となったのだ。

17日の枢密院本会議では緊急勅令案は否決され、同日万策尽きた若槻内閣は総辞職することになった。

かくして金融恐慌の混乱の中で内閣は不在となった。

第170話　是清蔵相就任

内閣総辞職の夜、日本銀行に大蔵省、日銀、有力銀行の代表者が集まって協議会を開いたが、具体的な方策は見つけられなかった。

明日、すでにコールマネーが取れずに資金が枯渇した台湾銀行は危機に陥るだろう。その影響を受けて有力銀行といえども取り付けにさらされるかもしれない。今後各自自分の銀行は自分で守るほかなしとの結論に至った。どうしようもないという結論である。夜12時を過ぎて協議会は散会した。

その1時間後の4月18日午前1時、台湾銀行の森広蔵頭取以下重役に台湾総督府・後藤文夫総務長官、大蔵省からも監督官が列席して対策が練られた。台湾銀行は特殊銀行であり、台湾島の発券銀行でもある。いかに政府に見捨てられようと今日も営業されねばならない。

それに、独自通貨を持つ台湾銀行を潰さないというのは、いわば日本政府の国際公約のようなものでもあった。どのような内閣が後を継ごうと、台湾銀行は再起されるはずだと国際金融の人々は考えた。

朝になって午前7時45分、台湾銀行は内地（日本国内）と海外支店および出張所の休業を発表した。それでも台湾島内の店舗は通常通りに営業することにしたのだ。

この結果台湾島では18日に取り付け騒ぎが発生したが、台湾総督府は新聞、電信を通じた本土からの金融不安に関する情報を遮断することでこれに対処、台湾での取り付けは翌19日をピーク

として、

「何だ、日本政府はやっぱり台湾銀行を潰さない」

となって、20日には沈静化へ向かった。

取り付け騒ぎ

一方で、大阪の一流銀行である近江銀行も台湾銀行と同じ4月17日の夜に休業を決めていた。金融恐慌第2段階以降の緩慢な取り付けがじわじわと効いてきたのである。

近江銀行は日銀出身の頭取を頂いていた。そのため主要取引先の大阪本町辺りの繊維問屋は休業がにわかに信じられず、翌朝はショックで閉める店が続出した。台湾銀行と近江銀行の休業、いよいよ大物の登場に、取り付け騒ぎは大阪市周辺部の各銀行支店から始まり、流言飛語を交えながら大阪の中心部、さらに全国各地へと波及し、各地で預金引き下ろしのための長蛇の列ができた。昭和金融恐慌の最終局面、第3段階である。

この18日の朝、慣例に従って首相辞任を宮家に報告するため都心を車で移動していた若槻は、取り付けに遭ういくつもの銀行支店の玄関先を見て心を痛めた。

翌19日午前11時、若槻内閣総辞職の後を受けて、組閣の大命は政友会の田中義一総裁に降下した。

宮中を辞した田中は、西園寺公望の元からやってきた松本剛吉《ごうきち》（山県有朋の元右腕）と会い、その後政友会幹事長の山本条太郎と組閣の下相談をすると、是清ほか犬養毅、岡崎邦輔の3長老が待つ赤坂表町の是清の家へと向かった。

この会合で司法省並びに陸海軍を除き閣僚はすべて政友会から選ぶことを決めた。当時貴族院の研究会（貴族院の最大会派）から閣僚を送り込みたがっていたが、断ることにしたのだ。

この席で田中は是清に懇願した。

「首相も政友会総裁も歴任された高橋さんには、格落ちでまことに気の毒な話ではあるが、見てのとおり世間は取り付け騒ぎが頻発し、金融恐慌の状況にある。ここはぜひ再び大蔵大臣となってこの危機を回避してほしい」

是清は病み上がりで、体調も芳しくない。家族のことがどうしたこうしたと断りを入れるが田中も引き下がらない。

是清も観念して、

「わかった、多分金融恐慌は30日もあれば収束するだろう。その限りということで引き受けたい」

既に引退していた是清は期間限定ということで引き受けたのである。後に田中は新聞記者に、是清には3度ほど頼んでようやく口説き落としたと説明した。三顧の礼だと言いたかったのだろう。

翌朝の新聞には、「意外な高橋翁の蔵相」と見出しが出た。普通であれば、首相経験者が今更大蔵大臣など引き受けたりはしないだろうからだ。

是清蔵相就任

総理大臣兼外務大臣には田中義一、内務大臣鈴木喜三郎、大蔵大臣高橋是清、陸軍大臣白川義則、海軍大臣岡田啓介、そのほか、知ったところでは内閣書記官長に鳩山一郎の名前が見える。「だるまさん」こと是清は、国民大衆に人気があった。丸い風貌は親しみやすく、歯に衣《きぬ》着せぬ言動は嘘がなく、政治屋特有の利権の臭いがしない。

信用崩壊に起因する金融恐慌では、人格的な信頼感がなければ収束させることは難しい。また政友会の是清はこれまで積極財政で知られてきた。経済・金融に関する是清の考え方は広く知られており、きっと何とかするだろうと金融関係者から見れば予見性が高かった。

是清の蔵相就任は国内外でも歓迎された。21日付の「ウォール・ストリート・ジャーナル」は是清歓迎の記事を掲載した。また政敵である前蔵相の片岡直温さえ「次の蔵相が高橋是清さんだと聞いて愁眉《しゅうび》を開くことができた。高橋さんであれば大丈夫だと思った」と後に感想を述べている。

4月20日、田中内閣の親任式が行われた。しかしながら、この日も取り付け騒ぎは拡大し、午前中から岡山、広島、門司などから銀行休業が伝えられ、午後に入ると十五銀行が取り付けに遭遇し、午後6時半ごろには翌21日から休業せざるを得ない状況であることが伝えられた。

東京市に本店を置く十五銀行は、資本金1億円、預金額3億6800万円、当時の大銀行の一つで宮内省本金庫を受け持つ華族様の名門銀行である。取引先は全国に及んだから、その休業が国民に与えるショックは大きく、休業によって取り付け騒ぎはさらに拡大することが予想された。

20日の閣議が終了して是清は午後9時に帰宅した。市来乙彦日本銀行総裁、土方久徴《ひさあきら》副総裁、大蔵省の黒田英雄次官を自宅へ呼んで十五銀行の救済について意見を聞いた。是清は日銀に十五銀行に対する非常貸し出しを指示したが、午前2時になってそれでも十五銀行は3週間の休業を決定した。

21日朝、前夜のうちに土方から十五銀行休業の知らせを受けた手形交換所委員長である三井銀行の池田成彬《しげあき》は朝から銀行集会所に寄ると緊急理事会を開催して公的支援を要請することを決めた。三菱銀行の串田万蔵を伴うと日本銀行へ行き市来総裁、土方副総裁と面談した。

この串田は若き日に是清に米国留学に連れていってもらった男である（第34話）。日銀は政府補償がなければ特別融資をできないという立場だから、一緒に首相官邸へ陳情に行くことにした。

日銀を出る直前になって、土方は池田を別室へ連れ出すと、困惑した顔でこう言った。

「君、かんじんのお札が無いんだ。貸すだけのお札が無いのだよ」

「それはとんでもないことだ。三井だけでも3000万や5000万は借りねばならない。三菱だって第一だって同じだ。何億という札束が必要になる。君らはいったい何をしていたんだ？」

池田は怒った。日銀が貸し渋っている理由がわかったような気がした。

貸すための紙幣を持っていなかったのだ。

第171話　モラトリアム

昭和2（1927）年4月21日木曜日午前10時ごろ、日銀市来総裁、土方副総裁、それに三井銀行の池田、三菱銀行の串田らが政府補償を陳情しに官邸にやってきた。

その頃、是清のもとへは、十五銀行休業の号外が世間に出回って、朝早くから大都市はもちろん、地方の都市に至るまで銀行に取り付けの人々が押し寄せ、その数は各行300、500、1000人にも及んでいるとの報告が続々と入っていた。日本列島は大恐慌の様相を呈していた。

自主休業

これに対して、是清はモラトリアム（支払い猶予令）を緊急勅令で発令して、預金封鎖をすることで取り付けの沈静化を図るしかないと考えていた。銀行倒産に対する不安心理が預金の現金化を急がせているのに、取り付け騒ぎが拡大すれば、不安心理はますます増幅するばかりだからだ。

ここでのモラトリアムは関東大震災の時に井上準之助が行ったのと同じで、4月22日以前に発生し、5月12日までの間に支払いをすべき銀行預金を含む借金や手形を、当初の支払日から21日間先まで猶予できるというもので、急いで銀行窓口へ走る必要をなくすものだった。ただし、当座の資金を考慮して1日500円以下の預金の引き出しは可能とした。

しかしながら、3日前に若槻礼次郎内閣が台湾銀行救済の際に試みた時と同様、天皇陛下が出す勅令には枢密院による諮問が必要で、それには丸1日、悪くすれば2日はかかる。その間に政府がモラトリアムの準備をしていることが世間に知れ渡ると、預金者は預金を下ろせなくなる前に現金を手にしようとますます銀行に殺到することになるだろう。問題はこのモラトリアム実施までの空白の時間22日（金曜日）と23日（土曜日）だった。

是清は午後の閣議で、緊急勅令を出して21日間のモラトリアムを全国で実施すること、また臨時議会を召集して台湾の金融機関の救済および財界安定に関する法案に対して協賛を得ることの2案を提案し閣議の同意を得た。

閣議終了後に是清は午前中に陳情に来ていた池田と串田を呼んだ。

「モラトリアムを緊急勅令でやることにした。これは勅令なので枢密院に諮らねばならない。従って発令には数日はかかるだろう。そこで問題は明日明後日（22、23日）の両日だ。取り付けがおこらないよう君らは休業すべきだが、私から命令することはできない。銀行は自発的に休業して欲しい」

この日の午後あたりから、新聞記者筋から政府は非常対策をとり、その準備の間、銀行は2日間ほど休むのではないかとうわさが出ていたので、二人は是清の意図をすぐに理解した。

この日午後9時、東京手形交換所の臨時総会で2日間の銀行休業が決議された。池田と串田は会員に詳しい理由を話せないので、「政府は何かを計画しているから、我々は2日間休業してそれを待とう」と説明したが、銀行経営者たちにはそれで充分だった。大阪でも2日間自主休業はすんなりと賛成を得られた。

政府は午後9時50分に、「政府は財界安定のため、徹底的救済を執ることに閣議で決定せり」

とだけ発表した。

是清はその足で倉富勇三郎・枢密院議長を訪問、「明日、緊急勅令案が枢密院にご諮詢になる手はずですが、就いては事態の緊急性に鑑み、一刻も速やかに議事を終了し、財界の不安を一掃せられたい」と懇願した。同時刻に、前田米蔵法制局長官は平沼騏《き》一郎《いちろう》副議長を訪ねて同じお願いをしていた。こうしてモラトリアムの準備は整ったのである。


是清が自宅に帰ると、すでに22日になっていた。それでも朝にはいつものように5時に起きて、8時には官邸に出勤した。

家族は何も言わないが、是清は心配していることを察して、

「人間は緊張している時には、割合に疲れぬものだ」

と強気を通した。

全国の銀行はすでに2日間の休業に入ったから、取り付けは起こらない。少し落ち着いて、各地の情報を集めていると、こんな大事な時に、なんと首相の田中義一が出てこない。なんでも発熱して1週間ほど休養するという。

「すると何か、私が首相代理も兼任するのか？」

これも仕方あるまいと、是清は9時に昭和天皇がいる赤坂の東宮仮御所に参内し、

「財界救済の応急策としてモラトリアムはやむを得ぬ措置でございます。また銀行は本日明日と休業しますが、これはあくまで彼ら自身による自発的なものでございます」

と上奏して裁可を得た。そこですぐに枢密院での諮詢という段取りとなった。

枢密院での議事は根回しがされていたこともありスムーズに運んだ。11時50分ごろには全会一致で可決、次いで午後、天皇陛下親臨のもとに本会議が開かれ、「憲法8条第1項による私法上の金銭債務の支払い延期及手形等の権利保存行為の期間延長に関する件」、要するにモラトリアムが可決されたのである。

紙幣不足

モラトリアムは決まったが、22、23日が銀行による自主休業、24日が日曜日で、25日の銀行営業再開に向けての準備が残っている。

是清は日銀に対して、今日明日はもちろん、24日の日曜日も非常貸し出しを続けること、またこれまで日銀と取引がないような銀行に対しても資金の融通をし、担保物件の評価に関して寛大な方針を採るように要請した。

また銀行窓口再開時には預金引き出しに備えて各銀行の店頭に現金の紙幣を準備しなければならないが、十五銀行の休業が発表された21日のたった1日だけでも、日銀券の発行は6億3900万円にのぼり、発行残高合計では23億1300万円にまで達していた。これは普段であれば本来10億円の水準のはずである。日銀の金庫にしまってあった、いったんは回収された古い札や破損札までが市中に戻されるありさまで、紙幣が全く不足していた。

印刷局はフルスピードで印刷したが間に合いそうもない。日銀からは暫定用200円券の急造の申し出があり、裏面が白紙の200円券、その後50円券が印刷され各銀行へと運ばれた。後年これを是清のアイデアのように流布されることがあるが、是清は許可しただけである。

モラトリアムが実施される以上、多くの紙幣は必要ではないが、こうした紙幣は店頭に積み上げて、銀行には十分な紙幣（資金）があることを示し、「早くしないと紙幣がなくなって下ろせなくなる」と殺到する預金者を落ち着かせる効果があった。

24日、日曜日、日本銀行は国民に向けて声明を出した。

「銀行には極力資金融通の便宜を図るので、預金者はいたずらに不安に陥らないよう」

そしていよいよ25日の朝を迎えた。今日も取り付け騒動が起きるようでは対処の仕様がなくなる。銀行の開店時間になると是清は秘書官の上塚司に命じて市中の銀行をぐるりと巡回せしめた。

この上塚は後に『高橋是清自伝』を編集することになる人物である。

「どうだった」

帰ってきた上塚に是清が聞く。

「各銀行いずれも店を開き、きれいに掃除し、カウンターの内には山のごとく紙幣を積み重ねて、どれだけでも取り付けに応ずる威勢を示しており、はなはだ平穏でございました」

是清は安堵した。

第172話　台湾銀行救済

昭和2（1927）年4月25日月曜日。

この日数行の貯蓄銀行や郡部において多少の取り付けはあったものの、騒ぎは沈静化した。

日本銀行勘定推移

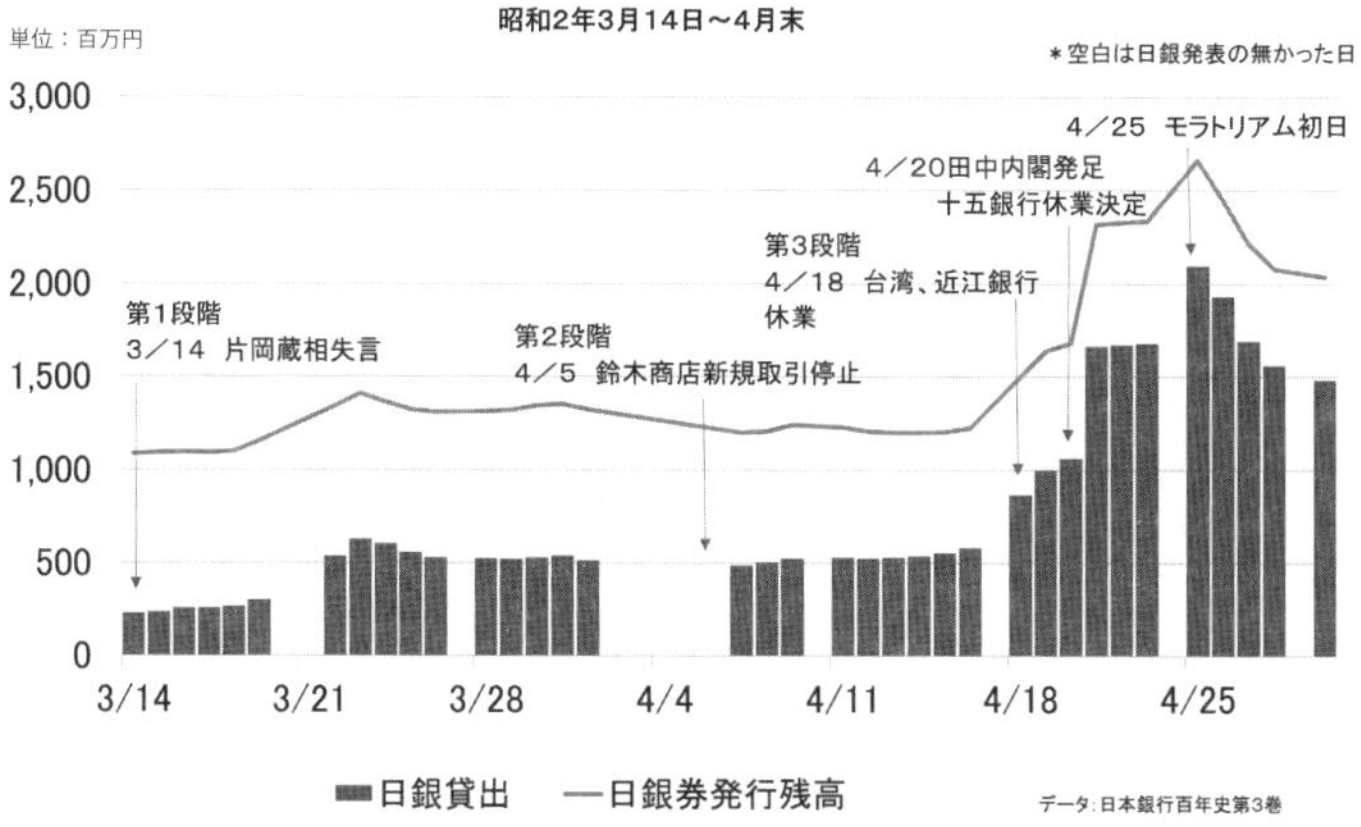

「人心著しく安定、東京都内の一般普通銀行は手持ち無沙汰」と翌日の「東京朝日新聞」は伝えている。この後取り付け騒ぎは一気に収束に向かった。

今回の取り付け騒ぎで慌てて現金を引き出した者の中には置く場所に困り、再び銀行に預けに来る人も多かった。その際は三井、三菱、住友、安田、第一など、名の通った銀行を選んだので、預金はこの５大銀行へ集中することになった。

昭和元年末１１１３億円あった全預金に占める５大銀行のシェアは24・３％だったが、翌年末には31・２％まで伸びている。そしてこれが昭和10年には50％を超えることになる。昭和金融恐慌によって大銀行の寡占体制が確立された。また郵便貯金や金銭信託などもシェアを伸ばした。

二つの根本原因

さて、片岡直温大蔵大臣の失言から始まった昭和金融恐慌だが、取り付けにあった銀行は、担保をそろえて日銀に現金を借りに行く。そして担保が尽きれば休業となるのである。従って恐慌の時間的推移を観察するには日銀が市中銀行に貸し出す残高の推移を見るのがわかりやすい。

図は日銀貸出残高と、日銀券の発行残高のグラフである。

一般に片岡蔵相失言という事柄だけが記憶に残ってしまうが、この失言は恐慌のきっかけに過ぎない。

3月中旬の第1段階は東京地域の取り付けだったものが緩慢な取り付けが進行し、4月に入ると台湾銀行と関係の深い鈴木商店が破綻して系列銀行の第六十五銀行が休業、第2段階へと入った。

そして台湾銀行が休業するに及んで第3段階の恐慌へと至ったのである。

田中義一内閣となって休み明けの4月25日、この日に日銀貸し出しはピークを打つが、これは預金者を安心させるために各銀行が店頭に現金を積み上げて開店準備をしたからである。

さて、21日間のモラトリアム。戦時中の特殊状況下や、日本では関東大震災などの非常時に支払い猶予令を出すことはあったが、世界でも平時においては珍しい。

4月25日以降、モラトリアム期間は資金が動かない。証券取引所、米穀商品取引所などは申し合わせて休市、繊維業界などは短縮操業を実施して経済活動も滞っている。首相の田中は病気で不在、首相代理兼任の是清は各方面からの多くの陳情をこなさなければならなかった。

しばらく借金を返さなくてもよいという命令は、庶民にはどう映ったのか、酒屋の女将《おかみ》の述懐である。

「この近年の不景気で全く鰹節《かつおぶし》の削り食いをしているようなもの。その上にモラ……何とかいう法律で動きがとれません。お昼までの成績では豆くそほどの支払いをもろうてきたばかりです。その反対に当方で払うものは遠慮なしに取りにくる」

1日500円までという預金引き出しの限度があるから、割を食うのは水商売、一流の会社でもお茶屋の支払いまでは現金がまわらぬという。また料理屋では当然宴会や接待なども中止となって、さらに客先への集金も遠慮がちになった。

今回の恐慌にあたって、是清が閣議決定したミッションは、
・緊急勅令を出して21日間のモラトリアムを全国で実施すること
・臨時議会を召集して台湾の金融機関の救済および財界安定に関する法案に対して協賛を得ること
の二つであった。

当面のモラトリアムはとりあえずの効果を見たものの、今回の金融恐慌の根本原因である台湾銀行問題と財界安定の仕事がまだ残っていた。

第53回臨時帝国議会は5月3日に召集、4日から開会である。開会の詔書公布後、復帰した田中と是清は、野党憲政会若槻礼次郎、政友本党床次竹二郎、貴族院各派代表に対して、
・日銀に対して5億円までを補償する「日本銀行特別融通及損失補償法案」
・台湾銀行に対する日銀融資2億円までを補償する「台湾の金融機関に対する資金融通に関する

法律案」
・先の緊急勅令によるモラトリアムの事後承認
合計3法案の内示をした。

若槻内閣総辞職の前に憲政会と政友本党は統一会派「憲本聯盟」を結成して議員定数458名(欠員6名)中過半数230名を擁する大勢力となっていた。

衆議院での審議は、政権交代後初の法案でもあり、当初難航したが、是清も野党の修正案や希望条項に同意することで会期終了の5月8日日曜日、午後4時20分には3法案はそれぞれ可決した。

是清は72歳、4日以来議会に出ずっぱりである。さすがに疲労に耐えかね具合が悪くなった。

「医者に診てもらいましょう」

上塚司秘書官がすすめると、

「いや、医者に診せれば休養しろというに決まっているから」

と断った。

午後6時に法案は貴族院へ回付、会期終了まであと6時間しか残っていなかった。本日中に貴族院を通過できなければ、3法案は審議未了ですべてお流れとなってしまい、金融恐慌は再燃するであろう。是清に休養している時間など無かったのである。

残り時間は6時間

ところが貴族院委員会でも蔵相是清に対する質問が止まらない。時間内に収まらず審議未了となりそうだった。

午後10時を過ぎる頃には、誰の目にも働き過ぎの72歳、是清の疲労困憊《こんぱい》は明白となった。椅子に座っているのさえやっとのように見えた。


この時立ち上がって発言を求めたのが貴族院議員・阪谷芳郎である。若き頃のあだ名は「お嬢さん」、日清日露戦争を財務面で舵取りした元大蔵官僚で、第1次西園寺公望内閣では大蔵大臣もつとめた（第68話）。

「本件は完全無欠とは言えない」

阪谷には秀才としての威厳がある。理屈では誰も勝てない。議員たちは静粛し聞き入った。

「しかしながら、わが日本はいまやまさに波濤《はとう》さかまく海の中に乗り入れた船のようなものである」

是清は阪谷の柔らかな視線を感じた。

「高橋という船長が舵をとって、いまや一生懸命にこの波を乗り切り、彼方の岸に到達せんと苦心努力している」

阪谷は貴族院の議員たちをにらみつけた。

「かような場合に、その船長の耳のそばに行って、あっちへやれこっちへやれ、いろいろと指図することは断じて面白くない」

机の上の水差しから一杯の水をコップに注ぎ口に含むと、

「この際、不満の点があっても、われわれは高橋蔵相の人格と手腕と徳望とに信頼して、一言半句の修正も加えず、絶対に本案に賛成の意を表したい」

委員会は一瞬静寂を得たが、続いて拍手が沸き起こった。

10時20分委員会を通過、会期切れ寸前の11時30分に貴族院本会議で可決した。

第173話　川崎造船所

昭和2（1927）年5月8日、日付も変わろうかという深夜11時半、モラトリアムの事後承認と「日本銀行特別融通及損失補償法案」、「台湾の金融機関に対する資金融通に関する法律案」の両法案は会期終了間際に無事貴族院を通過した。公布は翌日である。

大蔵大臣の是清は、慣例に従って貴族院、衆議院両院の幹部室に法案成立のあいさつ回りを済ませると、皆から労《いたわ》られた。

帰宅の車に乗り込んだ時にはすでに午前1時をまわっていた。

同乗した上塚司秘書官が気遣う。

「お体の具合は如何《いかが》ですか」

心配したたというよりは、かけ声のようなものである。実はこの時、是清の顔は晴れ晴れとしてすこぶる満足気であったのだ。

是清は確かに疲れていたが、予期しなかった阪谷の助け船に感激していた。

これまで金融恐慌を政争の具とし、公益を忘れ自己の利益のみに走る政治家ばかり見てきていたから、実にさわやかな心持ちになったのだ。

「上塚君、見なさい。月が皎々《こうこう》と輝いておる」

是清は後年『随想録』(昭和11年)にそう記したが、計算ではこの時月は沈んだばかりだった。阪谷のことはよほどうれしい記憶だったのだろう。

これで第一の課題であるモラトリアム、第二の課題である法案通過を乗り越えたわけだった。次の課題はモラトリアム明けの5月13日がどうなるかである。

十五銀行

モラトリアム、支払い猶予期間が切れるとどうなるのか、特に銀行間の資金のやりとりであるコール市場での動き、各行一斉に資金を引き揚げたりはしないだろうかと心配されたのである。さらにまだ問題はあった。

休業した華族の銀行、十五銀行である。頭取は3年前に亡くなった松方正義の長男、松方巖。是清は松方正義には恩義がある。巖のことは是清もよく知っている。

そしてこの十五銀行の問題は、同行と最も関係が深い川崎造船所の存続にも大きく関係していた。川崎造船所の社長は松方正義の三男、松方幸次郎である。

幸次郎はイェール大学の法律学博士号を持つ俊英で、川崎造船を世界的な造船会社に成長させた。

欧州大戦ではそれまで受注生産だった貨物船を規格化し、見込みで大量に生産、大成功を収めた。しかしあまたの例に漏れず戦後の反動景気で苦境に陥っていた。世に有名な松方コレクションは彼の収集したものだ。

川崎造船所神戸工場は戦艦「榛名」を建造、大型戦艦を建造できる世界的に見ても希少な防衛産業の雄である。この経営が不安定では国防問題に直結する。

法案成立の翌5月9日朝、是清は自宅に日銀総裁の市来乙彦を呼んでこの件について話し合った。是清としては十五銀行だけでなく川崎造船所も救いたい。

第10代日銀総裁の市来は大蔵大臣経験者、いわゆる薩派（薩摩閥）の恩恵を受けた者としては最後の金融関係者といわれている。大蔵大臣になったのも日銀総裁になったのも松方の押しがあったからこそだ。少なくとも是清はそう思っている。

「十五銀行と川崎造船所は不可分だ。川崎さえ救えば十五銀行は再び浮かび上がってくるだろう。従って十五銀行だけを救うというのは理屈に合わない。軍艦も造っていることだし、川崎造船所の救済ということならば、国防上の見地からも十分名目が立つ」

と、是清が言うと、普段は物静かな市来が反対した。

「十五銀行の救済であれば、預金者救済で十分ではないでしょうか、何もわざわざ国防問題まで持ち出さなくとも……」

是清にすれば、この男、何を言うか、君は松方さんにはさんざん世話になったではないかという話だが、どうにも、日本銀行内の議論では、事業会社救済にまで日本銀行が関係する必要はないという結論だったので、市来はそちらに筋を通して消極的だったのだ。

さて、押し問答を繰り返しているうちに、是清も堪忍袋の緒が切れた。

「あなたと一緒には、仕事はできません」

市来は低い声で、

「万やむを得ません」

と切り返した。

その場はそれで収まったが、是清はすぐに井上準之助に連絡を取ると、もう一度日銀総裁をやってくれと頼んだ。井上は大蔵大臣経験者である。受ければ2度目となるが前回も是清の依頼だった。是清は井上を信頼していたし、金融界も金融恐慌の困難に際して、実力者である井上の再任を期待する声があった。


「辞めてくれんかな」


この打ち合わせのすぐ後、返済期限がきた国債を実質上延長するための借り換え公債の話し合いが日本銀行本店で開かれた。償還がきた国債と同額の国債を発行して借り換えをするのである。日銀幹部と公債の買い手である東西の国債引き受けシンジケート団の銀行が参加するこの会議に是清も加わった。

この会議は特に問題もなく終わり、参加者はパラパラと散会していった。

「市来さん、ちょっとよろしいですか」

是清は市来に声をかけると、近くの応接室に招き入れた。

「市来君、君、辞めてくれんかな」

市来がソファに腰を下ろすやいなやそう切り出した。

「どうして私が辞めねばならぬのでしょうか」

市来が切り返すと、是清はよどみなく答えた。

「君と僕とはそりが合わないから」

薩派の押しで出世したとはいえ、市来だって優秀な財政家である。もし是清があだこうだと理屈をこねれば言い返すつもりだったが、そりが合わないではどうしようもなかった。しばし絶句した。

「では、そういうことで」

是清は部屋を出ていくと、市来更迭の手続きを済ませ、井上の日銀総裁再任の発表をした。

それからいくばくかの時がたち、市来はこの時のエピソードを思い出しては、「そりが合わない」ではとても高橋是清にはかなわないと言ったという。


是清は大蔵省省内、海軍大臣の岡田啓介、財界の重鎮で貴族院議員、会社の再建が得意な郷誠之助と相談し、郷の手元で川崎造船所救済案を作成した。大蔵省預金部が３０００万円ほどの興銀債券を購入して、つまり興銀が川崎造船所に融資して、再建を図るというものだった。


はたして是清が閣議にこれを諮ると、政商鈴木商店救済の残像から、

「特定財閥を救うのか？」

新聞は一斉に反発した。

さらに大蔵省預金部資金運用委員会においても、また先日是清に感動的な助け船を出した阪谷も真っ向から反対した。正論であった。

むしろ周囲ではせっかく昭和金融恐慌をおさめた是清の立場や評判が悪くなることがおもんぱ

られて、当初の約束どおり大蔵大臣辞任を早めることになった。6月2日是清辞任。44日間の大蔵大臣であった。

是清は恩義があった松方正義の一族を救えなかったが、仕方の無いことだった。

十五銀行頭取松方巌は銀行整理に全財産を投げ出し、爵位も返上した。

第174話　ラジオ

昭和2（1927）年の4月、金融恐慌で是清が大蔵大臣になる直前のことだ。是清の養家であり、高橋家の本家でもある是利の後を継いだ利一が慶應の予科に入学した。利一は是清が芸者鈴木何某に産ませた実の子供である。

利一は大学のサークルである英語會の友人たちを赤坂表町の家や葉山の別荘につれてきて、その友人たちも是清と接することになるが、その話はまた後ほど。

是清が日銀総裁・市来乙彦を更迭し井上準之助を後釜に据えたのが5月10日、是清の辞任は6月2日である。

その間すでに「憲本聯盟」を結成して与党政友会に対抗していた野党の憲政会と政友本党は合同して立憲民政党となった。

立憲民政党（以下、民政党）は政友会とともに以降2大政党となり、翌昭和3年には日本初の男子普通選挙が実施され両党は激しく争うことになる。

四男の是彰の帰国

9月10日、アラン・シャンドの後見で、英国の無線機会社マルコーニ社で勉強していた四男の是彰が帰国した。是彰は帰朝してすぐに赤坂表町の家にラジオを買ってきた。

家族の皆が待ちわびる中、手際よくセットアップして周波数を合わせる。工場の生産工程から実務で勉強してきた是彰は是清の自慢だった。

無線通信の発明家として知られるマルコーニ社の創始者グリエルモ・マルコーニは1909年にその功績からノーベル賞を受賞した。もう少し後のことになるが、マルコーニは日本を訪問、是清、是彰が彼と一緒に写った写真が残されている。

イタリアで育ったマルコーニが英国へ渡って無線電信信号会社を設立したのは1897年のことである。マルコーニの父はイタリア人だが母はアイルランド人、アイリッシュウイスキーの大手「ジェムソン」のお嬢さんである。

この母方の一族にはロンドンで活躍する事業家、弁護士や会計士が多くそれを頼っての英国進出だった。イタリアでは未だベンチャーの企業化が難しかった。

マルコーニの最初の大口顧客は設立した翌年のイタリア海軍で、その後英国でも顧客を集めて1902年には米国へも進出した。当時の最大のライバルはドイツのテレフンケン社だった。マルコーニは民間だが、テレフンケンは国家がバックアップした。当時のドイツは21世紀初めの中国と似たところがある。

日本海軍も日露戦争前にマルコーニの無線機を導入しようとしたが、同社の見積もりは特許使用料も含めて100万円だと返答が来た。だがその時の日本の無線電信機開発予算はなんと10

0円しかなかった。仕方がないので日本は独自でやることになり、そのため三六式無線電信機を開発した。

有名な「本日天気晴朗ナレドモ波高シ」の電文は朝鮮半島沖にいた戦艦「三笠」から三六式無線電信機によって各地で中継されて東京の大本営に電信されたもので、これは現在横須賀の三笠公園の三笠艦内にレプリカが展示されている。ちなみにロシアのバルチック艦隊にはテレフンケン社製の無線機が搭載されていたが、戦後捕獲した艦を調べると使用された痕跡はなかったようである。

当時の無線は、現在にしてみればデジタル技術のようなもの、彼我の戦闘能力の差はこの情報伝達能力においても大きかったに違いない。


モールス信号による電信ではなく、ラジオさえ持っていれば誰でもが聞ける音声によるラジオ放送は、1920年11月2日のピッツバーグ、ウェスチングハウス社が最初である。この日は1920年の米国大統領選挙の日であり、第29代大統領ウォレン・ハーディングの当選をラジオがいち早く伝えたために大評判となった。

このハーディングの任期中の急死を受けて第30代大統領となったのがカルビン・クーリッジ。彼は1924年にはホワイトハウスから全国に向けて放送した初めての米国大統領になった。この年、米国ではラジオ放送局500局、家庭のラジオは500万台に達した。

このクーリッジの任期（1923～29年）の米国はこのラジオをはじめ、自動車、洗濯機や冷蔵庫が家庭に普及し、空前の景気が訪れて米国では「狂騒の20年代」と呼ばれた。

一方で日本のラジオ放送は少し遅れて大正14（1925）年3月1日に試験放送を開始、東京放送局（現NHK）愛宕山の放送局完成はこの年の7月である。米ウェスタン・エレクトリック社製の放送設備を使用、三越百貨店の屋上で始まった大阪の設備も同社製、一方で名古屋はマルコーニ社製の送信機を使用した。

当時の日本ではラジオ受信機の保有も許可制だった。そのために普及台数の統計が今に残っている。放送開始の3月末で5500台、半年後の9月には7万5000台に達した。

是清の家にラジオが到来したのはいつなのかははっきりとはしないが、是彰が帰国した翌年昭和3（1928）年のラジオ受信機は30万台に達している。

この日米のラジオの台数の差からは欧州大戦後の日米の経済格差が推し量れるであろう。

四男の是彰はこうした最先端の産業の仕事に就いたのである。

翌昭和3（1928）年2月、是彰は結婚する。お相手は深井英五がパリ講和会議で欧州を訪ねた時に世話になった三菱銀行ロンドン支店長菊池幹太郎の次女頼子、国際金融畑のコミュニティーの一人である。昭和金融恐慌を収めて再び隠居していた是清は披露宴の招待状150通の宛名を全部自分で書いた。仲人は深井だった。

この結婚式の月、2月20日は第16回衆議院議員総選挙があった。これが納税額に関係なく25歳以上のすべての成年男子に選挙権が与えられた日本初の男子普通選挙で、第1回普通選挙とも呼ばれるものである。

選挙前の2大政党の議席数は田中義一率いる政友会が190議席、浜口雄幸率いる民政党が219議席だった。与党政友会は内務官僚を使って大規模な選挙干渉を実施して、政友会217対民政党216と僅かに上回ったが、どちらも全議席数466の過半数を取れなかった。

第175話　山東出兵

第154話の加藤友三郎内閣にもあったように、ワシントン海軍軍縮条約以降、海軍の軍縮と共に陸軍も軍縮が続いていた。兵員と部隊の数が減れば管理職すなわち隊長職の数も減り、士官の出世も遅くなる。一般の官吏であれば同じ職能でも年功が加味され俸給は上がるが、軍隊では大尉であれば年齢がいくつでも給料は同じである。給料が低い上に階級毎に定年があり、上が詰まれば昇進は停滞して予備役編入すなわち引退は早まってしまう。

世間では「ヤリクリ中尉、ヤットコ大尉」などと揶揄され、嫁ぎ先としての人気も下がり、軍服を着てモガモボ（モダンガール、モダンボーイ）が闊歩する銀座を歩けば肩身が狭いような、軍人の社会的地位が低い時代が続いていた。

陸軍若手エリートたちはこうした風潮が面白くない、また同時に欧州大戦によって戦争のあり方が総力戦へと変化を遂げる中で、これからの日本陸軍すなわちこれからの日本という国家はどうあるべきか勉強会を開き模索を続けていた。

木曜会

昭和2（1927）年10月、昭和金融恐慌の年である。バーデン＝バーデンの会合（146話）から始まった陸軍士官学校15期から18期までの勉強会が二葉会と命名された。そしてこれに続く11月にはもう少し若手の21期から24期の少壮エリート将校による勉強会が木曜会と命名された。木曜会には16期の永田鉄山、岡村寧次《やすじ》、17期の東條英機なども顔を出した。両者は一連のものである。

翌昭和3年1月19日、21期の石原莞爾が木曜会で「我が国防方針」を発表した。これは今後世界各地で予選的な戦争が起こり、やがて勝ち上がった東洋の日本、西洋の米国が東西両横綱となり、末輩之に従い、航空機を以て勝敗を一挙に決するときがやってくる。これが世界最後の戦争だというものである。そしてそのためには資源の無い我が国は大陸中国の資源を活用すべきと主張した。大陸進出である。

続く3月1日には東條英機が木曜会において「満蒙に完全な政治的勢力を確立する」という内容の満蒙領有方針を発表している。陸軍若手エリートの間では満蒙領有や大陸進出はすでに常識化していたのである。しかしそのやり方については様々な考え方があった。

南京事件

日本が昭和金融恐慌に入る半年ほど前、大正15(1926)年7月1日、中国では、孫文亡き後を継いだ国民革命軍総司令官の蔣介石が北伐を宣言して、軍を北へと進めた。北京政府を成す北方の軍閥を倒して中国国民党による全土統一を図るためである。

1927年3月24日、まさに日本が昭和金融恐慌のさなか、南京を占領した北伐軍は「反帝国主義」を叫びながら外国領事館および外国人居留民を襲撃した。南京事件である。英国は日本に共同出兵を持ちかけたが当時の若槻礼次郎内閣の幣原喜重郎外相は断った。「幣原外交」は対中国内政不干渉を基本としていた。

英国と米国は長江に停泊中の駆逐艦から中国国民革命軍に対して艦砲射撃を実施して、陸戦隊を上陸させた。英米が軍を出動させたにもかかわらず、日本は無抵抗主義を貫き、結果として日本人居留民は悲惨な被害を被った。

さらに4月3日、北伐軍が南京の長江上流に位置する都市・武漢を攻略した際、武漢の一部である漢口で日本租界を襲う事件が発生した。漢口事件である。南京での日本の無抵抗主義がつけこまれた懸念があった。

これらの事件では日本人に対する残虐行為が明らかになったので、国会においても政友会は無抵抗の「憲政会の軟弱外交」すなわち「幣原外交」を攻撃した。「大陸のわが国民日本人を見殺しにするのか」と。いくら中国内政不干渉をうたっても、相手が理解していないではないか。陸軍は何をしているのかと非難される。

枢密院が憲政会の金融恐慌対策である勅令案を蹴り、若槻政権崩壊へと導いたのも、この軟弱な外交政策を嫌ったからでもあったのだ（第169話）。

政友会の田中義一に政権が移った5月、是清がモラトリアムを実施している頃、北伐の国民革命軍は北京南方約350キロの山東省に接近した。蔣介石の北伐は着々と進んでいた。

田中は日本人居留民保護のために関東軍から約2000人の兵を割き青島や済南に進出させた。これらは欧州大戦でドイツと戦い日本が制圧し中華民国への返還でもめた地域だった。これが第一次山東出兵である。

日本はこの出兵を他の列強である英米仏伊にも事前に通告して了承されていたし兵力も2000人と、これは居留民保護のレベルであった。

日本軍の進出と同時に起こった共産党との対立により蔣介石の北伐は一時停滞し、日本軍は8月には撤兵したのでこの時、つまり第一次山東出兵では列強との間で外交的な問題は発生しなかった。

森恪

田中は組閣にあたって、自身が外務大臣を兼任し、森恪《つとむ》という政友会内でも積極外交を唱えて軟弱な幣原外交を批判してやまない人物を外務政務次官に抜擢《ばってき》した。この体制下で森は実質上の外務大臣のように振る舞うことになる。山東出兵も彼の主導である。

6月27日、田中は幣原外交を脱却し、今後の日本の大陸政策を検討する東方会議を、外交当局者や軍部首脳を集めて開催した。議長は森が務めることになった。

森恪は明治16（1883）年生まれの44歳、三井物産社員を経て政友会に参加して代議士になった。資金集めが得意で、この経歴での外務政務次官抜擢は異例の出世である。後に政友会幹事長に就任、復活した幣原外交を攻撃し、軍部と接近して侵略的な中国政策を推し進めることになる。

森が主導する東方会議は最終日の7月7日に「対支政策綱領」を発表した。

・派兵による居留民保護は行うが、北伐に対しては干渉しない。

・満蒙（満州と内蒙古）における日本の「特殊地位」を尊重し、政情安定を目指す有力者を支持する。

この満蒙における特殊地位とは、日露戦争戦勝以来、ロシアから引き継いだ南満州鉄道およびその周辺の利権が拡張解釈されたものである。それは「20億円の軍資金と10万人の大和民族が流した血潮によって獲得された満州」であった。

この時、田中首相が東方会議の結果を天皇に奏聞した文章が、後に「田中上奏文」と呼ばれ、日本の世界侵略方針の証拠であるとされた怪文書だが、これは今では全くの偽書として認知されている。


翌昭和3年に入ると、蒋介石は北伐を再開した。4月に蒋介石の国民革命軍が山東省済南に迫ると田中内閣は前年に続き再び出兵した。

これが第二次山東出兵である。小規模兵力による軍民全滅（1920年のロシア尼港《にこう》事件の前例があった）を避けるために派兵規模は大きくなった。

4月27日、日本軍が済南に到着し展開する中で、30日には張作霖《ちょうさくりん》の北方軍が撤退、5月1日には蒋介石の軍が済南に入城した。

領土的野心

ここで5月3日から11日にかけて日本軍と国民革命軍が衝突したのが第三次山東出兵でありこれが済南事件とも呼ばれる。

蒋介石はこの時の日本軍の猛威に衝撃を受け、軍総司令官として深い恥辱を受けたと痛感した。

この日から1945年の日本の敗戦の日まで、蔣介石の日記の日々の冒頭には「雪恥」（恥をすすぐ）という表現が記されることになった。蔣介石は日本を倒すべき「敵」だと明確に認知したのである。

この出兵は第一次山東出兵とは異なり列強との条約的根拠、大義名分もなく、中華民国内の反日世論を盛り上がらせることになった。

折から英国は、それまでの北京政府ではなく、蔣介石の国民政府を正式な政府と認め、関税自主権の回復など、対中関係の修復に入っていた時期だった。

英国は1840年のアヘン戦争以来、アヘンを使って中国の富を吸い取るような乱暴な植民地経営を続けてきたが、欧州大戦後の世界的な民族自決主義の風潮の中、この時期に対中外交政策を転換したのである。

この山東出兵を機に中国民衆における反帝国主義の矛先がそれまでの英国から日本へと転じ、同時に日本は英米からもその領土的野心について不信の目で見られるようになった。まさに植民地時代が終わりを告げようとする時に、日本は植民地を欲したのである。

この事件で蔣介石は済南の日本軍を避けて、矛先を北京に向けた。この時、蔣介石に押し出されるように北京を離れたのが有力な北方軍閥の張作霖であった。

第176話　張作霖爆殺事件

昭和3（1928）年5月中旬、日本軍の進出によって済南を迂回《うかい》した蔣介石の国民革命軍は張作霖が支配する北京へと進軍した。

すると劣勢な張作霖は首都北京を脱出し、奉天すなわち満州へと帰還することになった。

この中国政府の代表としての地位を失った張作霖を今後どう扱うべきか、日本側では意見が分かれた。東方会議で決められた「対支政策綱領」では「満蒙（満州と内蒙古）における日本の『特殊地位』を尊重し、政情安定を目指す有力者を支持する」とあったが、陸軍内での見解は分かれた。

陸軍内の対立

首相の田中義一は、自身が少佐の頃から面識がある張にはまだ利用価値があると考えた。情も動いたのであろう。北の満州は張が、南の中国本体は北京に入った蔣の国民政府が、それぞれ日本の在中権益を認めることが田中の理想だった。従ってこの状況は好都合だと受け止めた。

しかしその一方で、現地の関東軍はそう捉えていなかった。満州では民衆による排日運動や満鉄の競合線を巡る鉄道協定違反など、奉天政府による反日行為も目立ってきていた。国権回復をはかる中国国民にとって、それは当然のことだった。

しかし現場を預かる関東軍としては、張作霖のような軍閥を通じた間接統治は限界にきており、これを機に張を引退させ武力をもって満州を制圧したいと考えた。

5月中旬の閣議では、関東軍の意を受けた白川義則陸相が満蒙問題の武力解決すなわち満蒙を占領しようと訴えたが、田中は認めなかった。その代わり、北上する奉天軍とそれを追う国民革命軍が満州に無秩序に侵入した際には、「奉勅命令」を出し武装解除を行うという治安出動が決定された。

「奉勅命令」とは軍を動かす際に、天皇陛下から各軍へ（例えば関東軍へ）下される命令である。

この内容は秘密裡に各国へ伝えられたが、英米にすれば、そもそも関東軍は鉄道付属地を守る軍隊でしかないはずだ。治安出動は「保護領設定の宣言」ではないかと非難が巻き起こった。特に米国はワシントン会議の際に中国の領土の保全を決めた9カ国条約を提示、日本単独での満州の治安維持は重大な結果をもたらすと警告した。

関東軍は本国からの奉勅命令を要請したが、田中は元軍人ではあるが政治家でもあり首相である。満州への投資資金など国際金融の側面も含めて基本的に英米との協調を考えていた。そのため、この時奉勅命令は下されなかった。関東軍の田中に対する失望は大きかった。

こうした状況下の6月4日早朝、専用列車で奉天に近づいた張作霖は爆殺されたのである。

関東軍は国民党軍のスパイ（便衣隊）を装った中国人の死体を現場に置き、犯行を偽装したが、事件直後から日本軍の仕業であるといううわさが流れていた。

のちの昭和17年12月に行われたインタビューで本人が告白することになるが、犯行は関東軍参謀の河本《こうもと》大作大佐によるものだった。

河本は明治16（1883）年生まれ、陸軍士官学校15期、中堅将校・永田鉄山たちによるバーデン＝バーデンでの会合（146話）をきっかけに誕生した二葉会のメンバーである。ここにはのちの満州事変に関連する板垣征四郎（16期）、土肥原賢二（16期）などがいた。またもう少し若手の将校をメンバーとする木曜会では、同じく満州事変に関連する石原莞爾（21期）や鈴木貞一（22期）などが参加していた。彼らは基本的に満蒙領有論を共有している。満州で盛り上がる中国国民による国権回復運動、政府や陸軍中央が張作霖擁護を唱える中、陸軍内の意見の相違が目立ち始めた。満州という現場にいた中堅若手のエリート将校たちは満州喪失の危機感を強め、独断で張は排除すべきと考えたのである。

陸軍は6月末になって河本を召喚して調査したが、「南方便衣隊の犯行」と声明を出した。だがその一方で英字紙などは関東軍犯行説を主張、田中は憲兵司令官を満州に派遣して調査させた。その結果、関東軍は張を爆殺後に動乱を誘発させ関東軍が治安出動するという筋書きであったことが報告された。

12月24日、これを受けて田中は参内して昭和天皇に奏上した。

「満州某重大事件（張作霖爆殺事件）には遺憾ながら帝国軍人が関係しておりました。目下調査中ながら真実であれば法に照らして処分いたします」

「軍紀は特に厳粛にするように」

「誓っておおせのとおりにいたします」

田中は昭和天皇に明言した。

ところが陸軍部内の反対は強かった。帝国陸軍の威信を失墜させないためにも関東軍の関与を認めず、関係者の処分もほどほどにすべきとの結論になった。政友会の閣議も同様である。日本は世界にばれるよりは頬かぶりを選択した。

国会での野党民政党（憲政会と政友本党が合併）の追及も田中の本件の慎重な扱い要請に応えて中途半端に終わった。そうしてずるずると半年も時が経過してしまった昭和4年6月27日、田中は参内して昭和天皇に報告した。

「いろいろ取り調べましたが、日本の陸軍には幸いにして犯人はいないということが判明いたしました」

「それでは、お前が最初に言ったこととは違うじゃないか」

不満の意を表した。要するに激怒である。

「そのことについては、いろいろ申しあげます」

「おまえの説明は聞く必要はない」

昭和天皇は奥へと入られた。

田中が首相官邸に戻り、閣議で昭和天皇とのやりとりを紹介すると、昭和天皇の発言を批判する声が上がった。

田中が再び奏上しようと鈴木貫太郎侍従長に相談すると、

「お取り次ぎは致しますが、おそらく無駄でしょう」

とにべもなかった。

「田中総理の言うことはちっとも分からぬ。再びきくことは自分はいやだ」

田中は鈴木侍従長から昭和天皇の言葉を聞くと、あまりにもショックな出来事ではあるが、自分は信任を失ったことを確信し、総辞職に踏み切ることにしたのである。

田中義一の死

陸軍はあくまで警備上の不備を理由に、7月1日付で村岡長太郎関東軍司令官を依願予備役、河本大作大佐を停職として、翌日内閣は総辞職した。

陸軍を離れた河本には政友会の森恪から毎月200円が支払われ、その後の河本の活動が支援された。彼は満州事変でも暗躍する。

陸軍は中堅若手の意見が通り、陸軍OBである首相の田中すなわち日本政府の意思決定さえも無視する事例ができた。やがて是清が巻き込まれる昭和の動乱と軍部の独走が始まったのである。

田中はこの約3カ月後に死ぬ。昭和天皇は自らのきつい叱責が死因ではなかったかと気を使い、これ以降は誰も叱ることがなくなった。これは大きな事件であった。

張作霖爆殺事件はあいまいなまま処理され、本国の指令をも無視する関東軍の軍紀は乱れた。そして国家運営の最高責任者である昭和天皇は「叱り」を封印したのである。

是清にとっては昭和金融恐慌を収めた後、隠居していた時期である。

第177話　モルガン商会

この昭和金融恐慌の最中に誕生した政友会田中義一内閣の約2年間は、経済の他、軍事、外交などその後の昭和の歴史を決定するさまざまな出来事が並行して起きていた。それは国際金融の世界でもしかりである。

トーマス・ラモント

昭和金融恐慌が収まり、是清も大蔵大臣を引退し、諸事落ち着きを取り戻した昭和2（1927）年10月3日、米国モルガン商会のジャック・モルガンに次ぐナンバー2のトーマス・ラモントが横浜港に到着した。

欧州大戦以降、国際会議のあるところ、米国の代表はモルガンの人間ばかりと言われた時代だった。米国は外交的には孤立を旨とするモンロー主義を唱えつつ国際連盟にも加わらなかったが、戦時中に連合国に軍資金を供給した。従って米国は財政面で世界を主導する立場にあった。その先兵が各国国債など債券引受業者のモルガン商会である。顧客は各国政府であった。

ラモントを日本に招待したのは、この時、東京電燈の財務顧問をしていた森賢吾である。国際金本位制再建を提言したジェノヴァ国際経済会議（1922年、第150話）の代表を務め、「国辱国債」と呼ばれた関東大震災の復興外債の発行にも携わった（第158話）、是清の後輩にあたる元海外駐箚《ちゅうさつ》財務官である。

招待した時期は1年前の秋、まだ憲政会若槻礼次郎内閣の時だった。

欧州大戦以降の世界経済は「常態への復帰」という言葉に象徴されるように、常態すなわち金本位制の再建と欧州の復興が最重要課題となった。

戦場から遠く離れていた米国と日本は輸出ブームにわき、大量の外貨を手にした。

米国は終戦後すぐに、戦時中に禁止していた金輸出を解き金本位制に復帰した。一方で日本は原敬内閣の時代で、是清たちの、戦後は中国向けの投資が必要になるとの判断から、当時は金本位制への復帰は見送った経緯があった。

従って戦後すぐには米国だけが金本位制に復帰していた状況だった。

そこで森や深井英五が出席した1922年のジェノヴァ会議では、先進国は金本位制への復帰を全体の目標として掲げたのである。

ドイツはレンテンマルクから移行した新通貨ライヒスマルクがドルとペッグ（連動）することで実質金本位制に、また英国は1925年5月に金本位制に復帰し、欧州諸国も復帰に対する機運が盛り上がっていたのが昭和金融恐慌直前のこの時期だったのである。

ところが日本は金本位制復帰を模索している時に関東大震災（大正12年）が発生し、その後の巨額の貿易赤字の発生によって正貨が流出して金本位制への復帰は困難になっていた。

こうした中で当時の憲政会内閣は正貨、すなわち金を取り込み金本位制に復帰する手段として外貨建ての東京市債、大阪市債の発行を計画した。

片岡直温蔵相は金本位制復帰の方針を内外に発表し、そしてそれと同時期に森がラモントを日本に招待したのだった。

日本の金本位制復帰には米国資本の援助、具体的には、正貨獲得のための外債発行や、金解禁時の短期資金流出に備えた米国からのクレジット（必要な時には貸し出すという契約）の設定が必要だった。英国も金本位制復帰当時はモルガンからのクレジットを設定していたのだ。

ところがラモントの出発準備中に日本は片岡蔵相の失言をきっかけに昭和金融恐慌が発生して、金解禁どころではなくなってしまった。そのためにラモントの訪日目的はもう少し一般的な表敬的なものへと変わってしまったのである。

ラモントの滞在は約2週間、訪日期間中は終始、森がアテンドした。

到着翌日の昭和2年10月4日午前明治神宮へ参拝、昼は横浜正金銀行午餐《ごさん》会、夜は財界有力者による歓迎晩餐会が開かれた。旧知の日銀総裁・井上準之助とも話をしている。井上を日銀総裁にしたのは昭和金融恐慌時に大蔵大臣だった是清である。

翌5日は皇居にて昭和天皇拝謁、昼は内閣総理大臣主催の午餐会、国賓待遇である。ここでは田中内閣の閣僚に加えて44日間の大蔵大臣を辞めたばかりの是清も参加した。

記録には残っていないが、国際金融界の大物である是清はラモントと話をしたはずである。ただし、この会合は時間の限られた午餐会であり、この後には森が財務官引退後に財務顧問についていた東京電燈の招待による歌舞伎見物が待っていた。

そして夕食会は元大蔵大臣、この時点では野党の民政党の浜口雄幸、翌日の午前の会合がやはり民政党顧問の若槻礼次郎、床次竹二郎という具合に、ラモントの是清をはじめ与党の政友会との会合はわずかな一方で、招待したのが民政党なのだから当然だが、野党の民政党との接触は密であった。

その後ラモントは日光、箱根、関西と旅行し、10月18日、帰国の前日には日本銀行でラモントを交えた円卓会議が開催されている。

メンバーは井上日銀総裁、土方久徴副総裁、深井英五理事の他、日本興業銀行から小野英二郎、三井銀行から池田成彬、三菱銀行からは串田万蔵、安田銀行の結城豊太郎、それに森賢吾など、日本の金融界のトップレベルの人間たちが集結した。

ラモントはここで、日本の金融恐慌の原因、銀行の検査制度、また企業経営は科学的に行われているのか、公的会計制度の欠如、通貨問題と金本位制への復帰などをテーマに議論した。

モルガンによる金本位制

ラモントの訪日中に日銀総裁の井上は2000万ドルの南満州鉄道外債の交渉をもちかけた。しかしラモントにすればこれは突然の提案だったので、即答はできず交渉は帰国後に持ち越されることになった。井上の意図は正貨の獲得であったにせよ、日露戦争終結前後、鉄道王ハリマンによる満鉄出資問題以来、たとえ株式ではなく債券ではあっても、満州に米国資本を取り込む意義はその後の日本の大陸政策に与える影響が大きかったであろう。

ところがこの翌年1928年5月には済南事件による日本軍の山東出兵、6月には張作霖爆殺事件と、日本は国際社会に対する信用を喪失し、南満州鉄道外債起債の話は米国国務省の反対によって挫折してしまうのである。

一方でラモントは今回の訪問を通じて井上や森を筆頭とする日本金融界への信頼を厚くし、それとともに日本経済の健全化を確信するようになった。それはとりもなおさず、日本の金本位制への復帰が国際金融の世界で既定の問題として認識され、その実行段階へと入ることを意味したのである。

モルガンはなぜ国際金本位制を擁護するのか。モルガンは債券発行を手助けし各国政府や関係機関に資金を調達する。その資金とは正貨すなわちゴールドである。金本位制の維持は借り手の政府に財政規律を強いる。それにより財政破綻のリスクを低減し引き受けた債券の元利金の返済を確実にできるからである。

第19章　金解禁

第178話　浜口雄幸

昭和4（1929）年7月2日、張作霖《ちょうさくりん》爆殺事件の処理で昭和天皇からの信任を失ってしまった田中義一内閣は総辞職した。在任2年2カ月であった。

この時、議会の勢力は立憲政友会（以下、政友会）が237議席、野党の民政党は173議席であり、多数派の政友会の一部では再び政権を確保しようと策動する者もあったが、元老の西園寺公望は民政党総裁の浜口雄幸を次期総理に推すことにした。料亭政治や根回しを嫌う、実直で真面目で怖い容貌から浜口には「ライオン宰相」というあだ名が付いていた。

一方で、辞任する田中はと言えば、陸軍軍人出身でありながらちょっと軽い男、持ち上げられると長州の田舎言葉の「おらがやる」とばかりに「おらが」を連発するクセがあり、「おらが総理」とも「おらが大将」ともあだ名が付いていた。

昭和金融恐慌の際に是清が手をつけようとしてあきらめた川崎造船所問題なども、田中が「おらがやる」と見得を切りながら、結局は投げ出してしまうようなところがあったのだ。

田中内閣総辞職のこの時期、首都東京の関東大震災からの復興も目に見え始め、銀座では洋装の男女が闊歩し、カフェーが乱立し、カフェー・タイガー、カフェー・ライオンなどが賑わいを見せる中、早慶戦に勝った慶應の学生が銀座で暴れて10数人が検挙されたりしている。

困窮する農村がある一方で、都会は不夜城となり繁栄する、格差が広がるそんな時代である。

田中は官邸を去る際に側近に冗談を漏らした。

「首相官邸はカフェー・オラガーというそうじゃが、今度はカフェー・ライオンと看板が替わるんじゃろうのう。ははは、おらももう一度頑張ってカフェー・オラガーを開店する考えじゃよ」

この翌年、寿屋（現サントリー）は大日本麦酒や麒麟麦酒に対抗して派手な広告とともに「オラガビール」という格安商品を出してビール市場に参入した。もちろん有名になった田中のだじゃれを拝借したのだが、上手くいかなかった。

ライオン宰相

浜口雄幸は明治3（1870）年高知県の生まれ、若くして素封家浜口家の入り婿となった。幣原《しではら》喜重郎とは三高、帝国大学の同級生であり、大蔵大臣経験者の勝田主計《しょうだかずえ》とは大学、大蔵省の同期である。

自分を曲げない性格が禍《わざわ》いし、大蔵省入省直後に上司と衝突して、若いうちは地方勤務を転々とした。一方で勉強は欠かさず、地方にいても「ロンドン・タイムズ」を購読していたような読書の虫でもある。東京に戻っても主流ではない専売局に配属され、たばこの専売化や製塩業者の整理などを手がけた。

時に半年間の洋行の話もあったが、面倒を見ていた養母の世話を優先して断った。高級官僚としては輝かしい経歴などではなかった。

しかし、塩を扱っている関係で国会答弁などにも登場し、そこは見ている人は見ているもので、後藤新平がその才能に目をつけた。

後藤は大蔵省ならば次官級が次に就くポストであり、年収が10倍にもなるといわれた満鉄理事へと勧誘したが、浜口は塩の仕事が未完であると断った。後藤はますます気にいった。

しかしながら、そうして断り続けて7年目、大正元（1912）年12月、後藤が第3次桂太郎内閣（第117話）の逓信大臣になった時に、浜口はこれ以上不義理はできないとようやく逓信次官の誘いを受け入れた。

「自分は後藤男爵の恩義に感じて立つだけだ。天下は桂首相に反対で、内閣の寿命は長くは続かないであろう」と家族にことわりを入れている。この時も、浜口は桂内閣が短命と知りながら、損得抜きであえて後藤の三顧の礼に応えたのである。

案の定、桂内閣は2カ月で瓦解した。桂は後藤新平や若槻礼次郎、加藤高明らを集めて新党立憲同志会（以下、同志会）を設立したが、この時に浜口も創立メンバーとして参加した。後藤との縁で官僚から政治家へと転身したのである。

大正3年4月、第2次大隈重信内閣設立に伴い若槻礼次郎が大蔵大臣に就任すると、浜口は大蔵省出身の経済財政通として大蔵次官となった。

時は欧州大戦、臨時軍事費の確保、外貨の扱いなど仕事は極めて多忙だった。

この頃、外貨にまつわるさまざまな打ち合わせを通じて、横浜正金《しょうきん》銀行頭取となっていた井上準之助と出会うことになる。井上は浜口よりも1歳年上だが、病気で学業を中断した経緯もあって、帝国大学の卒業年次は一つ下だった。

地味で寡黙な浜口に対して派手で雄弁な井上、二人の性格は違うが、よほど気が合った。井上は大した用事がなくとも、次官室を訪ねては情報交換をするような間柄となった。

浜口は翌年の第12回衆議院議員総選挙で、加藤高明率いる同志会から地元高知県で出馬して議員となった。しかし次回の選挙では政友会による過酷な干渉選挙によって落選、これ以降は苦節10年とも呼ばれる雌伏生活が続いた。

高級官僚になったと思えば地方回り、議員になったと思えばすぐに落選、ツイているのかツイていないのかよく分からない人生を過ごした。

しかしこの間、元大蔵次官であるにもかかわらず実直に地味な党務に励み、周囲からの確たる信頼を得ると、大正13年には加藤高明内閣において第25代大蔵大臣に就任した。また加藤逝去後の第1次若槻内閣では第37代内務大臣を務めた。

そして若槻内閣が総辞職した後の昭和2年、政友会田中義一内閣の時代に、野党である憲政会と政友本党が合併して立憲民政党（以下、民政党）が結成されると、浜口は初代総裁に就任したのである。そしていよいよ組閣の大命が降下した。浜口雄幸59歳。

緊縮財政、協調外交

浜口は日本の正貨問題解決と国際社会との協調をはかるために、金解禁を断行すると宣言した。そのため金本位制に向けて貿易収支を好転させて正貨をためるべく緊縮財政を行うという。また政友会の武断的な介入による大陸政策に対して、国民政府を認めて欧米と歩調を合わせる国際協調外交を主張していた。元老の西園寺が浜口に期待したのはまさに金解禁と協調外交の二つの点にあった。

満蒙政策に軍閥である張作霖との提携を考えていた田中外交に対して、浜口は批判的であった。「中国の人々の国家統一への『国民的努力』に対しては、外部よりみだりに『干渉』すべきではなく、国民政府による満蒙をふくめた中国統一を基本的に受け入れるべきである。したがって、満蒙での張作霖温存をはかろうとして中国の内戦に介入するような政策をとるべきではない」

浜口の基本は是清の中国に対する考え方に近い。しかし、政友会田中内閣の中国外交の結果は、関東軍が独断で起こした張作霖爆殺事件をなし崩し的に容認するという結果になってしまったのである。そしてこれが昭和天皇の不信を招き、倒閣の原因となってしまったのだ。

7月2日午後1時、浜口は皇居に参内して昭和天皇より組閣の大命を拝した。午後1時13分御座所を退出、その足で民政党顧問、山本達雄、若槻礼次郎を歴訪、組閣の腹案を提示して同意を得ると午後2時30分に小石川の自宅に戻った。

大臣候補者が続々と浜口の私邸に呼ばれる。浜口が組閣を意識したのは6月28日、すでに新聞はかなり正確な閣僚名簿を作成していた。

第179話　真っ直ぐな道

少し戻る、昭和4（1929）年6月27日、政友会田中義一は張作霖爆殺事件に関する報告で昭和天皇から叱責を受けた。

この情報はすぐに広まり、野党である民政党浜口雄幸が自分に組閣の大命が下りそうだと認識したのはその翌日である。

元老西園寺公望は、この頃定着しつつあった衆議院第1党の内閣が政治的な理由で総辞職した場合、第2党の党首が組閣するとの方針に従うであろうと考えたのだ。

2大政党の一方の雄である民政党は人材が豊富である。もし浜口が組閣するのであれば誰がどのポストに就くのか、新聞記者たちにも大体の予測はついた。特に党として伝統的に緊縮財政を主張するだけに大蔵大臣を担当することができる財政通の人材は豊富だった。

英国遊学中に「エコノミスト」誌に刺激されて「東洋経済新報」を創刊し、この時すでに農林大臣として実績があった町田忠治、首相、大蔵大臣経験者の若槻礼次郎、元大蔵大臣の片岡直温《なおはる》などである。大蔵大臣経験者の浜口雄幸が兼務するという手もあった。しかし浜口は党外の人材を考えていた。それが井上準之助である。しかしこれまでの経歴的に政友会古老の高橋是清にも近いからどうであろうか。

井上準之助

井上の説得には「民政党の知恵袋」といわれた内務官僚出身の江木翼《たすく》、「選挙の神様」といわれた安達謙蔵が当たった。

浜口は井上の能力をよく知っている。それはよい。しかし一つ大きな問題があった。それは井上が浜口の基本方針である金解禁の実行に同意するかどうかだった。

というのも、2カ月ほど前、某政府高官が金解禁の実行をにおわせて、兜町の株式市場が半恐慌の様相を呈するという事件があった。株式市場は緊縮財政を伴う金解禁には弱く、うわさが出るたびに下落するという有り様だったのだ。

そこで財界有力者の団体、日本経済連盟会は財界相談役でもある井上準之助、郷誠之助、団琢磨の3人に依頼して三土《みつち》忠造大蔵大臣に政府の真意を聞いてもらったのだ。

これに対する三土の答えはこうだ。

「金の解禁は、できるだけ無理のない状態の下において、これを実行せんとするもので、これがため諸般の準備を考究している次第である。したがって昨今のごとき財界の状態の下においては、軽々にこれを実行することができぬ」

井上たちは財界の動揺を防ぐべくこれを世間にも公表した。そのため井上は金解禁に反対であると印象づけられたのである。このために金解禁を実行した井上には後々変節漢の印象がつきまとうことになった。もっとも井上はそれまで金解禁に賛成であると主張したこともなかった。

当時井上は静岡県御殿場に古民家を買い「皆山荘」と名付けて住んでいた。安達は井上を熱海まで呼び出すと金解禁についていてただした。他の民政党員にばれては大問題になるので、すべては秘密裡である。

安達は井上から金解禁に同意であることを確認すると浜口に報告した。そして浜口が直接井上に会い大蔵大臣就任を依頼したのである。

浜口は井上に言った。

「この経済界を立て直すには死をもって当たらなくてはできないと考えている。いやしくも君にして一片の国家を憂うるの精神があるなら共に起《た》ってこの経済界の立て直しに当たってもらいたい」

井上は一言半句言葉を返すこともなく、直ちに引き受けて入閣を決意した。

また入閣後間もなく井上は浜口から民政党入党を頼まれるが、

「自分の精神は君にも十分了解してもらっているはずだから、相談されるのはむしろ水臭い」

とその場で入党を決めたのである。

その昔、政友会に入党する時の是清も原敬《たかし》とこうした関係にあったことが思い出される。井上も民政党の政策のすべてに賛同したわけではなかった。

しかしこれで政友会の是清、民政党の井上という後に有名となる対立する構図ができた。

6月30日、是清の記憶では浜口内閣組閣の1、2日前とある。井上は自動車で葉山の別荘にいる是清を訪ねた。

「浜口君と話し合ってみると、現在の財界を匡正《きょうせい》するためには緊縮財政によりいじめつけて金解禁をしなければならぬということに意見が一致したので、大蔵大臣を引き受けることになりました」

と長年の恩師にあたる是清にあいさつをした。

井上と是清はこれまでお互いに、二人の間に大きな意見の相違があるとは考えていなかった。だからこそ昭和金融恐慌の際にワンポイント・リリーフとして大蔵大臣となった是清は井上を相棒として日銀総裁に指名したのである。

是清はわずか44日ほどで金融恐慌を鎮めて大蔵大臣を辞めたが、井上はその是清が作った「日本銀行特別融通法」の実行という職務が残ったのですぐに辞任するわけにはいかなかった。だがそれでも井上は仕事にめどがつくと1年ほどで日銀総裁を辞任したのだった。

是清が常に積極財政なのは、言い換えると日本の正貨が流出していく状況を改善するために積極財政が必要だと考えている背景は、日本の産業が未成熟であり、国際競争力を増強しなければならないと考えているからである。緊縮財政で正貨流出の帳尻を合わせようとすれば、必ず事態は悪化する。

しかし是清は井上にはもはや覚悟があるようで、ここで細かいことを諭しても始まらぬと考えた。

「国家の前途を考えて自分の信念を貫くためには、君も万難を排して進むつもりであろう」

是清は井上を見据えると、少し頬を緩めて、

「正しい真っ直ぐな道を歩くことを忘れてはならない」

是清はこう井上に助言した。

市場の逆風

金解禁とそれに伴う緊縮財政を嫌う兜町の株式市場は、浜口内閣誕生によって予想される金解禁をどう見ていたのだろうか。

「アメリカが1919年に金解禁を実行した時、日本には内外合わせて23億円ほどの正貨を有し為替は（100円＝）52～53ドルと旧正貨よりも円高にあった。日本もアメリカに追随して金解禁を実行していればその後のゴタゴタもなく、株式市場のバブルもなく、経済的大反動もなかったのでしょうものを、時の政友会内閣の高橋蔵相が、例の重金主義の経済思想的立場から、解禁の機会を逸したばかりに、経済反動、大震災その他のために輸入は急増し、しかも正貨は為替相場維持の為現送して（海外のゴールドを日本に運んで）、じり貧状態を呈しました」（『兜町盛衰記』「金解禁旋風」）

ここでの重金主義とは、当時の是清が中国大陸への投資の必要性から金を温存したように、金の確保こそが第一であるという考え方を指す。

今や各国が金本位制に復帰する中、日本は手持ちの正貨が減ってしまい、とうとう追い詰められて金解禁をしなければならない事態となった。もちろん金解禁をしないという選択はあるが、是清は井上に対して金解禁は間違いであり、君が民政党にくみするのは間違いであると確信を持って言うことはできなかったはずである。

是清が井上に言った「正しい真っ直ぐな道」は変節漢で傲岸な態度と評判の井上を戒めたような印象を後世に残すことになった。

7月2日、浜口はこの日3度皇居に参内している。

午後1時の組閣の大命降下は既に述べた。その後6時には閣員名簿の捧呈《ほうてい》に参じ、午後9時には井上を含む全閣僚を率いて親任式に臨んだ。かくも遅い夜間の時間の親任式は異例のことであった。関東軍の勝手なふるまいに経済の行き詰まり、政友会田中義一への不信、昭和天皇の浜口内閣に対する期待は大きかった。

第180話　浜口内閣の十大政綱

昭和4（1929）年7月2日、民政党浜口雄幸内閣が発足した。

翌日夜、大蔵大臣井上準之助は日本銀行総裁土方久徴《ひさあきら》邸を訪問した。そこには深井英五副総裁も招かれていた。

土方は井上に次ぐ日銀生え抜き二人目の総裁だが、日銀土方時代は副総裁である深井の影響が大きかったと言われている。

井上は二人に対して金解禁断行の方針を伝えると、早速そのための具体的な準備について話し合いを始めた。

井上はやる気満々である。閣議では期中であるにもかかわらず実施中の昭和4年度予算を総点検しようと言い出した。金解禁のための緊縮財政への転換である。

すでに議会で決めた予算を内閣が勝手に変更するのは憲法違反だと疑義も出たが、予算は最大使用限度額であるから減らすことはかまわないというような、前のめりの井上の意見がまかり通った。

国際協調と金解禁

かくして組閣後1週間、7月9日の閣議では、内閣の施政方針を十大政綱としてまとめて、その日の夕刻には世間に向けて発表した。

一、政治の公明
二、国民精神作興
三、綱紀の粛正
四、対支外交刷新
五、軍備縮小の完成
六、財政の緊縮整理
七、国債総額の逓減（非募債と減債）
八、金解禁の断行
九、社会政策確立、国際貸借の改善、関税改正
十、教育の改善、税制整理、義務教育費国庫負担の増額、農村経済の改善など

一から三はよくある精神的な目標である。四は「軽々しく兵を動かすは固《もと》より国威を発揚する所以《ゆえん》にあらず」と前置きし安易に大陸に派兵した田中義一内閣と軍部の動きを牽制《けんせい》したもので、五とともに浜口内閣の軍縮と国際協調に徹する意思を示している。

そしてこの中でも眼目となるべき大きな政策は八の金解禁の断行である。六以下のその他は多かれ少なかれ金解禁に関連した項目である。

1919年に米国が金解禁を実施して、金本位制に復帰して以来、24年にはスウェーデン、ドイツ、25年英国、オーストラリア、オランダ、アルゼンチン、スイス、26年フィンランド、カナダ、ベルギー、27年デンマーク、イタリア、28年ノルウェー、フランスと金解禁を実施して、先進国では日本だけが取り残された状況となっていた。

欧州大戦で五大国の一角にまで上り詰めた日本としては面目が立たない。

また国内においてもうち続く不景気への根本対策として、昭和3年10月5日には東京商工会議所役員会が、続く8日には東京手形交換所経済調査会が大阪手形交換所と共同で金解禁決議を発表するなど、産業界にも銀行界にも金解禁という機運は盛り上がっていたのである。当時金解禁は不況脱出の根本対策と考えられていたのだ。

昭和4年度予算

7月27日、井上は閣議で昭和4年度実行予算の大幅削減を打ち出した。田中政権で策定された17億7800万円の予算に対して1億4800万円もマイナスの16億3000万円である。その削減の仕方は一律執行留保で、治水や港湾事業などを先送りした。地方補助費の類が先送りされ、地方農村の不満が政友会を通じて強まった。公債発行は行わない「非募債主義」であった。同時に金解禁にむけて金貨の鋳造も着手された。

経済のバロメーターとも言える株式市場は金解禁の情報にマイナスに反応した。株価が大きく下がると、以前、東京経済連盟会が井上準之助らに政府の意向を尋ねさせたように、金解禁の経済への影響がどのようなものか、必ずしも正確に認識されていたわけではなかった。

井上は『金解禁—全日本に叫ぶ—』を出版し、浜口は「全国民に訴ふ」というリーフレットを作成して国民に配った。またラジオを通じて「経済難局打開について」と題した放送演説を行い金解禁実行に向けての気炎をあげた。

「我が国は今や経済上実に容易ならざる難局にあります。産業は萎縮沈水し、貿易は連年巨額の輸入超過を続け、正貨は減少し、為替相場は低落しております。現状のままでは回復などは到底望むことができません、国家の前途は極めて憂慮すべき状態にあるのです。

前内閣（政友会田中義一内閣）の放漫財政では、累積する公債発行が金融市場を圧迫し、民間産業の資金繰りを阻害しております。また通貨の膨張は物価騰貴を招き、そしてそのことは輸出の低下など産業貿易の発達を妨げる結果となっております。

したがって今は思い切った財政緊縮を行い、為替を安定させ、金解禁を断行し、国際経済の常道である金本位制に復することが刻下の急務なのであります」

浜口は料亭政治を廃した。昼食は簡単な仕出し弁当で済ませ、出張の列車も2等車（当時は1、2、3の3クラス）で、食堂車へいかずに駅弁ですませた。緊縮財政を身をもって率先したのである。

金解禁には緊縮財政による不況も予想されるが、競争力がなく成長の見込みのない企業は、それによって淘汰《とうた》されるべきとの少々乱暴な清算主義的な産業構造改革も彼らの金解禁の狙いの中に含まれていたのである。

深井の金解禁

一方で、日本銀行の考え方を代表する深井副総裁は金本位制をどう考えていたのか。

「金本位制は、通貨の状態を堅実に維持するには最適な制度だが、通貨発行の条件が窮屈で融通性が少なく、実行上の困難さが伴うものだ。

この窮屈という弱点を克服するために世界中で通貨理論の研究が行われ、通貨の価値が必ずしも金に依存しなくともよいことは学会でも認めるところとなった。だが具体的な制度設計はまだないのが現状だ。

一方で日本は金本位制の束縛がないことに乗じて、目前の便宜のために通貨の発行を放漫にする風潮が生じて今に至っている。

金本位制への復帰はなかなか容易ではない。しかし復帰を希望する世間一般の人気は高いわけだから、あくまで復帰を目指してこれに向かって準備をすすめるのがよいだろう。あくまで目指す目標であれば、高い目標にこしたことはない」

世間の意見が金解禁に一致した以上、その達成に最善を尽くすのが深井にとってこの時の最善の途《みち》という意見であった。

是清の金解禁

是清はこの年9月の雑誌「現代」に「金解禁について」の一文を残している。要約する。

「外国が金の解禁をやったから、日本も解禁すべしという人もあるが、列国おのおのその事情を異にしているので、すべてを一律に論ずるわけにはいかない。欧州の場合は自国産業発達のために外の資本を仰ぐ必要があるので国際信用の回復を図ったのである。

国家財政の緊縮、国民消費の節約ももとより結構、しかし国内においていくら緊縮節約を徹底せしめても、国際貸借の借りが多ければ金の輸出解禁は困難である。

消費者が国産品の消費を徹底し生産者がこれに応えて国のためを思い良い商品を安く生産するべく努力し、金融業者もこれに安く資本を提供できれば国内の産業はますます発展しよう。

日本は欧州の国とは異なり、それほど資金の枯渇に苦しんでいるわけではない、国民全体に向かって国産品に関する観念を徹底せしめたら、それがすなわち金解禁の根本的準備となるのである」

是清は金解禁そのものには反対していないが、極端な緊縮財政がもたらす不況や、その不況によって弱い企業を淘汰すべしという清算主義的な考え方にはくみしていなかった。国際競争力のある商品を作れ、そのためには安い資本を投入しろと一貫していた。

「(世の中には) いわゆる自叙伝も数多いが、その中からベストテンを選ぶとなると、福沢諭吉の『福翁自伝』、河上肇の『自叙伝』とならんで、『高橋是清自伝』が入るに違いない」

伝記文学の巨人、小島直記はこう書いた。

今でも中公文庫で入手可能な『高橋是清自伝』の出版は昭和11年であるが、もとになった文章は昭和4年1月から「東京朝日新聞」夕刊に連載された『是清翁一代記』である。浜口内閣がスタートした時はちょうど連載中だったのである。

朝日新聞の連載開始に当たっての紹介文は「波乱を極めた一生を顧みて、閑窓に語り出《い》ずる翁の自伝」という、是清を「上がりの人」として扱っている。確かに是清はこの年すでに74歳だったが、自伝を書くには少し早すぎた。

第181話　新平価論4人組

浜口雄幸内閣が十大政綱を発表した7月9日、ドル・円は100円＝44・625ドルである。井上はここから国民の節約と緊縮財政によって輸入を減らし、つまりドル買いを減らして円の価値を上げて、49・846ドルの昔の固定レート（旧平価）まで回復させてそこで金解禁を実行しようというのである。

それはデフレーションと不景気をも意味したが、円が元に戻るまでは官民あげて我慢しようではないか、「しばらく我慢すれば、金本位制に復帰して日本経済は必ず良くなる」と井上は国民に説明した。

7月14日、大阪・中之島の大阪市中央公会堂での井上の大演説会「国民経済の立て直しと金解禁」は雨天にもかかわらず5000人の聴衆がつめかけ立錐《りっすい》の余地なし、演説が終わるや聴衆は総立ちとなって万歳を絶叫、これに感動した井上もしばらく顔を上げられなかったという。

また翌年の昭和5年2月には第17回衆議院議員総選挙が控えていた。民政党は選挙前議席173と政友会の237に比べて劣勢である。争点は金解禁と軍縮、不透明に終わった満州某重大事件（張作霖爆殺事件）の処理や如何などであった。民政党の極端な緊縮政策に対する国民の審判はそれらと一体で下されるだろう。

一方で同時期に国際決済銀行（ＢＩＳ）の設立協議が欧州で行われていた。そこでは金本位制に復帰していない日本の参加資格が問われる事態が発生していた。名誉心《プライド》は軍人だけのものではない。日清日露戦争、欧州大戦を経て獲得した世界五大国の一角としてのプライドは危機に瀕《ひん》していた。

旧平価か、新平価か

こうした浜口と井上のやり方に異を唱える勢力があった。

この当時の日本の金解禁の議論はやるかやらないかではなかった。金本位制復帰はやるものとして、その為替の水準（円と金の交換レート）だったのである。以前金本位制だった当時の「旧平価」なのか、あるいは現状の為替水準に合わせた「新平価」なのか、これが争点であった。

1925年に英国が旧平価で金本位制に復帰した時、ジョン・メイナード・ケインズは『チャーチル財務相の経済的帰結』を著し、旧平価での復帰は英ポンドの実質切り上げとなり、英国輸出産業に深刻な打撃を与えると警告したが、英国政府は大英帝国のプライドにかけて旧平価で復帰した（第167話）。なぜ旧平価にこだわるのか？　この理由はプライド以外に十分に解明されてはいないが、今まさに同じことが日本で起ころうとしていた。

浜口と井上は金解禁によって日本の経済を立て直そうとしている。であればその目標は高ければ高いほど効果がある。だからこそ旧平価だというのだ。

また旧平価での復帰であれば閣議決定で可能だが、新平価では民政党の勢力が弱い議会による法改正が必要となるような技術的な問題も後年指摘されている。しかし総選挙を控えたこの時期、すこし待てば選挙結果で国民の審判も仰げたはずである。それも待てない微妙なタイミングで金解禁を断行したのだとすればそれは拙速というものである。


浜口、井上に対抗したのは、東洋経済新報社の石橋湛山である。是清と近い「小日本主義」の考え方を持つジャーナリストだ。石橋はパリ講和会議の際にケインズが著した『平和の経済的帰結』以来彼を日本に紹介してきた人物でもある。石橋は戦後、第55代内閣総理大臣になる。

石橋に同調したのが、高橋亀吉（東洋経済新報社出身の評論家）、山崎靖純（時事新報）、小汀《おばま》利得《としえ》（中外商業新報、後の日本経済新聞経済部長）の3人である。彼らは当時「新平価論4人組」と呼ばれた。

彼らの言い分はケインズと同じだ。旧平価による解禁は円の切り上げに他ならない。当然日本経済は不況となり、物価の急落は深刻な影響を一般国民生活へ与えることになる。ここで人為的に円高にして為替相場を維持したりせずその赴くままにして、自然と為替相場が落ち着いたところが、日本経済の実勢なのである。そこで初めて新しい平価を定めて金解禁を行うべきだというのだ。

金解禁をやるのであれば為替は現状の自然の水準のままに、これは是清と同じ考え方であった。この4人も弁舌が立つ。パンフレットを作り、各所で講演会を開いて「大向こうの大喝采を博しました」(『兜町盛衰記』)ということであるが、現実には広く国民に浸透したわけでもなかった。国民は難しいことはわからない。「金解禁＝好景気」、これだけである。

ロンドン海軍軍縮会議

10月7日、英国政府からロンドン海軍軍縮会議開催の招待が日本に届いた。列強海軍の補助艦保有量の制限を主な目的とした国際会議である。国際協調と緊縮財政を掲げる浜口内閣としては、軍縮は願ってもない。

政府は若槻礼次郎元総理を首席全権、斎藤博外務省情報部長を政府代表としてロンドンへ送り込むことにした。会議は翌年1月からである。

14日には津島壽一海外駐箚《ちゅうさつ》財務官が赤坂表町の是清の家に再び海外へ出発するとあいさつにやってきた。

是清の元秘書だった津島は今でも是清に現地の経済誌や話題の本を送り、それに対して是清もペン字で丁寧に感想とお礼をしたためていたような間柄であった。

今回の津島の使命は金解禁に際してのクレジット(借款枠)の確保である。いざ金解禁となれば強烈な円売りにさらされるかもしれない。その時当局は円を買いドルを売る必要が出てくる。そのための資金である。是清は津島の訪問に金解禁が近いことを実感した。

第182話　NY大暴落

昭和4（1929）年10月15日、浜口雄幸内閣の定例閣議において官吏の「俸給1割引き」が決定された。現代であれば突然の公務員給与1割減などはありえない話だが、これは井上準之助大蔵大臣が緊縮政策の一環として画策したもので、何らの予兆もなく全く唐突な話だった。

「官吏の減俸は好まざるところであるが、国民に我慢を強いる緊縮政策を実行する上においては官吏も範を示さなければならない」

井上は神妙な面持ちで発表した。多く貰っている者、年俸1200円以上または月俸100円を超える者に対してだけ行われるというのである。

教員初任給が月俸50円程度、100円の俸給は家庭を持ち始めの若い中堅官僚である。ましてや官吏の給与は大正4（1920）年以来据え置かれたままで、インフレ下実質は減俸の状態だったのである。1割引きは生活を直撃する。若くして出世したエリートの井上にはそうした生活感が欠けていた。

火の手はそこら中で上がった。翌日、まず法律で生活を守られているはずの裁判所の裁判官や検事たちが動いた。そして国防に命をかける陸海軍が動いた。

ワシントン海軍軍縮会議以降、組織が縮小し昇進（出世）も容易ではない。将来の展望も含めた若手将校の生活は楽ではなかった。

また当時の鉄道は国鉄（今のJR）時代よりも前の鉄道省である。国家公務員21万人の鉄道員を抱えていた。

首相官邸はその日のうちに減俸案撤回を求める陳情の人々でごった返した。

浜口は民政党の長老で満鉄総裁の仙石貢から形勢が非であると意見され、さらに同じく長老山本達雄からも「減俸案の断行不可」と説得された。

こうして1週間後の10月22日に減俸案は撤回されたのである。朝令暮改、金解禁前のひと騒動だった。浜口と井上は官吏や軍人、鉄道員から「こいつら大丈夫なのか?」と不信の目で見られた。

節約は美徳ではない

ちょうどこうした騒動のさなかの10月18日、久保久治という弁護士が赤坂表町の是清の屋敷を訪ねた。

久保は『金解禁亡國論　井上準之助氏に與ふ』という本を出版し、是清に序文を書いてもらっていたのだ。本の表紙には「高橋是清翁序」と大きく書かれている。

久保は、井上は外国貿易の収支を根拠に、国民が贅沢をしているというが、一般大衆は不況のために収入少なく失業が社会問題になっているのが実情で、節約すべきものなど何もないと説く。

「国の一般会計は個人の家庭の台所とは違う。贅沢の観念が違って居る。国の支出を節約し、事業を縮小、廃止すれば、一方において失業救済策を講じねばならぬ。節約は美徳ではない。経済問題に愛国心を頼みとすることはできない」

是清の序文は活字ではなく、是清自筆の書を写真にして本の最初の方にはさんであり、この本に全く賛同したとは書かずに、よく研究されているとだけ書いてある。

「節約は美徳ではない」

皆がお金を使わなくなれば、景気はさらに冷え込む。今では常識になっているこの考え方は、この時には決して主流ではなかった。

暗黒の木曜日

その頃米国では、ハーバート・フーヴァー第31代大統領が不安定な株式市場を心配し、モルガン商会のトーマス・ラモントに株式市場の先行きを連日のように相談していた。

1920年代の米国は「狂騒の20年代」と呼ばれ、自動車、ラジオ、洗濯機、冷蔵庫が各家庭に普及する過程で米国経済は大躍進を遂げた。ダウ工業株価指数（以下、ダウ）はこの6年間の間に5倍になり、9月3日には高値381・17をつけていた。

ところがその頂点にある株式市場の雲行きがにわかに怪しくなってきたのである。10月23日にはウェスチングハウス、GEなど超優良株が軒並み売り物に押されて、ダウはマイナス20ポイント安の305・85まで下落していた。

翌24日木曜日午前、この年の6月に英国大蔵大臣を辞任したばかりのウィンストン・チャーチルがニューヨーク証券取引所の見学席に立っていた。チャーチルはつい先日、英国の金本位制復帰を手助けしてくれたラモントをはじめモルガン商会の面々とランチをとったばかりだった。日本で言えば井上準之助と重なる。

市場は寄り付きから売り物ばかり、午前中だけで時価総額100億ドル相当が失われ、フロア

東洋経済株価指数とダウ工業株価指数

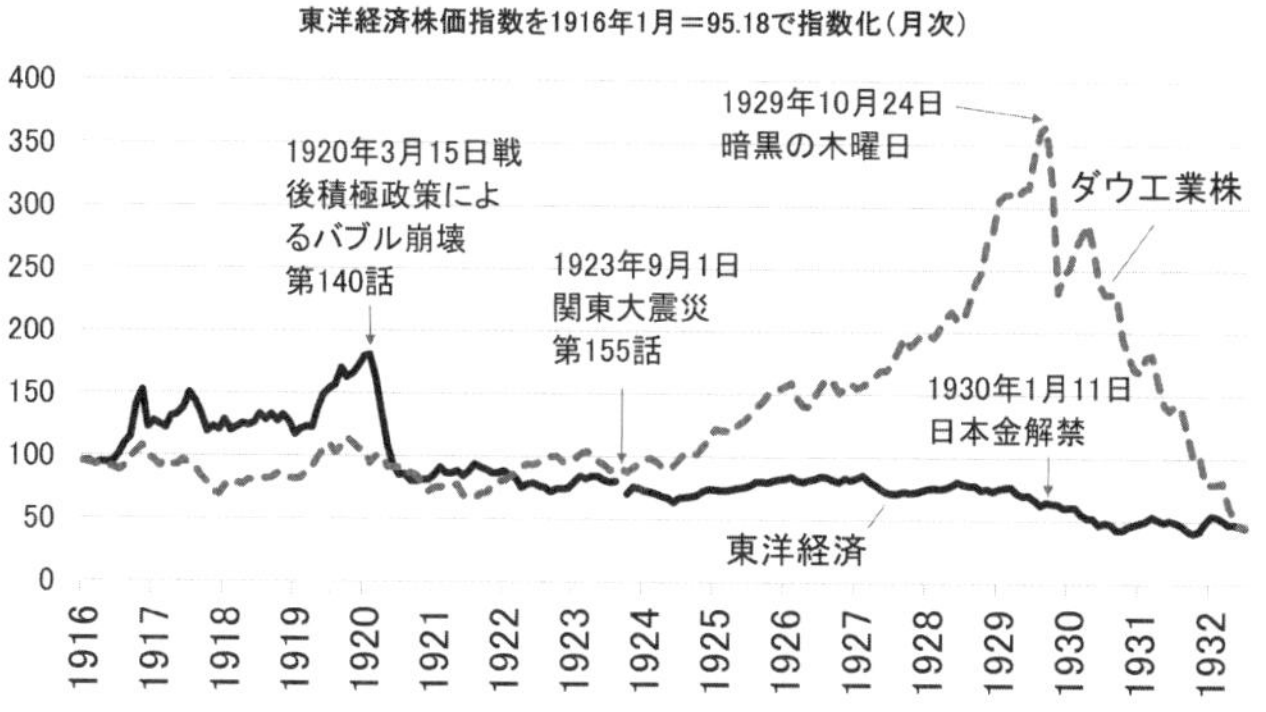

データ：日本證券取引所月報およびFRED

（立会場）では悲鳴が飛び交い、見学席は早々と閉鎖されてチャーチルも追いだされた。

昼ごろ、取引所前のモルガン商会のラモントのところに市場の顔役が集まり善後策を協議して、とりあえず皆で2億4000万ドルほど金を出しあって市場を買い支えることにした。

その結果この24日は、ダウは下げ幅を縮小しマイナス6・3ポイントの299・47で終わったが、出来高の方は史上最高を記録していた。

この日はあまり下げなかったが、信用取引で破綻する投資家が目立ち、自殺者が多く出て市場に絶望感が広がることになった。「暗黒の木曜日（ブラックサーズデー）」と呼ばれる所以《ゆえん》である。

株価暴落はこの日だけではなく、続いて「ブラックフライデー」、「ブラックマンデー」および「ブラックチューズデー（投資家虐殺の日）」と連日大幅安が続いた。

11月13日にはダウは日次でとうとうピークから約48％ダウンの200ポイント割れを記録している。急落である。

これは世界恐慌の始まりであったが、この時そこまで予想した人はいなかった。株式市場が経済全体に及ぼす影響は今ほど大きくはないと考えられていたし、この株価暴落そのものがその後の世界恐慌の直接の原因であるかは今でも意見が分かれるところである。

その後約3年間、ダウは1932年7月8日の41・22まで下落が続き株価は最終的に約10分の1にまで下げた。

最悪のタイミング

図は、当時東洋経済新報社が計算していた東洋経済株価指数とニューヨーク・ダウ工業株指数の比較である。比較しやすいように東洋経済株価指数の方を1916年1月のダウに合わせて再指数化してある。

米国の「狂騒の20年代」がいかにバブルであったのか、また一方で日本の1920年3月のバブル崩壊も大きなものであったことがよくわかるだろう。日本は株価指数で見る限り、すでに下げ切っていたので米国の大恐慌でも大きく下がることはなかったが、日本の金解禁は最悪のタイミングで行われようとしていたことは確かだった。

ロンドン海軍軍縮会議もこのニューヨーク株式市場大暴落の真っ最中に行われたのである。

第183話　金解禁

昭和4（1929）年6月29日、政友会田中義一内閣倒壊間際、横浜正金銀行が提供する対米

正金対米電信売建値

電信売建値、すなわちドル・円相場は100円＝43・75ドルだった。これは昭和金融恐慌以降の円最安値である。

7月2日に金解禁を金看板に民政党浜口雄幸内閣が成立すると、浜口や井上準之助大蔵大臣は昔の「旧平価」100円＝49・846ドルでの金解禁をめざした。「旧平価」で金解禁をするためには為替を円高にもっていかなければならない。図は政権交代から金解禁までのドル・円の為替水準の推移を示している。

積極財政の政友会内閣では為替を円高にする必要がある金解禁の実行は困難だが、緊縮財政の民政党内閣、浜口と井上のコンビはそれは必ず達成できると自信を持っていたのである。為替市場はこの決意を受けて次第に円高に振れることになった。

緊縮策をとり、物価を下げ、輸入を減らし、外貨の流出を防いで円高にもっていく。我慢をして金解禁が実現した向こうには、以前金本位制だった頃の好景気が待っている。

浜口と井上は冊子や全国での講演会を通じて節約の一大キャンペーンを張った。また内務省を中心に公私経済緊縮委員会を組織して、消費節約、貯蓄奨励の全国的運動が展開された。

皆で消費を抑制する、つまり物が売れないのだからとりあえずの好景気などありえない。

「金解禁によって必ず好景気が実現します、というと大喝采を浴びましてございます」

この中間報告会に出席していた日銀副総裁・深井英五は、全国各地に講演に出向いた委員たちのこうした発言が多いことに驚いた。

深井は苦言を呈した。

「そうした物言いでは金解禁実施後に国民を失望させてしまいます。金解禁は将来にわたり経済を順調ならしめる端緒でしかありません。すぐにでも好景気になるわけではないのです」

深井は、金解禁は成立後も一時的にはむしろ不景気を忍ばねばならぬのに委員でさえこの政策をよく理解できていないと不安になったのである。

現地10月24日のニューヨーク市場の「暗黒の木曜日」。ニューヨーク連銀はそれまで株式投機の熱狂を抑えるために公定歩合を上げて資金を株式から金利商品へと誘導していたが、この大暴落をきっかけに、今度は公定歩合を引き下げ始めた。暴落を防ぐために金融を緩和したのである。

米国金利の上昇はドルが国際市場の資金を呼び込み、ドル高になりやすい。つまり井上がやっている金解禁のための円高政策の障害となるものだが、米国の大暴落がドルの金利低下を促して、皮肉にも井上に味方したのである。

何故皮肉なのか？　この大暴落は、世界大恐慌へと連なり、結局日本の、井上の金解禁を恐慌による失敗へと導く一因となるからである。

昭和5年度予算

11月9日、昭和5年度予算案が閣議決定された。総額は16億8776万円で、絞りに絞った昭和4年度実行予算よりさらに7200万円ほど削減されたものだった。米国株式市場が大暴落のさなかに超がつく緊縮予算を決定したのである。公債発行は行わない非募債主義。すべては金解禁のためである。

11月14日ニューヨーク連銀が公定歩合を5％から4・5％に引き下げると円高になった。

「もう旧正貨で金解禁を行うと国民に向けて明言しても良いだろう」

浜口が井上に問う、

「あとは米国に行っている津島がモルガンからクレジット枠を契約できるかどうかです。契約が取れ次第金解禁実施を明言しましょう」

10月中旬、是清の家を訪問した津島壽一海外駐箚《ちゅうさつ》財務官は、11月初めに現地入りすると、暴落後のニューヨークでモルガン商会、トーマス・ラモントらと資金調達の交渉を始めた。金解禁の際に必要となるかもしれないドル資金のクレジット（融資）枠の確保である。

ウォール街は世紀の大暴落の最中で騒然としていた。しかしさすがのモルガンもまた、この株式の大暴落が大恐慌にまで至るとは予見できなかった。

彼らは積極的に日本の金解禁を支援するつもりである。

「イノウエは旧平価で金解禁をやろうとしているのか？」

「そうです」

津島はラモントに答えた。

「ご存じのように、すでに英国の先例がある。英国は旧平価での金解禁に苦労している。その点フランスは実勢のフラン相場に合わせた新平価で金解禁をして、今のところ順調に推移しているではありませんか」

ラモントは新平価、すなわちもう少し円安での日本の実力に見合った金解禁をすすめた。

「井上はその件は十分に理解しております。今回はあえて厳しい為替水準を目標とすることで日本の産業の体質改善を図りたいと考えているのです。そして今回の井上は自信満々です。どうかご安心下さい」

当時の国際金融は協調的で、金解禁のような国家的なイベントには各国中央銀行が協力しあっていた。日本もベルギーやイタリアの金解禁にはクレジットを提供していた。

津島はニューヨークを拠点に米国銀行団と交渉しながら、英国とは併行して電信で交渉をした。米英の金融界では日本の井上の信頼は非常に厚いものがある。交渉は順調に進展し、11月19日にはクレジット契約の調印がなされた。

米国2500万ドル、ロンドン500万ポンド、どちらも5000万円相当である。

この契約成立の報を受けた日本政府は昭和4年11月21日に、金解禁に関する大蔵省令を公布した。

「昭和5年1月11日に金解禁を行う」

浜口首相、井上蔵相、日銀はそれぞれ声明を発表し、日本銀行はその声明の中で、金解禁の実施は英米との国際協調の成果であることを強調した。

続いて東京、大阪、名古屋の有力銀行団はこの金解禁に対する支持声明を発表した。

この間、「エコノミスト」（日本）は新平価による解禁を主張する「東洋経済新報」に対して旧平価を支持し緊縮財政と円高による「財界整理」と「金解禁」で論陣を張ってきた。

12月1日号は「金解禁特輯（集）号」と銘打ち、その社説は「金解禁と財界の更生　金本位維持の覚悟如何」と以下のような記事が続いている。

「歴代内閣は何れも金解禁問題の解決を望みながらも、解禁後の影響の大なるを恐れ、その実現を果たし得ず、未解決のまま今日に及んだもので、わが国民は十三カ年の久しきにわたって、不自然なる温室のなかに保有されてきたのである」

旧平価による金解禁は、結果がわかっている現代から見れば弊害が大きい間違いであるが、当時はこれまでの円安が過保護であって、金解禁こそが常態への復帰だと考えられていたのである。

第184話　金解禁総選挙

昭和4（1929）年の晩秋、金解禁のスケジュールが決まった頃、是清は訪ねてきた二人の著名な新聞記者に対してこう言ったと伝えられている。

「これは絶対に記事にしてもらっては困るが、金解禁はきっと失敗する。若槻礼次郎、浜口雄幸、井上準之助の3君とも頭の良い秀才だが、あの人々は2に2を足すと4とのみ答えるが、世の中のことは常に2に2を足して4とはならぬものである」

是清は為替の水準を無理やり「旧平価」に合わせたところで、国際収支の状況からみて円を過大評価することになると考えていた。ケインズが英国の「旧平価」による金本位制復帰の際に批判したのと同じである。数字を合わせれば良いというものではない、為替水準はさまざまな要素が組み合わさった結果として導き出される数字なのだ。相場を人為的に動かすのではなく、周囲の諸条件を改善すべきなのである。

是清は若い頃から米や株式市場にかかわり、相場は決して思惑通りに動かないことを知った。また日露戦争の外債募集では価格の変動に悩まされた。ロシアが資金を集められなくなる現場も見た。そうした是清ならではの相場というものに対する「恐れ」があったのだろう。是清は「旧平価」による金解禁の行方を心配していた。

金解禁当日

そして為替も円高となり、いよいよ金解禁の時がやってきた。

昭和5年1月11日、大安吉日の土曜日、金解禁当日の正金対米為替売建値は100円＝49・25ドル、正金は14日から金輸出点ぎりぎりの49・375ドルへ引き上げた。

金輸出点ぎりぎりとは、横浜正金銀行の店頭で円とドルを交換するよりも、日銀で円を金に交換後、ニューヨーク連銀窓口にまで船で現送（コストは100円当たり50セント）して「旧平価」（100円＝49・846ドル）で金をドルに換えた方が有利になるレートである。したがって売建値としては49・375が「旧平価」の水準に相当する。

このレートは約2年後の昭和6年12月12日に、蔵相に就任した是清が金輸出再禁止を発令する前日まで固定されて続くことになる。

さて、金解禁のこの記念すべき日、浜口の首相官邸では朝からシャンパンを抜いて乾杯した。井上がいる蔵相官邸には祝い客が集まり、多くの祝電が届いた。午後からは老舗洋食レストラン「中央亭」で民政党の金輸出解禁祝賀会が催された。さらにその後には大蔵省での祝賀会が控えている。

巷《ちまた》では「金解禁」をよくわからないまま、ある種の景気回復のおまじないのように使った。商店では便乗の「金解禁記念大売出し」が行われ、夜の街でも「金解禁」をセールストークに客引きが跋扈《ばっこ》した。猫も杓子も金解禁、本当にお祭り騒ぎだったのだ。

紙幣と金との交換が可能になったこの日、金との兌換《だかん》（交換）を望む者は日本銀行の窓口へと行った。日銀本店には2300人、大阪支店には600人が請求にやってきたが、ほとんどが興味本位の人たちだった。

金解禁は緊縮財政を実行し、政府も民間も節約に励み、貿易収支を改善し、為替水準を目標値に近づけて実行に入るまでが大仕事だった。確かに各団体が慰労の意味で祝賀会を催すのは理解できるが、問題はここで妙な達成感を持ってしまったことだった。

深井英五が心配していたように金解禁は経済正常化への端緒でしかない。大変なのはこれからなのだ。そういう意味では浜口も井上も、財界も流行に敏感な一部の国民も調子に乗っていたに違いない。しかし、いずれにせよこの日から為替レートは固定されたのである。為替が固定されるということは、ほかの要素が変動することになる。

2回目の普通選挙

浜口は金解禁から間もない1月21日、第57回帝国議会で衆議院を解散した。

当時、衆議院定数466議席の中、政友会237議席に対して、与党民政党は173議席と劣勢であったが、浜口は金解禁成就のお祭り気分の勢いを利用して一気に勝負に出た。第17回総選挙はまだ2回目の大衆が参加する普通選挙である。投票日は2月20日と決められた。

浜口や井上にしてみればこの選挙は金解禁啓蒙活動の延長である。この間に政友会では田中義一が逝去し、総裁は犬養毅《つよし》に代わっていた。

普通選挙では大衆が投票権を持つ。両党は単純なスローガンを掲げて選挙に臨んだ。

「浜口か犬養か」

「景気か不景気か」

「節約か浪費か」

民政党に政友会、一体どちらが景気に良いのかは未だにわかりかねるが、民政党は金解禁ブームでとにかく勢いがあった。

2月12日、日比谷公会堂での民政党の選挙演説には数千人の聴衆が会場からあふれて外で大勢が聴くことになった。翌13日は神戸で聴衆数万人を数え、京都や大阪でも同様の人気であった。

民政党は金解禁で景気を戻してくれる、ロンドンに海軍軍縮会議の使節も送っている、経済も国際協調も成って日本は万々歳である。こんな調子だったのだろう。

また民政党は政友会田中義一内閣の時のような露骨な「干渉選挙」はしなかった一方で、選挙の神様と呼ばれた安達謙蔵が、民政党が苦手とする地方を、地元の協力者を得て地道に埋めていったことも大きかった。

かくして選挙の結果は民政党が273議席（58・6％）と過半数を押さえ大勝、政友会は174議席にまで勢力を落とすことになった。

大事なことは、浜口内閣は金解禁政策について、直後の選挙で国民の信任を得たということである。

「干渉選挙」は減っても、一方で7万円かければ当選するが、5万円では当選は無理というような話が「7勝5敗」と呼ばれて巷では公然と語られていた。まだ2回目の普通選挙である。国民は民主主義に慣れていない、普通選挙の滑り出しは金がモノをいったのだ。

民政党は三菱財閥が資金源、政友会は三井財閥と近いというようなことは庶民も知っており、選挙時に目についた政治の金権体質は、やがて政党政治の腐敗として国民の信用を失っていく端緒となった。右翼や軍部もそこにつけ込んでいくことになる。

にぎわう銀座

この頃、緊縮財政によって世間に広がる不況感をよそに、貧富の格差は目立ってきていた。緊縮財政による物価下落で困窮する農村を横目に、モガ・モボが闊歩《かっぽ》する夜の銀座は戦前の全盛期を迎えようとしていた。

銀座から「南紺屋町」「弓町」「南鍋町」「尾張町」の古い地名が消えて、現在のように銀座および銀座西の1から8丁目までに統一された。三越銀座店の開店もこの頃である。

大阪からキャバレーの進出が相次ぎ、カフェーにはステージが設えられジャズバンドが入った。巷では小説家と女給の関係を描く小説がはやり、谷崎潤一郎は「大阪朝日新聞」に「カフェー対お茶屋・女給対芸者」というエッセーを書き、芸者も洗練されねばならぬと夜の娯楽の変化を楽しんだ。

当時の銀座にはカフェーとバーが合計570軒、警察は女給代表を呼び出して「品位」について訓示を垂れた。

日本バーテンダー協会が銀座に設立されたのは昭和4年、この時会員はすでに30数人いたという。

第２０章　満州事変

第１８５話　統帥権干犯問題

昭和５（１９３０）年の1月から4月にかけて、ロンドン海軍軍縮会議が開催された。日本が金解禁を行い、第17回総選挙において浜口雄幸率いる立憲民政党（以下、民政党）が大勝した頃である。

大正11（１９２２）年に締結されたワシントン海軍軍縮条約も8年が経過して、続けるのであれば条約の更新が必要な時期となった（第１４９話）。条約では主力艦である戦艦の保有比率を英５米５日３と決め、以降10年間の戦艦の新造を禁じていた。

ロンドン海軍軍縮条約とはこれを更新すると同時に、主力艦だけではなく巡洋艦以下の補助艦に関しても規制しようというものである。日米英仏伊の５カ国が参加して開催された。世界の五大国である。

日本の全権は元首相の若槻礼次郎、海軍大臣の財部彪《たからべたけし》ら４名、米国はスティムソン国務長官、主催の英国はマクドナルド首相らが全権を務めた。

国際協調を看板に金解禁と緊縮政策を推し進める浜口内閣にとって、軍縮はとても重要な意味を持っていた。

対米6割

「なぜ仮想敵国である米国に軍備を制限されねばならないのか、6割では米海軍とは戦えない」
ワシントン会議で決められた対米6割の戦力は多くの海軍軍人の間に不満を鬱積させていた。米国に対して経済規模があまりに小さな日本から見れば、条約にはむしろ米国の戦力を制限できるというメリットがあることを彼らは是認しなかった。

ロンドンでの日本代表は⑴補助艦は対米7割、⑵大型巡洋艦も対米7割、⑶潜水艦は現有のまま、の3大原則の訓令をもって会議に臨んだが、米国は米国で議会からの圧力がある、ワシントン条約同様に対米6割に固執して交渉は難航した。

若槻らは米国と粘り強く交渉し、形式的ではあれ全体で対米6割9分7厘5毛の妥協案にまでこぎつけると、3月14日には、これ以上の交渉は困難であると、政府の訓令をあおぐ電報を打った。

財部海相を代表に送っている海軍省次官山梨勝之進中将、堀悌吉《ていきち》少将らは妥協案を承服したが、陸軍の参謀本部にあたる海軍軍令部がこれに猛反発した。総括的にはほぼ7割確保に見えるが、大型巡洋艦は6割2厘3毛しかなかったからである。

軍令部長の加藤寛治《かんじ》大将、軍令部次長の末次信正中将らは、海軍大御所の東郷平八郎らを味方につけると、この戦力では国防に責任を持てないと、機密であるはずの妥協案の数字を新聞記者に漏らし、海軍は米国案に反対であると書かせた。彼らは東郷の晩節を汚すことになる。

前海相の岡田啓介大将が「足りない戦力は航空機や制限外の艦艇で補えばよい」と両者の仲介に入ると、3月27日、浜口は官邸をたずねた岡田と加藤に対して、ロンドンからの妥協案を受け入れることを伝えたのである。

同日、浜口は昭和天皇に上奏すると、「早くまとめるよう」にと励まされた。天皇のご意思でもあった。


4月1日に政府は妥協案受け入れを閣議決定したが、翌2日、加藤軍令部長は政府方針に反して昭和天皇に帷幄上奏《いあくじょうそう》した。軍令部の権限を使い内閣を経ずに直接天皇に意見したのである。

「米国の提案は実に帝国海軍の作戦上、重大なる欠陥を生ずる恐るべき内容を包含する」

陸軍参謀本部と海軍軍令部は軍事機密や作戦用兵に関して天皇に直接意見を言うことができるのだ。昭和天皇は黙って聞いていたが、加藤は記者クラブで政府方針に反対であると声明を発した。

大日本帝国憲法第11条「天皇は陸海軍を統帥す（統帥大権）」、第12条には「天皇は陸海軍の編制及常備兵額を定む」とある。加藤は兵力量の決定は統帥事項であるから条約には軍令部の同意が必要であると主張した。

一方浜口内閣は「第11条の統帥大権は第12条が規定する内閣の輔弼《ほひつ》を要する編制大権にまで及ぶものではない」と反論したのである。統帥大権は作戦用兵上のことに限られ、国家予算が絡む編制大権は議会が決め内閣が天皇を輔弼する。輔弼とは天皇の行為に進言してその全責任を負うことである。これはそれまでの常識であったし、アカデミズムを代表する東京帝国大学美濃部達吉教授の憲法解釈に依拠していた。

かくして加藤の反対声明にもかかわらずロンドン海軍軍縮条約は4月22日、日米英3カ国で調印された（まだ批准は残されている）。海軍はそれまで陸軍に比べて一枚岩といわれていたが、これを機に内部に条約に賛成する「条約派」と反対する「艦隊派」という対立構造が生まれることになった。

一方で米国は米国で日本に名目上である6割9分7厘5毛の比率で妥協したことに批判があがった。平和への道は容易ではない。

2月の第17回衆議院議員総選挙で惨敗し、失地回復を狙っていた政友会はこの混乱を利用することにした。

条約調印から2日後の4月24日、軍令部加藤の反対声明もあり世間では浜口の条約調印を強引だと批判する向きもあったから、衆議院本会議場は異様な熱気につつまれていた。

政友会総裁の犬養毅《つよし》が質問に立った。

「用兵の責任者たる軍令部は、これでは国防はできないと言っている」

「帝国議会に対する国防上の責任は政府が負う。帝国の国防は極めて安固である」

浜口が答える。

続いて政友会のプリンスと呼ばれた鳩山一郎が質問に立つ。

「政府が（統帥部である）軍令部長の意見に反し、あるいは無視して国防計画の変更を加えたことは、一大政治的冒険だ」

と詰問した。

「政府は軍部の専門的意見は十分に斟酌《しんしゃく》してある。よって鳩山君が言われるような軍令部を無視したという事実（統帥権干犯）がない以上、その間違った事実に基づく憲法論には答弁できない」と浜口は返した。これが世にいう「統帥権干犯問題」の始まりである。ちなみに明治憲法の中に「統帥権」という用語は無い。

この政友会の統帥権干犯問題の政治利用は、原敬や是清《たかし》、犬養毅も含めた「護憲三派」など、せっかく軍閥の専横を抑えて政党政治の確立を目指してきた政党勢力自身による自殺行為だった。

条約は調印されても各国それぞれの批准が必要である。日本の条約批准問題は8月18日から始まった枢密院の審査委員会に移された。審議は13回を数え難航したが、10月2日、枢密院は全会一致で条約を批准した。浜口首相は批准を勝ち取ったのである。

新聞論調も「統帥権干犯」問題を利用することは政党政治の自殺であると、激しく犬養、鳩山の政友会を非難したが、「大権干犯」や「統帥権干犯」などのスローガンに右翼団体が活気づいた。

「統帥権干犯」は北一輝の造語だといわれている。皮肉な話だが呼びやすいスローガンは「金解禁」と同様である。言葉こそ何だか勇ましいが、両者とも中身はよく理解されていなかった。

第186話　昭和恐慌

昭和4（1929）年7月2日に浜口雄幸内閣が金解禁を掲げて政権交代した時、ドル・円相場はここ数年来の安値100円＝43・75ドルだったが、政府は旧平価である49・846ドルまで約半年をかけて徐々に円高に戻していった（第183話の図を参照）。政府が円高の旧平価で金解禁を行うというのである。市場参加者も政府はそれを達成できると考えた。

貿易業者は目先の円高が見えているのだから、輸出代金の回収（円買い）を早め、輸入代金の支払い（円売り）を遅らせる「リーズ・アンド・ラグズ」という行為に走った。これだけで円高の要因になる。金融機関や投機家も、金解禁で旧平価の水準までは円高になることがコンセンサスになっているような相場である。あえて政府方針には逆らわず、当面は手堅い円買いの相場を張った。

すると円買いの相手となって売買した横浜正金《しょうきん》銀行にはドル＝正貨＝金がたまる、これを政府が買い取ったので政府の正貨残高は増えた。正貨残高が増えると円と正貨を交換する原資が増えるので金解禁の可能性は高まる。円を買いやすくなる。

かくしてドル・円は円高に振れて、翌昭和5年の1月11日には金解禁にこぎつけて為替レートは旧平価である49・846ドルで固定されたのである。

しかし一度この目標水準を達成してしまうと、市場参加者は一転して今度は円安とみて円を売りドルを買い戻す。本来であれば円は売り物にあわせて価格を下げるところだが、金本位制で買い戻しのレートは固定されていて、政府が相対してくれるわけだからいくらでも円を売れる。浜口内閣が政権交代して以降、金解禁を実行するまでに買った円はほとんど利食いとなる。

1月20日に早くも外銀が円を金に兌換《だかん》してニューヨークやロンドンへ現送し始めると、30日には三井銀行ほか邦銀の現送が始まった。円を売って利食いしているのである。

さらに100円＝49・846ドルという円の水準が過大評価であると考えるのであれば、やがて円安になるはずである。円を売るか、あるいは円を金＝正貨に換えて海外へと持ち出せば儲かるはずだ。

昭和4年末の日本の正貨残高は13億4300万円、解禁後2カ月で1億5000万円の正貨が流出して、昭和5年を通して2億8800万円が流出した。さらにこの流れは翌昭和6年にも続いて、年末の正貨残高は5億5700万円にまで減ってしまうのだ。そもそも日本の正貨問題を解決すべく行った金解禁だったのに、日本の正貨は減っていったのである。（第166話のグラフ参照）

暴落また暴落

貿易赤字の状況の下で、円高にして金本位制に復帰するには、緊縮財政によって思い切って国内需要を収縮させ、輸入を制限し、物価を引き下げて低コストによって輸出を増やすしかないと井上準之助は考えていたのだろうが、実際には円高で対外輸出は激減してしまった。

さらに日本の金解禁の直前に発生した昭和4年10月24日の米国の暗黒の木曜日は（第182話）、昭和5年に入ると大恐慌の様相を見せ始め、日本の選挙が終わり一息ついた3月3日には、日本の対米輸出の主力であり、当時の外貨の稼ぎ頭であり、米国では贅沢品《ぜいたくひん》でもある生糸の相場が大暴落した。市場は恐慌状態に入った。

また米国市場の縮小によって中国をはじめとするアジア諸国も不調となり、これは日本が綿製品や雑貨を輸出している地域でもあったので輸出は極度に落ち込んだのである。

金解禁実行後、株式市場は相場もアク抜けかと株価も落ち着いていたが、すぐに正貨の流出を気にして軟化、総選挙結果待ちの閑散状態も、与党が大勝しても反応せず、生糸をはじめとする商品相場の下落を気にして総悲観の状態となった。

さらに4月4日、インドが綿業関税保護法を成立させると紡績株は大暴落となった。

井上はなかなか言うことを聞かない日本興業銀行総裁・鈴木島吉を更迭すると、結城豊太郎を総裁に据えて興銀や、生保証券会社（有価証券共同購入機関）を通じて株を買い支えさせた。

価格恐慌

与党民政党が金解禁を実行し、第17回衆議院総選挙に勝利し、ロンドン海軍軍縮条約を締結し、浜口や井上にすればすべてがうまく運んでいるように思えた頃である。ところが一方では金解禁に伴う緊縮財政に、米国株式市場の大暴落、それによる世界的な不況、一番肝心なはずの経済の不調は足元から始まっていたのである。

おまけにこの年は例外的な米の大豊作、生糸の原材料である蚕の値段が暴落で下がっている時に米の値段までが下がっては、当時の一般的な農家ではもはや、やりくりのしようがない、豊作飢饉《ききん》である。

下落傾向を続けていた生糸価格が7月10日に明治29（1896）年以来の新安値をつけると、10月2日には今度は米価が大暴落を演じた。米相場の東京米穀、大阪堂島米穀取引所は3日以降立ち会い停止となった。株もこれを受けて連動して下がる。

昭和6年度予算

米価が大暴落した昭和5年10月2日は、枢密院がロンドン海軍軍縮条約への批准を決めた日でもある。昭和6年度の予算策定では条約によって海軍費が5年間で5億円ほど浮くはずである。井上は景気対策として減税をしたかった。

海軍は海軍で条約派と艦隊派の仲介に入った岡田啓介大将が「足りない戦力は航空機や制限外の艦艇で補えばよい」と言ったように、この方面の補充も必要である。

井上は海軍との1カ月にも及ぶ折衝の末に5年間で1億3400万円の減税原資を得た。軍事費を削って減税の原資とすることなど明治以来あまり例に無いことだった。

しかしこれでは減税になっても歳出削減にはならなかったことから、歳出削減はより一層厳しいものにならざるを得なかった。

昭和6年度の閣議決定された予算は前年比1億2000万円減の14億8800万円となった。これは田中義一内閣が閣議決定した昭和4年度予算17億7800円に対して17%もマイナスの予算だった。

図は東京小売物価指数の中の内地米と一般的な絹製品である甲斐絹の月次価格推移である。欧

東京小売物価指数

1914年7月＝100

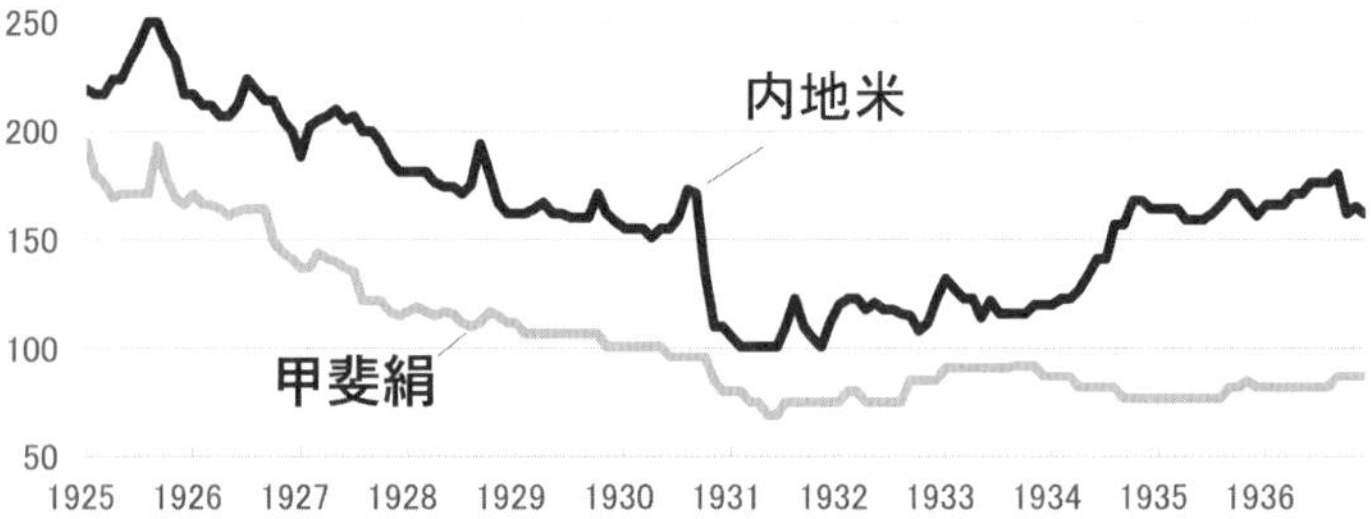

出所:歴史統計ー日本銀行金融研究所

州大戦前夜の１９１４年7月を１００として指数化したものだ。１９２０年代後半を通じてただでさえ下落していた物価は金解禁と世界恐慌を前にさらに極端な暴落に転じたのである。

　株価は興銀や生保を使った株価対策である程度は持ち直す。しかし問題は収入が極端に減る農家であった。翌昭和6年には追い打ちをかけるように北海道・東北地方が冷害による大凶作となった。

　不況のために出稼ぎや兼業の機会がなくなっていた上に、都会で失業した次男、三男などが食い扶持を求めて帰農、折からの地方財政、特に農村部の重い財政負担（第１４０話）もあって、東北を中心に農業経済は疲弊し、飢餓水準の窮乏を味わうことになった。

　中村隆英の『昭和史』（東洋経済新報社）によれば、青森県の場合、大正13年以来数度の凶作によって農家は1戸当たり７００円程度の借金を抱え（サラリーマンの月給が１００円の時代）、主食は米粟稗《あわひえ》などの混食、家庭貧窮のために子女の前借（身売り）をした者は昭和6年において2402人、昭和7年は3月末時点ですでに1503人もあったのだそうだ。
この不況は物みな下がる「価格恐慌」、デフレがもたらした恐慌であった。

第187話　浜口遭難

米価が大暴落して取引所が3日間も休むことになった昭和5年10月2日は枢密院がロンドン海軍軍縮条約を批准した日でもある。恐慌状態の経済環境にもかかわらず、浜口雄幸にはさらなる緊縮案による実行予算の編成などの仕事が待ち受けていた。まだまだやる気だった。

10月27日、ロンドンで海軍条約の批准寄託式が行われた。式に参加できない浜口首相、米ハーバート・フーヴァー大統領、それに英ラムゼイ・マクドナルド首相は同じ時間帯に世界に向けて共同で演説をすることになった。浜口は日本時間夜11時50分から10分間、2分後にフーヴァー大統領が4分間、そのまた2分後にマクドナルド首相が10分間の演説を行った。歴史的な同時放送であった。

11月14日、岡山において昭和天皇統監の下で陸軍大演習が開催され、浜口は首相としてその陪《ばい》観《かん》に赴くことになった。

早朝記者会見があった。

「来年度（6年度）の予算編成があったが、ようやく一息ついた。何しろ空前の財政困難で思い切った緊縮予算を作ったが、すこぶる編成難であった」

この頃、右翼の一部で浜口の命を付け狙う輩《やから》がちらほらと現れていた。「統帥権干犯」が理由である。この月の4日には短刀を持って官邸に忍び込んだ者が捕まっていた。

記者会見後、出発のために東京駅に到着した浜口は一旦貴賓室で休憩すると、午前9時発の特急「燕」に乗車するために地下通路を通って中央階段からホームに出た。

特急「燕」は前年10月にデビューしたばかりの鉄道省自慢の特急列車である。東京―神戸間を約9時間で結び、当時は超特急と呼ばれた。

浜口が挨拶のために最後尾に連結された展望車に向かって行くとホームは大変混雑していた。この日は駐ソ連大使として赴任する広田弘毅もこの列車に乗るために見送りの人が大勢いたのである。そこには幣原《しではら》喜重郎外相の姿もあった。広田は米原駅で北陸本線に乗り換えて敦賀から船でウラジオストクへ渡りシベリア鉄道に乗る予定だった。

浜口が少し歩いたところで、前方の人垣の中からピストルを持った男が突然現れると、3メートルほどの至近距離から突然発砲した。ぱちぱちと乾いた音がした。弾は浜口の下腹部に命中した。

「ソレ、ヤラレタ」

と警官が叫ぶと同時に犯人を取り押さえた。

浜口を取り囲んでいた記者やカメラマンたちがマグネシウム（ストロボの前身）を焚いて写真をとるのでその光が点滅してボスボスと音をたてていた。

浜口は随員にかつがれて中央階段から地下通路に降りるとさっき来た道を100メートルほど

移動して貴賓室のソファに寝かされた。

弾丸は浜口の下腹部内に留まり出血もあったが、同時に内出血を起こし内臓を圧迫し始めていた。

駆けつけた鉄道病院の医師が、

「総理、大変なことに」

とつぶやくと、浜口は、

「男子の本懐です」と答えた。

浜口はロンドン海軍軍縮条約を受け入れる時に、政治家としてすでに命を賭していたのである。これがそのまま城山三郎による浜口の伝記小説の題となった。

浜口は駅で応急処置を施されると、救急車で東京帝大病院へと移送されそこで緊急手術を受けた。小腸の傷は縫合され止血されたが弾丸の摘出は困難であると見送られた。しかし、なんとか一命は取り留めた。

陛下の統帥権

21歳だった犯人は右翼団体・愛国社社員の佐郷屋留雄。

現行犯で逮捕された佐郷屋は、

「浜口は社会を不安におとしいれ、陛下の統帥権を犯した。だからやった。何が悪い」

と開き直ったが、取り調べた刑事の、

「おまえの言う統帥権干犯とは何か」という質問には答えられなかった。

佐郷屋は右翼で検察のボスである平沼騏一郎《きいちろう》が設立した国本社の社員でもあるらしく、なかなか取り調べがすすまなかった。これは西園寺公望の秘書である原田熊雄が西園寺に報告している。

統帥権干犯問題をここで今一度整理しておこう。帝国憲法第11条に「天皇は陸海軍を統帥す」とある、これが「統帥大権」と呼ばれる作戦用兵に関するもので、軍部が帷幄上奏し内閣が関与することはできない。

一方で第12条には「天皇は陸海軍の編制及常備兵額を定む」とある。これは「編制大権」と呼ばれ、それまでの憲法解釈では、国家予算が関係するので内閣が補弼《ほひつ》する事項となっていた。すなわち「統帥大権」は「編制大権」にまで及ばないと理解されていたのである。

ところがロンドン海軍軍縮条約問題では、海軍内部の後の「艦隊派」が民政党追い落としを図る政友会と手を組んで、「編制大権」も「統帥大権」に含まれると憲法解釈をねじ曲げようとしてきたのである。

軍部が「編制大権」を干犯しようとしたにもかかわらず、あたかも浜口が「統帥大権」を干犯したと主張したのである。これが「統帥権干犯問題」である。

海軍はこの後海軍省にあった編制業務を軍令部に移し内閣の影響を弱めようとする。

軍部は正論を語る当時の憲法解釈の権威、美濃部達吉東大教授を疎ましく思うようになる。

引退中の是清

浜口が政権を獲得した時、世界の先進国はこぞって金本位制に復帰したというのに、日本だけが取り残されていた。不安定な為替に実業界からも金解禁の強い要望があった。

浜口は宿願の金解禁を実行し、ロンドン海軍軍縮条約を実現させた。昭和5年の日本の軍事予算は国家予算の28%、同時期の米国は18%、英国は13%であった。

軍縮は経済規模の小さい国家にこそ有利に働くはずである。欧州大戦後の1920年以降、不況の中にあった日本にとって軍縮は果たさねばならない課題だったのだ。

しかしその一方で軍縮条約は帝国海軍内部を条約派と艦隊派に分裂させ、「統帥権干犯」という新しいスローガンを生み出し、海軍のみならず国内世論を分断してゆくことになった。


この時期の是清は政友会の長老ではあるが、実質は引退状態である。赤坂表町の屋敷と葉山の別荘を行き来し、爵位を譲った長男是賢《これかた》の相談にのり、無線技師である四男是彰の活躍を聞き、孫ほど年の違う娘たちと遊ぶ平和な毎日であった。

そして是清と鈴木某という芸者の間に生まれ、高橋家のほうに養子として入った高橋利一も、慶應義塾に入学して学友たちを家へと連れてくるようになった。利一を何ら分け隔てなく実子として可愛がっていた是清は、若い学生たちとの会話を好んだ。

政友会幹事長の森恪《つとむ》から金解禁時期尚早論など、経済政策がらみの案件では相談を受けていたが、表だって見解を表明することはなかった。

是清はかつて原敬内閣の蔵相だったころ、参謀本部廃止論を主張した人間である。

浜口内閣がロンドン海軍軍縮条約を締結しながらも海軍軍令部が政府や海軍省と異なる見解を帷幄上奏し記者会見し、ましてや「統帥権干犯」などという安易な言葉をひねり出す様子は我慢ならなかった。

そして浜口への襲撃である。

是清は恩人である森有礼《ありのり》をテロで失った。そして盟友として政治家人生を送るきっかけとなった原敬も浜口と同じ東京駅においてテロで失っている。

浜口の事件は聞くに堪えない事件であったに違いない。


浜口の入院は長引きそうだった。そこで復帰するまでの間、外務大臣の幣原喜重郎が代理を務めることになった。

年が明けた昭和6年の衆議院予算委員会において、政友会からロンドン海軍軍縮条約に関する政府と海軍との答弁の食い違いについて質問された幣原は、

「この前の議会に浜口首相も私もこのロンドン条約の兵力量では、日本の国防を危うくするものとは考えないという意見は申しました。

現にロンドン条約は（天皇陛下がすでに）御批准になっているということを以て、このロンドン条約が国防を危うくするものではないということが明らかであります」

この答弁に対して政友会森恪幹事長は、

「幣原、取り消せ」

と叫んだ。

「具体的な根拠を示すでもなく、天皇陛下が御批准なさっているのだから国防は大丈夫というのであれば条約締結を決めた内閣はあまりにも無責任ではないか。天皇陛下に責任を押しつけると

は何事か！」

議場は大混乱となり審議は2週間ほど中断することになった。政友会は首相である浜口の議会出席を要求した。出席できないほどの重態であるならば首相の職務を全うできないであろうというのだった。

しかし一方で天皇陛下が批准しているのに政友会は統帥権に問題があるという。このロジックは件の佐郷屋にも庶民にも理解は困難だった。政友会のこうした機会主義的な動きは軍部の政治進出を助長することになる。政党政治は自ら墓穴を掘り始めていたのである。

第188話　軍の政治関与

海軍軍令部から見た「統帥権干犯」問題は、内閣が海軍軍令部の反対にもかかわらず海軍の兵力量を決めた、それが天皇の持つ統帥大権（作戦用兵）を犯したという理屈であった。

これは見方を変えればその逆も真で、海軍軍令部が本来は海軍大臣を含む内閣が天皇を補弼するはずの国家予算決定に直結する編制大権（兵力量の決定など軍事行政）を犯したともいえる。

英国海軍を範とする海軍にはサイレント・ネイビー（沈黙の海軍）という政治関与を否定する伝統があったはずである。これは大言壮語せずに、国を守る時には、充分に任務を果たすという意味である。「統帥権干犯」問題は、結果として機会主義的な政友会を勢いづかせ、金解禁を実行し国際協調を重要視する民政党をたたくことになった。

明治15（1882）年に発布された「軍人勅諭」には「世論に惑わず政治に拘《かかわ》らず」と軍人の政治活動への関与を禁じる項目がある。これは当時盛り上がり始めた自由民権運動と軍人を隔離するための措置であった。また陸軍参謀本部や海軍軍令部が担う軍令（作戦用兵）は統帥権によって政治から独立していた。この独立は本来、軍の政治的中立性を確保し、政治家による軍事行動への干渉をなくし、軍人の政治不関与を保証するものであった。

一方で軍人は政治にはかかわらないというのは、当時すでに英米などの先進的な民主主義国家の共通項であった。シビリアンコントロールである。

日露戦争は陸軍のドンである山県有朋と元は明治維新の志士あがりの伊藤博文の下、陸軍出身の桂太郎内閣によって遂行された。当時政治と軍事は一体化していたのである。

ところが大正デモクラシーを経て、普通選挙が行われる政党政治の時代になると、事情は変わってきた。軍とつながりがない政党政治家が首相となり内閣を率い、天皇の輔弼という形で編制大権すなわち軍政事項を握ることになる。

ロンドン海軍軍縮条約締結のあたりから、こうした仕組みに不満な軍人たちが政治に深く関与してくる事例が増えてくる。

一夕会

欧州大戦終了後の大正10（1921）年、欧州に派遣されていた陸軍士官学校（陸士）16期の永田鉄山以下若手エリート将校たち3人の少佐は、ドイツの保養地バーデン＝バーデンで会合した。（第146話）

彼らは国家あげての総力戦となった欧州大戦の実情を見聞し、日本という国家のありかたや日本陸軍には改革が必要だと問題意識を共有したのである。

欧州大戦によってこれからの戦争は長期戦、大消耗戦に戦争形態が変わってしまった。来たるべき戦争は日露戦争における我が国のように非交戦国に頼ることなく資源を恒常的に確保しておくことが必須であり、それはおのずから自給自足圏の形成という課題につながる。

日本にとって自給自足圏とは満蒙をはじめとする中国にしか求めえないのである。

あれから彼らは陸軍大学卒業順位上位の省部（陸軍省と参謀本部）のトップエリートたちを集めて二葉会という政策研究会を結成し、これがさらに若手が結集した木曜会と合流して、昭和4（1929）年5月には両会を横断した一夕会《いっせきかい》ができあがった。会員は陸士14期から25期までの40名ほどである。

一夕会は結成時に、⑴陸軍人事を刷新、⑵満蒙問題を解決、⑶荒木貞夫（陸士9期）、真崎甚三郎（同9期）、林銑十郎（同8期）の3名をもり立て、陸軍を改革する、の3項目を確認している。

彼らは陸軍のエリートである。年功序列の秩序の中で間違いなく出世して地位も次第に向上してゆく。現状の政治形態においてさえも指導力を発揮することは可能で、とりあえず軍事革命などは必要としなかった。

陸軍エリートたちは英米協調の「幣原外交」の民政党浜口雄幸内閣とは全く考え方が違っていた。満蒙問題の解決はあくまで軍事力による支配であった。そしてこのことが日本の外交政策をあたかも正反対の二つが存在するかのように変えていくのである。未だ普通選挙が始まったばかりの日本の政党政治は武装集団である軍に対してあまりに脆弱だった。

大戦景気の崩壊以降連綿と続く不景気、現代風にいうならば「失われた10年」である。都会は賑わう一方で農村は中央政府に比べての財政的な高負担や物価下落に疲弊し飢餓寸前の状態にあった。日本は人口だけは増えているが展望のない人口・食糧問題、そうした中で党利党略ばかりに走る政党政治は今やその信頼を失い始めていた。若い軍人たちはかかる国難に国家を救えるのは政治家ではなく自分たちしかいないと考えた。満蒙問題と国家改造は表裏一体、緊急を要する課題となったのである。

3月事件

トップエリートが集まるプラクティカルな一夕会とは別に、同時期に陸軍参謀本部ロシア班長の橋本欣五郎中佐（陸士23期）は、参謀本部の中堅将校を集めて桜会を結成していた。

橋本はトルコの駐在武官として現地でケマル・アタチュルクの独裁政治を見聞し、手っ取り早く有効な国家改造の手段は、議会政治など打倒して軍部独裁に移行することだと確信していた。従って桜会は研究会というよりは国家改造のための軍事クーデターを企てる結社である。その結束の強さは不明だが会員は100人ほどいた。

昭和6年に入っても、テロに遭った浜口首相の容体は悪く、若槻礼次郎が首相代行となった。橋本は民間の右翼、大川周明《しゅうめい》などと連携してクーデターを起こし、浜口内閣の陸相である宇垣一成《かずしげ》大将を首班とする軍部政権の樹立をもくろんだ。

計画には宇垣閥の腹心である二宮治重参謀次長（陸士12期）、小磯国昭軍務局長（同12期）や建川美次《たてかわよしつぐ》参謀本部第2部長（同13期）など陸軍中枢も具体化に協力していた。

クーデターは3月20日決行予定、⑴民間右翼団体が警視庁を襲撃して東京各所で擬砲弾を炸裂《さくれつ》させて騒擾《そうじょう》を起こす。⑵同時に大川が右翼的な労働組合の中から1万人を動員して議会を取り巻く。⑶そこで陸軍が戒厳令を出して議会を封鎖。⑷議会の保護を理由に浜口内閣を倒して、元老に宇垣に対して組閣の大命降下をしてもらうという計画だった。

永田の率いるエリートの一夕会は宇垣を軸とする陸軍の人事を旧態依然とした長州閥の流れとして支持していない。また本当に労働者を1万人も動員できるのか、戒厳令は出るのか、元老は宇垣を指名するのか、不明ばかりのまったくずさんな計画である。

宇垣自身は当初はこのクーデターに乗り気だったが、3月に入るとどうも浜口はもうダメで、クーデターなど起こさなくても、自身に首班指名の機会はやってくると判断するようになって、結局決行3日前の3月17日に計画を頓挫させた。これを3月事件と呼ぶ。

これはクーデター計画なので、本来であれば軍紀に照らして厳正な処分がなされるべき事件である。ところが陸軍首脳部が計画に関与していたことから、首謀者に対して何らの処分もなかった。陸軍は緘口令《かんこうれい》を布《し》いて事件を隠匿し、何も無かったことにしたのである。この事件が発覚したのは戦後のことである。

この時の宇垣の日和見は、陸軍内での彼の信用を失墜させ、後に彼が本当に首班指名を受けた際には、彼が長州閥系であることと相まって陸軍からの猛反対を受けることになる。

軍人による政権転覆をもくろむクーデター計画を処罰できない軍では過激な若手将校に対する

統制は利かない、処罰されない橋本は10月に再びクーデターを企てることになる。

ちょうどこの頃、一夕会のメンバーである板垣征四郎（同16期）は関東軍高級参謀として、石原莞爾は関東軍作戦主任参謀としてともに満州へ派遣されていた。

第189話　浜口の死

昭和5（1930）年12月24日召集、翌年3月27日まで開催された第59回帝国議会は、入院中の浜口雄幸首相に代わって外相の幣原喜重郎が首相代理をつとめた。

浜口内閣は発足時、蔵相には井上準之助、外相には幣原など党外の人材に加わってもらった経緯がある。井上は民政党に入党したが、幣原はしなかった。

党内はもともと内相・安達謙蔵と鉄道相・江木翼《たすく》の対立を抱えていたが、浜口の求心力で何とか持ちこたえていたのだった。それ故に党員ではない中立の幣原を首相代理に据えたのだが、これには両サイドから不満が噴出した。政友会にしろ民政党にしろ政党は内部で内輪もめばかりしていたのだ。

昭和6年2月3日、幣原がロンドン海軍軍縮条約に関する答弁で、天皇の批准を根拠に国防は大丈夫であるとする発言があり、これを政友会が国防を天皇の責任にするとは何ごとかと追及し、審議が2週間ほど停止したことはすでに述べた（第187話）。

この時は幣原が発言を取り消して一応の収まりを見せたが、民政党、政友会両党の院外団が議場で流血の大乱闘を演じるなど、ただでさえ極度の不景気によって不満が鬱積していた国民の政党政治への信頼を大きく傷つけることになった。

「党利党略よりも、政治家はもっとやるべきことがあるだろう」というのだ。

しかし政友会としてはあいかわらず追及不十分だと考えた。今度は入院中の首相浜口の不在を責めた。首相としての責務が果たせないのであれば辞職せよと迫ったのだ。


「首相、答弁せよ！」


2月19日、追い詰められた幣原は浜口の3月上旬の議会への出席を約束、浜口はまだ回復していなかったがそれに合わせてリハビリに励んだ。

3月10日に閣議に出席すると、午後は衆議院本会議場に入った。浜口の身体には弾丸が入ったままである。議員たちは回復したかに見える浜口の姿を見て与野党問わず総立ちの拍手で迎えた。浜口は議会の欠席をわびるあいさつをし、野党政友会犬養毅総裁はねぎらいの言葉で応えた。

しかしここまでだった。もう浜口の身体はボロボロだった。

後でわかったことだが放線菌が脾臓《ひぞう》付近で異常増殖して硬結を作り、胃底部を圧迫し腸を狭窄《きょうさく》していたのだった。

11日、政友会島田俊雄議員が質問に立ったが、浜口は衰弱して立ち上がれず答弁ができない。

それを見た島田は、

「かかる健康状態で議会に臨まれることは、野党としてははなはだ迷惑至極である」

と言い切った。

「首相、答弁せよ！」

政友会側から痛烈なヤジが飛ぶが、結局浜口は立てず、翌日から再び議会を欠席したのである。「わずか2日で、早くも休養」

新聞は書き立てた。

浜口は18日に再び登院するが、とうてい首相の責務を果たせるものではなかった。

浜口は4月4日に再入院すると手術をして人工肛門を作った。もうここまでである。浜口内閣は4月13日に総辞職した。

宇垣一成陸相が心変わりして3月事件となるクーデターを止めたのは、こうした状況下で自分が後継の一人と目されていたからである。確かに新聞社が挙げる後継首相候補者の中に宇垣の名前があった。

しかし政権を維持したい民政党幹部や、金解禁を支持し協調外交を願う元老重臣方面からの意向もあって、昭和6年4月14日、組閣の大命降下は民政党の若槻礼次郎にあった。

加藤高明死去の後を受けての第25代首相が若槻であった。若槻が昭和金融恐慌で退陣後の第26代が政友会田中義一、第27代が民政党の浜口で、若槻は第28代として再び首相の座についたのである。

昭和7年度予算

井上準之助蔵相が金解禁を始めて後、昭和5年中頃から翌年の秋にかけての昭和恐慌は、綿糸・鉄・生糸・米などの商品価格を暴落させ、軽工業を中心とする企業倒産や労働者の首切りなどを引き起こし、激烈な農業恐慌をも引き起こした。恐慌は国家の税収の減少となって、昭和6

年に至ると予算編成を困難にした。

首相が若槻に交代しても留任した井上のやることは変わらない。金解禁実行の一徹、そのための徹底的な緊縮である。もはや恐慌という不景気の風が吹きすさぶ中でも強気を押し通した。「日本の経済界としては順調な推移を続けているのであるから、海外の事情さえ好転すれば、それに適応するだけの準備はわが国においては大体できていると思う」

この当時の井上の日本経済に対する認識は「順調な推移」だったのである。

昭和7年度予算策定において井上は新しいやりかたを導入した。それまでは予算編成方針が最初に閣議にかけられて、それを受けて各省が概算要求を作成し、大蔵省が査定する手順だった。ところが今回は税収不足からまとまった節約が必要で、最初に大蔵省が各省の概算を作成し、各省はこれを基準に要求案を作成する手はずとなった。

6月、井上はこの方法で1億円ほどを削減するための経費削減策第1弾として、官吏1割減俸案実施を打ち出した。減俸案は浜口内閣が成立したばかりの昭和4年10月にも井上が提案したが、結局各方面からの猛反対を浴びて実行できなかった政策である。この時の減俸案は党内からも反対が出るほどで、鉄道省の鉄道員全員が辞表を出すなどしたためにまたもや実現できなかった。歳入不足で「非募債主義」は貫けなくなってしまった。

「海外の事情さえ好転すれば」と井上が期待する海外では、1931年5月にオーストリア最大の銀行クレジット・アンシュタルトが破綻、6月にはドイツ政府が欧州大戦後の賠償に対してデフォルト宣言をした。もはや好転を期待できるような状況にはなかった。
かくして10月1日に発表された大蔵省原案の予算は、14億7900万円、前年比7000万円ほどの緊縮予算となった。

デフレによる不景気にもかかわらず緊縮財政の強化である。海外の事情さえ好転すればというが、軒並み物価が下がる中、これ以上国民の購買力を減らし、不平を増やしてどうするのか、国民はいつまで待てば金解禁で楽になるのか、政治不信は経済政策だけではなく、弱気にも映る若槻内閣の国際協調的な外交姿勢にも向けられた。

浜口の死と石橋湛山

石橋湛山は「東洋経済新報」4月18日号の社説「近来の世相ただ事ならず」の中で、首相を辞職せず国難の中で議会無視の状況を作った浜口を「罪悪」であると強く非難した。職務を全うできないのであれば潔く首相をやめよというのである。

戦後、石橋は政界に入り昭和31年12月23日に第55代首相となるが、なってすぐの1月25日に軽い脳梗塞《こうそく》で倒れた。

その時石橋は「私は政治的良心に従います」と潔く退陣した。浜口の時のことが脳裏をかすめたであろう。かくして理論家の石橋なのに、国会で一度も演説や答弁をしないまま退任した唯一の首相になるのである。

浜口の寿命が尽きたのは、その年の夏も終わりかけた8月26日である。最初に駆けつけたのは首相の若槻だった。続いて閣僚たちが訪れるが、井上は玄関に入るなり人目もはばからず号泣した。

日本のために。二人で決死の覚悟で始めた金解禁。もう一息だ。

もはや、やり抜く以外に道は無い。

英米金融界に太い人脈を持ち、スタイリストで見栄っ張りのはずの井上の泣き声が、静かな浜口の屋敷にしばらく響き渡った。

南胃腸病院

昭和6年4月中旬、浜口雄幸首相が再入院して、若槻礼次郎内閣が誕生した頃、是清は築地の南胃腸病院に入院した。

前年の冬ごろから身体の不調を訴えていたのだが、とうとうアメーバ赤痢と診断されて、2カ月ほどの入院となったのである。

6月1日、井上が官吏1割減俸政策を提示して騒動になった。

是清は引退した長老として政友会から経済政策に関する相談を受ける。元々旧平価による金解禁には反対だったが、新聞記事を見て思った。

「井上は意地になっているだけだ」

海外の金融事情の悪化を見るにつけ、できる限り早く金本位制をやめなければならぬと考えた。

6月7日、明日が退院という日に「東京朝日新聞」社の記者が病室を訪ねている。

「大分長らくご病気で？」

「いやいや、良くなったよ、入院した頃は12貫（45キログラム）まで体重が落ちてね。2、3日前にひげを剃《そ》ってもらったから、今日はまだ見られるだろう」

あごひげのあたりをなでながら是清は続ける。

「私はね、若い頃は24貫（90キログラム）ほどあった、原内閣の頃だってまだ20貫はあったものだ」

満76歳、随分回復しているようには見えるが、それでもすっかり老人の風貌になった。

「入院なんてお珍しい」

と記者が振ると、

「実はこれは生涯2度目の入院だ。最初は日銀副総裁の頃だからもう30年以上も昔の話になるかな。赤坂見附で馬に蹴られてね。左手を折ったのだ。そのせいで左手は今でもあまり良くないのだよ」

是清は左手をあげたりおろしたりしている。

「退院したら何をしたいですか？」

「酒は昔好きだったが、去年の夏ごろからどうにもまずくなってね、まあそれも良いとむしろ喜んでいたのだが、今度の入院でまた飲みたくなってしまったのだよ。これはイカンな」

記者は痩せた是清の写真を付けて「かはる面影　これがかつての達磨《だるま》総裁」の記事にした。

ケインズ

退院してほどなくしての6月15日、是清が朝刊各紙を読んでいたら、「東京朝日新聞」にJ・M・ケインズのラジオ論説の紹介記事が掲載されていた。

「多くの人々は、倹約して銭を貯めることはいいことだと考えているが、現在のような経済状況では、これは有害であって一利なきものである。皆さんが5シリング貯蓄すると一人の人が失業する結果となり、一人の人が失業せば、それだけ購買力が減少するからそれだけ失業者を出す結果になり、ますます不景気は深刻になる……」


27日、是清が直子との間に儲けた4人の姉妹の2番目である喜美が岡千里と結婚した。

岡は是清と同じ仙台藩家臣の家系である。高橋利一（形式的には高橋本家を継いだが、是清が息子として育てている）の慶應義塾の同窓生だった。

岡がまだ学生だった頃、利一に連れられて初めて是清の家を訪れた時には驚いた。なにしろ利一の父というのが高橋是清だったからである。

是清は威厳こそあれ威張るでもなく、質問をすれば若造に対しても何でも丁寧に答える。

そうして赤坂表町の屋敷や葉山の別荘を何度か行き来しているうちに、岡は喜美と恋に落ちたのだ。岡は三井銀行に就職し、是清が病み上がりのこの年に喜美と結ばれたのだった。

女婿となった岡は是清とより近しく接するようになり、そのやりとりを日記に残した。

それはまた後ほど紹介したい。

第190話　柳条湖事件

東京で是清が入院していた頃、満州では、日本にとっていろいろと情勢が悪化していた。少しさかのぼる。

昭和3（1928）年6月、張作霖《ちょうさくりん》を日本軍に爆殺された息子の張学良は、軍閥を引き継ぐと「易幟《えきし》」（青天白日旗を掲げ、国民政府への服属を表明すること）を条件に、当時北京に入った蔣介石と融和した。もとはと言えば、北京にいた張作霖が満州に帰ろうとしたのは、蔣が北京に入り、押し出されたからにもかかわらずだ。

張学良は父の敵である日本を恨み、満州における日本利権に対する規制を強化した。それは中国との融和策を採る浜口雄幸内閣の「幣原外交」になっても改善はしなかった。反日運動も強まるばかりである。

昭和6年、張学良が推し進める南満州鉄道（満鉄）の競合線の営業が開始されたことや、米国発の大恐慌の影響もあって満鉄が初めての赤字に転落した。また満鉄の運賃は金価格建てだったが、競合線は銀建てということもあって、銀安で競合線が大幅な値引きになったことも大きく影響した。昭和4年には銀1オンス26ペンスだったものが、昭和6年2月には半分以下の12ペンスまで下落していたのだ。満鉄も2割引運賃で対抗したが競争にはならなかった。

張学良はさらに勢力を拡張し、錦州に大規模な港湾施設の建設を開始した。これが完成してしまえば日本が支配する大連港や満鉄の経営に悪影響を及ぼすのは必至の情勢となった。

陸軍は満鉄の経営不振を「日本の生命線の危機」として捉えた。なぜなら未だ満州に軍事侵攻していない以上、満鉄の黒字だけが植民地経営のよりどころだったのである。かくして一夕会の陸軍若手幕僚にとっては、これまで議論してきた「満蒙領有論」は待ったなしの現実的な戦略となったのである。

これに際し関東軍作戦主任参謀の石原莞爾中佐は昭和6年5月に作成した「満蒙問題私見」（「謀略ニヨリ機会ヲ作製シ軍部主導トナリ国家ヲ強引スルコト必スシモ困難ニアラス」）を実行し満州を軍事占領する機会を待っていた。

中村大尉事件

ちょうどこの頃から日本のメディアの姿勢に変化が生じ始めた。

そのきっかけとなった事件が同年7月2日の長春北西の万宝山事件である。細かい説明は省略するが、日本が満州の万宝山地区に入植させた朝鮮人200人と現地の中国人との間で水利権を巡っていざこざが起きて発砲騒ぎになった。

ここではいずれの側にも死傷者はなかったのだが、朝鮮日報が「中国人が朝鮮人農民を襲撃し、多数の死者が出た」と虚報を流した。

すると、これを真に受けて激高した朝鮮人たちが朝鮮各地で中国人に対して報復的な襲撃を行い合計で127人を殺害、400余人が重軽傷という大事件に発展した。

そしてこのニュースは、今度は中国の新聞で日本人が朝鮮人をそそのかしたとして報道され、中国各地で日貨排斥運動を引き起こしたのである。そしてそれ以降も日中双方のメディアが応酬しあい、憎悪と敵意をあおる報道合戦に発展した。

そうした中で、日本で報道されたのが中村大尉事件である。

中村震太郎大尉は参謀本部員ながら農業技師と身分を偽り、満州奥地で対ソ戦のスパイ活動を行っていたが、この頃中国側に逮捕され処刑された。

中国側はこのことを公表しなかったが、この話に目を付けたのが軍事行動発動のチャンスを待っていた関東軍の石原中佐である。

8月2日、石原は中国側に共同調査を申し入れ、同意しない場合は関東軍が実力調査を行うと言明した。これに対して中国側が全面否定したので、石原は中村大尉がスパイであったことを伏せて処刑されたことだけを新聞発表した。

「耳を割き、鼻をそぐ、暴戻《ぼうれい》！　手足を切断す　支那兵が鬼畜の振る舞い」（「東京朝日新聞」8月18日）

「東京朝日」だけでなく各紙は軍発表すなわち石原の発表そのままにセンセーショナルに報道した。すると国内世論はいっせいに、

「支那を撃て！」

「支那を膺懲《ようちょう》（こらしめること）すべし！」

と、強硬論に染まった。怒りの激情に訴える記事は読者受けがよく各紙とも発行部数が伸びた。

日本は中国政府に抗議し、陸相の南次郎はこの機をとらえて満蒙問題を解決するため、武力発動を辞さないと声明した。

石原のメディアを利用したもくろみはうまく運び、満州事変への地ならしは着々と進んでいた

のである。

昭和6年9月18日午後10時20分ごろ、満州の奉天近郊・柳条湖付近で満鉄線が爆破された。関東軍は中国軍の犯行であると決めつけて、石原の計画した作戦どおり、中国軍の北大営と奉天城に攻撃をかけた。攻撃は板垣征四郎関東軍高級参謀の独断であった。

森島守人奉天総領事代理は外交交渉で解決すべきと主張したが、奉天特務機関の花谷正少佐は抜刀して森島を威嚇した。

「すでに統帥権の発動をみたのに、総領事は統帥権に容喙《ようかい》干渉するのか」と。

統帥権は天皇もついぞ知らぬままに発動されたのである。

第191話　満州事変

満鉄線爆破の後、関東軍は間髪を容れず彼らの兵営がある奉天城に攻撃をしかけると同時に、満鉄沿線の18の駅を占領しにかかった。

満州事変の始まりである。

関東軍司令部所在地の旅順にいた本庄繁司令官は状況報告を聞くと、

「(中国軍の) 武装解除ぐらいの措置が適当ではないか」

と答えはしたものの、作戦主任参謀石原莞爾中佐が次々に起案する命令書を黙々と承認していった。

作戦は司令官である本庄本人の意思ではなく、関東軍高級参謀・板垣征四郎大佐と石原、その他数名の参謀によって主導されたものだった。

翌19日朝には日本軍は奉天市を掌握、臨時市長に奉天特務機関長の土肥原賢二大佐を就任させた。すべて準備万端だったのである。


事変3カ月前のこの年の6月、陸軍省の永田鉄山軍事課長、岡村寧次《やすじ》補任課長（人事）、参謀本部の東條英機編制動員課長ら、陸軍中央の主要課長が参加した「五課長会議」が発足、ほとんどが一夕会のメンバーである。

彼らは「関東軍に行動を自重させるが、張学良政権の排日行動がやまなければ、軍事行動のやむなきに至るだろう」という内容の「満州問題解決方策の大綱」を策定していた。

陸軍中央のエリートたちが現地での作戦の詳細までを把握していたかは別として、関東軍が軍事行動を起こすことは認識していた。当時の日本という国は陸軍の課長クラスが動かしていたことになる。


9月19日、東京の朝、事件の一報を受けた若槻礼次郎首相は臨時閣議を開いた。

南次郎陸相から、中国軍による策動などの通り一遍の説明を聞いたが、井上準之助蔵相以下閣僚たちは納得がいかない。現内閣は金解禁を実施して緊縮財政の最中である。ここで戦争を起こしては戦費の負担がたまらない。

「奉天総領事からは、全く軍の計画的行動であるとの電報を受け取っておりますが」

若槻が南陸相に関東軍の暴走ではないかと迫ると、南は沈黙した。

南には関東軍から満州への朝鮮軍派遣の要請が届いており、その是非を閣議に諮らなくてはならなかったが、南は言い出せなかった。

当時の関東軍の兵力は、そもそも満鉄守備の名目であるから1万1000人ほどしかいない。今事件の石原ら関東軍の狙いは満州全土の掌握であったのでこれでは全く足りなかった。そこで関東軍は近くに駐留する朝鮮軍の援助を請うつもりだった。

だが若槻内閣は閣議で不拡大方針を決めた。

中国軍は奉天がある遼寧省に5万の兵力、事件当時北京にいた張学良には手元に10万の兵力があったが、張は日本の軍事行動を単なる「挑発」と認識して不抵抗を決めた。国民政府主席の蔣介石は共産党軍討伐に忙しく、張の不抵抗を支持した。

蔣は立志救国には、まず国家の統一と力の集中を図るべきと、「内憂外患」の「内憂」、すなわち共産党勢力を取り除くのが先決であると考えていた。

また蔣は満州を中国の周辺の一部としてみていた。やがて日米が開戦し、日本が敗北すれば満州はいずれ放っておいても中国に戻ってくると考え、この1931年の時点では日本と全面的な軍事衝突を起こしてまで奪還すべきだとは考えていなかった。

従って関東軍は中国軍の抵抗がない中、少ない兵力を満州全土に展開できたのだった。

英国金本位制離脱

事件の3日後の9月21日、満州事変の凶報を追いかけるようにして、英国から入電があった。

英国が金本位制離脱を決めたのである。

振り返れば約2年前、1929年10月のニューヨーク株式市場大暴落に端を発する恐慌は、欧州大戦の賠償を抱えるドイツ財政を圧迫し、ドイツ、オーストリアは半恐慌状態を呈していた。満州事変のこの年の5月にはオーストリア・ウィーンのクレジット・アンシュタルト銀行が破綻、続いてドイツが戦争賠償に対するデフォルトを宣言した。

これを受けて大陸の投資家は英国から短期資金を引き揚げた。英国は2度の公定歩合引き上げでこれに対抗したが、金の流出は止まらず、とうとう力尽きたのだ。翌年英国は英国連邦内の保護関税政策であるブロック経済の実施に踏み切ることになる。満州事変にショックを受けている井上準之助蔵相にすれば、まさに泣きっ面にハチである。おまけに朝鮮軍が本国に無断で満州に越境したというニュースも入ってきた。井上はそれでも強気の姿勢を崩さなかった。

直ちに談話を発表した。

「英国がこの挙に出ざるを得なくなったのは、英国がその財政経済の点において対外的信用を失墜した結果にほかならない。……恐らくはしばらくの期間金輸出を禁止しておいて、その間に財政を均衡せしめ、その他の信用回復に必要な対策を講じて再び金輸出を解禁して元通りの金本位制に復帰するのであろう。……日本でも金輸出再禁止論が高まるかもしれないが、それはとんだ見当違いで国家財政の基礎その他の点において我が国ほど堅実な国は米仏以外には見当たらない」

浜口が死んだ今、井上は何が何でも金解禁を貫くつもりだった。

英国が金本位制離脱を発表した翌日の横浜正金銀行には、ドル買いが殺到した。市場参加者は朝鮮軍の越境に戦火が広がる懸念と、日本の金本位制離脱も近いと踏み、円安になる前にとドルの仕込みに入った。また英国が金の兌換《だかん》を停止したことから、貿易決済に支障が出かねない。ドル需要は一気に盛り上がったのである。

井上は正金にドルを買いたい者には徹底的に売り向かうように指示をした。もちろんこれによって発生する損失は政府が持つ。つまり日本は手持ちの正貨がどんどん流出することになる。もし正金がドルを売り渋れば、市中銀行は日銀で円を金に兌換して、米国に現送（現金・現物を輸送すること）して現地通貨と交換することになる。実際に正金が消極的だった金解禁初期に現送は大規模に起こった。

一方で、兜町の株式市場には9月21日、寄り付きから少したったところで、ロンドン株式市場休場の電報が飛び込んだ。

すると市場は「ワッ」という喚声とともに各銘柄一斉に売り物に押されて、大きく下がったと思えば空売りの買い戻しが入って急騰するなど乱高下を繰り返した。結局この日は全国の取引所が立ち会い停止を発表した。

この日以降もドルは買われて、正金を通じて国が、この場合は井上がそれに売り向かう。正貨はどんどん流出していった。売り物は井上が想像していたよりもはるかに多かった。

また同日は英国に続いてデンマーク、24日イタリア、27日ノルウェー、28日スウェーデン、29日スイスとまるでダムが決壊したかのように、欧州の主要国が金本位制を離脱した。これらは日本の満州事変と時を同じくしたのである。

市場から見ると円を守り、金解禁を維持しようとする井上はもはや無理筋でしかなかった。意地を張っているようにしか見えなかった。

朝鮮軍の独断越境

満州の関東軍は、東京の南陸相が朝鮮軍の派遣を閣議に提案できなかったために、力ずくでそれを達成しようと考えた。

板垣や石原は満州全土の占領を考えていた。

「関東軍主力の第2師団を満州北部吉林方面に移動させれば、南の満鉄沿線が手薄になるので、朝鮮軍の派遣を督促できるのではないか？」

本庄司令官はこの案に難色を示したが実力のある若手には逆らえず、結局吉林出兵を承認した。軍の階級と意思決定のレベルに齟齬《そご》が生じていた。将軍が佐官クラスの参謀の言うままである。世にいう陸軍の「下克上」が始まっていた。

英国の金本位制離脱の入電があった9月21日、関東軍が吉林に出兵すると、朝鮮軍が関東軍を助けるべく満州に越境した。朝鮮軍・林銑十郎司令官の独断であった。

天皇の許可なく軍隊を国外（当時朝鮮は国内）へ移動すれば、陸軍刑法では死刑に相当する軍令違反である。

それでも林朝鮮軍司令官は石原と気脈を通じていた。林は迷ったすえに越境したのである。自分は死刑相当の犯罪者となるのか、はたまた英雄となるのか、林は本国政府からの追認が来るまで飯もろくに喉を通らなかった。

朝鮮軍越境の報に、東京の陸軍首脳部は、もし予算措置も含めて、朝鮮軍の越境および満州事変の作戦行動に政府の了承が得られないのであれば、陸相と参謀総長が辞任すると方針を決めていた。そうなれば内閣は総辞職である。

若槻首相は悩んだ。満州事変の拡大に英国の金本位制離脱、正に2大国難のこの時に、ここで陸相の辞任によって内閣が総辞職に追い込まれるわけにはいかない。

「既に出動せる以上は致し方なきにあらずや」

内閣は妥協して林の独断越境を追認したのである。

林は死刑相当の犯罪人から一転、やった者勝ち、「越境将軍」として名声を得ることになり、後に第33代内閣総理大臣にまで立身出世することになる。

9月22日、日本が引き起こした柳条湖事件に対して、中国は国際連盟に提訴し国際連盟はこれを受理した。

事件を引き起こした関東軍参謀の板垣征四郎大佐や石原莞爾中佐らはこの日「満蒙問題解決策案」を策定、軍事的な領有を止めて、一歩引いて満州に独立政権の樹立を目指すことになった。

第192話　新聞社の変容

満州事変は新聞を変えた。この戦火が拡大する中で、民主主義のよりどころ、真実を国民に伝えるはずの新聞はどう行動したのであろうか。

当時の言論の自由を制約する法律は二つ、治安維持法と新聞紙法である。このうち新聞紙法第

23条では、「安寧秩序を紊《みだ》し」、「風俗を害する」、が言論統制の基準となっており、この曖昧さが法の無限性や恣意《しい》性のよりどころとなっている。それはダメだと決めればそれが新たな基準となり、不可逆的なラチェットのように締め付けは厳しくなるばかりである。これこそが言論統制の特徴である。

満州事変の3カ月前、「東京朝日新聞」は「行財政整理座談会・打開の途を訊《たず》ねて」という座談会を開催し、これを5月16日から10回にわたって連載した。議論は尽きず、座談会はもう一度行われ、連載は合計22回に及んだ。

これは当時の民政党内閣の公約だった行財政改革について、各界の意見を集約したもので、財界からは日立の創立者で政友会の久原《くはら》房之助、鐘淵紡績の武藤山治《さんじ》、学者では東京帝国大学の美濃部達吉、京都帝国大学の神戸《かんべ》正雄、政界からは井上準之助蔵相、江木翼鉄道相、政友会前田米蔵など約20名が参加した。

ここでは各省の統廃合、財政整理などについて活発に意見が交わされたが、中でも特に軍制改革が焦点となった。軍事予算削減や、連隊区司令部や憲兵の廃止、軍部大臣現役武官制の廃止、国防目標の再検討など、特に美濃部は陸軍の満蒙権益論を厳しく批判した。

陸軍の少壮エリートからすればこうした組織外部からの軍制への干渉は我慢ならなかったであろう。

陸軍が陸軍からの人間が議論に入っていないとクレームすると、「東京朝日新聞」は当時の南次郎陸軍大臣を誘ったが、陸軍側は、南は新任でまだ何も知らないからと出し渋って結局議論に加わらずに連載を容認したのだった。

しかしだからといって当時の「東京朝日新聞」が反軍一辺倒だったわけではなく、関東軍が反中感情扇動に利用しようとした中村大尉事件では「今回の支那側には一点の容赦すべきところはない、支那側暴虐の罪をただせ」と好戦的な記事を書いて軍を喜ばせたこともあった。

反軍的な記事を書けば、連隊所在地の軍都や在郷軍人会の街で新聞の不買運動が起きる。また右翼は暴力団を使って新聞の広告主を脅し新聞社の収入を減らす。新聞記事に対する圧力はさまざまな方面からあった。また、テロの時代である。新聞社経営陣に対する個人的直接的な脅しもあった。

しかし、紙面の傾向が明確に変わったのは9月18日の柳条湖事件からである。

翌19日に現地から第一報が入ると当時の2大新聞社『朝日』と「毎日」は報道合戦というよりは販売合戦に入り戦火の拡大とともに購読者数を大幅に増やしていった。

戦場での取材には軍の協力が不可欠である。現地でも本土においても軍と良好なリレーションを構築しなければならない。

また戦勝報告が相次ぐ中で反軍的な記事は大衆に受けない。結果として新聞は軍部が謀略によって作り出した既成事実を無条件に追認して国民に向かって報道していく結果となった。

「日支兵の衝突、事態は極めて重大、今こそ自衛権の発動を」（20日、「東京朝日新聞」）

中国国民政府が国連へ提訴すると、

「断じて他の容喙《ようかい》は無用」

と強硬な社説が見られるようになった。座談会「行財政整理座談会・打開の途を討ねて」はどこかへ消し飛んでしまった。

現代の我々は権威主義国家の広報官の国際世論を無視した不合理で強硬な発言に驚かされることがあるが、当時の日本がまさにそれであった。

朝日新聞では10月12日に重役会議を開き、

「現在の軍部、軍事行動に関しては絶対非難、批判を下さず極力これを支持すべきこと」

を決定したという。

しかし不偏不党をモットーとしてきた「朝日新聞」の現場には不満が募る。経営側は翌昭和7年1月に整理部（編集センター）の要員の半分を人事異動で入れ替えた。

第193話　キリスト教と観音様

昭和6（1931）年夏、浜口雄幸が逝去し、万宝山事件や中村大尉事件で日中の新聞が互いに憎悪をかき立てる報道合戦を繰り広げている頃である。

退院した是清は痩せ細り、その風貌もすっかり老人のようになった。それでも相変わらず新聞を読み、辞書を片手に英語の経済誌にも目を通す。景気動向も追いかけて頭の中には現状に対する処方箋もあったはずだ。

聖書

現在、東京都小金井市にある江戸東京たてもの園には当時赤坂表町にあった高橋是清邸の母屋が移築されて残されている。是清はこの母屋で過ごし、家族は廊下でつながれた離れで暮らしていた。

2階に書斎と寝室に使う床の間の2間があり、書斎には大きな洋机がおかれて仕事はそこでこなした。床の間の方には文机がおかれて是清は就寝前に習字をするのが習慣だった。

1階はお座敷で、是清が食事をとったり、あるいは来客があると接待をしたりする場所として使われた。政友会の要人が相談で訪ねた時や、政財界から大勢の来客がある年末年始、是清はここでもてなした。

この1階のお座敷の、芝生の庭に面したところには、沓脱石《くつぬぎいし》が置かれ直接庭へと出られるようになっていた。是清は庭を散策し、疲れると芝生の上に籐《とう》の椅子を置き、時にはまだ若かった頃を思い感慨に耽った。

是清は半紙サイズの古くて分厚い大きな聖書を後生大事に持っていた。仙台藩留学生として米国へ行ったが、実際は奴隷のように働かされて帰国した頃、薩摩の森有礼に保護してもらったことがある。この聖書はその頃「近代日本建設の父」とも呼ばれたお雇い外国人のグイド・フルベッキからもらったものである（第12話）。

米国に赴任することになった森は、日本に残していく是清の面倒をフルベッキに託した。

フルベッキの家に下宿した是清は、彼から40分ほどの聖書講読の授業を隔日のペースで2年間ほど受けた。大学で言えば単位取得のレベルであり、是清の聖書に対する知識はクリスチャンも見まがうほど深かったわけである。

この聖書は是清がフルベッキ邸から出て外で下宿する時に、どんな時も一日に一度は必ず読むようにと手渡されたものだった。

もっとも是清はその直後に芸者の箱持ちに落ちぶれたのであるが、それでもこの聖書だけは手放さなかった。またペルー銀山事業の失敗で持ち物を全部処分したときもこの聖書は身の回りの品として生きながらえたのである。是清の人生をずっと見てきた聖書である。

メソジスト派の牧師、山鹿旗之進は明治の終わり頃から是清に招かれて、よく赤坂表町の自宅や葉山の別荘を訪ねた。

是清からはいつも聖書を側に置いていると聞いていた。しかしそれについては半信半疑だった山鹿はある時、聖書を是非見せてほしいと所望した。

「私の聖書をここに」

すると是清は即座に女中に命じて2階の書斎から聖書を持ってこさせたのである。

果たしてその聖書には書き込みが入り、まじめに勉強した痕跡がありありと残されていた。

「山鹿先生のご説教の通り、人間というものはまことに弱い者で、人力の尽きたる場合には祈禱《きとう》するものです。されど自分はあまり祈りませんでしたが、それでも日露戦役当時、外債募集の際には、真剣になって天佑《てんゆう》を祈ったものです。

思うにこの祈禱の精神は、私の養母であるおばば様から受けたものでしょう。養母は毎晩、必ず仏壇の前に正座して観音経を読誦《どくじゅ》しておりました。

私もその熱誠にして敬虔《けいけん》なのにはひどく感動させられたものです」

是清はクリスチャンなのか、それとも観音経を読誦する仏教徒なのか、是清の資料を漁《あさ》っていると疑問に思うことがある。

柳条湖事件勃発の2日前、是清の娘喜美の女婿・岡千里は是清から宗教の話を聞いた。

「仏教では世の中を支配するものを『慈悲』といった。キリスト教ではそれを『愛』といった。この二つの宗教は一体どこが違うのか？　結局は宇宙を支配している一つの力にいろいろな名前をつけるだけのことなのだ」

是清にとっては、本質に迫る考え方そのものが重要なのであって、そうした宗教の名前などどちらでも良かったのである。

「人はあらゆる欲望を去ってしまわなければならぬ。そして本当の最後のもの、すなわち慈悲にかえらずして、何時も多くの煩悩にかられていると、本来の自己というものを見つめることはできない。人間は常に鏡のような心を持つべきだ」

これを聞いた岡は、自身を、大悟した賢人の前の小僧と謙虚に受け取った。

だがこれは、浜口の死後、国内のみならず世界経済の不調にもかかわらず、なおも官吏1割減俸など金解禁政策に固執する井上準之助を思っての感慨だったのではなかろうか。

是清は金解禁に臨む井上に金解禁の是非は言わなかった。

「正しい真っ直ぐな道を歩くことを忘れてはならない」

そう言ったのだ。

第194話　深井の説得

昭和6（1931）年9月22日、柳条湖事件に続く満州事変と呼ばれる一連の日本軍による侵攻に対して、国際連盟理事会は中国の提訴を受理した。

同日、昭和天皇は若槻礼次郎首相の不拡大方針に対して、「自分もしごく妥当だと思う」と語った。

南次郎陸相もこの方針を了承、金谷範三《はんぞう》参謀総長もこの趣旨を陸軍部内に通達した。ところが一夕会を中心とする中堅幕僚グループは関東軍に呼応した。中国から分離した独立政権を満州に樹立する案を起案すると、清朝のラストエンペラーである愛新覚羅溥儀《あいしんかくらふぎ》に新国家の頭首とすることを伝えた。

10月に入ると南陸相も一夕会の突き上げを受けて方針を転換した。陸軍全体が関東軍の方針に同調すると、陸相辞任による倒閣を恐れた若槻も折れてしまい、南満州の軍事占領と新政権の樹立を認めてしまったのである。

軍は明らかに政治介入していたが、政党政治は無力だった。

陸軍内の下剋上が、結果的に天皇の意思をも曲げて政府本体を動かしてしまったのだ。

混乱する市場

当初、欧米は満州問題にあまり興味を示さなかった。それよりも混迷を深める世界大恐慌と英国はじめ欧州諸国の金本位制離脱の方が切実な課題だった。国際連盟も中国からの提訴に対して、日本軍の撤退を求める勧告を出した程度だった。

ところが10月8日、関東軍は守備範囲であるはずの満鉄付属地から遠く離れた錦州を爆撃。ここに張学良がいたからである。この爆撃行には、本事件の首謀者である関東軍の石原莞爾参謀が自ら飛行機に乗り込んでおり、意図的に騒ぎを大きくして軍中央に軍事作戦の遂行を促す狙いがあった。

だがこれは欧州大戦後初めての一般市民が巻き込まれる無差別の都市爆撃であり、不戦条約にも反するもので、国際連盟を刺激した。

10月24日、理事会は日本軍の満鉄付属地までの撤退案を賛成13票、反対は日本の1票で可決した。しかし効力を持つには全会一致が原則であったので何も起きなかった。

関東軍は侵攻を続けた。11月には満州北部のチチハルを占領、翌昭和7年1月3日には錦州も陥落させると、連盟は満州に調査団を派遣することを決めた。

これがリットン調査団である。

この間、新聞は事変における日本の正当性を主張、陸軍発表のはなばなしい戦果やちょっとした美談を記事とし、国民は熱狂をもってこれを読んだ。不景気で鬱屈した気分のはけ口でもあった。

新聞各社は多数の特派員やカメラマンを派遣し、空輸した写真を使って号外を発行、読者を大幅に増やした。新聞は軍と関係が深化し、これにおもねるようになった。

海外は進行する事実を見ていたが、日本国民が事変の真実を知るのは第二次世界大戦に敗北してからだった。現代のロシアによるウクライナ侵攻をほうふつさせる。

満州事変は日貨排斥運動を引き起こし、貿易収支を悪化させ、また満州事変に対する出費は緊縮財政を必要とする金本位制経済の基礎をおびやかした。

英国の金本位制離脱後、井上は横浜正金銀行に命じて買いに来たドルに売り向かうように指示した。しかしドルは出て行くばかりである。

10月4日、昭和7年度の予算案も一段落したタイミングで、このまま統制売りを続けるべきか迷った井上は、私邸に日銀副総裁の深井英五を呼んだ。深井は正貨流出の状況から見て、日本の金本位制の持続は困難だと考えていた。かばんに統計資料を詰め込んで、井上に金解禁を断念させるべく井上邸の門をくぐった。

「深井君、昨年の1月に13億4400万円ほどあった本邦内外正貨はこの1年間で9億7000万円にまで減ってしまった。だが、その一方で緊縮財政も効果を発揮し、本年に入ってから正貨の流出も一段落した。また1～6月の貿易収支も1億4000万円の赤字と昨年の2億8600万円から大幅に改善している」

深井は、この口上に井上はアドバイスを聞くというよりも金解禁をやめなくて済む理由を探しているなと感じた。

「金解禁の継続は可能かもしれません。しかしそのためにはドルを買いたいと思う者には躊躇《ちゅうちょ》なく売ってやらねばなりません。また他方では金利を上げて金融を引き締め、正貨兌換やドル為替買い入れのための国内資金の調達を困難にせねばなりません」

「やればできそうじゃないか」

「ええ、でもそれをやれば悪い景気がさらに悪化します」

深井も井上もお互いの顔を見ながら沈黙した。

二人の会話は沈黙と雑談ばかりで、後に深井が言うには「互いに含蓄をもって」意見を交換したという。素直ではないのだ。

深井が口を開いた。

「ここ数日のドル買いは金利採算を超越した投機的なものが多く、先物によるドル買いも増えております。ここは正貨残高の先行きを考慮して再考せねばなりません」

それでも深井は井上を説得できなかった。深井はもう少しハッキリ言うべきだったと後に大きな悔いを残した。

三井のドル買い事件

ドル買いは大量に押し寄せた。特に三井銀行の注文が目立ち「三井のドル買い事件」と呼ばれた。

大蔵省担当記者による共同会見では、出席した三井銀行の池田成彬《しげあき》常務に対して、「国策違反者」と断じかねないような質問もされた。

しかしその実態は、英国の金輪出禁止に伴い、三井銀行が英国に持っていた資金が凍結されたので、先物約定履行や電力外債利払いなどに備えて決済用のドル買いを行っただけだった。三菱も同じ事情だったが、外銀を通していたので目立たなかったのだ。

左翼は「財閥もうけすぎ」と三井銀行の前でデモを繰り広げ、右翼は国賊として財閥幹部の命を付け狙うことになる。彼らにすれば蔵相の井上準之助も財閥と結託した悪者であり、同罪であった。

有力実業家

10月10日、深井との話し合いで、金解禁の継続を再確認した井上は、首相官邸に団琢磨、郷誠之助、串田万蔵、池田成彬ら15名の有力実業家を集めて懇談会を開催した。これも右翼から見れば私利私欲のために結託した連中であろう。

井上が、

「英国の金本位制停止によってドル買いの勢力が強くなっており、日銀は円防衛のために金利を上げたが一般事業会社に迷惑がかからぬように日銀と政府で配慮しております」

というと、郷が質問した。

「井上さん、我が国にも英国のように金輸出再禁止というのは、あるのかね」

「本年9月末までの貿易動向を見ると随分改善しております。年末までに輸入超過はなくなるはずです。また我が国には英国のように短期で取り立てられる債務はないので事情は異なります」

井上は再禁止が無用であると強調した。

この1カ月後の11月6日に2度目の懇親会が開催された。前回の15名に加えて根津嘉一郎と小倉正恒が加えられた。実はこの会合に先立って、有力実業家たちは自分たちだけの懇談会を開催して金輸出再禁止の必要が無いことを決めていた。

井上が「最近の経済界とこれに対する政府の方針」について説明をし質疑が交わされると、大阪商工会議所会頭の稲畑《いなばた》勝太郎から、

「人心同様の際、われわれもまた再禁止の必要のない旨を声明してはどうか」

と提案があり、一同これに賛成し金本位制擁護に関する申し合わせを作った。

今は満州事変で時局は大変なことになっているが、この際、官民協力して金本位制を守り財界の危機を乗り切ろうというものであった。大企業の集まりの意見である。


この会合が株屋の兜町では期待を込めてどう伝えられたか。

「根津さんが大蔵大臣を訪ねて、おい、どうしてくれるッと、軟床《カーペット》の上にあぐらをかいて、井ノ準（井上準之助大蔵大臣）を嚇《おど》かしたそうだよ」

根津は甲斐出身の相場師だが、南海電気鉄道、東武鉄道を立て直した実業家でもある。青山の根津美術館は彼が残したものだ。

根津のことだから、井ノ準ちゃんとやらないと政権を支持できないぐらいのことは言ったに違いない。

第２１章　金本位制停止

第１９５話　若槻内閣総辞職

昭和６（１９３１）年９月18日に柳条湖事件が生起し、やがて満州事変へと拡大していく過程で、若槻礼次郎内閣は９月24日に内外に向けて不拡大方針を表明した。

これに対して政府の平和的で煮え切らない態度に国内クーデターを計画するグループが陸軍内にあった。３月事件（第１８８話）を完遂できなかった橋本欣五郎中佐を中心とする陸軍内部の急進派、桜会である。彼らは満州の関東軍とも連絡があった。

３月事件に対する処罰がほぼなかったことで彼らの計画はさらに大胆になった。前回との大きな違いは、今回は情報の漏洩《ろうえい》を恐れて味方の陸軍上層部にも秘密にしていたことである。上層部が彼らを信用していないのと同様に、中堅将校たちもたとえ味方でも陸軍上層部を信用していなかった。

10月事件

クーデターの決行予定日は不拡大方針発表から1カ月後の10月24日と決められた。3月事件の時のように議会を取り囲み政権交代を促すような面倒なことはせず、簡単にいえば、いきなり軍を送り込んで閣僚を抹殺してしまう大がかりで直截《ちょくせつ》な計画だった。

参加兵力は将校100名余、兵は歩兵10数個中隊（1中隊200名程度）、これに海軍の部隊や霞ヶ浦の海軍航空隊も加わる。さらに民間右翼としては3月事件の大川周明《しゅうめい》の他に、国家改造論者として知られる北一輝や西田税《みつぎ》も加わる広範な計画だった。

決起部隊は首相官邸、警視庁、陸軍省、参謀本部などを襲撃し、若槻礼次郎首相以下閣僚は斬撃、もしくは捕縛する。

その後、東郷平八郎元帥が参内して、荒木貞夫中将に組閣の大命が降下するように奏請するというものだった。あくまで計画である。あるいは妄想の類だったと言っても良いかもしれない。

3月事件の時の新しい首相候補は宇垣一成《かずしげ》陸相だったから、トップが誰という重要性は低く、荒木自身も担がれただけで事件には関与していない。

またクーデター後の日本をどうするのかの展望もなく、無計画なものである。だが国家首脳の殺戮《さつりく》という凶暴で大胆な手法は後の5・15事件、2・26事件の端緒となるものであった。

ところが10月16日には早くも計画が軍の中枢に漏れて、翌17日には橋本以下首謀者たちは憲兵隊によって検挙されてしまうのである。どこから計画が漏れたかについては諸説あってはっきりとしない。

しかし、検挙があって、こうしたクーデター計画の存在に一番ショックを受けたのが、警察を管轄する若槻内閣内務大臣の安達謙蔵だった。

「あなたも私も殺されるところだったそうだ」

安達は首相の若槻を訪ねると、軍中堅によるクーデター計画が発覚したことを告げた。

「関東軍といい、中堅幕僚といい、軍部の統制はいったいどうなっているのだ」

安達は、興奮する若槻を静めると、

「この前、英国が政党の壁を越えて挙国一致の内閣になっただろう」

「それがどうした」

安達は若槻を見て、勘が悪いなというふうに軽く舌打ちすると、

「若槻さん、この議会は民政党一党で行くことはとてもではないがもう無理だ。不景気に関東軍の勝手きままな振る舞いと問題はすこぶる多いし、非常に空気も悪いから、この際こちらも折れて、英国流に政友会の犬養毅《つよし》を首班にして、協力内閣でこの難関を乗り切ろうじゃないか」

英国ではこの年世界恐慌対策で挙国一致のマクドナルド内閣が成立していた。議会政治の本場の英国でさえそうなのだし、政友会であれば何かと軍部とのパイプも太い。軍の抑制も利くはずだ。安達は首相の若槻を説得した。

「それは非常に結構だから、ぜひ一つ実現するように尽力してくれ」

若槻はそう答えた。


11月2日、安達は元老の西園寺公望に会いに行った。

「そらええけど、挙国一致内閣は第二次護憲運動（第164話）の時の護憲三派内閣ぐらいには

上手《うま》くいくんやろか？」

西園寺の反応は積極的ではなかったが、安達は安達なりに手応えを感じた。

安達が若槻にこの件を報告すると、

「そうか、西園寺さんが乗り気であるならば、犬養との交渉を直ちに開始してもらいたい」

若槻はそう言った。

「この交渉は少し時間がかかるに違いないから、しばらくは極秘にしておいてくれ」

と安達は念を押した。

しかしうまくいくかどうか、どうにも不安な若槻は、大蔵大臣の井上準之助と外務大臣の幣原《しではら》喜重郎に相談した。

井上は有力実業家との間で金輸出再禁止の必要など無いと声明を出したところである。

「政友会と連合すれば、金解禁はやめなければなるまい。現に行っている外交政策、財政政策は、今回の時局に最も適当なものであり、今これを変更することは、国家の不利この上もない」

金解禁も外交政策もうまく運んでいないからこそ挙国一致の話が出ているのに、井上と幣原は強烈に反対した。

若槻は二人の剣幕に折れてしまい安達に断りを入れた。

「あんた、何をやっているんだ！　皆殺されるぞ」

はしごをはずされて怒った安達は、既に政界で漏れ流れていた協力内閣説について記者から尋ねられると、

「私は協力内閣説にあえて反対はしない」

と答えた。井上と幣原がどう思おうと、民政党内閣はもう持続不可能になっていた。

皇道派

一方で安達の発言等から若槻内閣の混迷を見てとった政友会は、6日の井上と有力実業家たちの金本位制擁護の声明に対抗する形で、11月10日の議員総会で金解禁即時再禁止を決定した。政友会として金解禁即時再禁止は、民政党内閣への対抗イシューとして不景気に苦しむ民心を味方につけられると判断したのだ。

政友会森恪《つとむ》幹事長は、満州事変直前に満州を訪問し、関東軍幕僚から歓待されていた。従って今回の一連の出来事も把握していたわけで、今さら泥舟のようになった民政党と手を組む必然性はなかった。

一方で安達は協力内閣成立に手を尽くしたが、結局若槻の同意は得られず、安達のメンツは丸つぶれとなった。

12月11日、若槻は閣僚会議を開き政友会との挙国一致内閣に固執する安達の翻意を促したが、安達は同意せず辞表も出さず、そのため内閣は閣内不一致で総辞職しなければならなかった。

この時、閣議の部屋から出てきた井上の顔面は蒼白《そうはく》で苦悶《くもん》の表情だった。閣内不一致の若槻に再び大命降下の可能性はない。総辞職は故浜口雄幸とともに貫徹を誓った金解禁政策の中止をも意味していたのだ。

「若槻は浜口の遭難で首相の座を一夜にして射とめたが、対支外交対連盟外交の非難のうずの中に立ち財界や金輸出再禁止論の中において一気に瓦解《がかい》することのなんと奇《く》しき因縁ではないか」（要旨）。12月12日の「東京朝日新聞」は若槻内閣を「短命な無力内閣」と切り捨てた。

10月事件は陸軍内部の勢力変化を引き起こした。事件首謀者に対する処罰は謹慎程度だったが、その後、首謀者たちは軍中央部から遠ざけられて桜会はその勢力を失い消滅する。

桜会がなくなったことで、隊付きの若手将校たちのよりどころが失われた。北一輝や西田税はこうした若手将校と思想上の結びつきを濃くし、やがて新しく陸軍大臣の荒木貞夫に取り込まれていき、これが後にいう「皇道派」となる。

また事件の収束に当たった一夕会《いっせき》の永田鉄山大佐は、「たとえ心ざしは諒《りょう》とされても、こんな案で、大事を決行しようとした幼稚さには驚き入る」とあきれかえり、クーデター首謀者に対しては銃殺刑を主張した。

この後、永田は「皇道派」ができたことで反「皇道派」として「統制派」と呼ばれることになる。

また活動の機会を逃した大川周明、後に血盟団と呼ばれる井上日召《にっしょう》ら民間右翼は独自に要人テロを実行していく。

第196話　是清再び

昭和6（1931）年12月12日土曜日午前2時、立憲民政党（以下、民政党）若槻礼次郎内閣は総辞職を決めた。

その朝、兜町の株式取引所にこのニュースが飛び込むと、金輸出再禁止と井上準之助蔵相による緊縮政策の終焉《しゅうえん》を期待して市場には朝から大量の買い物が集まった。主要銘柄総じて1割方の上げで、出来高は取引所新を記録した。

平和な幣原外交を継続させるために一部では若槻に再度組閣大命降下の期待も残っていたが、元老西園寺公望は、分裂自壊した民政党は不適として、次期首相には政友会総裁の犬養毅を指名したのである。

12日夜9時、組閣の大命を受け宮中を辞した犬養は、その足で赤坂表町の是清邸を訪れ大蔵大臣への就任を依頼した。

「大蔵大臣をお願いしたい」

是清はこれに、

「いや私は高齢だし、病み上がりの身体」

と通り一遍に辞退はしたが、自分がやらねばならぬと自覚していた。

金輸出の再禁止へ

犬養76歳、是清77歳、加藤高明の護憲三派内閣に共に参加して以来のつきあいである。それに是清は、隠居中も危機的な日本経済を前にいろいろと対処策を考え巡らせてきた。ナショナリスト（愛国者）である是清にとっては報国の機会である。本当は乗り気だったので、むしろ積極的に引き受けた。

犬養はそのまま四谷の家に帰り、夜を徹して組閣の交渉に入った。閣僚の親任式は翌13日の昼に予定されている。

犬養の基本的な政策は三つ。

・満州事変の適切な事後処理
・陸軍の文民統制
・金輸出の再禁止

経済政策面では民政党と真っ向から対立していたが、外交面では国際協調に賛成で幣原外交に近かった。だからこそ西園寺は犬養を指名したのである。

政友会の中では自分に近い中橋徳五郎を内務大臣に、外務大臣には娘婿で国際連盟日本代表をしていたアジア通の外交官芳沢謙吉を、陸軍大臣には若手中堅将校から信任が厚い荒木貞夫、文部大臣には鳩山一郎を選んだ。また内閣書記官長には、軍と近い森恪を指名した。

犬養は、アジアは共に発展すべきというアジア主義者で、孫文とは家族ぐるみの付き合いがあったほどの大の中国通、蔣介石とも知己である。中国に武力侵攻などとんでもないと考えていた。そこで政友会の中でも大陸政策において自分とは正反対の考えを持ち、軍と太いコネクションがある森をあえて側に置くことにしたのだ。

一方で田中義一総裁亡き後に、既に隠居していた犬養を引っ張り上げて政友会総裁に担ぐべく説得したのは森である。森は森で犬養総裁という神輿《みこし》を担いでいるのは自分だと考えていた。担ぎ手がいてこその神輿なのだ、勝手に動かれては困る。

さて、大蔵大臣を引き受けた是清である。犬養が帰った後、自分のやるべきことは金輸出の再禁止とわかってはいたが、何分現場を離れて久しい。

それに再禁止をするならば就任後間髪を容れず実行しなければならない。時間をおけば、「円は安くなるがまだ時間がある」との人々の思惑を誘い投機筋を動かして金の流出を加速させ余計な混乱を招く可能性が高い。

しかしいざ再禁止を実行するとなると細目でわからぬ数字も多い。

「こんな時に深井英五がおればなあ」

日露戦争資金調達の時の絶妙だったパートナーを思い出し、あれやこれやと考えてもんもんとした夜を過ごした。

朝になったが、是清はいまだ正式に蔵相に就任したわけでもない、親任式も済ませていないのに大蔵省の官僚や日銀幹部を呼び出すわけにもいかない。朝から政友会の人たちが訪ねて来て組閣の進捗《しんちょく》状況をあれやこれやと話す。しかし是清はそんなことよりも再禁止のことを考えてやきもきしていた。

すると電話が鳴り、執事がとった。

「日銀の深井副総裁がぜひ訪問したいそうです」

是清は電話口の執事を見ると相好を崩した。

「できるだけ早く来るように言ってくれ」

若槻内閣総辞職の後の大蔵大臣は高橋是清しかいない。そんなことは誰でも知っていた。深井はさらに再禁止は急を要する事態だと理解していた。

深井副総裁の進言

また深井は英国の金本位制離脱後に井上蔵相に対して日本も離脱することを進言していたので、直近の詳細な数字等の準備はできていた。

午後3時ごろに深井はカバンを抱えてやってきた。

「こんどはまたご苦労様でございます」

深井は心得ていた。是清が蔵相の内示をもらったのかどうか反応を見たのである。

是清がうんと軽くうなずくと、深井は話を始めた。

「もはや金本位制持続の可能性はありませんから、金輸出再禁止の断行は一刻の猶予もありません。組閣が成ったなら今夜のうちにも発令すべきです」

さすがは深井だ。考えていることは同じだった。深井は続けた。

「今日の情勢においては金輸出再禁止のみをもって局面を収拾することは困難なので、緊急勅令によって速やかに日銀券と金の交換、すなわち兌換《だかん》そのものを停止することです」

深井は、これは土方久徴《ひさあきら》日銀総裁も同意の上で話をしていると断った。

「大蔵省令だけの金輸出の禁止ではすまんかな」

是清は兌換の停止まではしたくなかった。

ひとつには、兌換停止までしてしまうと日本は完全に金本位制から離脱してしまうことになる。松方正義以来育んだ金本位制である。愛着はあった。是清は主義主張で現在の金本位制に反対しているわけではない。現状の経済状況にそぐわないから金解禁政策に反対しているだけなのだ。

もう一つは兌換停止には緊急勅令が必要で、その緊急勅令を出すには枢密院による審議が必要だ。最低3日かかる。これは昭和2年の昭和金融恐慌の時に第1次若槻内閣が「日本銀行特別融通及損失補償令」について枢密院を通せずに解散に追い込まれた事例があった（第169話）。できれば緊急勅令は避けたかった。

「高橋さん、兌換の道を空けておいては必ずや密輸出して不当の利益をあげる輩《やから》が出てきます」

是清はこれにうなずいた。

深井は失礼ながらと思いつつも是清に念を押した。

「金本位制停止の後は、通貨の価値を妥当に維持し、通貨に対する信用を維持するために、通貨政策には一段の注意が必要です。金本位制の束縛がなくなったからといって通貨発行の節制を緩めてはなりません。また為替相場の成り行きによっては、法律をもって為替管理をやる必要が出てくるでしょう」

世間や政友会内部ではこの政権交代を機に「積極財政」という名のもとに「放漫財政」を是清に期待する向きもあるだろう。だが、それだけは抑えなければならない。深井はこうしたことを淡々と語り、是清はひとつひとつ確認するように聞き入った。

語ること約2時間、終わると是清は宮中での親任式に向かい、深井は帰宅すると、金本位制離脱に向けて行員に電話で準備の指示を出した。

第197話　円安

昭和6（1931）年12月13日夜、宮中で犬養毅立憲政友会（以下、政友会）内閣の親任式が行われた。式後首相官邸に移り一同小さな丸テーブルを囲みシャンパングラスを手に皆で乾杯した。是清はすっかり健康が回復して、ふくよかな顔で犬養の隣に立っていた。


是清を囲んで記者会見が行われた。

「金輸出再禁止はおやりになりますか？」

「そりゃ、やります」

「しからば、兌換停止はいかがでしょう？」

「それもやります」

既に深井英五と打ち合わせていた是清はよどみなく答えた。

その後、初閣議が開催され、金輸出再禁止の大蔵省令が公布即日施行された。

また兌換停止の方は枢密院での審議を経ての勅令となるために17日まで待たねばならない。

それまでは日銀の兌換窓口を一つだけに絞り、兌換を希望する者にはさんざん用途の質問を浴びせるなどして手間を取らせたので、実質兌換はあまり進まなかった。

これは欧州大戦当初、兌換は困るが名目上金本位制を停止したくないイングランド銀行が使った手である。

13日の内閣信任式の後の14、15日の両夕食、娘婿の岡千里は赤坂表町の屋敷に泊まり是清と一緒だった。14日の夜はひっきりなしに電話が入り秘書官の上塚司（『高橋是清自伝』をまとめた人物）と是清が慌ただしい応対を繰り返したが、15日になると電話も少なくなった。

「岡さん、何か面白い記事は出ていないかね。自分は歳で目を大事にしたいから、新聞は耳で聞くだけにしたい」

にこやかな雰囲気で是清が声をかける。

「そうですね。今度の金本位制の停止はかなりてきぱきやられたので、世間は先手を打たれてびっくりしているような有り様です」

岡は自分が読んだ新聞記事の感想を答えた。

「これはね、時間をかけてはダメなのだ。昭和2年の金融恐慌の時も自分の手で同じようにやってみせた。枢密院に出かけてモラトリアムを発令してもらったよ」（第171話）

岡は金解禁時の「旧平価」と「新平価」の議論を憶えていた。円が過大評価されていたからこそ井上の金解禁は破綻したと理解している。ならば「新平価」ではどうなのか。

「新平価による再解禁は行わないのですか？」

是清は表情を引き締めると岡の質問にすかさず答えた。

「そんなことは今、分かるものか。実際の世の中に立つ人は、その場合場合によって適当な措置を実行していくのがいいのだ。新平価にせよ金解禁が必ず必要なのかどうかはわからない。理想

正金対米電信売り建値

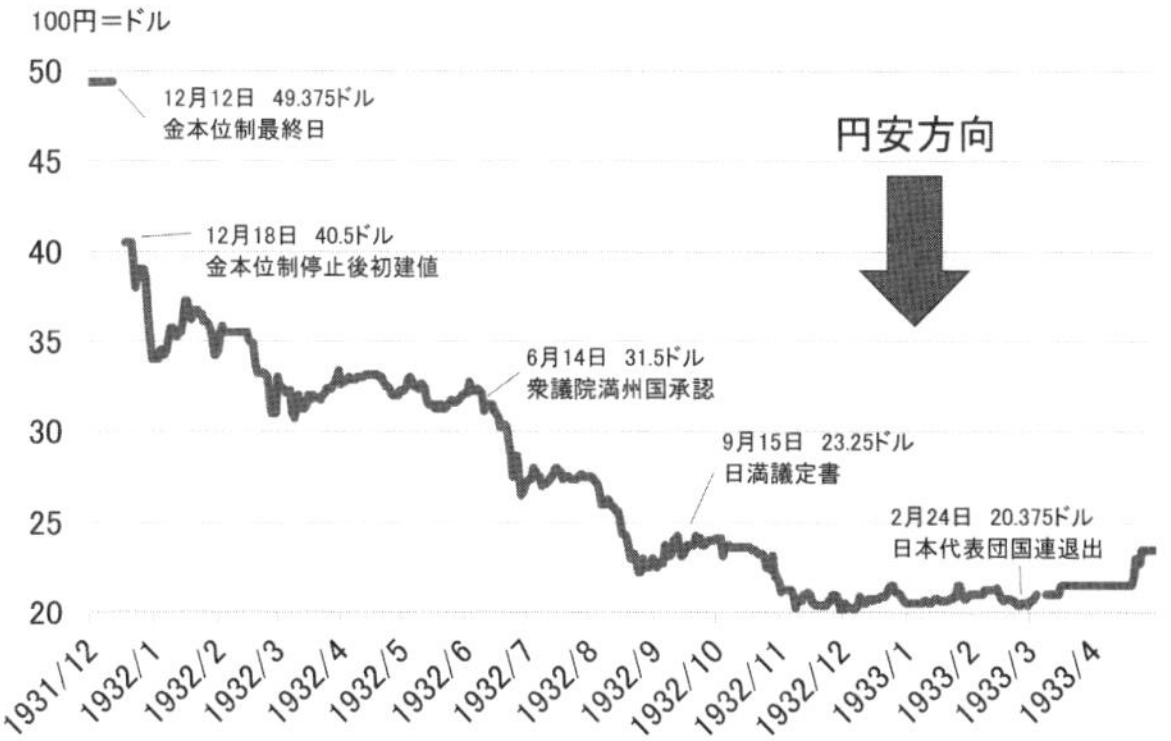

データ:横浜正金銀行全史第6巻

論は学者のやることだよ」

　後に是清は、為替相場が落ち着いたところを見計らって円を英国ポンドとペッグ（連動）させる。それは言うなれば「新平価」による解禁に近かった。近いが大きな違いはペッグならば大騒ぎせずに変えられる。臨機応変だということだ。

　是清の剣幕に少しひるんだ岡は、話題を探しあぐねてこう言った。

「世間ではこれでドル・円は2割方安くなり、ドルを買っていた三井は5000万円ほどもうけたと言っています」

　是清はこれにはさらにムッとして岡をたじろがせた。

「だからまた何も分からぬ世の中は、銀行が相場か何かしていると思うのだ。三井には銀行としてドルを必要とする業務があるのだ。新聞は面白がって三井をたたくが、それは間違っている。困ったものだ」

　金本位制最終日の12月12日の横浜正金銀行のドル・円の交換レートは100円につき49・375ドルだった。金本位制停止のための休みを挟んで、18日には世間の予想通り2割方円安の40・5ドルで窓口が再開された（図）。

もはや円は金と交換できない通貨となり、さらに今後は政友会の積極財政による財政赤字の拡大も懸念される。また拡大する満州事変も、軍事費の増加を予想させ円売りには拍車がかかった。

この政権交代の間も、満州における関東軍の攻略は続けられていた。

それは満州事変不拡大方針をかかげる若槻礼次郎民政党内閣とも、戦線を広げずに局地解決方針をとっていた陸軍中央とも、犬養毅新首相とも違う全く別の意思をもって動いていた。


金本位制停止の経済的混乱の中、翌昭和7年1月3日、関東軍は錦州を占領した。そしてそれに対して侵略的行為として国際的な非難が寄せられると、関東軍は各国の視線をそらすために第一次上海事変を引き起こすことになる。新聞は連日勇ましい記事を掲載し、円安も相俟って不景気に鬱屈していた国民の気分を晴らした。強い日本軍の戦果が国民の気分を高揚させ、景気に影響したことは間違いない。

円安傾向は日本が満州を事実上占領し満州国を建国するまで続くことになる。金本位制離脱後の安値20ドル、実に6割方の極端な円の下落であった。

深井英五

金輸出再禁止と兌換停止の措置が一段落した頃、是清は深井を赤坂表町の屋敷に呼んだ。

「昭和2年の金融恐慌時に引退して以来、再び政界に立つつもりはなかったから、私もその後少し無頓着に過ごしてしまった。ついてはその間の知識を補充したいのだ」

深井は、是清とは日露戦争以来の長い付き合いだし、四男是彰の仲人でもあるから、屋敷に出入りしたところで別におかしな話ではない。

だが堅物の深井にすれば、日銀副総裁が毎度毎度大蔵大臣の私邸を訪ねるのは政治に近づきすぎると警戒した。気の利いた健全な出世欲がある人間、例えば井上準之助であればこうした機会をもっと上手《うま》く利用するところだが、深井にはそうした欲望はなかった。深井は後日返事をした。

「日本銀行の調査機関により記憶を整理したる上でなければ自信を持って返答するわけには参りません。大蔵省にも立派な調査機関があるのだから大蔵大臣はそちらを利用されるのが妥当です」

秘書官の上塚司から深井の返事を聞いた是清はその杓子《しゃくし》定規さにあきれかえった。

「調査機関の資料では生きた知識は得られない。不正確でもよいから印象のままを聞きたいのだ」

何度かやりとりして、ようやく深井が折れた。

深井は是清が何を知りたいのかツボを心得ている。訪問して少し話し出すと、是清は少し待ってくれと女中に頼んで2階の書斎からインク瓶とペンを持ってこさせた。

それから1時間40分、是清は深井の話を聞き取り、大きな洋紙2枚を細かい字でびっしりと埋め尽くした。77歳の老人だとはとても思えなかった。

深井も是清の考えを知りたいと思ったが、さすがに是清も疲れたようだからその夜は打ち切った。

「深井君、堅いことを言わずに今後も家に来ていろいろと聞かせてもらいたい」

これ以降、是清は深井の情勢判断を頼るようになり、深井もそれに応えて積極的に情報提供をするようになった。

「一般政策進展の重要段階において高橋氏から意見を求められるようになった。容《い》れられたものも、容れられなかったものもあるが、話はすこぶる自由にできた」

第198話　井上準之助死す

第60回帝国議会は昭和6（1931）年12月23日に召集され、26日に天皇陛下御親臨の下に開院式がとり行われた。そこから休会して再開は翌昭和7年1月11日であった。

貴族院は午前10時5分開会、是清は首相の犬養毅と内務大臣中橋徳五郎の間に陣取り、内閣書記官長の森恪が近寄っては打ち合わせを繰り返していた。

首相の施政方針演説に始まり、芳沢謙吉外相の外交方針演説が終わると、高橋是清蔵相による財政演説が行われることになった。

通常、予算は衆議院で先議されるので、財政演説はまず午後に開かれる衆議院で行うのが慣行だったが、この日是清はこれを破った。

「諸君、私は金の輸出再禁止を必要とせるわが国経済界の情勢につきまして、この際、特に政府の所見の一端を申しあげる光栄を有します」

是清の例外的な財政演説を聴こうと、静まった議員席には大蔵大臣を辞めたばかりの井上準之助貴族院議員の姿もあった。

貴族院での論戦

是清はすっかり健康を取り戻していた。声にも張りがある。

「昭和4年7月、浜口内閣が成立するや、金解禁をもって主要政策とし、予算についても、極端なる節約緊縮を実行したのであります。

このために、わが経済界は日に月に不況に沈淪《ちんりん》（おちぶれること）しまして、産業は衰退し、物価は暴落して、農工商などの実業に従事する者は、物を作れば損失を招き、これを売れば更に損失をするというような有り様になったのであります。

正貨の流出は巨額に及び、金融は逼迫《ひっぱく》、税収は減ったために昭和7年度予算では公債を発行せねばならない。

我々立憲政友会内閣はこれら各般の情勢に鑑み金輸出再禁止を断行したのであります。

思うにこの金の輸出再禁止は国民の大多数をして総括的窮乏の苦悩より脱出せしめ、やがて産業を振興し、生活の安定に向かわしめんとする時局匡救《きょうきゅう》（悪をただし救って善導すること）の第一歩であります。

これにより不自然だった為替相場は低落し、物価は内外的に騰貴し対外的にはかえって低落するの道理に基づきまして、国内産業の刺激となり、ひいては外国貿易にも好影響を及ぼし、不況打開の曙光がここに現れたのであります」

是清の演説は、正貨の流出量など具体的な細かい数字が多用された。朗読口調ながら約50分間にわたった演説をすませると、割れんばかりの拍手の中、是清は疲れも見せずに悠然と席に戻った。

　これに異議を唱えたのが井上である。

「議長、緊急質問を要求したい。高橋蔵相のいうところは事実と違う」

　まだ民政党が多数を占めていた衆議院ならばともかく、貴族院では「また井上の話か」と、議場の雰囲気はよそよそしく、井上に質問させろとは盛り上がらない。

　徳川家達《いえさと》貴族院議長は記名投票によって井上に質問させるかどうかを決めることにした。結果は179対142で井上の質問は認められた。

「高橋蔵相は金本位の維持が困難になったというがそんなことはない。現内閣こそ国民の多数が苦心し、打ち立ててきた金本位制を事前に何らの準備もせずに一朝にして放棄したではないか」

　反論する井上の舌鋒《ぜっぽう》は鋭いが、議員たちは席を離れる者多数、もはや聞く耳を持たなかった。外れくじを買う人はいない。

　是清が、金本位制は国民にとって本当に必要なものなのか、中国は銀本位制でもちゃんとやっているではないかと、少し雑な返答をすると、この議論は終わってしまった。

「国民はもう井上の弁明には聞きあきている。この場合はもう理屈の投げ合いではない。井上だって信玄の軍扇を切り落とした謙信の意気とさっそうたる風貌を示すだけで（ごちゃごちゃ議論しなくても・著者補足）たくさんではなかったか」（当日「東京朝日新聞」夕刊）

　井上が質問する前から是清の圧倒的な勝利は決まっていたのだ。

　ただし「朝日」も含めて新聞の論調は、この時点でも金解禁を支持し、いまだ井上にくみするものもあり、政友会は選挙対策の人気取りとして党利党略で動いていると非難する記事が目立った。

この日、午後から衆議院が開かれた。施政方針演説、外交方針演説ときて財政演説が終わる刹《せつ》那《な》、犬養内閣は民政党が多数を占める衆議院を解散し、総選挙に入ることにした。3回目の普通選挙となる第18回衆議院選挙は2月20日と決められた。

是清対井上の論争はまさしく政友会対民政党の選挙戦の口火を切ったことになった。

その夜、娘婿の岡千里は是清からこう聞いた。

「井上のやったことも決して悪くはなかったのだが一つ所しか見ず、他を見ないからいけないのだ。英国の金本位制停止や満州事変さえ起こらなかったならばね」

血盟団事件

井上は1月20日に民政党全代議士会で選挙委員長に選ばれていた。

「政治道徳、国民経済の破壊者である犬養内閣は貴衆両院の世論に堪えず、言論を封殺して衆院を解散した。陰謀に基づく金輸出再禁止の暴挙をあえてし、一部財閥に対しドル買いによる暴利獲得の機会を与え、国民必死の力によりようやく確立した金本位制を破壊し、物価の高騰により農山村の大衆生活を圧迫し、貿易を逆調にし、党利党略のために、わが国民経済を破壊した」

これが民政党の声明文の冒頭だ。一部財閥による為替相場の暴利は選挙を意識してか何故か井上ではなく是清のせいになっている。

選挙委員長の井上は終日民政党本部に詰め、選挙の総指揮に多忙な日々を過ごした。

昭和7年2月9日夜、投票の前日、井上は民政党公認候補駒井重次の政見発表演説会の応援のため本郷駒込の駒本《こまもと》尋常小学校に向かった。

小学校の裏門に車をつけ、数歩歩いて門の中へ入った。すると黒っぽい羽織に博多の角帯、絣《かすり》の着物に前垂れ、どこから見ても商人風の男が井上の背後につくと腰に銃をあてて弾丸3発を発射した。男は井上日召が指導する血盟団所属の小沼正《しょう》22歳であった。血盟団は10月事件が不発に終わったことで、各界に目標人物を定めてテロの実行に入っていたのだった。

銃声がすると、駒井候補の秘書で講道館4段の長島兼吉はすぐに小沼に飛びつき襟首をつかんで大外刈りで地面にたたきつけた。

小沼正は当時の標準的な家庭に生まれたが、小学校の時に実家の事業が失敗して大工の徒弟となった。再起を期して精一杯努力したが、昭和恐慌で家族は離散、絶望の中でテロに惹《ひ》かれていった。

瀕死《ひんし》の井上は午後8時5分に東京帝大病院に運ばれたが、その10分後には呼吸を停止した。この日はことのほか寒い日で外には雪が積もっていた。

井上に対するテロの余韻が残る3月5日には、三井合名理事長の団琢磨が同じく血盟団の菱沼五郎にピストルで射殺された。菱沼はというと鉄道学校を卒業したが、色覚異常で鉄道会社には就職できなかった。不幸な人が多かった。

第199話　5・15事件

昭和7（1932）年2月20日の第18回衆議院選挙は本邦3回目の普通選挙にあたる。犬養毅率いる政友会は議員定数466のうち301議席を獲得する大勝利を得た。井上準之助の暗殺があったにもかかわらず民政党に同情票は集まらなかった。

軍よりの政友会は選挙で、前年来の関東軍の暴走による満州事変の解決という国際問題をあえて争点とせず、国民に人気の「ダルマさん」こと実績のある高橋是清を前面に出した景気回復をスローガンにした。

政友会が選挙民に問うたのは「景気か、不景気か」というシンプルなものだった。

井上前蔵相の金解禁によるデフレーションによる昭和恐慌に苦しんでいた国民は、前年12月の金輸出再禁止以降の円安と物価の上昇に素直に好況を感じ取り、井上よりも過去に不況脱出の実績がある是清を選択したのである。

第61回帝国議会

選挙後の3月20日から24日まで開催されたのが第61回帝国議会（臨時）である。

犬養毅首相は緊急国務についての演説でこう述べた。

「帝国は東洋永遠の平和を確保し、我が権益の擁護及我が国民の生命財産の保護を完うせんことを期する外に、何等の意図を有しませぬ、領土的企図無きは勿論、門戸開放機会均等主義を尊重するものであることは屢々《しばしば》声明した通りであります」

この時関東軍はすでに満州国建国宣言を行い、ラストエンペラーの溥儀を満州国執政に任じていたが、日本が国家としてそれを認めていたわけではない。犬養首相の発言にはいまだ国際協調の姿勢が見られたのである。

だが、外国から見ると日本は言っている事とやっている事が全く違った。政友会が議会での安定多数を獲得すると、政党と密接に関係した利権ポストなどを巡って派閥争いが顕在化した。

特に3月に入って、党内で犬養が頼りとしていた中橋徳五郎内務大臣が病気を理由に辞任すると、その後任を巡って政友会の内紛が世間に暴露されることになった。

国民は政党政治にうんざりした。

上海事件

選挙の争点にしなかった満州事変だが、中国国内では前年の日本軍の侵攻以降、日貨排斥運動が盛り上がり、上海にあった日本資本による紡績会社（在華紡）は9割近くが閉鎖というような状況だった。これに対して日本の国民は軍が悪いとは考えずに中国が悪いと信じた。

国会休会中の昭和7年1月3日に日本軍が錦州を占領すると、7日には、米国が侵略によるいかなる領土の変更も認めないという国務長官ヘンリー・スティムソンによるスティムソン・ドクトリンを宣言した。日本は国際社会から侵略国家として危険視され注目を浴びることになった。

こうした中、1月18日に上海で托鉢《たくはつ》寒行中の日本人僧侶一行5名が襲撃されて内1名が死亡する事件が起きた。上海事件である。

戦後の昭和31年になって、これは一夕会のメンバーだった関東軍高級参謀板垣征四郎大佐が上海公使館付き陸軍武官田中隆吉少佐に命じた策謀であることがわかるのだが当時はわからない。

関東軍としては世界の非難が集まる満州から耳目をそらすために上海で事件を起こしたのだ。上海には各国の租界があり国民が在留している。ここでの紛争は満州とは異なり各国とも人ごとではなかったからだ。

政友会は政権獲得以前から、満蒙は帝国の生命線であり、満州事変は同胞保護と既得権益の擁護であるからあくまで自衛権の発動であると主張していた。ゆえに仮に国際連盟が事変に干渉してくるのであれば我が国は脱退も辞さずと議員総会で決めていた。

犬養は事件を受けて上海への派兵を閣議決定したが、これはあくまで居留民保護のレベルに限定された。ここは武力衝突を避けたかったのだ。

「満州事変は世界から注目されている。いま上海で事を起こせば欧米との外交関係は破綻しかねない」

閣員の中でも関東軍に共鳴し、大陸への積極策を牽引《けんいん》していた内閣書記官長の森恪が満州国の独立を認めない犬養に対して、

「首相、甘いことを言っていると、南京政府になめられるばかりだ」

と言うと、犬養は、

「支那のことなら、お前なんぞに言われなくとも俺が知っている！」

と怒鳴りつけた。座は一気に白けたという。

森はこの時は黙ったが、後で、

「そんなこと言っているとしまいに兵隊に殺されるぞ」

と陰口を叩いた。

犬養の味方は中橋内相と是清だった。

「上海での紛争を防止するために、とりあえず居留民を一時引き揚げるべきだ。あらたに戦争を始める資金はない」

是清が交戦を避けるべく強く主張した。

陸軍大臣の荒木貞夫が、

「ここは大軍を派遣して支那を膺懲《ようちょう》すべし」

と大声で反対したが、

「何が膺懲か！」

宇垣一成大将から、荒木には強気で対応するようにアドバイスを受けていた犬養と是清はきつく当たった。

「あんなぼけたじいさんたちが主導しているから日本はダメなのだ」

荒木は陸軍省へ戻ると、犬養や是清を「じいさん」と呼び口汚く罵《ののし》ることで鬱憤を晴らした。その姿を見た血気盛んな省勤務の若手将校たちは、「犬養、高橋はけしからん！」と省内のそこら中で激しくイキりたっていたという。

若手将校たちは日本の近代化に功のあった犬養や是清に対して敬意を払うことすらできなくなっていた。陸軍があるのは、日露戦争勝利のおかげ、是清がいなければ日露戦争はどうなっていたかわかりはしない。視野がどんどん狭くなり、内にも外にも夜郎自大と化していく。

陸軍省で鬱憤を晴らす荒木も、若手将校からは人気があった。過激思想の若手将校を、人事権を使って第1師団に集めていく。後に2・26事件を引き起こす人物たちである。

1月28日、第一次上海事変勃発、日本は結局上海で軍事行動を開始した。

その一方で国際社会の目をそらした関東軍は満州で着々と戦果を上げていく。

2月5日、ハルビン占領

そしていよいよ傀儡の独自政権を樹立することになった。

3月1日、満州国建国宣言

3月9日、宣統廃帝・溥儀が満州国執政に就任

「話せばわかる」

5月1日、犬養はラジオの前で語った。

「今日の我が国は実に内憂外患並び至る有り様である。即ち極端の右翼と極端の左翼である。両極端は正反対なれど、実はその差は髪の毛1本ほどである。

ある階級（右翼や若手将校）には議会否認論というものがあり議会はとうてい改善できぬものと思われているが、我輩は改善し得ると信ずるものである」

政党政治、議会政治、すなわち憲政の危機に際し、「憲政の神様」犬養毅はあくまで議会を擁護しようと考えていた。また犬養は、問題の根源である右翼とつながる過激思想の青年将校たちを大量免官しようとも考えていた。

しかしそれを察した森恪は、

「じいさんは軍を刺激ばかりして困る」

とぼやいた。

5月15日日曜日、この日犬養は折から来日中の喜劇王チャップリンと会食の予定だった。ところが相撲観戦ができることになり、チャップリンは犬養の息子犬養健《たける》と一緒に両国国技館へと出かけた。

午後5時30分ごろ、犬養の夕食時、拳銃で武装した海軍将校4人と陸軍士官候補生5人が首相官邸を襲った。

犬養は、

「まあ、待て。撃つのは何時でもできる。話せばわかる」

と彼らを広い客間に案内して床の間を背に座ったが、軍人たちは問答無用とばかりに、至近距離から拳銃を発射した。

9発撃って3発しか命中しなかった。犬養はしばらく生きていた。見舞いの者に、

「今の兵隊の射撃の訓練はダメだ」

と強気で嘆いて見せたが、その日の夜半前には死亡した。

この日このグループとは別に海軍の古賀清志中尉、中村義雄中尉の各グループも陸軍士官候補生7人とともに牧野伸顕内大臣官邸や警視庁、政友会本部、日銀などを襲撃したが、損害は軽微で、犯人たちは事件後に憲兵隊に出頭した。これが5・15事件である。

裕福で特権階級の井上準之助や三井の団琢磨が暗殺されても犯人はわずか21、2の血気にはやりがちの青年であった。だが犬養はそれまで貧乏と清廉を売りにしてきた民衆政治家である。し

かも犯人は現役将校で首相官邸の奥の間で殺害に及んだ。それまでの3月事件や10月事件などのクーデター計画を知らされていない国民の衝撃は大きなものだった。

第200話　政党政治の終焉

事件の夜。犬養毅首相が亡くなると、是清が蔵相兼任の首相代理を務めることになった。是清は盟友犬養の暗殺に大きなショックを受けていたが、日が変わる頃、悲嘆にくれる間もなく77歳の老体にムチ打って宮中へ参内した。5月16日午前2時35分、真夜中の宮殿「鳳凰《ほうおう》の間」で是清の首相代理の親任式が執り行われた。夜が明けて17日午前10時、是清を臨時首班とする政友会犬養内閣はこの時あらためて正式に総辞職した。

この後天皇から元老西園寺公望に対して「御召しの御沙汰」が下された。これは侍従次長が書面を持って西園寺を訪ねて直接手渡す。後継首相は誰にするのか決めろというのである。「憲政の常道」が適用されるのであれば、暗殺された犬養の後は、内務大臣で新しい政友会総裁の鈴木喜三郎ということになる。ところが当時議会の圧倒的多数を占めて慢心の政友会は、満鉄理事の幹部人事など利権ポスト獲得の派閥争いに明け暮れ、政党政治は多くの国民の信頼を失っていた。そしてそれは昭和天皇から見ても同じであった。

政党政治は政党政治家自らが終わらせたのである。

また2月の井上準之助、3月の団琢磨と血盟団による要人へのテロが続き、今回はこれに海軍の青年将校や陸軍の士官候補生が加わっている。今回の事件では海軍の古賀中尉が陸軍若手にも決起を求めたが、陸軍は統制が利いて不参加だった。

しかし今後血気盛んな青年将校や軍部そのものがどう出るのか、軍人による首相官邸襲撃事件は、政財界の支配層を脅かすことになった。

テロの影が忍びよる西園寺の心中も穏やかではなかった。西園寺は静岡県の別邸「坐漁荘《ざぎょそう》」で近くに人影が見えるだけで、もう庭には出なくなるほどだった。

西園寺の選択肢は「憲政の常道」鈴木政友会総裁か、あるいは陸軍が推す対中国積極派の平沼騏《き》一郎《いちろう》枢密院副議長だった。平沼を選べば西園寺も一緒になって築き上げてきた日本の政党政治は終焉《しゅうえん》を迎えてしまう可能性が高い。

陸軍はさまざまなルートを使って、政党政治の継続では第2、第3の事件が繰り返されるとか、陸相に就任する者がいないと西園寺の耳に吹き込んでいた。

ここで天皇の「ご希望」が伝えられた。

「ファッショに近き者は絶対に不可」

というのである。これは平沼のことである。西園寺は平沼を候補から外した。

これまで首相の奏薦を独占してきた西園寺が他の人間の意見を聞くことはまれであったが、今回は軍人も含む多数の要人の意見を聞いた。

もちろん是清もその中の一人であるが、その中に鈴木を推す者はおらず、政友会長老の是清ですら鈴木を首班とする政党政治よりも、政官軍各界の力を結集した挙国一致内閣をすすめた。昭和恐慌を乗り越え、大陸で暴走する関東軍を抑えるにはそれしかなかった。

これまでの政党政治ではもはや軍の政治進出を止められないと考えた。政友会からも民政党からも閣僚を出すのである。他の要人もおおむねそういう考えだった。

かくして新首相には、「挙国一致内閣」を組閣できる人物として、中立的な、海軍の穏健な長老、斎藤実《まこと》が選ばれたのである。斎藤は海軍次官、海軍大臣、朝鮮総督を長い間勤め上げていた。また是清が特許実務修得のためにワシントンＤＣに出張した時の現地公使館駐在武官であった（第３４話）。

斎藤実内閣

５月22日、組閣の大命降下。

斎藤は組閣作業の最初に是清を訪問した。

「財政については一切を委任いたします」

是清はすでに余生をお国のために捧げる気持ちであったから、是非はない。政友会長老の参加によって政友会の不満分子も少しはおとなしくなった。

斎藤内閣は、大蔵大臣に高橋是清、内務大臣には民政党の長老山本達雄が参加、外務大臣には満鉄総裁だった内田康哉《こうさい》が７月から就任した。

陸軍大臣は荒木貞夫が留任、海軍大臣が岡田啓介、文部大臣は鳩山一郎だった。犬養内閣では10人いた衆議院議員の閣僚は３人にまで減った。

選挙によって選ばれた政党の総裁が首相になるという流れで大正13年の「護憲三派」、第１次加藤高明内閣に始まった政党政治は、テロによって終焉を迎え、この後戦前に二度と復活することはなかった。

5・15事件は事件翌朝に各新聞社から号外が出されたが、その後、陸軍から報道規制の要求があり、事件の詳細に関しては報道されなかった。

国民は満州事変の戦果に歓喜で応えている。陸軍はこのタイミングで軍人が首相を襲撃するなどというネガティブな情報を出したくはなかったのだ。

国民が事件の全体像を知るのは報道規制が解かれた1年後、昭和8年5月17日の3省（陸海軍、内務省）による共同発表以降である。

この発表では「事件の青年たちの動機は『至純』であり、今の日本は『精神』も『頽廃《たいはい》』し行き詰まりを見せている。その元凶は政党、財閥、特権階級の結託にあり、青年たちは国家の革新を遂げ、真の日本を建設したかったのだ」と、まるで犯行を擁護するようなものだった。

その際、荒木陸軍大臣はこう発言した。

「純真なる青年が、かくのごとき挙措に出《い》でた心情について涙なきをえない」

犬養暗殺の生々しさは世間から忘れられていた。

涙なき論告

昭和8年7月から始まった軍法会議では、被告たちはいさぎよく極刑を望み、「我々が捨て石になれば」と涙ながらに日本の危機を訴えた。

「対立政党の腐敗、財閥の利益独占、東北地方の不作を放置すれば、国家にとってこれより大なる危険はない」

もとより被告の青年将校たちに私利私欲などはない。軍法会議における裁判官役の軍人らも、若者たちの純真な裁判の証言に涙を流すようなありさまだった。

「特権階級はたたき潰す必要がある」

大衆はメディアに対して泣かせる記事を望み、メディアはそれに応えた。

純真な青年将校の暴挙は、一方では対中国政策に消極的な政党政治を否定し、国政における軍の権益拡張の機会でもあった。またある者にとっては、軍内部での勢力拡張の機会でもあった。

9月11日、海軍の論告求刑で首謀者の古賀、三上、黒岩3人に死刑の求刑が出た。

海軍の検察は軍人の政治関与から説き起こし同情を差し挟まない冷徹な求刑を下したが、世間からは、

「涙なき論告」

として非難を浴びた。結局は助命嘆願運動が盛り上がり、犯人たちは禁錮刑となった。軍人が首相を殺害してもその心根が純真であれば死刑にはならない。軍人テロへの温情は日本の将来に禍根を残すことになる。

第201話　通貨と経済

昭和7（1932）年に戻る。犬養暗殺後の第62回議会は新しい斎藤実挙国一致内閣の下で6月1日から14日までの期間で開催された。

斎藤新首相は施政方針演説でこう述べた。

「対外政策に就きましては、新内閣は国際の信義を重んじ、列国と協調致しまして、世界人類の進歩発達に貢献せんとする、伝統的政策を維持することは勿論《もちろん》でありまするると共に、我が権益の擁護と、国際正義の命ずる所とに対し、自ら独自の立場を執ることのありまするることも、亦已《またや》むを得ざる次第と考えて居るのであります」

そして満州国については、

「去る3月上旬を以て樹立せられたる新国家は、逐次発達の道程を辿りつつあるのでありますが、同国が今後益々健実なる発達を遂げますことは、ただに同地方の治安及繁栄の回復増進のためのみならず、東洋平和の確保のためにも極めて有意義と思考するのであります」

斎藤の挙国一致内閣は犬養内閣の外交姿勢を変え、衆議院は議会最終日に、3月に建国宣言をしていた満州国を承認、9月15日には日満議定書に調印した。

これはこの時調査が進むリットン調査団に対抗するものであった。リットン卿が報告書を出すのは10月1日のことである。


大蔵大臣の是清は、昭和7年度の予算が解散総選挙によって議会で討議されなかったので、前年の井上準之助前蔵相が作成した昭和6年度の予算を踏襲することになった。井上が作った昭和6年度の予算は14億7000万円だった。一方で満州事変の戦費である満州事件費は昭和6年の実績が4649万円、翌昭和7年分が陸海軍合わせて2億6500万円にも上った。これを予算に組み入れなければならない。是清は満州事件費などを単に加えるだけのつじつま合わせをやめて根本に手をつけることにした。

ひとつは、金本位制離脱後の発券制の改正である。もはや日銀券発行に兌換準備の正貨の紐《ひも》付けは必要ない。それまでは明治32（1899）年の兌換銀行券条例によって、日本銀行による保証発行限度額は1億2000万円に制限されていた。

この保証発行限度額とは、日本銀行が金や在外正貨などの裏付けなしに1億2000万円を超えて日銀券を発行する場合は政府に対して罰則的な発行税を支払うという取り決めである。要するにこれが日銀券の発行残高を制限していた。これは金本位制を停止しても制限は同じである。

是清は、井上財政で逼迫《ひっぱく》した通貨を、世間に十分に行き渡るようにするために、この制限を一気に10億円にまで引き上げる法案を提出してこの議会で成立させた。

満州中央銀行

新しい国家が成立すれば新しい幣制が必要になる。当時の満州は銀建ての現地通貨とともに朝鮮銀行券が流通していた。ここで金本位制採用と銀本位制、あるいは日本円本位にするかともめていた。

当時の満州国財政部総務司長は阪谷希一《きいち》、あの阪谷芳郎（第68話）の息子である。日本銀行勤務を経て関東庁に就職していた。阪谷は銀本位制を主張、関東軍板垣征四郎や石原莞爾も銀本位制でうまくいっている現地幣制の混乱を避けるために銀本位制を支持して、結局、日本の貨幣制度からは全く遮断された銀本位制となった。

是清もこれに賛成だったが、満州に赴任する大蔵省の星野直樹以下7人に対して、赤坂表町の自宅へ招き、昼食をとりながらこう言った。

「日本では明治初年、メキシコの銀貨がたくさん入ってきて、大変な目にあった。国内に外国の通貨が流通することくらい、通貨政策の邪魔になることはない。満州は今でも日本円が流通しているのだろう。これはさぞ困ることだ」

是清は若い彼らがまぶしかった。自分が若かったら是非やってみたい仕事だと思った。

「今度は、満州が国をつくっていこうというのだ。君たちは、そこに手伝いにいくのだ。真に満州のためを、はかっていかなければいけない。日本の利益を第一としてはいけない。満州人の幸福をはからなければいけない。それがまた結局、ほんとうの日本の利益となるのだ」

こうして満州中央銀行の独立を支持していた是清だが、陸軍がこうした銀行で戦費を自由に発行する現実を見て、後に朝鮮銀行や満州中央銀行なども統一された管理のもとにおこうと考えた。しかし、この話は2・26事件で潰えてしまうのである。

第202話　時局匡救議会

5・15事件に参加した民間の別動隊は農村青年たちであった。米価、絹価格の下落に発する農村恐慌の中で、ファッショ的な動きは地主・中小農を主体として盛り上がりつつあった。そしてそれは農村を兵士の供給源とする陸軍に大きな影響力を持つに至った。

昭和7（1932）年6月の第62回議会は満州事変の予算と満州国の承認を決める議会であったが、こうした農村救済請願運動が影響力を持ち、農村救済に何かやろうと「時局救済決議案」

がとりあえず議決された。これを受けて8月に開催された次の臨時の第63回議会は、「時局匡《きょう》救《きゅう》議会」と呼ばれるのである。

こうした忙しい局面でも政友会の政権奪回の野心は消えることがなかった。軍に近い森恪は裏で工作を続けていた。犬養毅が死んだ今、反軍の邪魔者のじいさんは是清である。

「どうです、金本位制も停止して、円安が進んで、景況感も随分とよくなってきました。もうそろそろ引退されてはいかがですか」

にこやかに話す森だが、魂胆は知れていた。

「井上さんも、犬養さんも、ああなってしまったわけですし」

「森君、あんたに言われなくてもね、近頃は体調も良くない。私はね、もう十分にやったと思うんだよ」

森はうれしそうな顔でうなずく。

ところがいつまで経っても是清は一向に辞める気配がない。

「高橋さん、体調はどうですか。私はね、あなたのお身体が心配でこんなことを言っているのですよ」

森は親切めいて話すが目は笑っていない。

「ああ、もうね、ちょうど辞めようかと思っているところだよ」

是清は森に対していいかげんな生返事を繰り返していたが、7月に入ると森が来なくなった。

「最近森が来ないな」

森は持病の喘息を悪くして入院した。そしてじいさんの是清をしり目に、結局年末になって自分が先に死んでしまったのである。

混迷の時代のトリック・スターは途中で舞台を降りた。森恪は政党政治を引っ掻き回した割にはセリフの少ない役回りだった。


8月23日から第63回議会「時局匡救議会」が開催された。

金融が緩和され、財政資金が投入される。そしてその資金は公債発行によって賄われる。

是清は議会において各種行われる不況打開策の根本として次のような説明をした。

是清は畏友前田正名《まさな》譲りの「根本」の追求が大事なのだ。

「経済の原理から申すならば、人の働きがすなわち富である。人の働きをあらわすものが物資である。物資の高くなるのはすなわち自己の働きが高くなることである。

とにかく、この国民の働きが安いということが、今日の病根である。

この働きにいかにして相当なところの価をもたせるかということの政策が根本政策である。

農村の今日の窮状については、農家の働きを高くしてやらなければならぬ。そうするには農家の作るものの価が高くなるような政策を採ってやらねばならぬ。今日のように、米を作っても収支の合わぬ、肥料代を払えば各々が食うことができない、食えば肥料代が払えないというようなことは、これは農家の作る米が安いためである。なんとしても、この米の価を高くすることが必要である」

当時、農業就業者の全就業者に対する比率は約45%である。土地を持つ農家の赤字比率は昭和4年42%、5年59%、6年55%であった。農家の家計は行き詰まっていた。国家の食料供給を担う農家が食べていけないのは国家として大問題だった。また是清は問題の根本にあるのは単なる物価だけではなく、国民の労働の価値だと考えていたのは重要である。

資本が経済発展上必要であるのは論をまたないが、資本も労働とあいまって初めてその力を発揮し得る。この場合の是清にとっては労働が第一で、資本が第二だった。

「経済政策の根本は人をよく働かせることであり、人の働きの値打ちを上げることだと思っている。即ち、現に働いておる人々の報酬とその過去における蓄財に対する報酬、即ち勤労所得と資本利子を比較した場合、総利潤の分配は前者に重く、後者に薄くが当然で、これが労使協調の精神にも通じ、低金利政策を正当化するゆえんともなる」

是清の息子で、高橋家本家を継いだ利一の話では、こうした勤労所得と資本利子の関係の前提から是清は当時流行《はや》っていたマルキシズムには反対であったそうだ。

「労働者といえども取った賃金のうちある部分を貯蓄して郵便貯金なり、銀行預金にする時は労働者兼資本家になる。働くという以外に資本の作りようがない。そして資本に対する利息、即ち金利というものは、やはりこれを使った稼業――働きの余裕を持って支払われる。つまり資本を作るのも労働、その金利を支払うのも労働である」

したがってこの頃、資本家に対する不満や反感が高じて資本そのものを憎むような傾向が出てきたことは誤りであると断じる。

「利潤の分配に不平があるなら、これを是正すればよいまでのことで、資本と労働が喧嘩《けんか》別れして生産が伸びようわけがない」

いかにも楽天的な是清の考え方であるが、いずれにせよ是清は労働という人の作り出す価値を重視したのである。是清の経済観は言うまでもなく共産主義のみならず国家社会主義やファシズムとも相性が悪かった。

時局匡救資金

是清は第63回議会の本会議財政演説で、昭和7年度分の「時局匡救予算」の説明を始めた。

「政府の本年度の時局匡救予算は2億6300万円余でありますが、3年間の通計額では6億円になります。

これに政府低利資金の融通により行われる地方の時局匡救事業費の3カ年度分を加えれば中央地方を通じての合計額は8億円に達する見込みであります。

さらに、各種の政府の時局匡救資金の今後3年間における融通予定総額もまた約8億円に上る見込みでありますから、両者を合算すれば、今後3カ年に使用せらるべき資金の総額はおよそ16億円に達する計算になるのであります」

ここでの各種の政府の時局匡救資金の融通予定額というのは、地方銀行に対して農業資金の貸し出しや焦げついた融資の肩代わりを通じて地方金融を増強する資金という意味である。

そしてそのために不足する政府の歳入額については、不足する満州事件費ともども公債発行で賄うこととした。

財政支出を拡大させることによって前任者井上準之助のやってきた引き締め政策を転換させる。資金は農産物価格下落によって不況に苦しむ農村地域に振り向けられる。主に内務省と農林省にかかわる治水事業、港湾整備、道路整備、開墾、用排水路整備、農業土木、鉄道建設などが盛り込まれ、今後の経済成長に役立つ生産的な公共事業に投入されると同時に農家の臨時収入となる。

是清は政友会の長老であるが、予算策定において政友会からの我田引水的で政治屋的な要求を受け付けなかった。このため議会最大党派である政友会では一時是清の除名論まで出るありさまで、この頃から是清と政友会の関係は良好なものとはいえなくなっていった。生まれつき曲がったことが嫌いな是清は、自身は政友会の長老なのに、この頃の政党政治を信じてはいなかったのだ。

「昭和7年度における歳出予算の財源たるべき公債の追加額は、もろもろ足し引きして6億700万円となります。この金額は今日の状況においては一応日本銀行をしてこれを引き受けせしむ見込みであります」

日本経済に新規に資金を投入する。現代でいうケインズ的な財政資金投入を目的に発行される公債は、日銀引き受けとすることとされた。

「赤字公債の発行により国の借金が増えても、一面大いに産業が振興し、国富が増加すれば心配はいらぬ。国債の増加もその重圧に耐え得る力ができてきたのだから、赤字公債を文字通りに考え心配する必要はない。場合によっては借金しても進んだ方がよい。またやむを得ず借金する場合もある。しかしその結果国民の働きが増し、国富が増加すれば、前の借金の返済ぐらいは何でもない」

是清は赤字公債の発行には楽観的であった。ただし、その日銀引き受けには慎重であった。

第２０３話　高橋財政と日銀引き受け

昭和７（１９３２）年からの高橋財政について概観しておこう。

図は昭和３年から昭和11年までの一般会計歳出額とそこに占める軍事費比率の推移である。

政友会田中義一内閣の昭和３年の歳出合計は18億１５００万円だったが、金本位制復帰とその維持を目指す浜口内閣井上蔵相の昭和６年には14億７７００万円と３年かけて約２割方縮小された。

そして、是清が復帰した昭和７年には満州事件費や時局匡救事業が追加されて歳出合計は前年比32％増の19億５０００万円にまで増額されたのである。

これを軍事費以外の歳出でみると昭和３年が12億９８００万円、井上の昭和６年には10億２２００万円にまで縮小し、是清の昭和７年には12億６４００万円まで戻した。

だが図中の破線のように、これでも昭和３年の田中内閣の時よりもまだ低い水準だったのだ。

重要なポイントはそれ以降で、軍事費は毎年拡大していくが、軍事費以外の歳出については、昭和７年以降はほぼ横ばいに抑えられて、当時の経済成長に比べれば実質的にはマイナス予算だったのである。大胆な財政支出の主力は軍事費のことだったのだ。

そのために昭和６年には約30％だった一般会計に占める軍事費比率は高橋財政期に次第に上昇して昭和11年には47・２％まで達することになった。

一般会計歳出額と軍事費

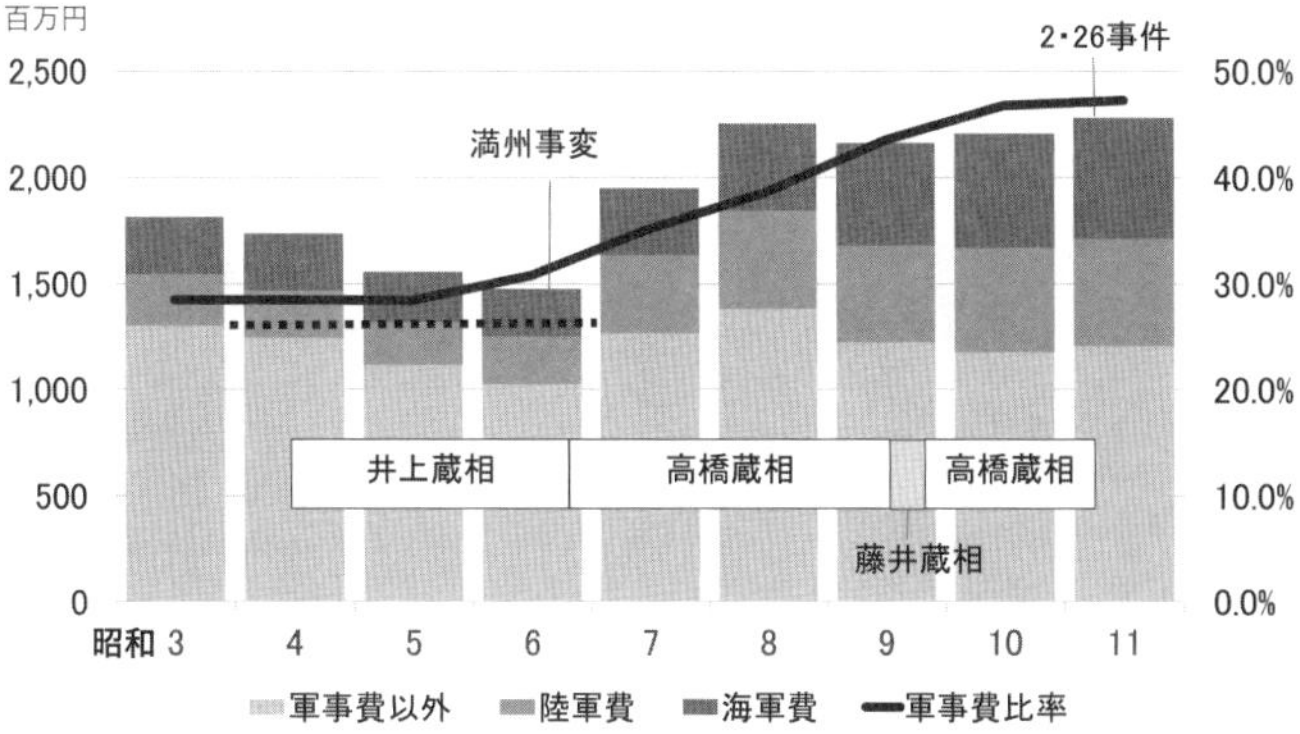

データ出所：大蔵省百年史 別巻統計

昭和8年度予算

昭和7年度予算の時局匡救議会が終わったのが同年8月末、すぐに翌昭和8年度の予算編成が始まった。これがまた難航することになった。

軍部からは満州事件費以外にも、実際に戦闘が始まったことから軍全体の質的向上を図る兵備改善費の要求も出された。

これまでは金がない、ない袖は振れぬで済ませたが、是清が不足資金は公債の日銀引き受けで調達すると言ったことから、「公債発行でしのげるではないか」という意識が予算要求に対する金銭感覚をルーズにしたことは否めない。

各省からの新規要求は14億円にのぼり、大蔵省の査定に対する強硬な復活要求もあったが、ようやく新規要求を半分に抑えた水準に落ち着いた。こうして11月25日に閣議決定された昭和8年度予算は22億3900万円に達して、うち8億8000万円が公債発行によって賄われることになった。

このうち時局匡救費は2億1300万円、満州事件費を含む軍事費は8億5200万円にも及び、軍事費は満州事変前の4億円と比べると倍増以上の増加であった。

満州の実質植民地化を進める中で、日本は国際社会から孤立し始めたが、そのことがまた国防という名目での軍事費増加の理由付けとなった。

新聞は「日本始まって以来の非常時大予算である」と書き立てたために、以降「非常時」という言葉が盛んに使われるようになった。翌昭和8年には「非常時日本」という広報映画まで制作された。


「軍事費が多すぎるのではないか？」

記者の質問に是清はこう答えた。

「なるほど国防自体は直接再生産を伴わない。が、国防に使う金は大いに生産に関係を持ち、原材料にも労力にも回っていく。それらの人々の生活がこれによって保たれる。だから軍艦そのものは何ら物を作らぬが、軍艦を造る費用は皆生産的に使われる。維持費もまたそうである。国防は、それ自体生産に関係がなくとも、これを全面的に不生産と見るのは穏当を欠く」

欧州大戦前の英国とドイツの建艦競争では、戦艦建造はしばしば景気対策として認識された歴史がある。

年明け昭和8年の議会で是清はこう尋ねられた。

「これほど借金をして返せるのか？」

国債発行額と日銀引受額・売却額（単位：百万円）

	国債発行総額 A	日銀引受額 B	日銀市中売却額 C	C/B
昭和7年（1932）	200	200	16	8%
昭和8年	1,215	1,115	789	71%
昭和9年	916	701	900	128%
昭和10年	1,048	751	655	87%
	3,379	2,767	2,360	85%

「日本金融史資料・昭和編」第27巻P25

「満州事件費、兵備改善費、時局匡救費などの経費の増加はおおむね一時的なもので、数年後には著しく減少すると考えられ、他方景気の回復によって経常収入は増加するから、昭和8年度の財政赤字が巨額であってもそれほど憂慮する必要はなく、おそらく昭和10年度には収支の均衡を回復できましょう」

単年度ではなく政策効果の出る長い期間で見る。是清の見通しには景気回復はもちろんのこと、満州事変の終息と国際社会との協調関係復活が必要な楽天的なものであった。そしていつか必ず返せる水準に戻すという財政均衡主義である。

それでも是清は「非常時」下の予算編成に疲れてしまい周囲に辞意を漏らすようになる。是清を閣僚に引き込んだ犬養毅ももういない。野党政友会が巨額の8年度予算にあまり抵抗せずに、すんなり議会を通したのも、是清が政友会鈴木喜三郎総裁に辞意を吐露したためだった。これは二人の黙約となった。是清が辞めるのであれば、いずれ斎藤実内閣はもたない。ここは抵抗などせずに様子を見ましょうということであった。

是清の日銀引き受け

「金解禁により過度に収縮したる通貨を妥当に補充するの手段は最も苦心の存したる所にして……」

是清の相談にあずかった日銀副総裁深井英五は、日銀と国債市場との接触を重要視する是清に対して、既発債の購入によって市場に資金を供給する買いオペの話をした。深井の話によると、是清はこれに工夫を加えて新発国債の日銀引き受けという手段を思いついたのである。

表は昭和7（1932）年度以降、是清の蔵相任期である4年間の国債発行総額と日銀引受額、またその後日銀が引き受けた国債を市中に売却した日銀市中売却額の推移である。

昭和7年度予算の国債発行は翌年度にずれ込み、昭和8年度にまとめて約12億円が発行された。この時点では日銀によって市中に売却できた国債は71％であったが、政府が予算執行で小切手を切り、業者がそれを市中銀行に預けると、市中銀行には国債を買い入れる資金ができる。予算が市中に廻り、景気の回復とともに増加し、4年間の合計では日銀が引き受けた国債の85％が市中に売却されたのである。日銀引き受けはあたかも日銀が国の借金のすべてを呑み込むかのように誤解されている面があるが、少なくとも是清はできる限り市中に売却したのである。

深井はその著書『回顧七十年』にこう記した。

「日本銀行国債引受発行の方法は著しき効果を挙げたが、高橋氏は当初より之を一時の便法と称して居た。即ちこれを財政の常道とするのではなく（中略）臨機処置に過ぎないという意味である」

第22章　世界で孤立

第204話　国際連盟脱退

少し時間を戻す。昭和7（1932）年年明け、12月12日の是清蔵相就任による金輸出再禁止によって100円＝35ドルと、再禁止前の50ドルと比較して30％ほどの極端な円安が進んだ。

これによって輸出による経済界の好調が期待され、それと同時に錦州を目指す関東軍による快進撃の記事が新聞の紙面を賑わすようになると、巷は景気の良い話にあふれた。

是清の財政手腕に対する国民の高い期待と軍の快進撃は国民の心を高揚させたのである。

だがその一方でこの間、国際連盟が派遣したリットン調査団は満州事変を調査中であった。

同年3月1日、満州国が建国されると、9日には清朝最後の皇帝溥儀《ふぎ》が満州国執政に就任するなど、関東軍は着々と傀儡《かいらい》国家の建設を進めていたが、この事実は当時日本で調査をしていた調査団には伏せられていた。

リットンは3月14日に上海に到着してようやくその事実を知る。

リットン調査団が調査中に5・15事件が起こり、犬養毅《つよし》首相が殺害され、日本の政権は政党内閣が終焉を迎えて斎藤実《まこと》の挙国一致内閣へと代わったのだ。

外務大臣は当初の斎藤実の兼任から7月に内田康哉《こうさい》へと代わり、その内田は就任前から陸軍と協議して満州国承認を決めていた。当時の日本の世論は陸軍によって管理された情報しか入ってこないので、満州国承認は国民の圧倒的な支持があった。この新しい斎藤内閣の下で、9月15日には日満議定書が調印されて日本は満州国を承認したのである。

では何故に国際協調主義であるはずの斎藤や是清は満州国承認を容認したのだろうか。

景気回復が顕著になってきたこの時期、斎藤や是清は、陸軍の行動を決定しているのは、荒木貞夫陸相ではなく、少将に昇格したての永田をはじめとする陸軍「統制派」であると認識していた。

この時期、元老西園寺公望の秘書である原田熊雄らを交えて重臣や財界人たちは永田とは連絡がとれていた。そのため永田と是清たち重臣グループそして財界との間に満州の将来に対して共通の認識を持ちえたからである。永田が率いる「統制派」は満州を占領地ではなく独立国として成長・発展させ、門戸開放原則を適用し、ゆくゆくは英米資本も導入できるようにするのではないか。永田ならばこうした素朴な期待を持てた。重臣や財界人から見ると混沌とする陸軍内の勢力争いの中で、永田は信頼できる人物であったのだ。

しかし斎藤や是清がどう考えようとも、リットン調査団にすれば、このタイミングでの日本政府による満州国承認は牽制《けんせい》でしかない。

調査団は、南京で汪兆銘《おうちょうめい》、蔣介石、北京では張学良ら要人と会見、満州では執政の溥儀とも会見した。

「民族協和の原則に基づいて政治を行う」

溥儀は演説でこう述べたが、調査団の一行には棒読みのこれがかえって日本の傀儡政権であると印象づけた。

「支那人を軽蔑するな」

この年の「文藝春秋」9月号で、作家の直木三十五と菊池寛は、陸軍省新聞班の古城胤秀《こじょうたねひで》とともに「荒木貞夫陸相に物を訊《き》く座談会」を開催している。

この荒木陸軍大臣は日本軍を皇軍と呼び、竹槍《たけやり》三百万本あれば大丈夫と何度も呼号して「竹槍将軍」ともてはやされた陸軍「皇道派」の領袖《りょうしゅう》である。

リットン調査団から報告書が出されようとするこの時期、直木は荒木に国際社会から経済制裁を受けるのではないかと尋ねた。

「飯が食えなかったら粥《かゆ》を食え、粥が食えなかったら重湯を吸え、それも吸えなかったら、武士は食わねど高楊枝《ようじ》で行く、そこまでの覚悟があればいい」

「日本の今は満州問題よりも一般生活、一般経済問題というものが大きい、このまま軍部の言うとおり行動しているとアメリカと紛糾して経済問題がさらに悪化する可能性がありますが」

直木が突っ込む。

「我々は経済のためばかりに生きているのではない。経済的に発達して国民精神を安楽にしていけば良い。だが、いったい何のために人間が生まれてきたんだという人生観に、最後は到達していかなければいかんと思う」

荒木は精神論に終始した。こんな頭脳が陸軍を従えて日本をあらぬ方向に牽引《けんいん》する。だからこそ斎藤や是清、財界は若い永田鉄山に期待するしかなかったのであろう。

また1月28日から始まった第一次上海事変において将校の死亡率が高かったことについてはこう述べた。

「いやしくも支那人から侮辱を受けておったら、支那では仕事ができぬという観念が強い。それから支那人の圧迫に対する反発力——今までは国際的関係から穏忍に穏忍を重ねておった、その反発力が強まって、危急存亡の時期にあるということで士気が上がっているのだと思う」

この荒木の発言を直接に受けたわけではないが、是清は満州国について『随想録』に「支那人を軽蔑するな」という文章を残している。

「満州問題も目鼻がついたが、満州国はあくまで独立国として対さねばならない。属国として扱えば人心を得ることができず、藩屏《はんぺい》（防備のための壁）たらしめることはできない。我が国が満州問題で立ったのは欲得からではない。ひとえに我が国家の存立防衛のためである。日本人は日清戦争以来、支那人を軽蔑する風がある。日本人が上下ともに支那人を馬鹿にするという一般的な気風——これが間違いのもとなのだ。

この日本人の軽蔑が、とりわけ所謂《いわゆる》メンツを重んずる支那人にとっては、まことに耐えられぬところなので、こんなことが排日の原因にもなり、両国間の結んで解けぬ紛争の原因にもなっているのである」

日本開国の頃から白人社会で黄色人種として苦労した是清ならではの考えなのである。

昭和7年10月1日リットン報告書は日中両国に伝達された。日本軍の軍事行動は自衛権の発動だとする日本の主張は否定された。また満州国の建国は民族自決によるものだとの主張も退けられた。そして解決策として、満州国に代えて、中国政府主権下で外国人顧問指導の下、自治政府を樹立するのが望ましいと提示された。

満州国こそ否定されたが、外国人顧問とは日本人が多数であるし、連盟規約などに対する日本の法的違反への指摘はなく、反日運動の規制策を盛り込むなど、日本の権益とメンツは十分に配慮されたものだった。

ところが翌日、日本の新聞は「夢を描く報告書、誇大妄想もはなはだしい」と猛烈に反発した。そもそも日本国民は満州事変が関東軍の謀略によるものだとは誰も知らなかった。

11月から国際連盟でリットン報告書の審議が始まった。日本政府主席全権は松岡洋右、これに満州事変の首謀者で東京に転勤していた石原莞爾も加わった。松岡の使命は、日本が連盟にとどまって満州国の存在を世界に認めさせることだった。一方で出張中の石原は少ない兵力で満州を占領した優秀な参謀として各国軍人から会見希望が多かったという。

12月19日、日本全国の新聞132紙がリットン報告書拒否の共同声明を出した。事件の発端は関東軍参謀の石原莞爾らの独断専行である。欺瞞《ぎまん》工作によって国際社会のみならず国民を欺いたのだった。世論は国際連盟脱退に向かった。

今や新聞は軍に代わって国民を好戦的に扇動する側に変わったのである。

「なぜ止めないのか」

年が明けた昭和8年、海軍大臣が条約派の岡田啓介（後の第31代内閣総理大臣）から艦隊派の大角岑生《おおすみみねお》に代わった。大角はロンドン海軍軍縮条約破棄を主張し、大規模な海軍軍備拡張計画を考えている提督である。国の財布を預かる是清にはやっかいな相手である。

年初からの閣議で是清は荒木陸軍大臣を責めた。是清は閣内で唯一人の連盟脱退反対者だった。

「外交が陸軍に引きずられているのはけしからん」

荒木が、

「世論云々」、「国論云々」

とか言い出したものだから是清は怒った。

「今日の日本に世論も国論も全くありはしないじゃないか。ちょっとでも軍部に不利益なことを言えば、すぐ憲兵が来て剣をガチャガチャやったり、拳銃を向けたりして威嚇する。言論の圧迫今日より甚だしきはない。現に九州の新聞社など軍に不利なことを書いたものだから、飛行機で爆撃すると言って、事実新聞社の上空を旋回して威嚇したそうじゃないか」

2月1日の閣議でも是清が、

「まるで日本の外交を陸軍がひきずっていて、新聞なんかにも、何とか言えばすぐ脱退だとか、ことごとに外交に対して陸軍が声明したりなんかするが、一体なぜあんなことをするのか」

と、荒木陸相を詰問。

「陸軍が宣伝するのじゃない、新聞社が書くのであるから仕方ない」

と答えた荒木に対して是清は、

「新聞社が書くのなら、なぜ止めないのか、今日の陸軍をもってすれば訳なく止め得る。要するに止めないことがけしからん」

是清はずけずけと物を言った。

かくして新聞は軍部と一体となって国民の愛国心を鼓舞し、反中、反英米の敵愾心《てきがいしん》を煽るのであった。

2月7日には日比谷公会堂で対国際連盟緊急国民大会が開催され、政府に対して国際連盟からの脱退を要求した。これはNHKラジオで全国中継された。

国をあげてリットン報告書など認めるな、国際連盟など脱退してしまえと唱えたのである。日本の国内世論は政府の政策を揺さぶった。

外務大臣の内田康哉は欧州大戦中に「対華二十一カ条要求」を中国につきつけて日中関係悪化の遠因を作ったが、一方ではワシントン体制成立、不戦条約調印の時の外務大臣でもある。しかし日本代表松岡が送った、連盟の妥協案を受け入れるよう促す電報を内田は拒絶した。

松岡は連盟脱退には極力反対だったが、日本国内の世論がどんどん過激になっていく。

2月20日、日本政府は対日勧告案が可決された場合には脱退する方針を最終決定した。

2月23日、関東軍は満州の領域を拡大するために熱河省に侵攻した。この侵攻は関東軍の独断ではなく、満州国の治安維持という名目で昭和天皇も裁可したものであった。だが侵攻すれば連盟から除名される恐れありとして、侵攻の少し前に斎藤実首相が天皇に裁可の取り消しを求めたという事情があった。

天皇は取り消しを了承、ところが奈良武次侍従武官長や元老西園寺公望からは、もし天皇が裁可を取り消すようなことがあれば軍によるクーデターを招きかねないと反対されてしまう。

それを聞いた天皇は、

「統帥最高命令により、これ（熱河攻撃）を中止せしめえざるや」

と聞き返した。

自分の命令で作戦を止められないこと、クーデターの危険性があることに失望してしまうのであった。

陸軍はもはや天皇の取り消し命令さえも聞かなくなった。そして作戦は決行されることとなり、この時日本は除名されるよりもむしろ連盟からの脱退を選択したのである。

2月24日、国際連盟は勧告案の採決をした。賛成42、反対1（日本）、棄権1、であった。

「もはや連盟と協力せんとする努力の限界に達した」

松岡は準備していた宣言書を読み終えると議場の出口へと直行した。これによって日本は常任理事国の座を捨てた。日本政府による脱退通告は3月27日である。

明治維新後、日清日露戦争、欧州大戦を経て世界の五大国へと上り詰めた日本は、言うなれば自らその座を降りたのである。

昭和天皇は国際連盟脱退には反対だったが、牧野伸顕《のぶあき》内大臣から内閣の方針に委ねるより他はないと言われてあきらめた。

松岡はジュネーブからの帰路イタリアでムッソリーニに会い、米国ではルーズベルトを訪ねた。

自分にとっては不本意な脱退に、失意で帰国した松岡は、帰国時の国民の歓迎ぶりに驚くことになる。松岡は連盟脱退の英雄だった。国民は国際社会からの孤立をよく理解していなかった。海外からの情報はますます取得困難になっていく。

塘沽停戦協定

この頃、是清が大蔵大臣に就任して1年と少しが経過しようとしていた。軍事費の投入や時局匡救《きょうきゅう》費の散布、金本位制停止による円安で諸物価が上昇し始め、日本の景気回復は次第に鮮明になりつつあった。

一方で関東軍は熱河省へ侵攻し、山海関を占領すると一部は万里の長城を越えて華北へと侵入した。

しかしここに来て陸軍内部での統制も利いて昭和8年5月に現地軍の間で締結されたのが塘沽《タンクー》停戦協定である。政府間の協定ではないことなど問題も孕んではいたが、これで昭和6年に始まった満州事変は一応の落ち着きを取り戻すことになった。

連盟脱退の一連の動きを契機に関東軍の戦線拡大は終息したのである。

世にいう「十五年戦争」とは1931年9月18日の柳条湖事件から1945年8月15日の終戦までの通算の期間を指すが、1933年5月の塘沽停戦協定までの期間が満州事変であり、その後1937年に日中戦争が始まるまでは大規模な軍事行動はしばらく行われなくなる。

五相会議

斎藤首相は昭和8年度の「非常時予算」成立のあと、「非常時は終わった」と辞意を漏らしていた是清の慰留に入った。

是清はもう疲れていた。斎藤の元老西園寺公望までも巻き込んだ引きとどめに辟易してはいたのだが、是清の辞任を待ちわびた政友会の鈴木喜三郎総裁が「高橋は蔵相を辞めると言っていた」と黙約を世上に流布するにおよび、是清は憤然として辞意をひるがえした。日本が国連を脱退し世界的に孤立するかもしれない時に党利党略に走る政友会には政権は渡せないと考えた。政友会長老なのに斎藤内閣の継続を政友会の政権獲得よりも優先したのである。

5月23日、「非常時は続いている」、斎藤首相は言った。

つまり高橋大蔵大臣はまだまだ閣僚として必要であると宣言したのだ。

是清はしばらく、自ら老体に鞭打つこととなった。

国際連盟脱退後の当時、陸軍はソビエトを仮想敵国として昭和10年の開戦を、海軍はアメリカを仮想敵国として昭和11年頃の開戦を想定しており、それぞれ「非常時」として危機感を持っていた。そのため陸海軍は国家体制構築を目的とする政策の樹立と、軍備増強の予算増額とを強く要求していたのである。

9月に入ると内田康哉外相が病気で辞任して広田弘毅が新外相として入閣した。斎藤内閣はこの機をとらえて昭和9年度の予算編成のために首相、蔵相、外相、陸相、海相からなる五相会議を10月3日から同20日まで5回にわたって開催した。少人数のインナーキャビネットで膝を突き合わせて話そうというのである。

是清にしてみれば軍の要求のままでは歳入が足りなく予算が成立しない。そもそも国家は経済規模に応じた軍備をすべきで、そのためには、やみくもに軍備を整えるよりもまずは外交が第一であると訴えた。

是清と新任の広田外相は意見が一致し荒木陸相、大角海相を説得し、五相会議に続く21日の臨時閣議では覚書を作成し世の中に公表するまでに至った。

一つ、国際関係は世界平和を念とし、外交手段によって方針の貫徹を図ること。二つ、国防に関しては外国から侮られることのないようにすると共に、我が国力に調和せしむるよう留意すること。

是清にとって五相会議は一見良好な結果を生み出したが、一方で軍はひろく内政や外交にわたる国家政策決定に正式に参加、発言する権利を確保することになったとも言えるのだ。

五相会議のすぐ後で、引き続き内政に関する主務大臣会議を開催することが決まった。これが内政会議で、首相、大蔵、内務、陸軍、商工、農林、鉄道、拓務の八相からなる。

ここでは荒木陸相の主張から農村問題が取り上げられて、後藤文夫農相主導の下での農業技術の改良、人材育成、重要肥料などの統制、農産物に関する販売統制などが決められた。かくして農村救済は政党政治から官僚の手へと移っていくことになる。

昭和9年度予算

11月17日から昭和9年度予算の政府原案を作成する閣議が始まった。なんとしても節約したい是清に対して海軍は来たるべき現行海軍軍縮条約満了の昭和11年から世界の海軍は建艦競争に入るであろう前提で4億4000万円もの巨額の予算を要求したが、これは是清が五相会議の結果を持ち出して、40%もの規模にまで縮小させた。

また後藤文雄農林大臣は内政会議の結果から後藤自身が構想する農村再建の予算を要求したが、これも農村の「自力更生」を主張する是清によって否定された。

海相農相両者とも辞任を辞さない大問題へと発展したが、憂慮する昭和天皇の意をくんだ斎藤首相が12月1日の早朝に赤坂表町の是清邸を訪問、斡旋し海軍に少し譲歩、9年度予算は8年度予算22億3900万円に対して1億2000万円マイナスの21億1100万円に抑えられることなった。(第203話の図を参照)

閣議後に娘栄子、美代子とリラックスして歓談する是清の写真が残されている。

第205話　減価する円

昭和8(1933)年3月、三つのR「救済《リリーフ》、回　復《リカバリー》および改　革《リフォーム》」をスローガンにニューディール政策をかかげたフランクリン・ルーズベルトが第32代大統領に就任した。

この当時米国のダウ・ジョーンズ工業株価指数は1929年9月3日に高値381・17ドルを記録して後、1932年7月8日には安値41・22ドルまで89・1%も下落していた。ようやく底を打ったかと思われたのもつかの間、大統領が就任したこの3月には再び底値を探ろうとするような動きを見せていた。

米国では信用不安が拡大し、預金者による金の引き出しに3月6日から全米の銀行は休業として閉鎖された。そして3月5日（実施は4月19日）にはとうとう米国も金本位制を離脱した。

1933年は世界中で出来事の多い年で、ドイツではヒトラーが政権を掌握し、3月24日には全権委任法を可決させ議会を形骸化させたところだった。またソ連では第2次5カ年計画が始まった。不況が世界を覆い、国家社会主義や共産主義が民主主義を脅かしつつあった。第二次世界大戦へのちょうど曲がり角の年である。

日本だけは是清による金本位制の停止による円安と積極的な財政政策によって景気は回復基調にあったが、満州国の問題で国際連盟を脱退したばかりだった。

昭和8年の繁栄

是清が昭和9年度予算編成で、軍部や農村救済などの予算要求によって苦労していたのは、軍部が「非常時」を唱えていたからだけではない。昭和8年というのは敗戦後の戦後復興期のスローガンが「昭和8年に戻ろう」というほどに景気が絶好調だったのである。

井上準之助財政の昭和5、6年が大不況で、昭和7年の正月にはかろうじて景気が持ち直し、昭和8年には強い景況感に満たされることになる。

日本橋髙島屋はこの年3月開店、日本橋、京橋、銀座と人の流れができて銀ブラが大流行した。浅草ではエノケンこと榎本健一の「エノケン一座」が流行り、古川ロッパの「笑《わらい》の王国」がこれに対抗、新宿では大衆劇場ムーランルージュ新宿座が全盛期を迎えようとしていた。4000人収容の日本劇場が数寄屋橋で開業、飲食や芸能は活況を呈した。

プロ野球は翌昭和9年からだが、この年は東京六大学野球が白熱、早慶戦では水原茂3塁手を巡る「リンゴ事件」が発生、早慶観客も含む大乱闘となり、翌年から各応援席が早稲田1塁、慶應3塁に固定された。学生ラグビーやサッカー、テニスも大衆娯楽として人気を呼んだ。

そして12月23日には、東京市下に祝砲が5発鳴り響いた。明仁親王の誕生である。5発なら皇太子、3発なら内親王（女子）と決められていたので、市民はすぐに皇太子誕生を知った。この年の年末から年初にかけて日本の景気は最高潮に達した。

図はドル建ての各国実質（インフレ調整済み）GDPのグラフである。日本経済は是清の蔵相就任後から切り返し、1933年には世界に先駆けて急回復しているのが観察できる。

1929年に大恐慌が始まった米国はルーズベルトが大統領に就任して金本位制を停止した1933年で底を打ち、英国も金本位制を停止後に回復基調に入ったことがわかる。

そしてソ連である。1928年から32年までスターリン指導の下で世界不況下でもそれに煩わされることなく5カ年計画を達成、そして33年からは第2次5カ年計画に入るのである。

満州で国境を接する陸軍にはこれが脅威となった、都会が繁栄し堕落し、兵士の供給元である農村が疲弊する資本主義に限界を感じ、計画経済の国家社会主義に傾倒して行くことになる。

昭和8年の日本経済、世間での景況感が良いからこそ、軍部も予算について強気になれるという背景があった。

実質GDP比較

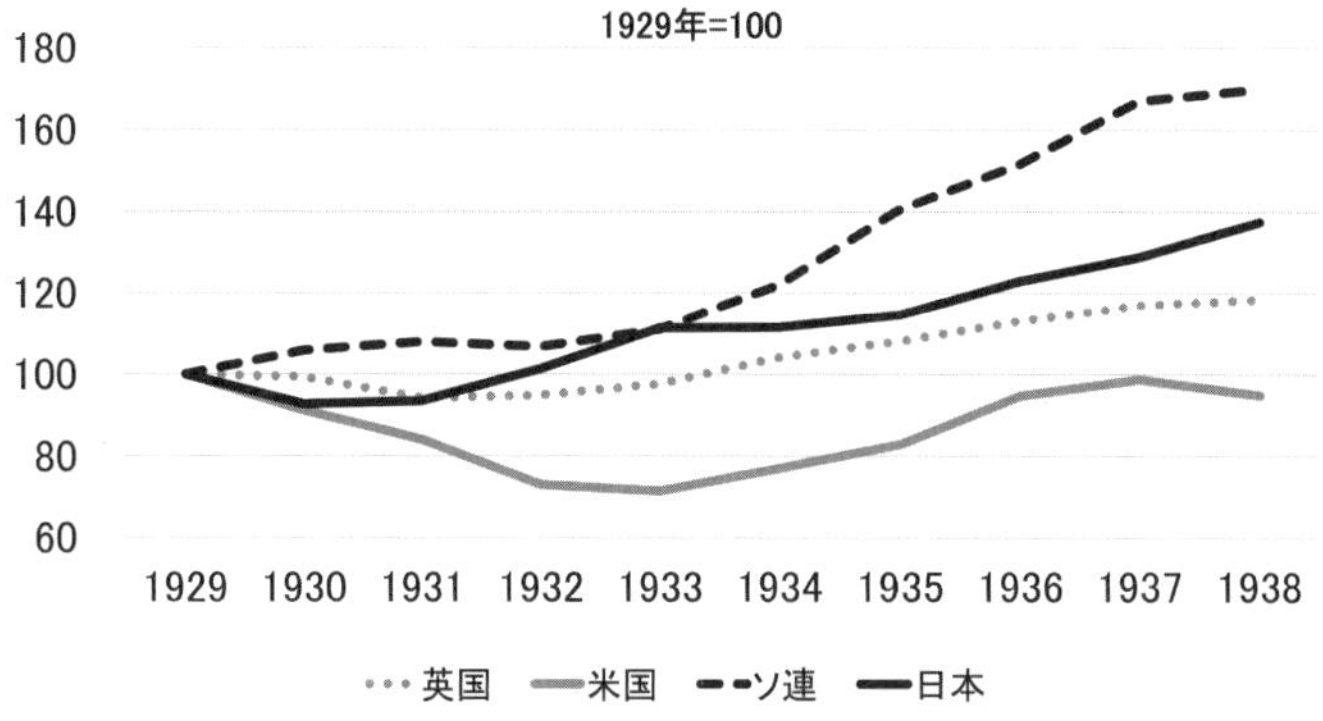

データ出所："The World Economy" Angus Maddison 2010

ロンドン世界経済会議

こうした中で6月12日、世界の64カ国の代表が集まり「ロンドン世界経済会議」が開催された。

狙いは世界を覆う恐慌対策で、英米日による金本位制離脱後の新たな改正金本位制の模索と、世界的な関税の引き下げなど多岐にわたるものだった。

米国は最初から国際連盟に加盟していない。従って国際連盟を脱退したばかりの日本にも招待が来た。日本代表は外交官の石井菊次郎子爵に決まったが、是清は同行する経済の専門家として全権委員に深井英五・日銀副総裁を指名した。

日本の参加の目的は新しい改正金本位制への復帰や関税に関して何らかの成果を期待するようなものではなく世界の情勢を把握するというような漠然としたものだった。

深井は5月4日に横浜港を出航、同月23日ワシントン着、米国では世界経済会議に先立って米国と主要国の間でワシントン会商が開催された。

深井は24日の午餐《ごさん》会では、国務長官のコーデル・ハルの隣に着席した。後に日本にハル・ノートを突きつけるあのハルである。

ハルはＦＲＢのストロング総裁らを通じて深井の金融に対する知見の深さを聞いていた。ハルが深井に聞きたかったのは改正金本位制の復活は可能であろうかという根本問題だった。

深井は、

「国際経済の難局の解決に貨幣や為替に万能薬を求めるのは間違いだ」

と指摘した。

「為替制度の改善、相場の安定も大事だが、経済の実体である物資の生産及び分配について各国の事情と国際関係を考慮しなければならない」とも進言した。

協商後のルーズベルト大統領と日本全権団との記念写真が残されているが、誰もかれも仏頂面である。


ワシントン会商の後、ロンドンでの世界経済会議では、ブロック経済を採用した英国と、関税を引き上げてはいたものの自由貿易を信奉する米国が対立する場面もあったが、円安のメリットを享受している日本としては自由貿易を支持した。また当時は米国が日本の主力輸出先でもあったのだ。米国と対立する理由はない。

結局のところ、ロンドン世界経済会議は失敗であった。何も決められなかった。

欧州大戦後の経済は、ドイツの賠償問題と、戦中に積みあがった連合国による米国からの債務が問題の核心であった。問題の根本は深井も暗に指摘したように、物資も資金も米国が持っていることにある。

かつての覇権国家・英国が欧州大戦で世界一の経済力を喪失した当時、米国は世界のリーダーである自覚を持って債権を放棄し、資金を供給して世界的不況に対処しなければならなかった。もしそれができていればその後の第二次世界大戦は起きなかったかもしれない。

こうした覇権国家が無自覚に無責任な政策をとると大きな混乱を招く結果となる。こうした状況を、これを指摘した歴史経済学者の名をとって「キンドルバーガーの罠《わな》」と呼ぶ。

中国が米国からの覇権奪取を狙うかのような昨今、この罠は勃興国が追求する「名誉」とそれに対する覇権国による「恐れ」が戦争を引き起こすという「ツキジデスの罠」と並んで注目されている。中国が経済覇権を握るとして、彼らに世界経済に対して責任をとる覚悟はあるのかと。

米ドルの一人勝ち

図は米国大恐慌が始まった1929年から1936年までの対米ドルと対英ポンドの為替の推移である。

米ドルも英ポンドも、100円につき何ドル何ポンドと交換できるのかという呼び値である。井上蔵相の金解禁によって日英米の為替は、100円≒50ドル≒10ポンドとしばらくの間欧州大戦前の金本位制時代の水準を保っていた。ところが1931年には米国大恐慌のあおりを受けた英国が金本位制を離脱した。

これによって図のように英ポンドは円に対して暴落し（グラフは上向きに突き抜けている）、そしてその約3カ月後に、今度は是清によって日本円が金本位制を離脱して暴落したのである。

金本位制とドルとポンド

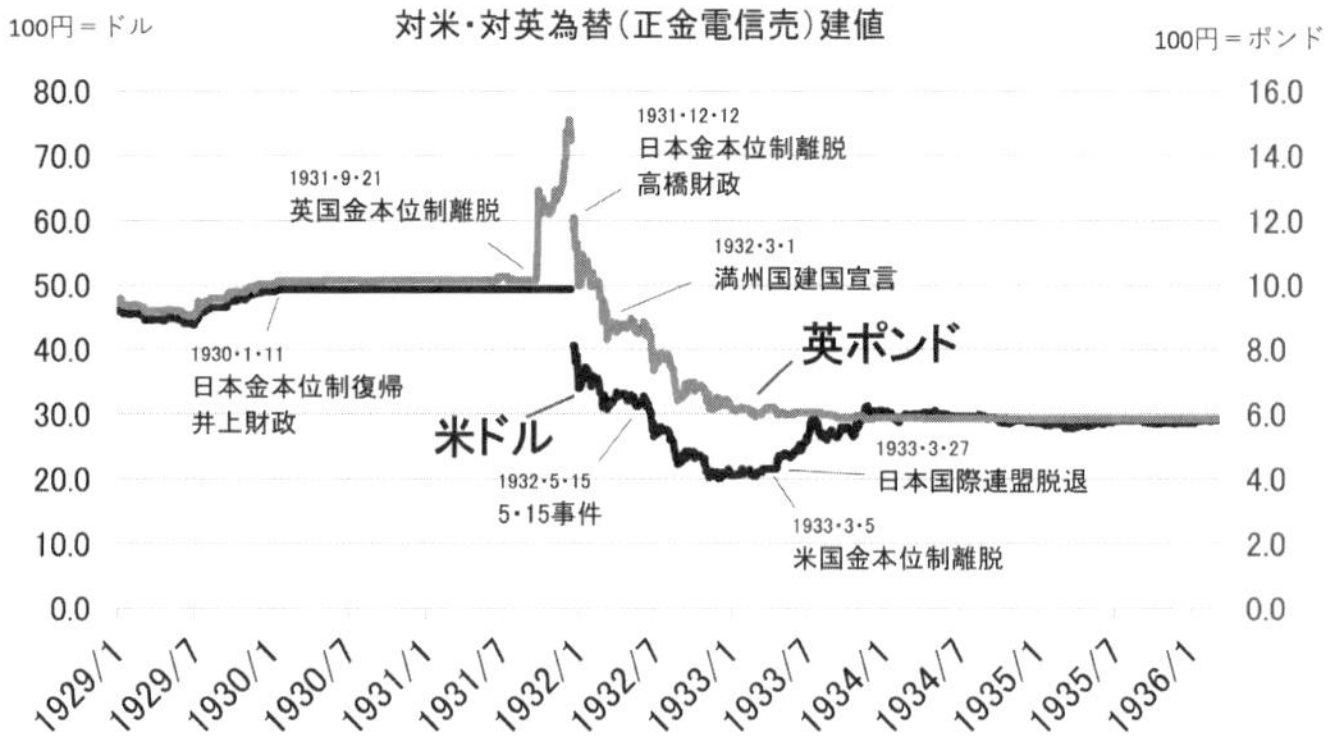

データ出所：横浜正金銀行全史第6巻

その後満州国建国、5・15事件など日本が国際社会から孤立していくのに合わせて円は下落を続けていた。

1933年、ルーズベルトの大統領就任によって米国も金本位制を離脱、今度は米ドルが暴落（グラフは上向き）した。

1934年に入ると外国為替は100円≒30ドル≒6ポンドで安定することになる。是清は円を英ポンドにペッグ（連動）させた。

高橋財政の結果、為替が安定した水準は、日本の金本位制離脱前の井上財政期と比較すると40%ほどの円安であった。そしてこれは英ポンドも同様で、米ドルだけが一人勝ちとなったのである。

円安は輸出を通じて景気回復に寄与する一方で、鉄や石油など戦略物資輸入のために必要な国際商品に対する円の購買力は40%も減少していたことになる。これは英国も同様であった。

第206話　満州国

「まさに即ち3千万民衆の意向を以て即日宣告して中華民国と関係を脱離し、満州国を創立す」

昭和7年3月1日の満州国建国宣言の一部である。

その要旨は清国が滅び中華民国となって以来、軍閥の暴政によって塗炭の苦しみを味わってきた満蒙3000万市民に理想郷を提示し、世界政治にとって新たな模範となる国家を建設することだと強調する。民本主義、民族協和、王道主義が提唱された。

民本主義とは天皇や皇帝など君主制における民主主義であり、民族協和とは日、漢、満、朝、蒙の五族が平等に協力するという意味である。そして王道主義とは儒教思想に基づいて真の王者が徳をもって治める理想国家「王道楽土」のことだった。

陸軍との対立

ただし国防及び治安維持は日本に委託、執政溥儀に次ぐ地位の参議、また中央・地方の官庁にも日本人を任用し、その選任・解職には関東軍司令官の推薦・同意が必要だった。欧米から傀儡《かいらい》国家と呼ばれる所以《ゆえん》である。

設計者の一人である関東軍参謀石原莞爾も、満州国の事実上の主権者は関東軍であると認めている。この国は日本の帝国議会が認める以前に建国されたのであるから、日本の植民地というよりは関東軍の植民地から始まった。日本国政府が国家として認めたのは9月になってからである。

その後昭和9年に国号を満州帝国として執政の溥儀は皇帝に即位する。

建国の年、昭和7年8月の人事異動で満州事変を画策した石原らが関東軍を去り日本へ帰国すると、関東軍指令官には武藤信義大将、参謀長には小磯国昭中将とそれまでよりも1階級上級の将官が就任した。関東軍という組織の格が上がったのである。

振り返れば、元々日本が保有する満州の権益は日露戦争後のポーツマス条約でロシアから得た旅順、大連の租借権（1923年まで）、南満州鉄道の敷設権（1939年まで）だった。

当時の日本はロシアから賠償金を獲得できなかったこともあり、これらの利権は貴重な収穫物だった。米国鉄道王ハリマンは南満州鉄道に資本参加を望んだが、当時の外務大臣小村寿太郎はこれを拒んだのであった。

南満州鉄道の新規公開株式は日本国民の間で空前の人気となったが、租借権に時間的な限りがあるものだからその後の満州に対する民間の投資は振るわなかった。

そこで日本は欧州大戦中の1915年、列強が欧州での戦争に没頭している隙《すき》をついて「対華二十一カ条要求」を中華民国に突きつけ、これによって大連の租借権延長（1997年まで）と南満州鉄道の敷設権延長（2004年まで）を勝ち取ったのだった。

昭和7年の満州国建国は、世界恐慌を受けて欧米各国によるブロック経済化が進む中、租借権だけでは不十分と考えた陸軍（陸軍内部にも様々な考えがあったが）が、総力戦のために日本独自の自給自足経済圏を確保するため策動した次のステップであった。

そこには「20億円の軍資金と10万人の大和民族が流した血潮によって獲得された満州」という日露戦争以来のロジックがよみがえる。

それまでに費やした労力やお金、時間などを惜しみ、それが以降の意思決定に影響を与えることを「サンクコスト効果」と呼ぶ。このスローガンは以降の陸軍の行動を常に戦闘行為へと仕向けさせることになる。

当時の日本の一人の女性が生涯に産む子供は東京、京都、大阪、兵庫の大都市圏で3〜4人、地方では5〜6人もあった。一方で昭和恐慌以降の不景気によって都会で職を失った農家の次男、三男などの労働者は地方へ戻るしかないが、地方には養う余裕はなかった。

日本で農村の過剰人口が社会問題化する中、満州では治安維持のための日本人による以前北海道にあった屯田兵のような存在が望まれた。


満州国建国の同年10月、在郷軍人中心の試験移民団「第1次武装移民」423人が満州へと送り出された。大陸には王道楽土の新天地が広がっていると彼らは信じていたのである。

しかし移民とは名ばかりで満州国には国家の最後まで戸籍法というものがなく、日本人は、満州国に派遣された官僚も軍人も含めて日本国籍のままだった。

これは従来の欧米の植民地と同じ対応だったが、日本が国際社会に向けて開陳した満州国建国の建前とは大きく異なっていた。

試験移民団は以降4年間で5回送り込まれたが、

「満蒙開拓団の予算など日本海に捨てるに等しい」

移民の本格化を遅らせたのは、予算を出し渋った大蔵大臣の是清である。

陸軍が意図するように満州を開拓し、工業化し資源を活用するにはどうしても開発資金が必要である。この当時の日本は恐慌から立ち直るために国債を発行し日銀引き受けの形で何とかファイナンスをしている最中である。海外に投資するような余裕があるはずがない。

さらに日本だけで権益を独占し、欧米を敵に回して一体どの国が満州に資本を投下してくれるというのか。是清は長い国際金融の経験から、その資金調達の困難さをよく理解していた。

日産コンツェルン

満州国独立から1年後、1933年になって満州国政府は「満州国経済建設綱要」を公表、満蒙と内地を一体化した計画経済を考えた。

「所謂資本家をして利益を壟断することを許さず」

陸軍は財閥を嫌った。財閥は国際ビジネスを展開するので欧米協調が基本となってしまう。さらに財閥は庶民の敵と煽った経緯もある、また農家を出身母体とする貧困にあえぐ兵の敵であるとの考え方は強かった。

「満州国には資本家は絶対に入れない」

関東軍参謀長の小磯国昭は公言した。

これに本土の資本家は満州独走の印象を受けて、満州への投資意欲は冷え込み、もう植民地として既に法制度が明確な朝鮮半島への投資を選んだ。

確かに当時、満州で三菱・三井・住友グループが活躍した話は聞かない。そこで軍が目をつけたのが重工業に強い新興財閥の日本産業（日産）だった。

当時満州国の実業部総務司長に転出していた岸信介が満州と東京を飛行機で何回も往復して日産コンツェルン・オーナーの鮎川義介《よしすけ》をくどき落とした。

日産は是清没後の昭和12年に満州重工業開発として満州へと移転する。鞍山製鉄所など満鉄が経営していた企業の約9割を継承、将来は順風満帆に見えたが、その頃始まった日中戦争により期待していた米国からの資本導入は絶望的となって、結局、鮎川の満州工業化の構想は頓挫してしまうのである。

是清が殺害された2・26事件の後で、ソ連に刺激されて満州国の産業開発5カ年計画が策定される。また満州移民団も「満州移民20カ年100万戸計画」として本格的に始動する。

当時の満州の人口は3400万人（うち日本人は24万人）、満州国としては20年後には5000万人の人口をもくろんでおり、その内1割の500万人（100万世帯）を日本人とする計画だった。

結果から言えば終戦時の満州には150万の日本人がいた。都市への移民、辺境への移民ではその成功体験も異なるが、最後はソ連軍の侵攻の前に見境なく大きな被害を被ることになったのだ。

第207話　帝人事件

「米国の新しい経済政策はどうですか？」

娘婿の岡千里は、赤坂表町の屋敷の庭を一緒にぶらぶらと散策する是清に聞いた。

時は昭和8（1933）年9月、この年日本は満州国建国問題で国際連盟を脱退し、ドイツではヒトラーが政権を掌握、米国ではフランクリン・ルーズベルトが大統領に就任してニューディィール政策を開始した。

国会での質問攻めにはうんざりだが、相手が身内の娘婿であれば是清も気楽なものだ。

「あれは一つの大きな試みであるが、理論が多くて実際的な成果を得るには困難だろうね。実際の仕事においては、応急な策を講じなければならない場合が多いものだ。それを理論的にやろうとするときっと失敗するよ」

是清の経済政策の根本は国民が働き、その労働の価値が高まることである。ニューディール政策の中の一人当たりの仕事を半分にして失業者を減らすという方策に対して、これでは怠け者を増やすだけだと批判的だった。

米国の景気回復は第二次世界大戦による戦争の特需まで待たなければならない。岡は現役のしかも最高の大蔵大臣と会話できる無上の喜びに浸っていた。


時の斎藤実内閣は「中間内閣」だとか「変態内閣」と呼ばれていた。何が変態なのかというと、先代の犬養毅内閣までは政党首班が率いる政党内閣だったのが、首相の斎藤は海軍出身で政党出身者ではなかったからである。

当時三つのグループが政権を巡って争っていた。

ひとつは現政権である斎藤内閣を支える元老の西園寺公望など宮中グループである。これは国際協調的な現状維持の立場であった。

2番目は国粋主義を掲げる国本社の会長であり、司法官僚の大ボスで枢密院副議長でもある平沼騏一郎《きいちろう》を首相に頂こうとする陸軍や右翼グループである。

そして3番目は政党政治の復活を目指す鈴木喜三郎総裁率いる、議会第一党の政友会であった。是清は政友会長老ではあるが、鈴木や党利党略に走る政党を信頼してはいなかった。

こうした状況で昭和9年1月17日の「時事新報」（当時の5大新聞の一角）が「番町会を暴く」という連載記事の中で、帝人株を巡る閣僚の贈収賄疑惑を取り上げた。これが世にいう帝人事件の始まりである。

帝人は昭和2年の昭和金融恐慌で倒産した鈴木商店が大正7（1918）年に設立した帝国人造絹糸株式会社の略である。

鈴木商店倒産時、台湾銀行には鈴木商店が担保として差し入れた帝人株22万5000株が残っていた。

昭和8年春になって、景気回復によって株価も堅調に推移する中で、財界人グループの番町会に鈴木商店前経営者の金子直吉も絡み、帝人株の買い受け団が結成された。担保に入れていた帝人株を一括して買い受けようというのである。目論見はうまく運び、台湾銀行の売りで10万株の売買が成立した。

ところがその直後に帝人は増資を発表して株価は大きく値上がりしたのである。

「時事新報」の記事によると株売買の際に各方面に贈収賄が行われ便宜が図られたと書かれていた。政財界官界をも巻き込む大スキャンダルだというのである。

記事を受けて衆議院本議会において政友会による斎藤内閣閣僚に対する追及が始まると、同時に検察が本格的に動き出した。政友会と司法つまり政権を狙う現政権以外の二つのグループが動き出したのである。

まず検事局は台湾銀行幹部を贈賄の疑いをもって検挙、強硬な尋問で供述をでっちあげ、5月19日にはこれを材料に大蔵省の黒田英雄次官を召喚した。加えて翌20日には大野龍太特別銀行課長以下大蔵官僚3名、21日には大久保偵次銀行局長を召喚した。

大蔵省では起訴された人たちの人格をよく知っている。絶対に間違いだと検察を疑っていたが、各被疑者に対する自白の強要は、過酷、峻烈《しゅんれつ》なものであったという。

6月に入ると黒田次官は台湾銀行から帝人株額面4万円、時価6万円を受け取ったと認め、そのもうけた資金の使途については是清の長男高橋是賢《これかた》に融通したと自白した。

7月1日にその事情が小山松吉司法大臣から是清に知らされた。

翌2日、大蔵省理財局長の津島壽一は、是清を訪ねたが顔色も悪く、当然のことながら元気もなかった。是清は司法大臣から伝えられたことを淡々と口にすると、

「この内閣はもう終わりだ」

と語った。軍事費増額を主張する軍部と戦いギリギリのところで頑張ってきていたのに、これで気力も尽き果てたようだった。

7月8日斎藤内閣は事件の責任をとって総辞職した。帝人事件というスキャンダルが内閣を交代させたのである。

岡田内閣誕生

平沼を推す陸軍と右翼、政友会も鈴木総裁を中心に政権を狙って元老西園寺公望に運動したが、

西園寺は、この時からこれまでのように元老一人による次期首相の推奏を行わず、重臣を集めた会議を開催し次期首相を決定することにした。重臣会議方式である。

メンバーは西園寺、牧野伸顕《のぶあき》内大臣、枢密院議長一木喜徳郎《いちききとくろう》、これに首相経験者の清浦奎吾、高橋是清、若槻礼次郎、辞表提出後の斎藤首相もこれに加えられた。

西園寺は平沼を忌避、政友会鈴木は、自身が首相に推奏されない場合には政友会から閣僚を送らないと態度表明していたが、このメンバーからの信頼は得られなかった。

西園寺と重臣会議は次の理由から前内閣の海軍大臣だった岡田啓介を首相に推挙した。

・現内閣の財政方針を継続する意思があること。すなわち是清が日銀引き受けで買い取った国債を市中売却したように、野放図な財政拡張政策をとらないであろうこと。

・2年後に海軍軍縮条約の改定を控え、海軍の「艦隊派」を抑えて条約を廃棄せずに改定を実現できる者。

・帝人事件によって世論が動揺する中で清廉なイメージの者。

かくして組閣の大命降下は、これらの条件を満たす海軍出身の穏健派・岡田啓介に降りたのである。

「岡田ならば自分は安心する」

推奏を受けた昭和天皇はそう言った。

帝人事件は当初からでっちあげとの疑惑が強く、その後3年間にわたり二百数十回の公判が行われたが、昭和12年12月16日に結審した。

「今日の無罪は証拠不十分による無罪ではない。全く犯罪の事実が存在しなかったのである」と司法による全くのねつ造事件だったのだ。

政権を狙う枢密院副議長平沼騏一郎にそそのかされた若手検事がねつ造したものとも、政友会の内紛に陸軍や右翼などの勢力が絡んで大事件化したとも考えられている。重要な歴史的教訓は誰もこの事件の責任を取らなかったということだ。

第208話　藤井蔵相

昭和9（1934）年7月8日、岡田啓介内閣が発足した。これは帝人事件のあおりで総辞職した斎藤実内閣を継承する内閣だったので、外相広田弘毅、陸相林銑十郎、海相大角岑生が留任、前農相の後藤文夫が内相として再入閣した。

また閣僚には政党人ではなく内閣書記官長の河田烈《いさお》など新官僚と呼ばれる革新右派系「国維会」の官僚が増えたことで議会第1党の政友会とは距離ができた。

最重要視されていた大蔵大臣には留任を固辞する是清の推挙によって、あくまで是清の後援を条件に大蔵次官の藤井真信《さだのぶ》（49歳）が抜擢《ばってき》された。藤井も新官僚の一人である。これはまた帝人事件で幹部の多くが起訴された大蔵省内を慰撫《いぶ》する目的もあったとされる。

新官僚

岡田から直接蔵相就任を要請された藤井は、驚いて是清に相談にきた。

「私を推薦したのは大臣ですよね」

「そうだ。大蔵大臣になりたい人間は数多くいるが、私は君しかいないと岡田に話した」

「私は病弱で大臣の激職は到底務まりません」

是清はもうすぐ50歳にもなろうかというのにどうにも弱気な藤井に諭した。

「大臣は次官なんかよりも手が抜けるものだ。だからやりなさい」

それでも藤井は肯首しない。

「君の身体が弱いことぐらい私もよく知っている。しかしだ。国家危急の時は身を鴻毛《こうもう》の軽きに置くということを知らんか」

是清は少しきつく出たが、藤井こそが軍事費増大に対する強烈な批判者であり、自分の代わりが務まる人間だと認めていたのである。

藤井は英語とドイツ語ができたが、ある時大蔵省が各国の財政制度を調査することになると、今度はにわかにフランス語とイタリア語も勉強したという逸話を持つ、超がつく優秀で真面目な人間である。藤井の後釜には財務官から理財局長になっていた津島壽一が大蔵次官に就任した。身内の藤井が大臣になったことで大蔵省内は明るくなったと言われる。省内一致し、軍部に対して健全財政を守る意気に燃え、昭和10年度予算策定に際しては綿密な調査書を作成した。

岡田内閣は十大政綱を発表した。その中には国際親善、国防安全、財政確立とそれぞれ相矛盾する項目が並んでいた。

藤井は軍事費削減、公債漸減主義において高橋財政の後を継いだが、税については少し違った。

是清は民間経済の活力を削《そ》ぐからと増税を嫌い、景気回復による税の自然増収を期待した。また安易に増税を行えば必ず軍部が予算源として期待するようになると警戒したのである。

だが、藤井は違った。

10月20日の新聞に、首相の岡田も知らぬまま突如3000万円増税の記事が出た。これは臨時利得税として当時活況だった軍需産業と輸出産業に一定の課税をしようというものでさして厳しい増税ではなかったが、財界は是清の財政方針に変化が出たのかと疑い現状変更にショックを受けたのである。株価は暴落した。

そして誰よりも、財界にショックを与えたことに藤井自身がショックを受けた。反応を見ながらもう少し情報を小出しにするとか大臣新人の藤井には政治家的な配慮が不足していたのである。

昭和10年度予算

11月4日。大蔵省の昭和10年度予算の査定原案が省議で決まった。歳出総額20億4200万円、公債発行額6億4000万円、前年度に比べて歳出が約9000万円、公債発行は2億7000万円の減であった。

11月5日、21日、22日と予算閣議が開かれた。

歳出総額を減らしたので各省、特に陸海軍、農林各省の復活折衝は猛烈なものとなった。

首相の岡田が言うに、藤井は理屈では閣内で相手になる人はいなかったが、どうかすると部下に弱くて大蔵省の方の押さえが利かない。藤井は閣僚と大蔵省の板挟みになった。

「血を吐く思いというが、俺は事実血を吐いている」

と言った。藤井の病状は悪化し、現実に喀血《かっけつ》を重ねていたのである。要求貫徹を目指す陸海軍との折衝はそれほどの激務だったのだ。

23日の午前3時半ごろになってようやく予算案のめどがついた。藤井は首相官邸内の別室で輸血を受けていたが、最後に閣議に登場し涙交じりにお礼のあいさつをした。

折衝後の予算は歳出総額21億9064万円、公債発行額は7億5035万円に増えていた。

藤井は26日に慶應病院へ入院し重態と伝えられた。医師の診断では臨時議会に出席することは不可能とされ、藤井は辞表を津島次官に託した。

辞表を託された津島が岡田首相に手渡すと、藤井の後任は是清しかいないということで一致した。二人は一緒に赤坂表町の是清の屋敷を訪ねた。

津島が藤井の病状を説明すると、岡田が蔵相就任の件を切り出した。岡田は福井の山奥から東京へ出てきたまだ若い頃、共立《きょうりゅう》学校に通っていた（第24話）。その時の教師が是清である。岡田はその後海軍兵学校へと進んだ。

「ご無理を承知でまたご出馬をたまわりたい」

沈鬱な気持ちで藤井の病状を聞いていた是清は、

「帝人事件が未解決なのでご遠慮したい」と切り返す。

「すでに事件は目鼻がつき大蔵関係者が事件と無関係なのは明白」

と岡田が重ねて出馬を請うと津島が付言した。

「藤井さんは高橋さんの後援ということで出馬を決心しました。高橋さんは藤井さんの病状に対してもも責任があります。ここは藤井さんを安心させるためにも後始末をするべきです」

是清は少し黙って考えていたが、少しほほ笑むと岡田を見た。

「実は最近所構わず腹からガスが出る。もしもの事があってはいけないので、宮中の行事は勘弁してもらうということであれば、引き受けましょう」

思わず苦笑しそうになった津島を横目に、岡田はイスから直立して、

「ありがとうございます」

と海軍式で敬礼した。

是清は既に内閣総理大臣たる前官の礼遇を賜るとされていたが、明けて昭和10年1月14日、岡田の配慮で「老年ニ付特旨ヲ以テ宮中《きゅうちゅう》杖《じょう》被差許《さしゆるさる》」となった。

信念に生きた大蔵官僚

藤井には昭和天皇を直接補佐する内大臣も見舞いに訪れたが、藤井はその年の議会に出席することなく翌昭和10年1月31日に逝去した。

藤井の自宅を弔問に訪れた是清を含む閣僚たちは驚いた。藤井が年末に慶應病院を退院していたのは実は治療費がなかったからであり、藤井の遺族には葬儀費すらも残されていなかったのである。

清貧な上に普段から多額の薬代が出費としてあり蓄財は一切なかった。本来は大蔵省勤務27年で2万円くらいの退職金があったはずだが、大臣になったがためにもらえなかったのだそうだ。史上もっとも貧しい大蔵大臣であろう。知らぬこととはいえ、是清は罪作りなことをした。

葬儀にあたり岡田も清貧で評判だったが1000円を出し、他の閣僚たちは500円を出した。

是清は金一封だったが、かなり多額だったとうわさされた。

帝人事件で冤罪《えんざい》をかぶせられた大蔵省だったが、信念に生きた藤井は誇りだった。

第209話　天皇機関説

昭和9（1934）11月26日、是清の大蔵大臣親任式前日の夜6時半ごろのことである。

「わしも何度引き出されることやら」

大蔵大臣就任を引き受けた是清はことのほか上機嫌で、祝いにかけつけた親戚一族と一緒に大人数で食卓を囲んだ。

党の長老のはずの是清が政友会に黙って岡田内閣に入閣を決めたものだから政友会は怒っているという話だったが、政友会の本部からは祝いのご馳走《ちそう》が届いており、是清はシャンパンを開けさせた。ラジオが是清入閣のニュースを流していて、一族でそれを聞いた。

再登板

第何代蔵相でいうならば5度目の就任、満80歳である。

この当時の政治勢力は大きく分けて三つ。国際協調を基本とする天皇・宮中グループに支えられた岡田啓介内閣、司法の大ボスの枢密院副議長平沼騏一郎を推す右翼・陸軍などのグループ、そして憲政の常道をうたい文句に政権獲得を狙う議会第一党の政友会である。

政友会としては長老の党にことわりのない勝手な蔵相就任に怒ったものの、大衆に人気がある是清を除名するわけにもいかず、ならばせめて離党してくれないかと幹部が赤坂表町の屋敷にまでのこのこやって来た。

「君たちは首相の岡田が憲政常道のために働いているのを知らないか、政友会はもっとまじめにやらなければいかん」

是清は逆ねじをくわせた。

記者から政友会はどうでしたと聞かれると、

「なんか政友会の名もしらぬ連中が来たが取り合わなかった」と答えた。

名もしらぬ連中とは何か、政友会は激怒したが、是清相手では喧嘩《けんか》もうまくない。結局「別離声明」なるものを出してお茶を濁した。これで原敬《たかし》のすすめで入党した政友会とは縁が切れた。是清怖いものなしである。

28日から第66回帝国議会（臨時）が始まった。12月1日には、議会で帝人事件での蔵相としての責任はどこへ行ったのかと問われた。

「私は、御上に対して辞任という形で一応の責任はとったつもりであります。ですがそのことで私は将来君国のために忠誠を尽くすという自由を奪われたとは思いませぬ」

是清はそれがどうしたと突き放し、議場は拍手でこれに応えた。帝人事件は質《たち》の悪いスキャンダルだった。

平沼を頭目とするグループが帝人事件に代わって倒閣材料として拾い出してきたのが天皇機関説である。

陸軍は、是清が蔵相に返り咲く少し前の10月に『国防の本義と其強化の提唱』という小冊子を印刷して60万部ほどを配布した。「たたかひは創造の父、文化の母である」から始まり、内容は陸軍主導による来たるべき戦争のための社会主義国家創立・計画経済採用の提唱であった。これは明らかに軍部による政治介入である。

統制経済の提唱に関しては右翼のみならず、左翼の社会大衆党なども賛成したが、議会あっての政党政治家は反対した。

是清は、

「今にも戦争が起こるようなことを言って陸軍が国民をあおってどうするか」

と批判的だったし、憲法学者の美濃部達吉は雑誌「中央公論」11月号上で、

「好戦的、軍国主義的な思想の傾向が著しく表れている」

と手厳しく批判した。美濃部は陸軍に恨まれた。

昭和10年2月18日、貴族院本会議で退役軍人の菊池武夫男爵議員らが、美濃部達吉の天皇機関説を取り上げて「謀反」であり「反逆」だと追及した。

天皇機関説とは国家を会社のような法人として捉えた時、天皇は国家の最高機関であると位置づける学説で、学会では長い間定説となっていた。日本が参考にしたドイツ法では、むしろ君主制を擁護するための理論だった。

2月25日、美濃部は貴族院本会議で弁明をした。著書の「機関」という片言隻句だけを見て誤解されたのではないか、君主主義に立憲主義を加えたものが帝国憲法の原則なのだと。憲法学の権威らしく理路整然と答えた。

菊池も、

「そうか、そういうことなら当たり前だ」

とつぶやいた。

ところがこの問題を倒閣に、つまり政局に利用したのが政友会である。

日本国は万世一系の天皇によって統治されており、有事には天皇や国のために生命を捧げるというのが国体の思想であった。この思想を広げるための運動が国体明徴運動であり、これは天皇機関説排撃と同じ活動であった。

政友会は国体明徴決議案を衆議院に提出して、美濃部の説を問題視しない内閣を責めて政治利用しようとした。

一方で陸軍の「皇道派」や在郷軍人会も美濃部の演説に激怒、彼らにすれば天皇は現人神《あらひとがみ》で兵はそのために死ぬのだと教育している。

陸軍「皇道派」真崎甚三郎教育総監は、

「わが国体観念上絶対に相容れざる言説」

と全軍に訓示した。

国体明徴運動

ジャーナリズムは、最初は美濃部を擁護したが、徳富蘇峰が「東京日日新聞」紙上で天皇機関説など口にすることは日本臣民として謹慎すべきだと主張して読者受けが良かった辺りから流れが変わった。

岡田内閣は機関説排撃が倒閣につながることを警戒し、美濃部に一定の処分を下してこの問題に幕を下ろそうとした。

そこで憲法に関する美濃部の一部著作を発禁処分としたが、並行して美濃部以外の憲法学者の著作を調査するとその全部が天皇機関説だったというオチまでついた。

そして8月3日、政府は軍部や議会の多数派政友会の圧力によって、

「統治権が天皇に存せずして天皇は之を行使する為の機関なりと為すが如きは、是れまったく万邦無比なる我が国体の本義をあやまるものなり」

と国体明徴声明を発表し、公式に天皇機関説を否定したのである。

美濃部は、

「信念は曲げないが、法治国家において行政処分を受けた以上は学説を講じるべきではない」

と東京商大、早稲田大、中央大の講師を辞任した。日本からまともな憲法学はなくなった。

「天皇機関説は面倒なことになりましたね」

娘婿の岡千里が是清に聞く。

「あれは美濃部が自分の学説を新聞なり雑誌なりに書くだけにしておけばよかったのに議会へ持ち込むから面倒なことになった。あれは学説というよりも倒閣の材料にされてしまった」

「講壇ですべきことを議場でやったと」

「ちょっと耳にしたことだが、陛下も大変ご心配あそばされて、あまり大きな問題にならぬように早く片付けるようおぼしめしらしい」

肝心の昭和天皇はこうした政友会や陸軍の動きに批判的で、「自分の意思に悖《もと》る事を勝手になすは即ち、朕を機関説扱いするもの」と皮肉を述べたそうだ。

もちろん当時の国民はこんなことを何も知らされない。本当は右翼と軍部こそが天皇を機関化していたのであった。

第210話　相沢事件

時を遡ること大正10（1921）年10月、ドイツの保養地バーデン＝バーデンに結集した欧州派遣の陸軍中堅エリート将校永田鉄山、小畑敏四郎《としろう》、岡村寧次《やすじ》たちは、国家を挙げて戦う総力戦を目の当たりにして、国民と乖離《かいり》している日本陸軍の前途を憂えた（第146話）。

あれから10数年が経ち、彼らは二葉会、一夕《いっせき》会と勢力を拡大しつつ陸軍中枢に根を下ろしていた（第188話）。

そうした中で、北で満州と接するソ連への対応を巡り、いつしか永田と小畑は対立していた。

皇道派

ソ連は1928年から始まる第1次5カ年計画によって重工業の建設と農業の集団化など革命後の経済復興が顕著であった。世界が恐慌に陥る状況にあってもソ連経済だけは堅調で、資本主義に対する社会主義の優位性を労働者だけでなく、国家建設を考える政治家や軍人たちにもアピールしていた。

ロシア駐在経験がありソ連が専門の小畑は、やがてソ連が第2次5カ年計画に入り軍事大国となる前の段階で叩いておくべきと主張した。

一方で欧州大戦のような来たるべき総力戦のために、満州支配を固め天然資源など国力の涵養《かんよう》を目指す永田は、ソ連攻略は時期尚早と主張した。

二人の議論はかみ合わず、やがて個人的な確執へと変わっていく。

永田らの一夕会はもともと陸軍を牛耳ってきた長州閥とそれに連なる宇垣一成系派閥に反発、代わって荒木貞夫、真崎甚三郎、林銑十郎などの将軍を押し立てていくことを申し合わせていた。昭和6（1931）年12月に荒木貞夫が犬養毅内閣の陸軍大臣に就任すると、参謀総長にお飾りとして宮様の閑院宮載仁《ことひと》親王を据え、それを補佐する参謀次長には盟友の真崎を起用、その後自分の息のかかった人物を重用して派閥を形成した。これが「皇道派」と呼ばれることになる。

荒木は、日本陸軍を「皇軍」と呼んだり、竹槍《たけやり》三百万本あれば日本は大丈夫と発言し、「竹槍将軍」などと揶揄《やゆ》されたりするような精神主義の人物で、理屈でやってくる大蔵大臣の是清には、尊敬しつつも、さんざんやり込められてきた。

また革命を志向する過激思想の青年将校たちとも酒を酌み交わし、理解を示し、第1師団に彼らを集めたのも荒木である。小畑はこの派閥に取り込まれた一方で、永田や東條英機らは荒木から次第に距離を置くようになった。

永田は立憲体制に整合的な方法で陸軍の権力掌握を目指し、陸軍の統制を重んじることから「皇道派」に対して「統制派」と呼ばれるようになった。

満州を占領地化しようとする陸軍の一部の勢力に対して、永田は欧米資本の必要性を理解し満州を門戸開放しようとする考えを持ち、さらに陸軍によるクーデターには反対の永田は宮中グループや是清たち、財界から見れば陸軍内の頼みの綱でもあったのだ。

昭和9年1月、帝人事件の少し前、是清にやり込められ、永田ら「統制派」からも距離を置かれて発言力を喪失し始めた荒木は、インフルエンザを理由に自ら陸軍大臣を辞任した。

荒木は後継に盟友の真崎を起用しようと考えたが、参謀総長閑院宮載仁親王に忌避され、陸軍大臣には永田に近い林銑十郎が就任した。

その結果、真崎は陸軍教育総監に回された。ちなみに教育総監は陸軍大臣、参謀総長と総称して陸軍三長官と呼ばれる重職であるが、陸軍大臣のように強力な人事権はない。

林は陸相に就任すると当時歩兵第1旅団長に出ていた永田を陸軍中枢である陸軍省軍務局長に起用した。

この軍務局長というのは陸軍内外の政治向けの事務を一手に引き受けるポストで、永田は重臣や財界ともこれまでになく近づいていくことになる。

永田は林大臣の下で陸軍の統制の立て直しを始める。これは要するに「皇道派」の一掃を意味した。また永田は青年将校の会合を禁ずるなど部隊の統制も強化した。

是清が非難した小冊子『国防の本義と其強化の提唱』を発行したのも永田で、これは陸軍としての統一した見解を世に出し、「これ以上のことは言うな」と統制の利かない過激思想の若手将校の政治的行動を抑える目的もあったのだ。

昭和9年11月、そうした統制強化の中で発生したのが陸軍士官学校事件である。磯部浅一一等主計、村中孝次歩兵大尉ら、軍内の過激思想の国家社会主義者がクーデターを企図したとして逮捕され停職となった。

その後彼らは証拠不十分で不起訴処分となるが、当時秘密とされていた3月事件や10月事件について書かれた怪文書『粛軍に関する意見書』を発行配布したために軍当局は免官とした。

この二人は「統制派」に恨みを持ち、やがて来たるべき2・26事件の首謀者となるのである。

昭和10年7月、永田は真崎を教育総監から更迭した。

天皇や重臣たちも、天皇の意思に反して満州事変を推し進めた当時の参謀次長・真崎を好ましいとは思っていなかった。

陸軍士官学校事件で免官となった磯部と村中は、今度はこの真崎甚三郎教育総監の更迭は、「統制派」の中心人物である永田鉄山軍務局長を中心とした「統制派」の「皇道派」弾圧の陰謀であるとする『真崎教育総監更迭事情』を印刷して配布した。


「永田死すべし」


過激派青年将校たちの批判の対象も林陸軍大臣と永田軍務局長に集中していった。真崎教育総監の罷免に対してはその他にも怪文書が回された。

「あきらかに統帥を干犯し皇軍を私兵化するものである。名を軍統制に借りて親裁規定を蹂躙し、世論を理由として重大統帥事項たる軍教育の輔翼者を恣《ほしいまま》に更迭するとは不敬不逞も極まると言わねばならぬ」

ここでも統帥の干犯という流行りのよくわからぬ言葉が出てきた。

これに異常な反応を示したのが真崎に私淑していた相沢三郎中佐である。彼は学校への配属将校で省部のエリートではない。だが体格も良く剣道の達人で、それも小手先でやりとりするような剣ではなく、一歩踏み込んで脳天に一撃を加えるような大胆な剣の達人であった。

真崎は永田に対する恨みを相沢に話した。「皇道派」に圧力をかけ、元老や重臣など君側の奸《かん》と結託する人物こそ永田鉄山であると。

それを聞いた相沢は、

「永田死すべし」と受け取った。

相沢は一度永田に面会し、あなたのような人は自決すべきだと勧めている。気持ち悪がった永田は相沢を台湾の台北高等商業学校配属将校に異動させるが、相沢がその挨拶《あいさつ》回りのために上京している時に事件は起こった。

昭和10年8月12日、永田が新見英夫東京憲兵隊長から軍隊内の不穏状況について報告を受けていた時だった。真夏の暑い日で、扉は開け放たれていた。そこに長身の軍人がどかどかと足音をあげて入室してきた。これが相沢である。

相沢は軍帽をきちんと帽子掛けにかけると、やにわに軍刀を抜き無言のまま永田に近寄ると一《いっ》閃《せん》がきらめいた。

「何をするか」

驚いた新見が後ろから相沢を羽交い締めにしようとしたが、振り切られてその際に切りつけられた。その間、倒れた永田が起き上がり何とか次室へ逃れようとするところを、相沢は背後から胸を一突きした。剣先は体を突き抜けて柱に刺さった。相沢はそれを抜くと永田の頭部に一撃、さらに頸部《けいぶ》にとどめの一撃を加えた。

相沢は憲兵に拘束されたが、自分は今から台湾に赴任しなくてはならないので帰らせてくれと頼んだ。

永田鉄山。享年51だった。

岡田首相、是清たち重臣、宮中グループはほとんど唯一頼りにしていた人物を失ってしまった。

「永田の前に永田なく永田の後に永田なし」

後に永田さえ生きておれば陸軍もこんなことにはならなかったのにと神格化されることになる。

一方でこの相沢事件は磯部、村中など過激思想の若手将校たちを刺激した。

「相沢さんに続け」

日本は改造しなければならない。農村の窮状が分かるのは、陸軍中央のエリートではない。農村出身の兵隊とともに日夜訓練を重ねている現場の我々だけだと考えた。

重臣たち、陛下の傍らで陛下を操る君側の奸どもは成敗せねばならない。そして天皇親政を実現し日本を変えるのだ。

半年後に起こる2・26事件に向けて事態は煮詰まっていったのである。

第211話　「公債漸減主義」

昭和9（1934）年11月27日、相沢事件の数カ月後、是清は病気の藤井真信に代わって再度大蔵大臣に就任した。

日本は国際社会で孤立していく中で軍国化の過程をたどりつつあった。

12月26日、対満事務局官制公布。

陸軍は満州に軍政を布《し》くため、関東州の行政権を掌握した。これは植民地の統治・事務を統括する拓務省や、外交問題を担当する外務省を満州問題に関する意思決定のラインからはずし、陸軍だけで完結できるように新たに事務局を作り、在満機構を統一するものだった。事務局長は陸軍大臣である。

この時、外務省は駐満州全権大使の任免権すら放棄させられた。海外とはいえ陸軍が一般行政権に介入する最初の事例となる。満州は陸軍の植民地であった。

いざ鎌倉になったら

海軍は昭和5年に締結されたロンドン海軍軍縮条約の失効を昭和11年に控え、この年（昭和9年）の年末に英米との間で改定のための予備交渉を行った。海軍の代表は山本五十六である。

軍備増強に積極的な「艦隊派」が海軍人事を掌握し、英米との戦争を避けようとしていた「条約派」は劣勢であった。

英米に対して建艦制限量の撤廃を求める海軍は条約改定に応じずに破棄、昭和11年以降ネイバルホリデー（建艦休止）は終了することになった。海軍は自ら条約を破棄しておきながら、条約がなくなることを理由に国防上の危機を喧伝《けんでん》した。

山本が頼みとしていた「条約派」の提督堀悌吉《ていきち》が出張中に予備役に編入され、山本は日本海軍の前途を憂えることになる。

条約を撤廃して建艦予算が増えはせぬかと心配した陸軍に対し、この時、海軍は条約の制限から解放されることによるコストダウンの方が大きいと答えている。

昭和10年度予算は藤井前蔵相が作ったもので、この時の昭和10年1月からの第67回議会では国体明徴問題、すなわち天皇機関説問題が論争の主役となり財政問題は陰に隠れた感があった。

軍事費が増大する一方で、これまで国債を買っていた銀行団の資金もいよいよ尽きて、日銀が一旦引き受けた国債の市中への売却はもはや困難になりつつあった。

是清は年々増加する赤字公債の発行は財政を不健全にし、結局はインフレ要因を積み上げる危険を招く恐れがあると考えた。そこで赤字公債の発行には限度を設けることにした。

このため昭和11年度の予算折衝は難航が予想されることから、早めに始めようと昭和10年6月25日に基本方針を閣議に提出し承認されたのである。

非常時財政の難局に鑑み、一致協力して公債の増発を避け、10年度予算よりも減らすこと。「公債漸減主義」とも「財政健全主義」とも呼ばれた。


この夏、葉山御用邸に閣僚が2組に分かれて天機奉伺《ほうし》（天皇のご機嫌を伺うこと）する機会があった。その最初の組の時に、天皇が、

「高橋はどうした?」

と聞くので、鉄道大臣の内田信也《のぶや》が答えた。

「高橋は葉山の別邸には時折来ておりますが何分にも病中の事とてご遠慮申し上げております」

まさか腹からガスが出るからとは言えない。天皇は高齢の高橋の病状などをねんごろに尋ねた上で、

「是非一度気易く出てくればよいのに」

と言った。

是清の葉山の別荘を訪ねた内田が身振り手振りでこの時のことを話し、次の組の天機奉伺に加わるようにすすめると是清は感泣した。

是清が2組目に加わって御用邸に天機奉伺に行くと、

「おお高橋、よく来てくれたね。身体はどうかい、よかったね」

天皇は是清の姿を見るや、自然に、あたかも慈父に接するかのように、是清をいたわったので、その場にいた閣僚一同は皆もらい泣きしたのである。


昭和11年度予算の閣議は11月26日に開かれた。ここで是清は陸海軍それぞれ1000万円の復活要求を呑《の》んだが、陸相はなおも4000万円の増額を要求した。陸海軍の費用は10数億円、公債・恩給で5億円、一般行政費は5億円しかない。歳出に占める軍事費はもはや半分を超えそうな勢いだった。

是清は閣議で論陣を張った。

「我が国は資源乏しく、果たして孤立して、よく自給自足をなしえるや疑問である。予算も国民所得に応じたものをつくらねばならぬ。財政上の信用維持が最大の急務である。ただ国防のみに専念し悪性インフレを引き起こし、その信用を破棄するがごときことがあっては、国防も決して

牢固となりえない。いざ鎌倉の際、この用意と余裕がなければならぬ」

借金が多い国はいざ戦争となっても身動きがとれない。

普段から軍部の横暴に反感を抱いていた新聞記者たちは、内閣書記官長から伝え聞いたこの話を記事にした。

これだけでも軍部を怒らせたが、閣議に出ていた内田鉄道大臣によると、本当の是清はもっときつかったらしい。

是清は閣議に世界地図を持ち込んだ。

「軍部はアメリカと戦ってワシントンを占領できるのか。ロシアと戦ってモスコーまで行けるつもりか。こうしたら勝つというが、向こうが負けたと言わなければ戦争は勝ちじゃない。国防というものは攻め込まれないように、守るに足るだけでよいのだ。

今回陸軍が要求している幼年学校増設についてもまったく無意味だ。

およそどの職場でもその必要とする常識は中等学校で涵養《かんよう》されるべきものだ。現に陸軍よりはるかに特殊な知識技術を必要とする海軍では、中学校から兵学校に進んだ者だけで、立派な海軍士官が養成されているではないか。

陸軍だけが普通人の常識養成所たる中等教育を受けさせず、小学校から直ちに地方幼年学校に入れ、社会と隔離して特殊教育をし、この教育を受けたものが嫡流として幹部になるのだから常識を欠くのは当然で、その幹部が政治にまで嘴《くちばし》を入れるというのは言語道断、国家の災いというべきである」

この話は、是清の昔からの持論である参謀本部廃止論とともに軍部へ伝わった。

陸軍は是清に殺意を抱いたであろう。

昭和11年度予算

11月29日、午前10時に閣議は始まった。大蔵省はさらに陸軍に800万円、海軍200万円を積み増し、当時の川島義之陸軍大臣は一応了承した。これで軍事費は前年比3％弱の伸びに抑えられた。ところがこの時、参謀本部の杉山元《はじめ》次長が、予算折衝中の首相官邸に乗り込んできて陸軍省にハッパをかけた。

官邸内陸軍省控室の電話からは参謀本部の若手将校からの怒声が響く。ハッパをかけたり、粘ったり、頑張ったり、予算編成はもはや理屈の世界ではなかった。是清は一歩も退かなかった。

何のために軍務の陸軍省と統帥の参謀本部を分けたのか、これでは参謀本部の政治への介入であり統帥を乱す行為である。古荘幹郎《ふるしょうみきお》陸軍次官が参謀本部へ説得に出かけて戻ってきたのが朝の5時半、閣僚や大蔵省の職員はぐったり、閣議決定は朝の7時であった。

予算編成が終わって官邸を出る是清に、一部始終を見ていた大蔵省担当の財政研究会の記者一同は整列して「万歳の叫びと感激の喝采」を送った。

だがしかし、老体の是清に徹夜はこたえた。赤坂表町に到着し送迎の車から降りても、もはや自力で玄関を上がることはできなかった。

昭和11年度予算は22億7200万円（前年度比プラス8200万円）、軍事費10億5900万円（前年度比プラス３８００万円）、公債発行は６億８０００万円（前年度比マイナス６９００万円）、是清は健全財政の範囲になんとか踏みとどまったといえるだろう。

第２１２話　２・26事件

昭和11（１９３６）年1月21日、議会での多数政党にもかかわらず、いつまでたっても政権の座がまわってこない政友会。ならば野党に徹して軍部と接近すべく使い古された天皇機関説排撃を理由に内閣不信任案を提出した。

しかしその時、既にその情報を持っていた岡田啓介首相は機先を制して議会解散の詔勅を手にしていた。岡田は不信任案の朗読、議決を待たずに突然議会を解散した。

第19回衆議院選挙

ここに昭和7年に井上準之助が暗殺された第18回衆議院選挙以来4年ぶり、挙国一致内閣になって初めてとなる総選挙が実施されたのである。

「今の内閣を続けていかないと、軍部と政党の一部が一緒になって国体明徴運動の下にファッショをやる空気がある。政党をよくするためには選挙が必要なのだ」

議会に岡田内閣の多数与党を作らねばならぬ、当時是清は選挙をこう説明した。この場合の与党とは是清が長老だった政友会ではなく、かつて浜口雄幸や井上がいた民政党である。元老たちは岡田を後援した。西園寺公望の斡旋で住友財閥から選挙資金１００万円が調達された。

一方で野党の政友会は選挙資金の調達がうまくいかず士気が上がらなかった。選挙は2・26事件の6日前、2月20日に投票が行われ、結果は民政党205議席（解散前127）、政友会175議席（同242）と、民意はファッショの軍部と結託した政友会ではなく、国際協調的な岡田内閣を支持したのである。

またこの時安部磯雄の社会大衆党も18議席（同3）と大きく勢力を伸ばした。国民は軍部とファッショ勢力だけを支持したわけではなかったのだ。しかしながら政党を基礎とする内閣の復活などはもはや見込めなかった。軍部の政治介入はすでに浸透していた。

それでも是清はこれによって政治も一息つけると安堵したのであった。

永田鉄山軍務局長を惨殺した相沢三郎中佐の公判は1月28日から始まっていた。陸軍の過激思想を持つ「皇道派」の青年将校たちは、本来は陸軍改革のためには我々が立たねばならぬのに、相沢さんにすまぬと贖罪《しょくざい》感を持っていた。

さらに前年12月に青年将校たちが主に所属する第1師団には満州派遣が発表されていた。過激思想を持つ将校たちの厄介払いである。

彼らは話し合った。満州の野で馬賊を相手にむざむざと戦死するくらいならば、むしろお国のために死にたい。革命のために命を落としたいと考えた青年将校は多かった。決起の時期は迫っていたのである。

景気は確かに回復した。しかし拡大する貧富の格差、兵士たちの出身である農家では貧困にあえぎ、食べるものも無く、相も変わらず娘を売りに出している。彼らは甘い汁を吸う財界、元老、重臣、軍閥、官僚、政党等を国体破壊とみなし、特に天皇の意思をまげている「君側の奸臣《かんしん》」たちを排除せねばならぬと考えた。確かに民政党の選挙資金は財閥から出ていた。

また彼らには具体策もあった。武力を背景に川島義之陸相を動かし「決起」の趣旨を昭和天皇に伝えて昭和維新内閣を樹立しようと考えた。陸軍内「皇道派」による政権の樹立である。

ターゲットは国際協調主義者で軍国化に反対する者、組閣大命降下の実質上の実行者である元老の西園寺公望（実行段階で除外）、牧野伸顕前内大臣、斎藤実内大臣、鈴木貫太郎侍従長、岡田啓介首相、高橋是清大蔵大臣、渡辺錠太郎陸軍教育総監である。

運命の朝

2・26事件の首謀者の一人、磯部浅一の獄中手記によると、是清は5・15事件の後、維新反対の上層財界人の人気を得ていたこと、参謀本部廃止論を唱え、昨冬の予算問題では軍部に対して反対的言辞を発していることが理由に挙げられている。また陸軍教育総監の渡辺は天皇機関説支持者という理由である。

選挙から間もない2月26日未明、陸軍第1師団と近衛師団の約1500人の反乱部隊が雪の中、兵営を出発した。兵士の3分の2が入営1カ月ほどの初年兵で出動の事情をのみ込めない者も多かった。

午前5時に赤坂表町の是清の屋敷を襲ったのは、近衛歩兵第3連隊の中橋基明中尉以下の120人の部隊で、中橋は2階の10畳間で眠る是清に3発の弾痕を残し、鉄道第2連隊の中島莞爾少尉が6太刀を浴びせ無残な刀創を死体に残した。

検死の医師は是清は初弾で死亡したと判定した。中島の剣は卑劣な死後斬撃であった。

反乱部隊が屋敷に侵入した時、ちょうど里帰りしていた是清の次女の真喜子が末っ子の栄子とともに、果敢にも警察と是清の秘書官である久保文蔵に電話を入れた。

「久保さん大変、今兵隊が、入ってきます」

で、がちゃんと切れた。

連絡を受けた久保は津島壽一大蔵次官に連絡し、そこから大蔵省に蔵相襲撃の情報が伝わった。

久保が検問を潜《くぐ》り抜けて1時間後になんとか赤坂表町の屋敷にたどりつくと、兵士は去った後だった。布団に入った是清は傷ひとつない穏やかな寝顔だったが、まだ温《ぬく》もりが残った布団をめくると中は血のりでいっぱいだった。

遅れて津島が参上すると、是清の亡骸《なきがら》がある2階の10畳間へと上がった。

この部屋は、大正10（1921）年、是清の内閣総理大臣就任式前夜に、当時まだ書記官だった津島が、床に入った是清からいろいろと話を聞かせてもらった場所だった。布団の位置も同じである。

「津島君、人生はどうなるか、まったく見当がつかない。しかし、自分は人のため、国のために尽くすという気持ちだけは一貫してきたつもりだ」

幕府お抱え絵師の私生児として生まれ、すぐに高橋家に養子に出されたこと。米国では奴隷のように扱われ、帰国すれば仙台藩から捕縛されそうになったこと。森有礼《ありのり》との出会い、一番の友人であった前田正名《まさな》、ペルー銀山では一文無しになったが、そのおかげで川田小一郎《こいちろう》や松方正義と出会い日本銀行に入行したこと。

日露戦争では欧米へ赴き資金調達を担当し、ヤコブ・シフをはじめ多くの友人を得たこと。日銀総裁、大蔵大臣をつとめあげ、内閣総理大臣となったこと。是清の話が走馬灯のように津島の脳裏をよぎった。

あれからも是清は働き詰めだった。思えば、藤井真信大蔵大臣が病に倒れた時、津島が岡田首相に是清の再任を強く勧めたのだ。あの時、望む通り余生を悠々と送ることにしていれば、是清はこんな目に遭わなかったに違いない。

軍部に対抗し、軍事予算とそのための公債発行を制限できる人物は、もはや誰もいなくなった。日本は軍国化への最後の防波堤を失ってしまったのだ。

安くなる通貨

「我が国に皇室のおわします限り、いくら紙幣を増発してもインフレにならぬ」

元陸軍大佐で右翼の黒幕の小林順一郎はこう言って啓蒙《けいもう》活動をした。

「自国通貨建ての公債ならばデフォルトしない」という言説がある。

ならば、外国通貨建ての公債ならばデフォルトだが、自国通貨建てならばデフォルトではない状況とはどのような状況だろうか。それは外国通貨に対して円の価値が減価している状況だ。

明治30（1897）年の金本位制実施後、長らく1ドル＝2円だった円相場は、昭和6年の金本位制離脱後に1ドル＝3・5円となり、昭和16年の日米開戦前には上海の闇市場で1ドル＝8円程度で取引されていた。是清という歯止めを失った円は減価し、鉄や石油など、ドル建ての戦略物資はかつての4倍になっていた。日本は公債を発行して軍事費を確保している段階で、実は戦いを始める前に自ら財政的に致命的な状況を作っていたのである。

是清の葬儀は事件から1カ月後に築地の本願寺で行われた。事件のほとぼりはすっかり冷めていたが、それでも役人や金融関係者のみならず、一般大衆が寺のまわりをぐるりと行列して焼香の順番を待った。人気のダルマ宰相であった。

それでも、是清のお孫さんの話では、高橋是清の孫だからと「非国民」と石礫を投げつけられたこともあったそうである。

遺骨は多磨霊園に斎藤実の墓所と並んで葬られた。

あとがき――コレキヨの評価

昭和20（1945）年10月、第二次世界大戦の終戦から未だ間もないこの時期、荒寥《こうりょう》たる都心の焼け跡と瓦礫《がれき》の中で、日本銀行総裁渋沢敬三は、何故日本は戦いに敗れ、多くの国民が死に、かくも無残に破壊されたのか、満州事変以降の日本の財政金融史を残しておくべきだと考えた。

そこで渋沢は東京帝大教授の大内兵衛博士に相談した。大内教授は財政学が専門でマルクス経済学の学者、昭和13年に大学を追われていたが、戦後になって復帰、渋沢が日銀顧問として迎えたのである。

渋沢は10月9日付で日銀総裁から大蔵大臣になるが、その翌日、大内教授が監修者となり日銀調査局別働隊として特別調査室が設けられた。

揺れ続ける評価

特別調査室は昭和23年11月まで約3年の年月をかけて『満州事変以後の財政金融史』を書き上げた。これは「行内限参考資料」として印刷されたが、希少で正確なデータを持つ資料として参照する研究者も多く、今では『日本金融史資料昭和編第27巻』に収録されている。

ここでは是清の高橋財政をこう要約している。

「累増の一途を辿《たど》る軍事費をできるだけ無抵抗に調達するために膨大な赤字公債を発行しつつ、他方ではその公債の利払いに足りるだけの増税もしないで、増税はやがて民力が恢復《かいふく》して負担能力ができるまで待つという政策、略言すれば借金による赤字補塡《ほてん》、もしくは大規模なインフレ政策、これが高橋財政の内容であり、秘密であった。

そして戦争と軍備と農村匡救《きょうきゅう》と資本救済とに惜しげもなく大金が振りまかれると共に、国民の借金たる公債が雪だるまのように増大していった。これが高橋財政の実績である。高橋財政は本質的に日本経済の将来に対する楽観の上に立っていた。(以下略)」

是清は確かに軍事費を削減するために軍部と対立こそしたが、結果として軍部に対して前代未聞の軍事費を工面したのだと、大内教授は指摘する。

大内教授は大蔵省昭和財政史編集室編纂《へんさん》の『昭和財政史第一巻』(昭和40年、東洋経済新報社)も執筆しているが、その基準は当時の経済学の主流であった金本位制による均衡メカニズムを重視するものであり、井上準之助の井上財政への評価が高く、是清へは日銀引き受けによる軍部に対するファイナンスがファシズムと軍国化を招いたと手厳しいのである。ここには戦争への反省が前提にあった。一億総懺悔の時代である。

こうした見方に反論したのが昭和46年、中村隆英・東京大学教授の『戦前期 日本経済成長の分析』(1971年、岩波書店)である。

是清は軍事費に多くの財政支出を行ったが、中央地方を合算すれば「時局匡救資金」の方が多かった(第202話)ことを指摘。軍事支出に対するネガティブな側面ばかりではなく、是清の財政政策による当時の景気浮揚の効果の方が注目されるようになる。

是清の財政政策を軍事インフレとファシズムを招いた放漫財政だと切り捨てるのか、あるいはケインズが1936年に完成させた投資乗数の理論を先取りした、小型ニューディール政策のような財政政策として捉えるのかで分析対象へのアプローチが変わったのである。

1980年代に入ると、戦前の世界大恐慌の国際比較の研究が各国で広がる中で、1930年代の是清の金輸出再禁止後の日本の景気回復がどの先進国よりも早かったことが注目される（第205話）。

現役の財務官僚であり、高橋是清の研究者でもある松元崇氏は『大恐慌を駆け抜けた男　高橋是清』（2009年、中央公論新社）を著すと、世界大恐慌下でも日本は豊かであったこと、是清は「放漫財政」ではなく、実は「健全財政主義者」であったこと、また日露戦争や欧州大戦後の増大する近代国家に必要な行政需要を国ではなく地方の負担としたことで、都市部と農村部の格差が開いたことなどを指摘した。

また是清の生涯から説き起こし体系的にまとめあげて、世界に「日本のケインズ」として高橋是清を紹介したのが、リチャード・J・スメサースト・米ピッツバーグ大学教授による『高橋是清　日本のケインズ　その生涯と思想』（2010年、東洋経済新報社）である。

スメサースト教授は「日本語版への序文」でこう書いている。

「高橋は、幣原喜重郎などとともに、1930年代に実際に日本が歩んだものとは異なる途《みち》を代表する人物であった。この『無類の人』の死によって、『軍国主義への最後の障壁』は取り除かれたのである」

是清は軍国主義の主導者ではなく最後の抵抗者であったと再認識されたのだ。

1930年代の日本の景気回復に注目が集まると、一体どの政策が効果をあげたのかが次の課題となった。景気回復は金本位制停止後の極端な円安がもたらしたものなのか、あるいは軍事費、時局匡救費などの財政政策なのか、金利低下という金融政策なのかである。

金融実務経験がある筆者の感覚では為替政策、すなわち具体的な数値が把握しやすい円安が効いたという結論が直感的に受け入れやすいが、アカデミックな世界ではまだどれも確たる定説には至っていないようである。(「高橋財政をめぐる論点整理」伊藤正直、2018年1月)

『昭和恐慌の研究』(岩田規久男編著、2004年、東洋経済新報社)では、井上財政から高橋財政への大きなレジーム転換を重視、高橋財政成功の要因として、金本位制離脱と積極的な金融緩和政策への転換が期待インフレ率に影響を及ぼしたことに着目する。

そこで平成不況期のデフレ脱却には小出しの金融緩和策と構造改革では不十分であったと指摘して、「レジームチェンジによるデフレ予想からインフレ予想への転換」が必要であるとした

これが政策に採用されて平成25(2013)年以降の日本銀行による「量的・質的緩和」に引き継がれた。この際、是清と軍国化とその後の破滅との関係性は、ハイパーインフレを引き起こしたのはあくまで是清が2・26事件で暗殺された後であったと整理されている。

折からのSNSの普及によって経済政策の知見が一般にも広く共有されていく過程で高橋是清の政策に対するいくつかの誤解が広まったことも否めないであろう。

一つは、是清があたかも輪転機を際限なく回して紙幣をどんどん印刷したというものである。

確かに国債の日銀引き受けによって、井上財政で逼迫《ひっぱく》した金融市場に通貨を供給したが、後に日銀が国債の売りオペレーションによって吸収したように、通貨量はコントロールされたものだった。

もう一つは「国債発行も自国通貨建てであれば、いくら発行しても破綻はしない」など、日銀による国債引き受けは、かの名蔵相、高橋是清も行ったではないかと是清を引き合いに出すものである。

是清が戦前日本のファッショ化、軍国化の元凶から、景気回復の大スターへと変貌したことは誠に喜ばしいが、是清は日銀引き受けを一時の便法として認識し、極力日銀のバランスシートに国債を残さないように努力していたことは認識されなければならない。野放図に国債が発行されたのは是清の死後であり、だからこそ是清は改めて評価されているのだ。

是清は常に物事の根本を考えた。金本位制を採用するかしないかは主義ではなく、あくまで手段の問題であって、状況に応じて是々非々で対応すべき問題でしかなかった。是清が常に財政に積極的だったのは、日本の産業の国際競争力を強化し、正貨流出の根本問題を解決するためであった。

であれば我々が是清から学ぶべきは、景気循環論的な議論の中での積極、消極の政策手段の是非ではなく、現代の日本を覆う根本問題なのではないか。

世界の株式の時価総額上位は、力仕事の製造業ではなく、頭脳勝負の企業ばかりだ。先進諸国においては資本が溢れ、人の働きこそがこれほど重要視される時代に我が国の政財界は男ばかりである、人口の半分の頭脳は正しく使われていない可能性がある。これでは先進的な他国と競争はできない。人権問題全般で国際社会から低く評価されている我が国の状況に我々はもっと目を向けるべきではないか。根本を考える是清ならばそこに目をつけるかもしれない。長い連載を終えて私はそんなことを考えた。

本書の原型は毎日新聞出版、週刊エコノミスト誌の２０１８年7月10日号から２０２２年12月20日号まで２１７週にわたって連載された『コレキヨ 小説 高橋是清』である。

かくも長く連載が続けられたのは編集長をはじめ編集部の寛容さのおかげである。その中でも特に担当の金山隆一氏、他社に移籍後も編集作業をかって出てくれた花谷美枝氏、毎日新聞出版社の永上敬編集長、毎週挿絵を描いてくれた画家の菊池倫之氏の支援無しでは途中で挫折していたに違いない。

また本書は大部なために単行本化は簡単ではなかった。引き受けてくれた新潮社担当・庄司一郎氏の尽力があればこそである。

資料収集でも各方面でお世話になった。高橋是清本人をよく知るお孫さんの高橋是修氏には長いインタビューを受けていただいた。曾孫にあたる井上泰氏からは数多くの資料を頂戴した。

ペルー銀山関係では『銀嶺のアンデス―高橋是清のペルー銀山投資の足跡』を日本スペインの両言語で出版された五味篤氏に多くを教えていただいた。またその関係で是清に同行した山口慎が残した『白露日記』にもご子孫の上野真理子氏を通じて目を通すことができた。

ピッツバーグ在住のリチャード・J・スメサースト先生、日本金融学会歴史部会、早稲田大学の鎮目雅人教授には毎週連載に目を通していただいた。だからといってこの書籍は私の独断で書いたものであって、すべての間違いは私の責任に帰すことは言うまでもない。

本書は、連載の終了とほぼ同時期に享年百で亡くなった我が母板谷喜代と、そのすぐ後に亡くなった恩人でもある叔父鈴木良造に捧げる。

板谷敏彦

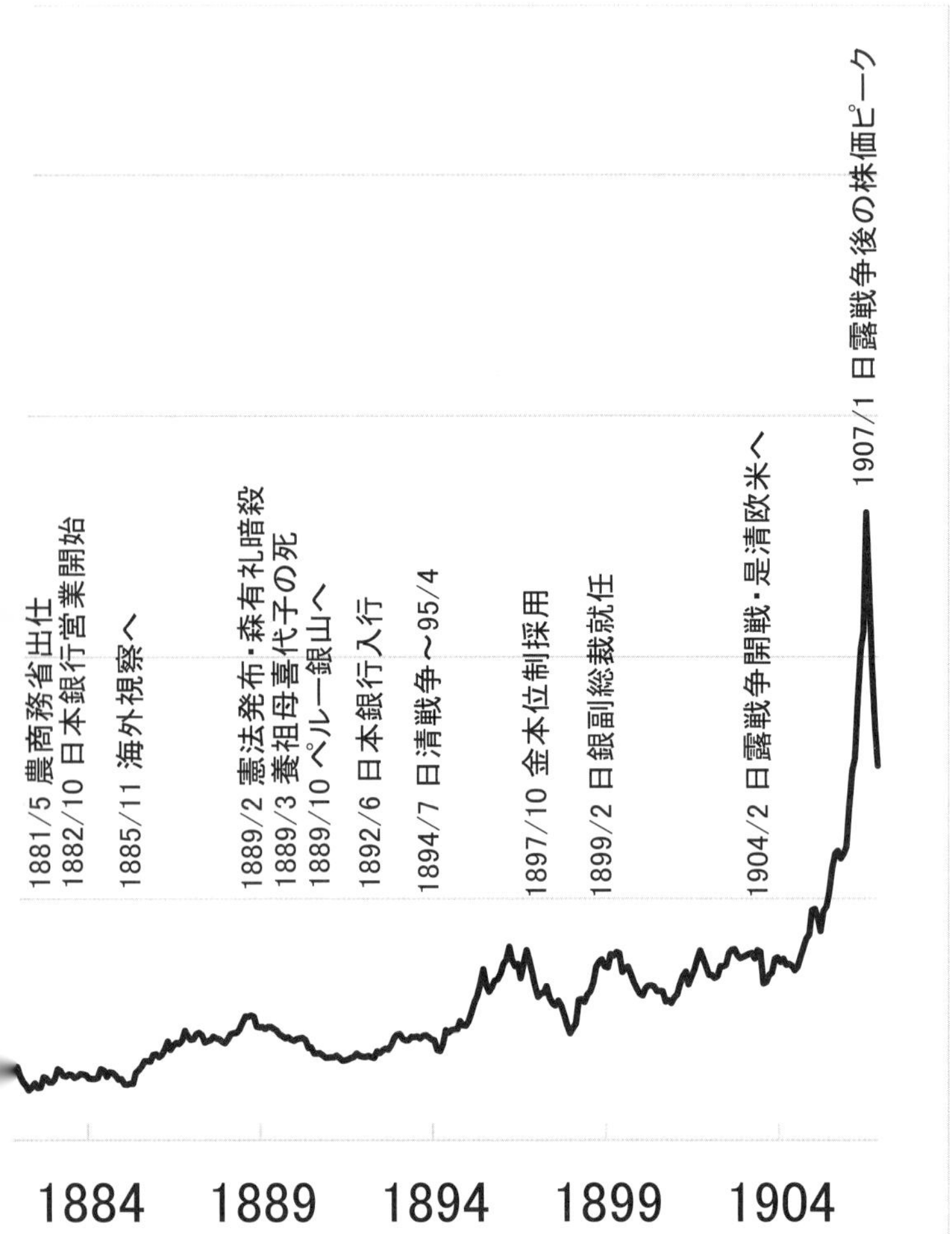

本指数は明治大学株価指数研究所の『三和・岡本日本株価指数』を基に作成したものです。

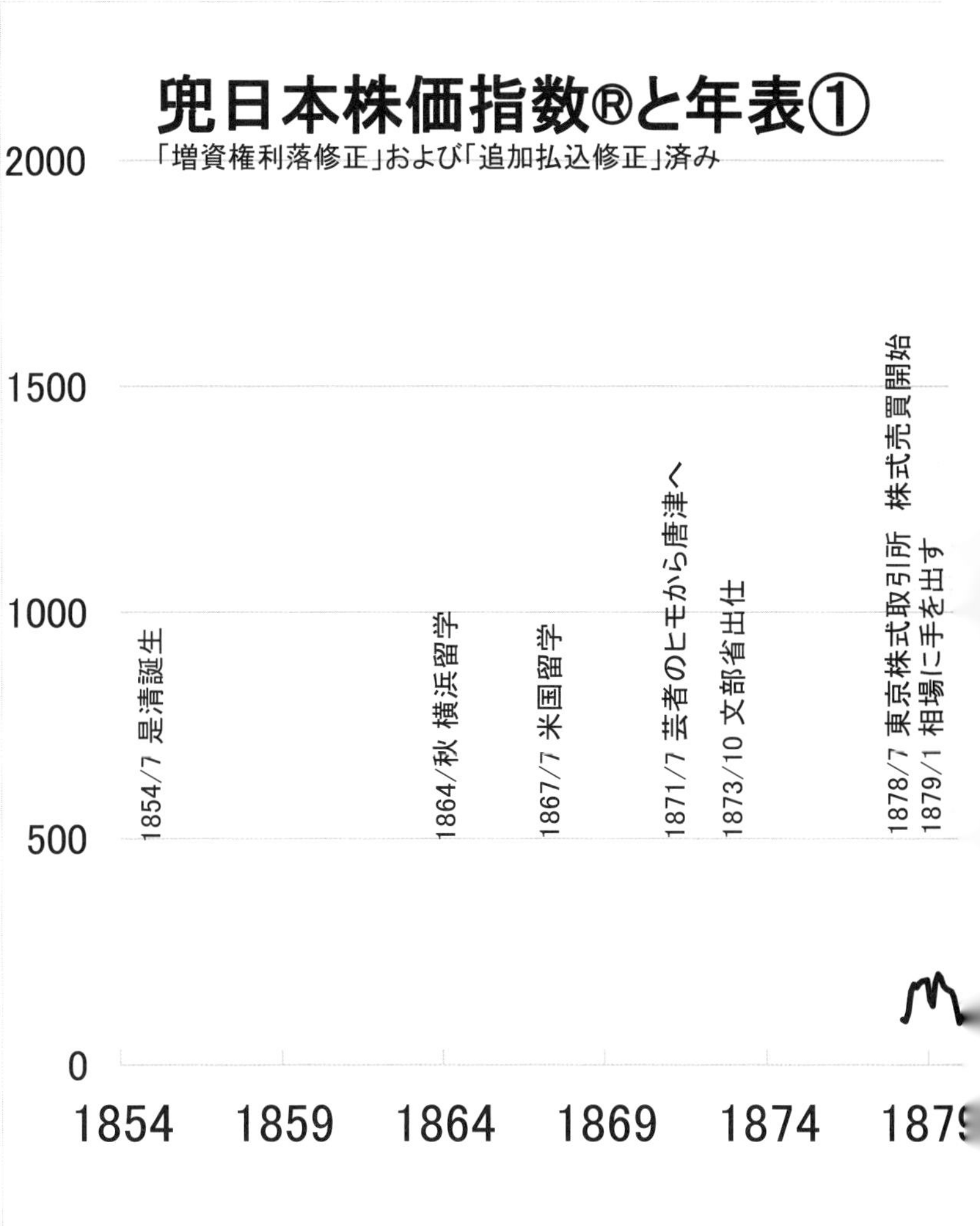
兜日本株価指数®と年表①
「増資権利落修正」および「追加払込修正」済み
2000
1500
1000
500
0
1854
1859
1864
1869
1874
1879
1854/7 是清誕生
1864/秋 横浜留学
1867/7 米国留学
1871/7 芸者のヒモから唐津へ
1873/10 文部省出仕
1878/7 東京株式取引所 株式売買開始
1879/1 相場に手を出す

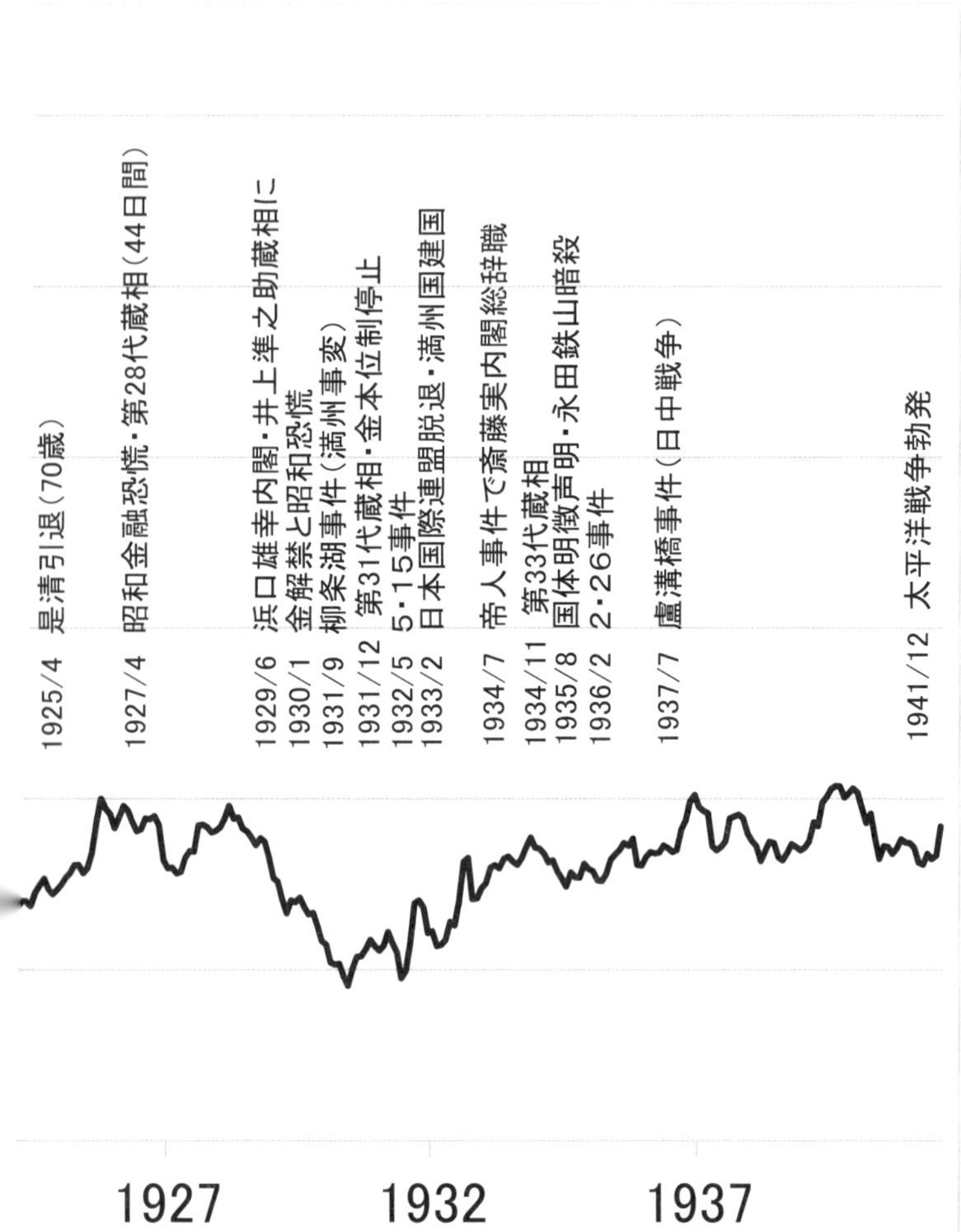

本指数は明治大学株価指数研究所の『三和・岡本日本株価指数』を基に作成したものです。

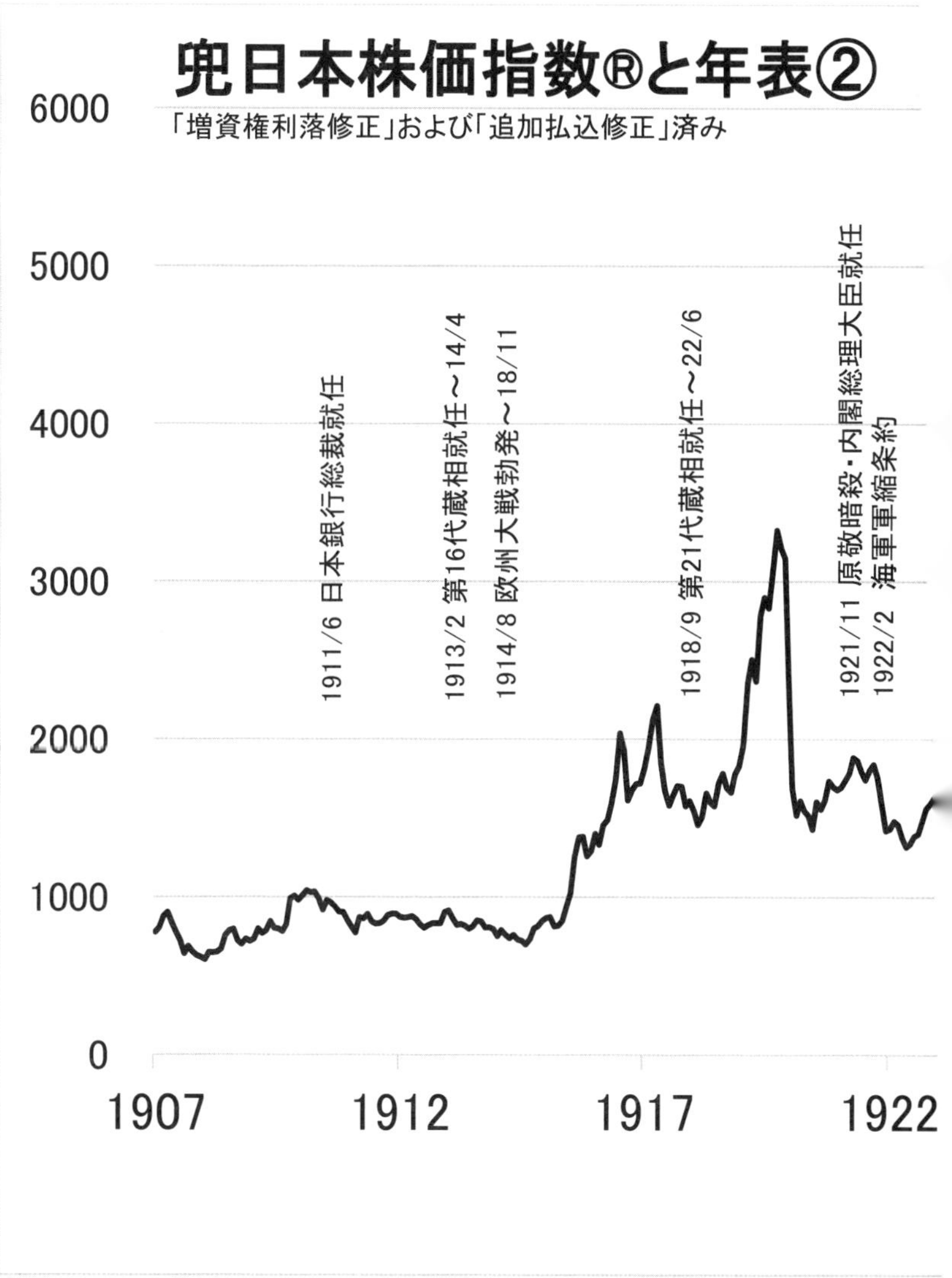
兜日本株価指数®と年表②
「増資権利落修正」および「追加払込修正」済み
6000
5000
4000
3000
2000
1000
0
1911/6 日本銀行総裁就任
1913/2 第16代蔵相就任～14/4
1914/8 欧州大戦勃発～18/11
1918/9 第21代蔵相就任～22/6
1921/11 原敬暗殺・内閣総理大臣就任
1922/2 海軍軍縮条約
1907
1912
1917
1922

本書は『週刊エコノミスト』（毎日新聞出版）で平成30（２０１８）年7月10日号から令和４（２０２２）年12月20号まで、全２１７回連載された原稿に加筆修正した。

カバー・表紙・扉写真提供　だるま会

国家《こっか》の命運《めいうん》は金融《きんゆう》にあり　高橋是清《たかはしこれきよ》の生涯《しょうがい》　下

著　者 ……………… 板谷敏彦《いたやとしひこ》

発　行 ……………… 2024年4月25日

発行者 ……………… 佐藤隆信
発行所 ……………… 株式会社新潮社
〒162-8711 東京都新宿区矢来町71
電話　編集部 03-3266-5611
　　　読者係 03-3266-5111
https://www.shinchosha.co.jp

印刷所 ……………… 錦明印刷株式会社
製本所 ……………… 加藤製本株式会社

乱丁・落丁本は、ご面倒ですが小社読者係宛お送り下さい。送料小社負担にてお取替えいたします。価格はカバーに表示してあります。

ISBN978-4-10-355632-9 C0023